“十三五”普通高等教育规划教材

市场营销学

主　编　李丰威　朱雪芹

中国财经出版传媒集团
中国财政经济出版社

图书在版编目（CIP）数据

市场营销学/李丰威，朱雪芹主编．—北京：中国财政经济出版社，2019.8
“十三五”普通高等教育规划教材
ISBN 978-7-5095-9104-8

Ⅰ.①市…　Ⅱ.①李…②朱…　Ⅲ.①市场营销学-高等学校-教材　Ⅳ.①F713.50

中国版本图书馆 CIP 数据核字（2019）第 137652 号

责任编辑：田明晖　　责任校对：黄亚青
封面设计：陈宇琰

中国财政经济出版社出版
URL：http：//www.cfeph.cn
E-mail：cfeph@cfeph.cn

社址：北京市海淀区阜成路甲 28 号　邮政编码：100142
营销中心电话：010-88191537
北京时捷印刷有限公司印刷　各地新华书店经销
787×1092 毫米　16 开　22.75 印张　529 000 字
2019 年 8 月第 1 版　2019 年 8 月北京第 1 次印刷
定价：43.00 元
ISBN 978-7-5095-9104-8
（图书出现印装问题，本社负责调换）
本社质量投诉电话：010-88190744

前言

市场营销学作为一门研究企业整体经销活动及其发展规律的科学，历经一百多年的发展，持续保持其强大的生命力，关键在于：营销的目的就是顾客满意，企业赚钱。优秀的市场营销者都有一个共同目标：即将消费者视为中心。当今市场营销就是在一个快速变化、日益数字化和社会化的环境中研究如何更好吸引顾客并为顾客创造价值的。

营销始于了解顾客的所需、所欲和所求，确定企业能够提供最好服务的目标市场，制定吸引、保留和发展客户的独特的价值主张，使企业的产品在合适的时间、合适的地点，以合适的价格和促销手段满足顾客需求。在这个数字化时代，除了采取传统的线下营销方式，营销人员还要运用一系列新的线上营销方式：网络、移动和社交媒体等随时随地吸引顾客加入和创建品牌对话、品牌体验和品牌社群。如果一个营销人员把这个流程做好，就可以形成客户群，客户群就会转化为顾客资产、市场份额和丰厚的利润回报。

本书基本框架按照营销管理过程设计，共包括 15 章，第一章，市场营销学概述。包括市场与市场营销的概念，研究了市场营销管理哲学。第二章，企业战略计划与营销管理 。主要分析了营销战略规划的基础理念，营销战略规划过程以及营销管理过程。第三章，营销环境分析。分别分析了宏观环境和微观环境对企业营销活动的影响，为营销战略计划的制定提供适用的信息。第四章，市场竞争者分析。分别讲解如何识别和分析竞争者，论述市场基本竞争战略，分析市场竞争者策略。第五章，营销调研和预测。主要分析了市场营销系统的构成体系及作用，重点分析了营销调研方法和需求预测方法。让学者掌握调查研究的方法以及调研报告的写作技能，更好为决策服务。第六章，市场购买行为分析。主要分析了消费者市场、生产者市场等市场的特点、影响购买行为的因素、购买决策过程等。为企业进行市场传播定位的设计提供指导。第七章，目标市场营销战略。以市场细分为基础，分析了目标市场的选择方法、策略和考虑的因素，最后研究了市场定位战略与策略。第八章，产品策略。以产品整体概念为核心，分析了产品的组合策略、市场寿命周期策略和包装策略，以及新产品开发程序和扩散理论。第九章，品牌策略。本章主要分析了品牌的概念与重要作用；品牌设计的原则；品牌注册与使用策略；及如何打造品牌等。第十章，价格策略。本章研究了影响产品定价的因素和定价方法，重点分析了产品定价策略。第十一章，分销渠道策略。本章分析了分销渠道的概念、类型、作用和策略，为营销者有效设计渠道提供指导。第十二章，促销策略。本章在分析促销理念和促销组合理论的基础上，分别对广告理论、公关理论、人员推销理论和营业推广理论进行较为详细的分析和研究。第十三章，市场营销组织管理。本章主要介绍了市场营销计划与组织、市场营销控制。第十四章，数字化时代下的营销创新。本章主要分析数字化时代新的数字媒体和社交媒体给营销界带来的影响，如何戏剧性的改变了企业和产品吸引消费者的方式、消费者之间的相互联系，以及影响品牌认知和消费者彼此相互影响品牌购买行为的方式。第十五章，全球化营销。本章主要分析全球化营销环境，选择全球化营销决策，即是否进入全球化市场、进入哪一个市场，以什么方式进入以及全球化营销组合决策等，拟定全球市场营销方案。

本书由李丰威教授和朱雪芹教授担任主编，其中：朱雪芹负责第一章、第十一章、第十二章、第十四章；李丰威负责第二、第三、第四章、第十五章；张文娟负责第五、第六章；王娟负责第七、第八章；王丽霞负责第九、第十章；刘静负责第十三章。

本书是在各位教师营销教学和营销实践的基础上就最新的营销思考和实践进行独到的归纳和全面系统的展示，会使营销学习和教学更富有成效和乐趣，让读者容易学习和消化，其主要的特点如下。

第一，本书思路清晰，内容设计逻辑性强，知识模块深度融合。从内容设计上看，整本书各章之间内容环环相扣，同时，每一章节又自成体系，有学习目标、导入案例、案例点评、正文、思考题和课后案例分析等。

第二，本书在案例选取、问题设计上，借鉴他人研究成果，加入教师自己在教学实践中编写的教学与实践案例。案例取材紧扣时代主题，做到适用、经典、新颖、化繁为简、通俗易懂。

第三，本书知识链接突出独特新颖、引人入胜。为了丰富教学，增强学生的学习兴趣，每章内容都结合知识点增加小链接，力求激发学生自动探究知识的热情。比如如何把梳子卖给和尚、双簧价格、亚都征询公关、钻缝经营、招聘中的价值观念等等。

第四，本书紧扣时代主题，理论前沿。经济在发展，环境在变化，消费需求在增长，营销理论也在不断创新，我们在市场营销学原有体系的基础上，增加了部分营销研究的先进成果。如互联网时代的营销变革，对互联网背景下 4P 策略的内容进行了较为系统的补充和完善，实现了经典营销理论与前沿营销理论的有效融合。

在本书编写过程中，我们参阅了大量文献，得到了国内营销专家的指导和建议，并借鉴了其部分研究成果，除注明出处外，不能一一列出，在此表示感谢。同时，本书的出版也得到了华北水利水电大学、郑州航空工业管理学院和河南师范大学新联学院的大力支持，我们在此一并表示感谢。

书中的不妥之处，恳请广大读者批评、指正！

编　者

2019 年 6 月

目录

第一章　市场营销学概述　1

导入案例　1
第一节　市场营销概念界定　2
第二节　市场营销学的发展　7
第三节　市场营销观念　12
第四节　顾客满意理论　20
第五节　市场营销学的研究内容与学习方法　25
本章小结　28

第二章　企业战略计划与营销管理　29

导入案例　29
第一节　企业战略计划　30
第二节　企业战略计划过程　35
第三节　市场营销管理过程　45
本章小结　51

第三章　营销环境分析　53

导入案例　53
第一节　营销环境及其特征　54
第二节　宏观环境分析　57
第三节　微观环境分析　67
第四节　营销环境机会、威胁与企业对策　71
本章小结　72

第四章　市场竞争者分析　74

导入案例　74
第一节　识别和分析竞争者　77
第二节　市场基本竞争战略　84

第三节 市场竞争者策略 89
本章小结 94

第五章 营销调研和预测——洞察顾客需求动向 96

导入案例 96
第一节 大数据与营销信息系统 97
第二节 市场营销调研 103
第三节 市场需求的测量与预测 110
本章小结 119

第六章 市场购买行为分析——理解购买者需求 120

导入案例 120
第一节 消费者市场购买行为分析 121
第二节 组织市场购买行为分析 141
本章小结 150

第七章 目标市场营销战略——为目标顾客创造价值 152

导入案例 152
第一节 市场细分理论 153
第二节 目标市场战略 163
第三节 市场定位战略 168
本章小结 175

第八章 产品策略——建立顾客价值 176

导入案例 176
第一节 产品的整体概念 177
第二节 产品组合策略 180
第三节 产品的市场生命周期策略 184
第四节 产品包装策略 188
第五节 新产品开发与扩散 192
本章小结 198

第九章 品牌策略——提升顾客价值 200

导入案例 200
第一节 品牌概述 201

第二节 品牌设计与价值 206
第三节 品牌策略及其选择 209
本章小结 215

第十章 价格策略——获取顾客价值 216

导入案例 216
第一节 影响企业定价的因素 217
第二节 定价方法 222
第三节 定价策略 228
第四节 价格调整 235
本章小结 238

第十一章 分销渠道策略——传递顾客价值 240

导入案例 240
第一节 分销渠道及类型 243
第二节 中间商 250
第三节 分销渠道设计与管理 254
第四节 物流决策 268
本章小结 272

第十二章 促销策略——传播顾客价值 274

导入案例 274
第一节 促销与促销组合 275
第二节 广告策略 280
第三节 公共关系策略 289
第四节 人员推销策略 295
第五节 营业推广 302
本章小结 304

第十三章 市场营销组织管理 306

导入案例 306
第一节 市场营销计划与组织 307
第二节 市场营销控制 316
本章小结 321

第十四章 数字化时代下的市场营销 323

导入案例 323
第一节 数字营销概述 325
第二节 网络营销 329
第三节 社交媒体营销 335
第四节 移动营销 338

第十五章 全球化营销——营销拓展 341

导入案例 341
第一节 全球化营销环境分析 342
第二节 全球化营销决策 348
第三节 拟定全球市场营销方案 350

参考文献 355

第一章

市场营销学概述

【学习目标】

1. 要求掌握市场营销的核心概念；
2. 理解市场营销观念、营销理论及其运用；
3. 理解顾客满意与顾客让渡价值的内涵和意义；
4. 把握市场营销学的研究内容。

导入案例：

华为 P10“闪存门”事件之后

华为“闪存门”：现售 P10 机型中，不同等级不同规格的闪存芯片混用，同样是 P10，有的用的是 emmc5.1，有的用的是 UFS2.0，有的是 UFS2.1，UFS2.0 的性能是 emmc5.1 的两倍，而 UFS2.1 的性能是 emmc5.1 的三倍。而官方发布会上演示时使用的 P10 使用的则是最好的 UFS2.1，于是用户被误导以为所有的 P10 都使用的是 UFS2.1。现在曝出来之后，广大用户感觉自己受到了欺骗。

华为 P10“闪存门”事件后，内部进行了深刻的反思。

第一个反思就是要想着怎么解决供应链短板的问题。

第二个反思就是应该把多种解决方案的情况告知消费者，同时在宣传上要反复推演，仔细推敲。

第三个反思就是要以消费者为中心，任何消费者感觉不满意的地方都要做改进。

同时，华为还特意成立了“消费者聆听特别行动小组”，主动聆听来自消费者的各种声音，以客户为中心。

（资料来源：根据网络资源整理）

点评：

对于一个企业来说，建立一个品牌需要花费很长的时间。华为首款 P1 手机发布于 2012 年 1 月，首款 mate 手机发布于 2013 年，经过数年的打造，直到 2014 年的 P7 和 mate7 才获得用户的广泛认可。但是毁掉一个品牌只需要旦夕之间。中国作为全球最大的智能手机市场，华为等国产手机品牌逐渐发展成为全球知名品牌，华为理应重视消费者的声音，最好的办法或许是真诚的道歉认错，并提供切实可靠的解决方案以获得消费者的谅解，把客户中心落到行动，迅速挽回声誉，以确保其长远的发展。

第一节

市场营销概念界定

一、市场营销的含义

市场营销是一门科学，也是一门艺术，不同的人出发点不同，站的角度不同，给市场营销下的定义也不同。因此，理论界和企业界对市场营销的定义各有千秋。

1. 美国市场营销协会（American Marketing Association：AMA）的定义

其定义在不同时代是不同的：

（1）1960 年（AMA）的定义是：引导货物和劳务从生产者引向消费者或用户所进行的一切企业活动。

（2）1985 年（AMA）的定义是：为创造交易和满足个人与组织目的而对主意、产品和服务的创意、定价、促销和分销进行计划和实施的过程。

（3）2004 年（AMA）的定义是：市场营销既是一种组织职能，也是为了组织自身及利益相关者的利益而创造、传播、传递客户价值，管理客户关系的一系列过程。

2. 著名专家的定义

美国著名营销学家菲利普·科特勒（Philip Kotler）教授认为：市场营销是个人和群体通过创造并同他人交换产品和价值，以获得其所需所欲之物的一种社会活动和管理过程。

我们可以从以下几个方面来理解这一定义：第一，“交换”是市场营销的核心；第二，市场营销是一种社会活动和管理过程；第三，市场营销的最终目标是使个人和群体获得其所需所欲之物；第四，个人和群体是通过“创造并同他人交换产品和价值”这一手段来达到其目标的。

3. 本书市场营销的定义

市场营销是指以满足顾客需要为中心，并为获得利润，而从事的与市场有关的一系列营销活动。这一定义包含以下几层含义：第一，营销的目的，就是为了谋求利润；第二，营销活动的指导思想，以满足顾客需要为中心；第三，营销的手段，就是与市场相关的一系列营销活动，包括：市场研究，消费者购买行为分析，目标市场选择，规划产品、价格、渠道和促销等营销战略和战术，对营销活动的控制等等。

二、市场营销的含义中涉及的相关概念

无论是哪种定义，一般而言，市场营销的内含都包含了下列一些相关概念：需要、欲望和需求；产品或服务；价值；交换、交易和关系；市场；市场营销者和预期顾客。

（一）需要、欲望和需求

需要和欲望是市场营销活动的出发点。需要是指没有得到某些基本满足的感受状态。如人们为了生存和繁衍，需要食品、衣服、住所等，这些是人类的生理需要。此外，人类还有安全、归属、受人尊重、自我实现等的需要。我们可以将这些需要划分为生理性需要和社会性需要。需要存在于营销活动出现之前，市场营销者不能凭空创造它们。

欲望是指想得到能够满足需要的具体产品的愿望。欲望受个人所处的不同文化及社会环境的影响，如为满足"解除饥饿"这种生理需要，一个美国人可能去麦当劳购买汉堡包，一个中国人可能去拉面馆购买一碗拉面。虽然营销者不能创造需要，但是他们可以影响消费者的欲望。

需求是指人们有能为购买并且愿意购买某个具体产品的欲望。某个消费者想要交通工具，这是他的需要；他想要一辆奔驰轿车，这是他的欲望；如果他有能力购买奔驰轿车的话，那么我们可以认为他对奔驰轿车有需求。市场营销者可以通过推出消费者喜欢的产品，为产品制定合适的价格，积极地宣传产品和使消费者更容易得到等各种营销手段来影响需求。

根据需求水平、需求时间的不同，需求有以下8种形态。在不同的需求状况下，营销管理的任务有所不同。

1. 负需求。如果绝大多数人讨厌某种产品，甚至愿意付出一定代价来回避这种产品，那么这种产品就处于一种负需求的状态。负需求产生的原因可能是消费者认为产品的价格太高及对商品缺乏了解。营销者的任务是改变营销。即分析市场为什么不喜欢这种产品，通过重新设计产品，降低价格和更积极促销的营销方案，改变消费者的态度和信念，使之成为企业的现实顾客。

2. 无需求。这是指目标市场对产品毫无兴趣或漠不关心，其主要原因在于消费者没有把商品的功效与自己的利益联系在一起。如很多消费者不知道银杏产品和螺旋藻产品的药用价值和保健功能。营销管理的任务刺激营销。即设法把产品的好处和人的自然需要、兴趣联系起来，刺激需求，使原来无需求的消费者产生需求。

3. 潜在需求。是指现在的产品不能满足的需求。如人们对无害香烟的需求。营销者首先要衡量潜在市场的大小，如果这一市场足够大的话，营销者需要研究和开发能够满足潜在需要的商品或服务。所以，营销的任务是开发营销。

4. 下降需求。是指市场对一个或几个产品的需求呈下降趋势的情况。很多下降需求是由于消费者需求的变化、新产品的替代引起的。营销管理者要分析需求衰退的原因，决定能否通过开辟新的目标市场、改变产品特色，或采用更有效的促销手段来重新刺激需求，扭转需求下降趋势，即重振营销。

5. 不规则需求。是指需求与供给之间在时间和空间范围上的错位，造成企业忙闲不均的状态。如周末和上下班时，公交车很拥挤，有时公交车上的座位没人座；周末博

物馆人满为患，平时则门可罗雀；黄金周一些旅游景点的游客很多，在淡季游客很少。对于不规则需求，企业营销管理的任务就是协调营销。即通过同步性的营销配合需求，使需求与供给在时空上的矛盾减至最低程度，从而充分利用资源，降低营运成本。

6. 充分需求。是指某种商品的目前需求水平和时间与企业期望的需求水平和时间相一致，这是一种很理想的需求状态。但是，消费者的需求偏好可能发生变化，竞争者可能会推出消费者更喜欢的新产品。这导致任何充分需求都难以永久存在下去。这时，营销者的任务是维持营销。即保持和不断提高产品质量，经常测量消费者的满意程度，密切注视消费者偏好的变化和竞争对手的情况。

7. 过度需求。是指某产品的需求超过了企业所能或所愿提供的产品数量。在过量需求的情况下，营销者的任务是实施“低营销”，即想办法降低消费者的需求水平。低营销包括一般的低营销和有选择的低营销。一般的低营销是指通过提高产品的价格，减少服务和促销活动，降低需求水平；有选择的低营销则是尽量降低对企业的赢利贡献较小，甚至使企业亏损的消费者的需求水平。

8. 有害需求。是指消费者对某种有害于个人或社会的商品或服务产生的需求。对烟、酒、黄色小说和电影、毒品、武器等的需求都是有害需求。营销者的任务是抵制营销。即积极地宣传其危害性，让消费者放弃这些产品。

（二）产品或服务

产品或服务是能够满足人的需要和欲望的任何东西。产品包括既有形的商品，也包括无形的服务、体验、事件和信息等。

1. 商品包括人们购买的食物、饮料、衣服、商品房、汽车等。

随着经济的发展，服务业在经济中所占的比重越来越大。如果没有理发店、旅馆、保险公司、航空公司、管理咨询公司等提供的服务，我们的社会将会变的混乱不堪。

2. 体验可以被生产和销售，可以满足消费者的需要。约瑟夫·派恩和詹姆斯·吉尔摩在《体验经济》中讲述的一个故事很好地证明了这一点。在 20 世纪 60 年代，丽贝卡的妈妈过生日时，丽贝卡的奶奶亲手烤制生日蛋糕，她购买价值 1 毛、2 毛的蛋糕原料：20 世纪 80 年代，丽贝卡过生日时，妈妈打电话给超市或当地的面包房订生日蛋糕，这种定制服务将花费 10 ~ 20 美元，而许多父母却认为定制蛋糕很便宜，毕竟这样做，他们可以集中精力于计划生日聚会；21 世纪初，丽贝卡的女儿过生日时，丽贝卡会把整个聚会交给“迪士尼俱乐部”公司来举办。在一个叫纽邦德的旧式农场，丽贝卡的女儿和她的 14 个小朋友一起体验了旧式的农家生活。他们用水洗刷牛的身体，放羊、喂鸡，自己制造苹果酒，还要背着干柴爬过小山，穿过树林。丽贝卡为此付给公司一张 146 美元的支票。丽贝卡女儿的生日祝辞上写着：“生日最美妙的东西并非物品。”

3. 事件，如奥运会、明星的演唱会、贸易展览会等也可以满足人们的需要和欲望。

4. 许多企业和个人通过出售信息和知识，获取利益，信息和知识也可以满足人们的需要和欲望。

小链接：

“尤伯罗斯模式”

在20世纪80年代之前，举办奥运会的城市是赔钱的，1976年蒙特利尔奥运会欠下了10亿美元的巨债，1980年莫斯科奥运会耗资90亿美元，亏损更为严重。第23届奥运会竟到了只有洛杉矶一个城市申办的尴尬境地。尤伯罗斯临危受命，任奥运会筹委会主席，对1984年洛杉矶奥运会进行商业化运作。这届奥运会，不但没有亏损，反而盈利2.5亿美元。奥运会的传统筹资来源主要有三个：政府资助、彩票和捐款，然而，加州拒绝资助奥运会；发行彩票在加州是非法的；政府不允许奥委会和慈善机构争夺捐款。尤伯罗斯不得不从其他来源获得资金。尤伯罗斯的第一个商业创意就是电视转播权的招标。在电视转播权的出售中，尤伯罗斯采用了招标的办法，组委会规定每个有意愿转播奥运会的电视公司须支付75万美元的招标定金。很快，包括美国三大电视网的五家电视机构带来了定金，每天的利息有1000美元。在投标中，仅在美国就卖出了2.25亿美元的“天价”；加上其他地区，总进账飚升到2.87亿美元。此外，他将赞助商严格限制在30家以内，只选择一流的超级企业，每种类型保留一家；赞助额最低线为400万美元。结果，大大激化了同类公司之间的竞争。可口可乐饮料公司出资1260万美元，压过了百事可乐公司。日本的富士胶卷公司出资700万美金，取代了柯达公司，成为奥运会专用胶卷。以后的各届奥运会基本上都按照“尤伯罗斯模式”进行运作，1988年汉城奥运会盈利3亿美元，1992年巴塞罗那奥运会盈利500万美元，1996年亚特兰大奥运会盈利1000万美元，2000年悉尼奥运会收入17.56亿美元。

（资料来源：《十年一剑——何学林的大策划》，何学林著，浙江人民出版社。有删改）

（三）价值

一般来说，价值是顾客所得到的利益与其所付出成本的比值。顾客得到的利益包括功能利益和情感利益；顾客付出的成本包括货币、时间、精力成本。价值可以用以下公式表达：

价值＝利益/成本＝（功能利益＋情感利益）/（货币成本＋时间成本＋精力成本）

企业可以通过以下几种方法提高购买者所得到的价值：第一，提高利益，降低成本，大幅度提高价值；第二，利益不变，降低成本，提高价值；第三，利益有所提高，成本不变，提高价值；第四，利益增加幅度高于成本增加幅度，提高价值；第五，利益降低幅度低于成本降低幅度。

（四）交换、交易和关系

人们可以通过各种方式取得产品，如自产自用、偷、抢、乞讨和交换等方式。自产自用是不存在交换的，偷抢是违法的，乞讨不符合情理。在这种情况下，市场营销并不存在。而只有在交换方式下，市场营销才存在。交换是指以某种东西作为回报，从他人哪里取得所需要的东西的行为。

交换的发生，必须具备五个条件：第一，至少要有交换的两方；第二，每一方都有对方需要的东西；第三，每一方都有沟通和传送产品的能力；第四，每一方都可以自由地接受或拒绝对方的产品；第五，每一方都认为与对方进行交易是称心如意的。

交换是一种过程，如果在这个过程中，双方达成一项协议，交易行为就发生了。交易是交换双方之间的价值交换，是交换活动的基本组成单位。一种典型的交易是货币交易，如甲给乙4000元，从而得到一台电脑。另外，交易还包括商品与商品、商品与服务、服务与服务之间交易。建立在交易基础上的营销称之为交易营销。

关系营销理论是在传统营销理论已呈现出诸多缺陷的格局下产生的新营销理论之一。关系营销是为了满足企业和相关利益者的目标而进行的识别、建立、维持、促进同消费者的关系，并在必要时终止关系的过程，这只有通过交换和承诺才能实现。与顾客建立长期合作关系是关系营销的核心内容。与顾客、分销商、经销商、供应商等建立、保持并加强良好的关系要靠长期承诺和提供优质产品、良好服务和公平价格，以及加强经济、技术和社会各方面联系来实现。

(五) 市场

市场营销是企业的基本职能之一，而企业的营销活动又都是围绕市场开展的，受到市场环境的影响和制约。在市场经济中，只有提供的产品或服务符合市场需要，企业才能生存与发展，企业也才有存在的价值。市场是企业实现其任务与目标的关键所在，是企业一切活动的外部基础，是联系生产和消费的桥梁和纽带。因此，企业只有认识市场，深刻地理解市场的需要，根据市场的需要有效地配置资源和培育企业的能力，才能更有效地开展市场营销活动。

市场的概念伴随着经济的发展，其内涵也在不断的丰富和完善。主要表述如下：

(1) 传统的观念认为，市场是买主和卖主聚集在一起进行交换的场所。企业了解商品交换活动的地点或区域，非常重要。因为企业只有了解自己的产品销往哪里，卖给谁，由谁来卖（超市、百货商店、网店），才能真正做到以销定产，适销对路。但这一定义不够全面，因为市场不仅仅包括交易的场所，还包含消费者所需所欲。

(2) 现代经济学家认为，市场是买者和卖者相互作用并共同决定商品或劳务的价格和交易数量的机制。这一定义是从商品供求关系的角度提出来的。当商品供应大于需求时，买方占主导地位，在交易双方拥有更多话语权，商品的价格就会降低；当商品的需求量大于供给量，卖方在交易双方占主导地位，拥有更多话语权，商品的价格往往就会高于正常水平。因此，理解市场的这一定义，对企业营销决策十分重要。

(3) 营销学家则认为，市场是由那些具有特定的需要或欲望，而且愿意并且能够通过交换来满足这种需要或欲望的全部现实和潜在顾客所构成。在营销者看来，所有的买主构成市场，所有的卖主则构成行业。我们可以用一个简洁的模型图，将行业与市场的关系反映出来。见图1-1。买方用自己的货币收入向卖方购买需要的商品和服务，卖方则通过向买方出售商品和服务，获得利润。卖方将产品或服务的信息传递给买方，从买方获得其反馈回来的信息。这一系统内圈反映的是商品和货币之间的交换，外圈反映的是信息的交换。

营销学家的这一定义对企业尤为重要。因为企业的产品通过市场来实现销售并获得利润，市场就必须具备人口（顾客）、购买力（支付能力）、购买欲望三个要素。所以，营销学者把市场用一个简单公式概括为：

市场 = 人口 + 购买欲望 + 购买力

一般来讲，人口越多，市场规模就越大。购买欲望是指购买商品的动机、愿望和要求，是潜在购买者转化成现实购买者的重要条件。购买力是指人们支付货币购买商品或服务的能力，收入越高，购买力越强，市场规模也越大；只有当人们有购买欲望又有购买能力时，企业才能真正实现销售。因此，营销工作者不仅要善于刺激、激发消费者的购买欲望，而且要善于发现准顾客，即对有购买能力的顾客开展营销活动，才能事半功倍。

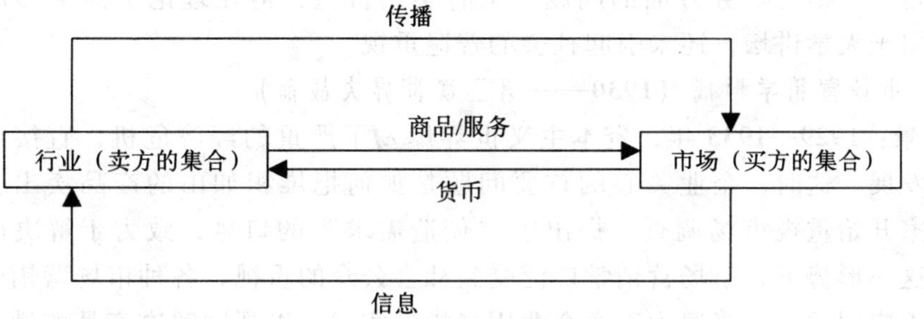

图 1-1 一个简单的营销系统

6. 市场营销者与预期顾客

在交换过程中，如果一方比另一方更主动、更积极地寻求交换，我们就将前者称之为市场营销者，将后者称之为潜在顾客。换句话说，市场营销者可以是卖方，也可以是买方。当买卖双方都在积极寻求交换时，我们就把双方都称为营销者，并将这种情况称为双边市场营销。

第二节

市场营销学的发展

一、市场营销学的形成

（一）市场营销学产生（1900—1930 年）

1. 产生背景：工业革命导致供需矛盾尖锐。市场营销学于 20 世纪初创建于美国。19 世纪末 20 世纪初，世界主要资本主义国家先后完成工业革命，使生产规模迅速扩大，加速了资本的积聚和集中，竞争加剧。这一时期，泰罗所倡导的科学管理运动在企业中普遍得到运用，这种以提高劳动生产率为中心的科学管理方法运用的结果是，商品迅速增加，供求矛盾出现并日渐加剧，他们要求对商品流通领域有更大的影响，开始重视生产计划和销售计划的制定，产品的推销和广告。在这种背景下市场营销作为一门独立的经营管理学科诞生了。

2. 这一时期成果：把推销术和广告术开始运用到商品流通中。1902 年、1903 年度起，美国的密执安、加利福尼亚和伊利诺斯州的三所大学的经济学系正式设置了市场营销学课程，并把市场营销问题当作了一门学科来研究。这一时期主要代表性的人物和著作：1904 年，W·E·克罗西在宾夕法尼亚大学开设了“产品市场营销”课程；1910 年 R·S·巴特勒在威斯康星大学开设了“市场营销方法”课程；1912 年，美国哈佛大学教授赫杰特齐（J·E·Hegertg）写出了第一本以“marketing”，使市场营销学从经济学中分离出来，成为一门独立的学科。

3. 局限：这一时期的市场营销学局限在流通领域，真正的市场营销观念尚没形成。内容主要是商业销售实务方面的问题，虽有实用价值，但在理论上尚未形成完整的体系，且仅限于大学讲坛，还未引起社会的普遍重视。

（二）市场营销学形成（1930——第二次世界大战前）

1. 背景：1929—1933 年，资本主义世界爆发了严重的经济危机，直接危及到企业的生存和发展。这时，企业关心的首要问题是如何把堆积如山的产品卖出去。为了生存，企业家开始重视市场调查，提出了“创造需求”的口号，致力于解决产品的销路问题。在这一形势下，市场营销学广泛受到社会公众的重视，各种市场营销学理论相继由高校进入应用领域，普遍为工商企业用来指导实践，以帮助解决产品的销售问题，由此逐步建立了市场营销学的理论体系。这一时期，美国的高等院校和工商企业建立的各种市场研究机构，有力地推动了市场营销学的普及和研究。例如，1937 年全美“市场营销协会”（AMA）成立，极大地促进了营销理论的研究和应用。

2. 主要成果：首次提出创造需求的思想。主要代表人物和著作：弗莱德·克拉克和韦尔法在其《农产品市场营销》（1932 年）中将农产品市场营销系统划分为集中（农产品收购）、平衡（调节供求）和分散（化整为零销售）三个相互关联的过程，详细研究了营销者在其中执行的 7 种市场营销职能：集中、储存、融资、承担风险、标准化、销售和运输。拉尔夫·亚历山大（Ralph S · Alexander）等学者在 1940 年出版的《市场营销》一书中，强调市场营销的商品化职能包含适应顾客需要的过程，销售是“帮助或说服潜在顾客购买商品或服务的过程”。

3. 局限。仍局限在流通领域，重点仍在于研究广告和推销术等商业推销实务和技巧。

（三）市场营销学的革命（第二次世界大战后——20 世纪 60 年代末、70 年代初）

1. 背景：“二战”后，市场营销学从概念到内容都发生了深刻的变化。原因是美国结束了战后的恢复时期，大量的军事工业转向民用，促进生产力极大提高，社会产品数量剧增，市场态势发生了重大变化；一方面商品供应数量空前增加，新产品日新月异，形成买方市场；另一方面，由于资本主义政府汲取了 20 世纪 30 年代大危机的教训，推行了一整套高工资、高消费和高福利的社会经济政策，以刺激和提高居民的购买力，使消费者对于商品的购买选择性日益增强，供求矛盾更加尖锐。在这种情况下，企业之间市场竞争愈演愈烈，使得原来的市场营销学理论和实务，不能适应企业市场营销活动的需要。于是，在市场营销的理论上出现了一个重大突破，形成了“以消费者为中心”的现代市场营销观念。市场营销学的研究突破了流通领域，深入到生产领域和消费领域中去，形成了现代市场营销学体系。

2. 主要成果：战后 50 多年来，市场营销论著如云，理论不断创新。营销学逐步建立起以“满足需求”“顾客满意”为核心内容的框架和体系。主要代表人物和著作：

①1950年左右，尼尔·鲍顿开始采用“市场营销组合”这个概念，确立了营销组合的12个因素。他指出营销学家将比经济学家（他们主要关心价格）、销售人员（他们关心推销）和广告人员（他们把创造需求视为广告的主要功能）等走得更远。②乔尔·迪安在他的关于有效定价政策的讨论中采用了“产品生命周期”的概念，对产品市场作了开拓期、市场扩展期和成熟期的划分。③20世纪50年代中期，美国的市场营销学家温德尔·斯密总结了一些企业市场营销的实践经验，提出了市场细分这一重要的概念和方法，从而为企业选择目标市场，实行目标市场营销提供了基本的思路和手段。④1955年西德尼·莱维提出了“品牌形象”这个概念。尤其为广告人员和公关人员所偏爱，它创造了各种研究机会，扩大了就业，并证明了巨额的广告费支出对于建立品牌形象是有益的。⑤1957年通用电气公司的约翰·麦克金特立克阐述了所谓“市场营销概念”的哲学，并称它为公司效率和长期盈利的关键。他认为，一个组织，脚踏实地从发现顾客的需要，然后给予各种服务，最终使顾客得到满足，便是以最佳方式满足了企业自身的目标。正如顾客所希望的，市场营销概念的重点从“以产定销”移到了“以销定产”。⑥1959年，哥伦比亚大学的阿贝·肖克曼让我们见识了“营销审计”这一概念。如此众多的公司被关在生产、产品或营销导向的圈子里，不知如何去寻找公司的发展机会和途径。许多公司已经死了，或正在死亡却全然不觉。公司应该定期进行营销审计，以检查它的战略、结构和制度是否与它们最佳的市场机会相吻合。以上是20世纪50年代出现的六个里程碑式的概念，被称为“金色的50年代”。

20世纪60年代五个重要概念：①麦卡锡在1964年出版的《基础市场营销学》一书中，提出著名的“4P组合”，即：产品（Product）、价格（Price）、地点（Place）、促销（Promotion）。②1961年，西奥多·雷维特发表了著名的“营销近视症”，他指出，有些行业在困难期间衰退的原因在于他们所重视的是“产品”，而不是“顾客需要”。任何产品都只是满足一个持久需要的现有手段，一旦有更好的产品出现，便会取代现有产品。③1963年，威廉·莱泽提出了“生活方式”的概念。这一概念曾为某些社会学家所用，各种生活方式比社会阶层更为生动地向我们揭示了人们的消费方式，我们越来越多地按照某一特定生活方式生活的群众需要来设计产品。④1967年，约翰·霍华德和杰迪什·谢斯提出了“买方行为理论”。⑤1969年，西德尼·莱维和菲利普·科特勒提出了“扩大的营销概念”。他们认为，营销学不仅适用于产品和服务，也适用于组织、人、地方和意识形态。所有的组织，不管他们是否进行货币交易，不管他们干得好或坏，事实上都在搞营销。

3. 局限性：过度强调顾客需要的满足和企业获利，忽视社会长远利益的需要和满足，不利于于企业可持续发展。

（四）市场营销完善阶段（20世纪70年代至今）

20世纪末期，随着绿色经济、绿色消费的兴起，企业面临着新的挑战与机遇，树立绿色营销观念，开展绿色营销，正成为企业适应环境变化，从而实现生存和发展的一个关键性问题。在这一背景下，营销学家和企业界开始对20世纪60年代的营销进行反思，一些重要理论的出现使营销理论趋于成熟和完善。

重要概念：①1971年，杰拉尔德·查特曼和菲利普·科特勒提出了“社会营销”，促使人们注意到营销学在传播意义重大的社会目标方面可能产生的作用，如环境保护、计划生育、改善营养、适用安全带等等。②1971年，西德尼·莱维和菲利普·科特勒提出了“低营销”这一概念。他们认为，在某种环境中，营销经理必须掌握如何有选择地或全面地减少需求水平的技能，就像他擅长扩大需求一样。他们阐述了如何把不同的营销组合根据用于降低市场需求。如原油价格——对短缺的预言。③1972年，艾尔·列斯和杰克·特罗在《广告世界》杂志上发表了论文，提出了“定位”这个富有吸引力的概念。他们认为，即使公司没有在广告中为产品定过位，这些产品在顾客大脑中也应是有一定位置的。④20世纪70年代早期的经济冲击导致了战略计划这一概念。波士顿咨询集团说服公司不要对其所有的业务一视同仁，而应该根据各种业务的市场份额成长的情况，决定那些业务必须建立，哪些应该保留，或者收获，或者淘汰，这就是所谓的“业务投资组合法”。对营销者而言，营销并不仅仅以为了增加销售额，因此，产生了“战略营销”这一概念。⑤1981年，莱维·辛格和菲力普·科特勒考证了“营销战”概念以及军事理论在营销战中的应用。几年后，列斯和特罗出版了他们关于营销战的书，在英国和法国也出版了类似的著作。列斯和特罗显示了他们真正的广告代理商的才智，租用了一辆军用坦克，沿着纽约第五大街，兜售他们的营销战一书。⑥1981年，瑞典经济学院的克里斯丁·格罗路斯发表了论述“内部营销”概念的论文。他认为，在培养公司经理和雇员接受以顾客为导向的概念时，公司所面临的问题比为顾客开发有吸引力的产品和服务更为棘手。⑦1983年，西奥多·莱维特写了另一篇堪称里程碑的论文，他在文章中明确提出了“全球营销”的概念，他呼吁多国公司向全世界提供一种统一的产品，并采用统一的沟通手段。他发现，过于强调对各个当地市场的适应性，将导致生产、分销和广告方面规模经济的损失，从而使成本增加。他的观点激起了一场暴风雨式的争议。⑧“直接营销”是指在零售店外向人们销售的一种新方式。它的原始形式是上门推销和直接邮寄，现已发展到集会推销、电话推销、家庭电视购物、计算机购物等。⑨1985年，巴巴拉·本德·杰克逊提出“关系营销”。其贡献之处在于，他使我们了解到“关系营销”将使公司获得较之其在交易营销中所得到的更多的利润，较之交易营销更好地抓住了营销概念的精神实质。⑩1986年，菲利普·科特勒在《哈佛商业评论》（3～4月号）发表了《论大市场营销》。他提出了“大市场营销”概念，即在原来的4P组合的基础上，增加两个P：“政治力量”（Political Power）、“公共关系”（Public Relations）。这一概念的提出，是20世纪80年代市场营销战略思想的新发展。

另外，1986年，加拿大工业市场营销学会主席埃恩·戈登又提出了以“竞争观念”取代“市场营销观念”。菲利普·科特勒在加拿大蒙特利尔为纪念美国市场营销协会成立50周年而举行的世界市场营销学大会上，作了题为《市场营销思想新领域》的学术报告。在报告中他预言，20世纪90年代将出现一系列新的市场营销观念，如定制营销（Customized Marketing）、营销网络（Marketing Network）、纯粹营销公司（Pure Marketing Companies）等。

二、市场营销学在中国

早在20世纪30年代，我国就有市场营销学的译本，现存最早的教材是丁馨伯编译的《市场学》，由复旦大学在1933年出版。但由于战乱和半殖民地半封建的经济政治条件的限制，市场营销的理论和运用，失去了生存的土壤。新中国成立后，从 20 世纪 50 年代到 70 年代末，由于中国高度集中的计划经济体制，统购包销，计划分配，使营销学的理论不被人重视，受到冷落而销声匿迹。

改革开放以后，转移到以经济建设为中心。到 20 世纪 70 年代末 80 年代初，西方的营销理论被逐渐引进到中国，用来指导中国的营销实践，在中国的传播大致可总结为三个阶段：

（一）市场营销理论介绍期（1978—1984 年）

1978 年召开的中共十一届三中全会确立对内搞活，对外开放的方针，成为西方营销理论在我国传播运用的新起点。这一时期，营销学引进的特点是，主要在全国抽调一些企业的厂长、经理，主管经济工作的干部，重点大专院校的教师，通过开办培训班的形式，学习营销学的理论和方法。传播面比较窄，影响力较小。

（二）营销学快速发展运用期（1985—2002 年）

1985—1991 年，全面改革时期，也采取了三项重大举措：一是十二届三中全会通过了《中共中央关于经济体制改革的决定》。二是理顺国家和企业的关系，改革企业的经营机制，推行配套的改革制度，出现了企业的承包、转让、联合、租赁、兼并等现象，三是经济法律体系的形成。

这些改革使经济体制改革由农村走向城市，部分企业开始由计划走向市场，迫切需要通过营销理论的指导，使企业与市场接轨，这一需求拉动了营销理论在中国的快速传播。这一时期营销学对企业影响主要表现在，企业由单纯的重采购开始购销并重，建立销售部门，开始考虑如何把产品通过市场卖出去。

1992—1999 年，解放思想，改革开放的新高潮时期，重大的事件：一是 1992 年初邓小平的南方谈话，提出了三项标准、解决了姓资姓社的问题；二是确定了我国的社会主义的市场经济的目标模式，经济上保持了高速的发展态势；三是改革的理论逐步走向成熟，如提出了现代企业制度，确定邓小平理论的指导作用。当然也存在着许多问题，如把企业推向市场，通过平等竞争，优胜劣汰，由于计划经济思想的束缚，导致下岗职工增加，这一时期，迫切需要新的营销理论的指导和真正在实践中的运用。这成了营销理论真正在中国发挥作用的转折点。像当时河南春都、海尔集团，都是营销理论在中国运用的成功典例。

2001 年 12 月，中国加入世界贸易组织（WTO），意味着中国企业面临的环境发生了根本性变化。这一时期，很多企业管理者在营销思想上开始与国际接轨，对营销理论运用游刃有余，成为行家里手。

（三）市场营销理论创新期（2003 年至今）

形成条件：一是中国市场的差异性，中国转型市场的特殊环境给我们企业提供了创新的基础。多数跨国公司的高层管理者在进入中国市场数年后都曾感叹："中国市场太大、太复杂、变化太快。"中国市场环境和市场运作在不断转型，由此中国市场称之为转型市场。二是中国消费者行为的差异性为营销创新也提供了另一个基础。中国消费者有着完全不同于西方消费者的消费习惯。有些特殊因素影响中国消费者的行为，如政府政策，房地产春天的来临主要是因为单位福利房政策的取消；此外，中国的消费环境在急速变化，如高速公路的迅速发展，给汽车市场提供了一个有利的环境。中国文化及价值观，收入的快速上升，这些都构成了中国消费者的购买行为会不同于西方。尤其是改革开放以来，跨国公司对中国经济的影响日渐深入，本土化营销成为企业成功营销的中心。于是市场营销理论与实践在中国迅速发展，进入创新期。主要表现为：

首先，观念创新。越来越多的企业开始由单纯研究产品的宣传和推销，开始转向研究如何以市场需求为导向，指导企业的生产和经营活动。重视整合营销或系统营销活动的开展。如海尔集团、TCL、双汇集团、蒙牛、伊利都在实中创造出了一整套的市场营销的策略和技术，为中国式营销理论研究奠定了基础。

其次，领域创新。市场营销的观念和策略已不局限于在企业界应用，而且已经延伸到学校、医院、公共机构等非营利组织。

最后，中国营销有两种不同创新。一是跨国公司的中国适应创新，比如，联合利华的LOGO变脸、安利新的商业模式、柯达重新分区、伊莱克斯调整中国通路、零售巨鳄沃尔玛本土化变形等等。跨国公司适应创新主要体现在战略、促销、运作流程、降价、品牌本土化、产品、通路和商业模式等多个方面。二是中国本土公司的学习创新，也就是营销转型。本土企业营销创新策略主要聚焦在：通路创新、品牌创建和消费者行为差异性认知方面。

第三节 市场营销观念

市场营销观念就是企业营销活动的基本指导思想。那么管理者应该用什么观念来指导企业的营销活动呢？管理者应该如何正确地处理企业、消费者和社会三者之间的利益关系呢？管理者是应该仅仅考虑本身的利润，将企业的利益与消费者的利益结合起来进行考虑，还是应该综合考虑企业、消费者和社会三者的利益呢？在许多情况下，三者之间的利益是相互矛盾的，但有时它们也是相辅相成的。企业必须正确处理三者关系，确定自己的指导观念，才能保证企业的成功。俗话讲："观念决定思路，思路决定出路。"没有正确的观念，企业就不会有正确的思路和出路。

市场营销观念有传统经营观念和现代经营观念两大类。传统经营观念有生产观念、产品观念和推销观念。现代经营观念有市场营销观念、社会营销观念、大市场营销观念、整合营销观念、绿色营销观念和竞合营销观念。任何企业和其他组织都有意识或无意识地在其中一种观念的指导下从事生产经营活动。

一、传统经营观念

传统经营观念是以生产者或产品为核心的经营观念，它是在供不应求的卖方市场态势下产生的经营观念。

（一）生产观念

生产观点产生于市场交换活动大规模开展的初期。这种观念是指导企业市场交换活动的一种古老的观念。生产观念认为，消费者总是喜爱价格低廉和可以随处买到的产品。持有生产观念的企业经营者强调企业应当集中精力提高生产效率，增加产品产量和销量，降低成本，扩大分销覆盖面。其核心是“生产什么，就销售什么。”强调以量取胜。

生产观念在西方盛行于19世纪末20世纪初。当时，资本主义国家的市场是卖方市场，产品供不应求，生产的产品只要具有一定的使用价值就不愁没有销路，企业只要提高产量、降低成本，就可获得很高的利润。西方国家在工业化初期，生产观念在企业界颇为盛行。在某些发展中国家，某些产品供不应求，有些企业也奉行生产观念。此外，当某些产品的技术含量高、市场前景好，但成本和价格很高时，生产这些产品的企业往往也以“生产观念”作为营销活动的指导思想。20世纪初，汽车就属于这种产品。1908年秋，福特汽车公司推出了T型车。在大型总装车间，别人发明的流水线装配法被发展成为了由机械传送带运送零件和工具，极大地提高了工作效率。T型车推出时，每辆车只售850美元，后又降至360美元。由于该车价格低廉，大多数人都能购买得起，T型车成为了普通民众的交通工具，福特公司也获得了巨大的成功。1923年，福特汽车公司在美国汽车市场上所占的份额约为57%。产品观念忽视了对顾客的需求研究。当顾客需要的是低价格、容易买到的产品时，在生产观念指导下，企业可能获得极大的成功。但是，当顾客的需求和市场发生变化时，这种观念往往会使企业陷入困境。

（二）产品观念

产品观念也是一种古老的经营思想。它认为消费者喜欢高质量、多功能和具有某些特色的产品。因此，在奉行产品观念的组织中，管理者将努力生产自认为最好的产品，并且对产品的质量进行持续改进。其核心是“生产什么，就销售什么。”强调以质取胜、以廉取胜。

持产品观念的公司的基本假定是：消费者欣赏精心制作的产品，能正确地评价产品的质量和功能。这些公司的管理者认为企业的产品完美无缺，忽视了对消费者的需求的研究。公司不去关注本应关注的消费者的需求，而只关注自以为完美无缺的产品；公司在设计产品时极少让本应参与设计的消费者参与设计，而只让工程技术人员“闭门造车”。产品导向的公司往往会得“营销近视症”。企业应该认识到，顾客购买火车票是为了满足更方便的从一个地方到另一地方的需要，除了火车外，公共汽车、轿车、飞机等交通工具也可以满足他们的这一需要；顾客购买可乐是为了解渴，果汁、纯净水、冰茶等软饮料也可以满足他们的这一需要。

（三）推销观念

推销观念或销售观念，这种经营思想认为，消费者具有一种购买惰性或抗衡心理，如果组织积极推销和主动促销，消费者就可能购买更多的产品。持这种观念的企业都会强调推销人员在说服顾客方面的能力和作用，强调广告、利诱、劝说、送礼、交朋友等促销手段的效果。其核心是“卖我所经营的产品，”而不是顾客需要的产品。

在西方国家，从20世纪30年代到40年代，随着科学技术的进步、科学管理和大规模生产的推广，产品产量迅速增加。产品逐渐出现了供过于求的现象，生产者之间的竞争日益激烈，消费者的选择余地扩大，许多产品的销售变得十分困难。企业要想在这种情况下求得生存和发展，就不能只重视提高生产效率、降低成本和生产完美无缺的产品，企业必须重视销售，加强推销。现在，在市场竞争激烈、生产能力过剩时，许多企业也常常奉行生产观念，企业的目的是销售他们能够制造的产品，而不是制造能够销售的产品。本质上，推销观念依然是以生产者为中心的观念。

二、现代经营观念

现代经营观念是在供不应求的买方市场态势下产生的经营观念，它是以消费者或用户为核心的经营观念。

（一）营销观念

现代营销观念产生于20世纪50年代。第二次世界大战后，随着第三次科学技术革命的兴起，以及军工转向民用，产品供应量剧增，国际市场呈现了供过于求的买方市场，且新产品不断推出。另一方面，人们的收入也在不断提高，消费需求变得更加多样化。在西方发达国家，供给与需求之间的矛盾进一步激化。在这种环境下，推销挂念已经难以指导企业走向成功，于是市场营销观念便应运而生了。

营销观念认为，企业的一切营销活动应以消费者的需求为中心，正确确定目标市场的需要与欲望，并且比竞争者更有效地提供目标市场所要求的产品。营销观念的核心是“顾客需要什么，我就生产经营什么。”

在此观念指导下，企业界提出了“顾客至上”的经营理念。如世界零售第一的沃尔玛就提出了“第一，顾客总是对的；第二，如有异议，请参照第一条。”美国比恩公司强调“顾客不依赖我们，而是我们依赖顾客；提供服务不是帮顾客的忙，而是顾客为我们提供了服务的机会。”

营销观念的出现是营销领域的一次革命，它同推销有着本质的不同，二者存在着巨大的差异。推销观念，是以生产者为出发点，以现有产品为重点，以推销和促销为手段，通过刺激消费，达到扩大销售、取得利润的目的。市场营销观念，则是以市场为出发点，以目标顾客的需要为重点，以整合营销为基础，集中企业的一切资源和力量，通过更好地适应和满足目标顾客的需要，获得利润。见图1－2。二者在出发点、重点，手段和目的等方面，都有着本质的区别。目标市场、顾客需要、整体营销和企业盈利则构成了市场营销观念的四个主要支柱。

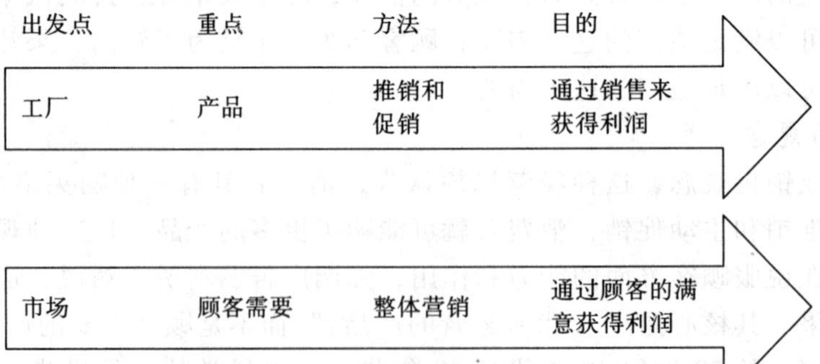

图1－2 推销观念与营销观念的比较

（二）社会营销观念

20世纪70年代以来，随着自然环境日益恶化、资源短缺、人口增长、全球性经济危机和忽视社会服务等问题的日益严重，人们逐渐意识到单纯的市场营销观念虽然强调满足目标消费者的短期需要的，但是它忽略了某些消费者的眼前需要与整个社会长远需要的矛盾，造成健康损害、环境污染、资源浪费、生态平衡破坏等多诸多问题。社会营销观念的提出顺应了环保主义组织的要求和一些国家的“可持续发展”的政策，符合消费者的长远利益和要求。

社会营销观念认为，企业应该正确确定目标市场的需要与欲望，并且比竞争者更有效地提供目标市场所要求的产品，并且要维护消费者和社会的长远利益，求得企业利益、消费者需求的满足与社会利益这三个方面的统一。社会营销观念要求企业在市场营销活动中，充分考虑消费者和社会福利，平衡利润、消费者满意和社会利益三者之间的关系。社会营销观念是对市场营销观念的补充与修正。

小链接：

海尔“整套低碳精品，引领绿色生活潮流”

绿色、健康、低碳、节能成为了当代家电消费的“高频词”。海尔在上海世博会期间全面推出的50多款绿色低碳精品，都“贴”上了绿色的标签：卡萨帝复式大滚筒，真正实现了静音洗衣；变频空调不用氟立昂，攻占无氟变频空调能效之巅；采用“无级变频”技术的卡萨帝冰箱，日耗电仅为0.78度，是目前唯一达到新1级能效标准的多门冰箱，同时也是世界上最节能的多门冰箱；3D电热水器可以按用水量多少加热，还有太阳能热水器……海尔不仅仅局限于生产某一款绿色产品，而是通过打造整套的绿色产品理念，为全球消费者提供了超值的绿色物联生活解决方案。“贴近用户进行创新”，以解决方案满足消费者需求的理念，全方位践行绿色世博的宗旨。

据了解，面对绿色经济、低碳经济的时代浪潮下的创新需求，海尔又提出了“绿色设计、绿色制造、绿色营销、绿色回收”的新型战略经营模式。截至2016年11月，海尔集团在智能家电产品上，拥有290件专利；在无线电能传输技术上，拥有151件专利；在半导体制冷技术上，拥有72件专利。

海尔集团以全球十大研发中心和HOPE开放式创新平台为载体，构建了线上线下互动融合的开放创新生态系统，将海尔的核心专利变成实实在在的“真金白银!”

（资料来源：根据海尔“整套低碳精品，引领绿色生活潮流”“2016年度知识产权（专利）领域有影响企业”等资料整理）

（三）大市场营销观念

在国际市场日趋一体化的形势下，各国反而打起了贸易保护主义大旗，通过关税或非关税壁垒限制外国产品的进入。如何打入被保护市场？1984年，科特勒提出了大市场营销观念。

大市场营销观念指在营销活动中，一个企业不应消极地顺从、适应外部环境与顾客，而应变被动为主动，积极地依靠政权力量、公共关系等，改变市场，影响市场，引导市场。

大市场营销观念的运用是在原来的营销 4P 组合的基础上，增加两个“P”，即“政治力量”（Political Power）、“公共关系”（Public Relations）。大市场营销策略就是 6Ps 组合策略。这里，政治权力主要是指企业通过营销对政府及其立法部门施加影响，使政府政策与立法变得对企业发展有利，而不是限制。公共关系则是通过营销活动先改变消费者的对企业的态度，营造对企业有利的发展氛围，再向市场推出产品或服务。比如玩具制造商如果是先生产出玩具，再通过广告促销，这就是营销观念。如果玩具制造商先制作动画片，吸引儿童，再推出动画片中的玩具造型，并展示在零售商店销售，这就是大市场营销观念。

大市场营销观念是营销观念的发展和提高，是市场营销有很大不同。见表 1－1。

表 1－1　　大市场营销观念与市场营销观念的不同

	市场营销	大市场营销
涉及范围	企业与消费者	企业、消费者、立法部门
营销手段	4Ps	6Ps
投入时间与投资成本	时间短，成本低	时间长，成本高
参加人员	营销人员	营销人员、公关人员、高管
环境因素	不可控	可控
满足程度	低	高
企业地位	被动	主动

（四）可持续营销观念

1. 可持续营销观念的提出

可持续营销是环境保护主义和消费者保护主义运动的结果。工业革命导致了资源减少、浪费、污染、酸雨、全球变暖等等，极大地破坏了人类生存所依赖的自然生态环境。环境保护主义运动由此形成。环境保护主义是关心环境的问题的公民、企业及政府代理机构等组织的运动。他们关心的是营销如何对于环境的影响以及满足消费者需要和欲望的环境成本。环境保护主义认为营销系统的目标不应该是消费最大化，或者消费者满意最大化，而是生活质量提升的最大化。

人类生存环境的巨大破坏使人们也开始觉醒，人们逐渐认识到工业革命虽然提高了人类的生活需求的数量，但人们的生活质量却下降了，疾病越来越多，越来越严重，健康受到严重威胁。消费者保护主义运动是由市民或政府机构组织的运动，目的在于提高消费者相对于销售方的权利和力量。消费者不仅有权力，也有责任保护自己。

同时，我们看到，可持续营销观念的提出也是营销管理哲学不断进步的表现。营销观念是为了满足消费者，导致企业一味地迎合消费者需要而进行不负责地、竭泽而渔式地开发，虽满足了消费者的目前需要，但却造成了资源的严重短缺，影响到了消费者的未来需要，以及子孙后代的需要。社会营销观念则强调在满足消费者未来需要的前提下，通过满足消费者目前需要盈利，把消费者未来需要放在了第一的位置，但这种观念却具有不持续性。因为它依然没有能够很好地解决包装浪费问题和环境保护问题、没有真正体现出消费者未来需要与目前需要的统一。比如让消费者承担过高的营销成本、欺骗性包装、渠道中的物流污染问题，及促销中的声光电污染问题。等等。

2. 可持续营销观念

可持续营销观念是指企业在营销活动中，不仅要在满足消费者目前需要的基础上获利，而且还要处理好企业利益与企业承担的社会责任、环境责任的关系。

可持续营销把社会责任、环境保护放在了突出的位置。企业不但要满足消费者的目前需要，也满足消费者的未来需要，并能够实现可持续发展。

可见，可持续营销观念不仅体现了营销思想，又体现了社会营销思想，也体现了绿色营销思想。

3. 可持续营销行为

可持续营销第一要以消费者需求为核心，了解消费者的目前与未来需要，开发满足消费者目前需要与未来需要的产品或服务。这依然是企业存在和发展的基石。

第二，可持续营销要求企业主动承担其应该承担的社会责任，强调社会营销意识，不能一味地迎合消费者需要，为了满足消费者需要获利而不择手段。

第三，可持续营销要求企业要科学合理地定义自己的使命。即企业使命不能仅仅体现出营销思想，而要从社会层面定义自己的使命。

第四，可持续营销要求企业树立环保意识，强调环保责任，不能搞竭泽而渔式地开发，从产品设计、价格制定、渠道设计与选择、促销设计等方面体现出节约资源、减少污染和浪费，保护人类生存和发展的环境。

第五，可持续营销要求企业要讲究营销道德。可持续营销强调企业发展要有后劲，注重长远和战略。因此，不道德的市场营销行为会伤害顾客和整个社会的利益，而且最终它会毁掉企业的声誉和效率，进而危及企业生存。没有良好的道德营销，企业发展是不会长久的。因此，只有实施符合道德规范的营销行为才能达到培养忠诚顾客和企业长期盈利的目的。

（五）整合营销观念

整合营销观念的提出主要是由于在企业内部，对顾客地位、营销地位及企业其他部门的地位的认识问题而产生的。在企业内部，由于部门利益，各部门都强调自己的重要性，不但部门之间缺乏协调，而且对于顾客地位的认识也是意见不一。营销地位与顾客地位见图 1－3。

最早认为营销是同生产、财务、人力等同等重要的部门，后来认为营销是企业核心，最后才认识到顾客是企业的核心。企业各部门必须紧紧围绕营销部门调查了解到的顾客需要为核心开展工作。因此，企业要让顾客满意，必须整合企业所有资源，共同为满足顾客需要而做自己的本职工作。

现代营销学之父菲利普·科特勒认为，企业所有部门为服务于顾客利益而共同工作时，其结果就是整合营销。即整合企业所有资源，共同为满足顾客需要服务。

整合营销包含有两个层次：一是不同营销功能的部门如销售、广告、调研等部门要共同围绕消费者开展工作。二是营销部门与企业其他部门相协调，共同围绕营销部门提出的消费者需要或欲望开展工作。

如何整合企业所有资源，舒尔茨提出了 4Cs 营销策略即整合营销策略。即：

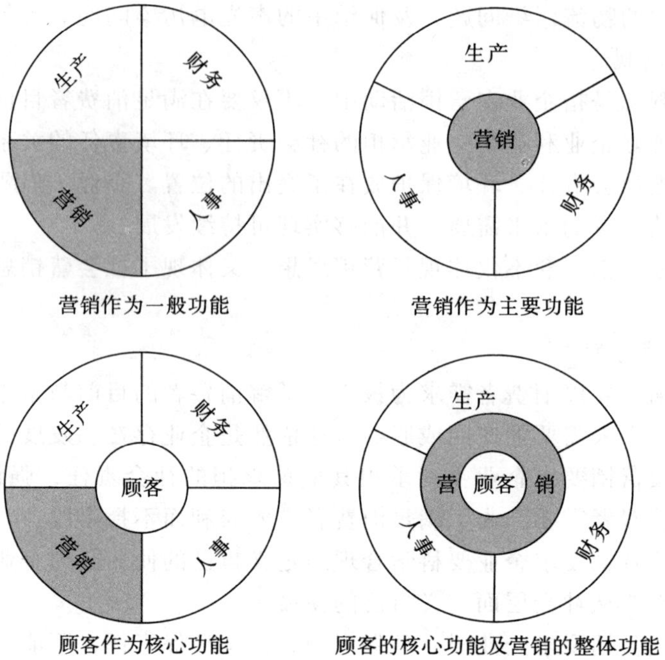

图 1-3 营销与顾客在企业中的地位

（1）Consumer。即顾客第一观念。整合营销观念认为创造顾客比产品开发重要；满足顾客需要比产品功能重要。所以，“好公司满足需要，伟大的公司创造需要。”

（2）Cost。营销活动不仅要考虑生产成本，更要考虑顾客的购买成本，考虑顾客接受产品价格的可能性。因此，成本上限＝顾客可支持的价格－适当利润。

（3）Convenience。即便利性。产品不能仅仅把商品展示在零售终端，而是要为顾客购买带来更大的便利性。企业要重视服务环节，为顾客购买提供时间、地点便利，并运用现代便利顾客的销售方式，如网络销售、电话销售等。

（4）Communication。企业要加强与顾客沟通，但要在传统的单向沟通的基础上，加强与顾客双向沟通。

整合营销与市场营销的区别主要体现以下 4 个方面：

（1）忘掉产品，先考虑顾客的需求与期望。首先了解、研究、分析消费者的需要与欲望，而不是考虑企业能生产什么产品。

（2）忘掉价格，先考虑顾客可接受的价格。首先了解消费者满足需要与欲求愿意付出多少钱（成本），而不是先给产品定价，即向消费者要多少钱。

（3）忘掉地点，先考虑顾客购买的便利性。首先考虑顾客购物等交易过程如何给顾客方便，而不是先考虑销售渠道的选择和策略。

（4）忘掉促销，先考虑与顾客沟通。以消费者为中心实施营销沟通是十分重要的，通过互动、沟通等方式将企业内外营销不断整合，把顾客与企业双方的利益无形地整合在一起。

一句话，4P 营销是：消费者请注意。4C 营销是：请注意消费者。

（六）竞合营销观念

1996年，哈佛教授亚当·布兰顿等著书《竞合时代》（Coopetition），提出了“竞合”一词。“竞合”是由Co－operation和Competition合成的，这个词从字面上形象地勾画了新环境下的竞争模式，意为竞争中求合作，合作中有竞争。“竞合”一词形象地概括了这个新竞争时代的本质特征。这一新的提法一反传统的竞争概念，竞争不再是有我无你，有你无我。以至于杰克·韦尔奇就预言：合作并竞争，成为商业市场中的斯芬克斯之迷（“斯芬克斯之谜”常被用来比喻复杂、神秘、难于理解的问题）。

竞合营销观念是基于竞争营销和合作营销而提出的营销新理念。

竞争营销的实质，就是在市场一定时，大家共同瓜分利益，是一种你多我少，你少我多的关系，即瓜分蛋糕。其思维模式是：瓜分利益。

合作营销的实质，就是大家共同把市场做大，这样谁都可以得到更多的市场份额，即把蛋糕做大。其思维模式是：分享利益。但在营销实践中往往是合作双方难以持久。

竞合营销观念则吸收了二者的优点，克服了二者缺点。体现了博弈论、双赢和供应链的观点。竞合营销观念策略则是“分享——共赢”策略。企业应该在“市场、技术、价格、渠道、促销、经营模式”等方面实现分享共赢。在竞合时代，学会分享，才能实现共赢。

小链接：

竞合营销观念

美国南部的一个州，每年都举行南瓜品种大赛。有个农夫的成绩相当优异，经常是首奖及优等奖的获得者。他在得奖之后，毫不吝啬地将得奖种子分送给街坊邻居。

有一位邻居就很诧异地问：“你的奖项来得不易，每季都看你投入大量时间和精力来做品种改良，为什么还这么慷慨地将种子送给我们呢？难道你不怕我们的南瓜品种因此而超过你的吗？”

这位农夫回答：“我将种子分送给大家，帮助大家，其实也是在帮助我自己。”

原来这位农夫居住的城镇是典型的农村形态，家家户户的田地都毗邻相连。如果农夫将得奖的种子分给邻居，邻居们就能改良他们的南瓜品种，也可以避免蜜蜂在传递花粉的过程中，将邻近较差的品种转而传染自己。相反，若农夫将得奖的种子私藏，则邻居们在南瓜品种的改良方面势必无法跟上，蜜蜂就容易将那些较差的品种传染给自己，他必须在防范外来花粉方面大费周折。

就某方面看，这位农夫和他的邻居们是处于互相竞争的形势，然而在另一方面，双方却又处于微妙的合作状态。

综上所述，指导企业营销活动的各种观念的产生和发展，都是与一定的经济发展水平、市场供求关系相适应的。并且，这些种观念是一脉相承的，新观念并不是简单的否定老观念，而是对老观念进行扬弃，吸取其精华，摒弃其糟粕。因此，市场营销观念对我们开展营销活动具有重要的理论意义和重大的指导价值。它是我们营销工作的基础，它为营销工作指明了方向。

第四节

顾客满意理论

一、顾客满意的重要性

（一）顾客满意内涵

顾客在购买和使用产品后，会对产品或品牌产生满意或不满的情感。顾客满意是指顾客通过对一种产品可感知的绩效（或结果）与他的期望值相比较后，所形成的愉悦或失望的感觉状态。如果感知绩效低于期望，顾客就会不满意；如果感知绩效和期望相匹配，顾客就会满意；如果感知绩效超过期望，顾客就会高度满意。顾客是否满意，取决于其实际感知的绩效与期望的产品绩效的差异。影响顾客对产品预期的因素包括顾客过去对此品牌的产品和竞争品牌的产品的体验、产品的价格、产品的外观、企业的宣传等；影响顾客对产品实际绩效认知的因素包括产品的质量、顾客对产品的态度和期望、顾客对产品出现的故障的归因、顾客对交易是否公平的感知等。所以，企业要使顾客满意，一方面应提高顾客对企业产品实际绩效的感知；另一方面尽量使顾客对企业的产品产生一个合理的期望。如果顾客的期望过低，他们可能不会关注企业的产品，如果顾客的期望过高，他们很容易不满。

（二）顾客满意的重要性

顾客高度满意会导致顾客忠诚。顾客忠诚可以使企业更好地保持老顾客，获得更大的利益。据美国管理学会估计，开发一个新客户的费用是保持现有顾客的5倍。对一个新顾客进行推销所需费用较高的主要原因是，进行一次个人推销访问的费用，远远高于一般性顾客服务的相对低廉的费用。维持老顾客可以降低销售成本，提高企业利润。可以说顾客满意就得到了市场，顾客不满意就是去了市场。一个高度满意的顾客会带来如下结果：忠诚公司更久；购买更多的公司新产品和提高购买产品的等级；对公司和它的产品说好话；忽视竞争品牌和广告并对价格不敏感；向公司提出产品/服务建议；由于交易惯例化而比新顾客降低了服务成本，并最终形成口碑营销。一个不满意的顾客也会带来以下结果：对公司提出抱怨；向行业协会、政府机构、律师事务所、广告媒体、消费者组织提出申述；诋毁公司，这类顾客占到不满意顾客的80%；寻求产品其他用处；退货或换货；沉默。

网络信息技术的发展彻底改变了整个世界，消费者对信息的过滤和处理能力得到了快速提升，广告再也不是影响品牌认知的唯一因素了，一个不满意顾客的网上投诉，会迅速波及全国。再加上碎片化时代来临，消费者的选择会越来越多，越来越追求个性化，企业的市场营销活动会更加强调精准和细分。即使你有一座金山银山，如果你没有顾客满意理念和资源整合能力，最后都很可能会被时代的大浪所吞没。今天你需要把全部的精力都放在一件事上，那就是研究你的顾客，发现他的需求并用比别人更完美的方式满足他。

企业一般可采用以下方式衡量顾客满意度：第一，顾客投诉和建议制度。一个以顾客为中心的企业应该通过开设免费的服务热线为其顾客投诉和提建议提供方便。企业对这些信息进行分析，可以了解顾客的满意状况，还可以根据顾客的要求改进产品，提高顾客满意度。第二，顾客满意度调查。大多数顾客在不满意时并不会向企业抱怨，而是可能会对亲友将产品的坏话以及购买其他企业的产品。所以，企业还必须通过直接的调查方法了解顾客的满意状况。第三，企业可以雇佣一些“神秘顾客”，让他们报告他们在购买企业的产品的过程中的发现。第四，分析流失的顾客。对于那些已经不在购买或已经转向竞争对手产品的顾客，企业应通过与这些顾客的接触了解这种情况的原因。

二、顾客让渡价值

在现代市场营销观念指导下，企业应努力让顾客满意。管理学大师彼得·德鲁克指出，公司的首要任务就是“创造顾客”。在卖方市场条件下，对卖方来说，消费者对所购的产品满意与否并不重要。但是，在买方市场条件下，顾客可以在众多的产品中进行选择，顾客满意与否将变得非常重要，因为它决定顾客在以后的购买中如何进行选择及顾客如何向亲友介绍这一产品。顾客的满意是与顾客对某产品的顾客让渡价值紧密相关的。顾客将从他们认为提供最高顾客让渡价值的公司那儿购买商品。

（一）顾客让渡价值的含义

顾客让渡价值是指顾客总价值与顾客总成本之间的差额。顾客总价值是指顾客购买某一产品所期望获得的一组利益，它包括产品价值、服务价值、人员价值和形象价值。顾客总成本是指顾客为购买某一产品所消耗的货币成本、时间成本、精力成本的总和。顾客让渡价值具体内容见图 1-4。

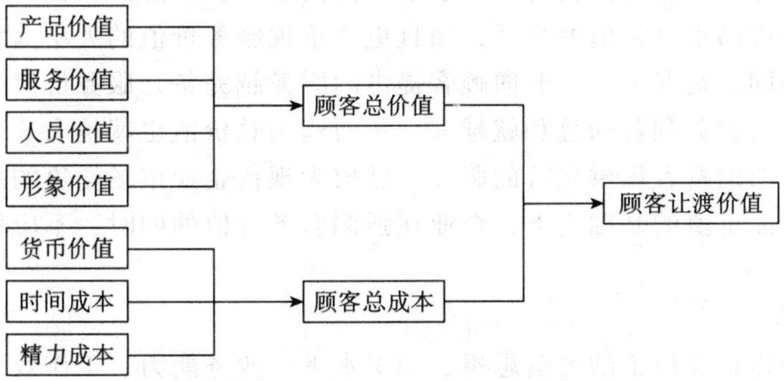

图 1-4 顾客让渡价值的决定因素示意图

由于顾客在购买产品时，总是希望把各项成本包括货币成本、时间成本、精力成本等降到最低限度，而同时又希望获得具有更高价值的产品，以使自己的需要得到最大限度的满足。因此，顾客在选购产品时，往往从价值与成本两个方面进行比较分析，从中选择出价值与成本之间的差额最大的产品，即“顾客让渡价值”最大的产品作为优先选择的对象。一位顾客在商店里选购一台冰箱时会综合考虑冰箱的功能、特性、品质、式样、送货、安装、调试、维修、产品保证、价格高低、品牌以及员工的素质等等因素，最后总是会选择他感到满意的冰箱。如果某台冰箱的，即顾客让渡价值最大，顾客会将其作为首选对象。

企业要在竞争中战胜对手，吸引更多的潜在顾客，就必须向顾客提供比竞争对手具有更大“顾客让渡价值”的产品。要提高顾客满意程度，使得顾客更多地购买本企业的产品，企业可通过改进产品、服务、人员与形象，提高产品的总价值；也可以通过降低价格、改善服务、分销与促销系统，减少顾客购买产品的货币、时间、精神力的耗费，从而降低顾客总成本。

需要指出的是不同的顾客对于顾客总价值和顾客总成本的部分的重视程度是不一样的，收入水平低的消费者重视货币成本，轻视时间成本；收入水平高的消费者会对时间成本或精力成本或者对形象价值非常重视。因此，企业应该针对目标市场的特点提供比竞争对手的顾客让渡价值更大的的产品，这样才能更好地争取新顾客和保持老顾客。

（二）顾客总价值

使顾客获得更大“顾客让渡价值”的途径之一，是增加顾客购买的总价值。顾客总价值由产品价值、服务价值、人员价值和形象价值构成，其中每一项价值的变化均对总价值产生影响，进而决定了企业生产经营的绩效。

1. 产品价值

产品价值是由产品的质量、功能、式样、可靠性、耐用性与再出售价值等因素所产生的价值。顾客在选购产品时，往往会首先考虑产品价值。一般来讲，它是决定顾客购买总价值大小的关键和首要因素。

2. 服务价值

服务价值是指伴随产品实体的出售，企业向顾客提供的各种附加服务，包括产品介绍、送货、安装、维修、技术培训、产品保证等所产生的价值。服务价值是构成顾客总价值的重要因素之一。随着消费者收入水平的提高和消费观念的变化，消费者在选购产品时，不仅注意产品本身价值的高低，而且更加重视服务价值的大小。特别是在同类产品的价值大致相同的情况下，企业向顾客提供的服务越完备，服务价值越大，顾客从中获得的产品利益与服务利益的总和就越大，从而购买总价值也就越大。因此，在提供优质产品的同时，向消费者提供完善的服务，已成为现代企业市场竞争的新焦点。服务价值往往建立在产品价值的基础之上，企业在强调服务价值的同时，不应该忽视产品本身的价值。

3. 人员价值

人员价值是指企业员工的经营思想、知识水平、业务能力、工作效益与质量、责任心、应变能力等所产生的价值。企业员工直接决定着企业为顾客提供的产品与服务的质量，决定着顾客总价值的大小。一个综合素质较高又具有责任心的员工，会比知识水平低、业务能力差、缺乏责任心的员工为顾客创造更高的价值，从而使顾客更满意。人员价值对企业、对顾客的影响作用都是巨大的，并且这种作用往往是潜移默化、难以度量的。因此，高度重视企业人员的选拔、综合素质与能力的培养，加强对员工日常工作的激励、监督与管理，使其始终保持较高的工作质量与水平就显得至关重要。

4. 形象价值

形象价值是指企业及其产品在社会公众中形成的总体形象所产生的价值。它包括企业的产品、技术、质量、包装、商标、工作场所等所构成的有形形象所产生的价值，公司及其员工的职业道德行为、经营行为、服务态度、责任心等行为形象所产生的价值，以及企业的价值观念、管理哲学等理念形象所产生的价值等。形象价值是企业各种内在要素质量的外在反映。形象价值与产品价值、服务价值、人员价值密切相关，在很大程度上是上述三个方面价值综合作用的反映和结果，形象对于企业来说是宝贵的无形资产，良好的形象会对企业的产品产生巨大的支持作用，赋予产品较高的价值，从而带给顾客精神上和心理上的满足感、信任感，使顾客的需要获得更高层次和更大限度的满足，从而增加顾客购买的总价值。因此，企业应高度重视自身形象塑造，为企业进而为顾客带来更大的价值。

（三）顾客总成本

要实现顾客让渡价值最大化，仅仅创造价值是不够的，使顾客获得更大"顾客让渡价值"的另一途径，是降低顾客购买的总成本。顾客总成本包括货币成本、时间成本、精力成本，其中后二者属于非货币成本。在购买时，顾客还要考虑所花费的时间、精力等，在货币成本相同的情况下更是如此。因此，企业要想创造最大的顾客让渡价值，使顾客满意，就必须降低顾客总成本。

1. 货币成本

货币成本即卖方售价。通常情况下，顾客购买产品时总是希望少支出多产出，首先要考虑货币成本的大小，因而货币成本是构成顾客总成本大小的主要和基本因素。

2. 时间成本

时间成本是顾客为了得到需要的产品所耗费的时间的机会成本。时间成本是顾客让渡价值的减函数，在顾客总价值和其他成本固定的情况下，时间成本越小，顾客让渡价值就越大。因此，努力提高工作效率，在渠道与促销等方面做出更周密的安排，在保证产品与服务质量的前提下，尽可能减少顾客耗费的时间，降低顾客的时间成本，是为顾客创造更大的顾客让渡价值、确保顾客满意和提升企业竞争优势的重要途径。

3. 精力成本

精力成本是指顾客购买商品时，耗费的精神、体力。在顾客总价值与其他成本固定的情况下，精神与体力成本越小，顾客总成本就越小，顾客让渡价值就越大。因此，企业如何采取有力的营销措施，在消费者购买的各个环节为消费者提供便利，使顾客以最小的精神与体力成本，取得最大的价值是每个企业需要考虑的问题。

小链接：

顾客价值

2004 年的汽车销售市场进入了一个越降价越卖不动的怪圈，恐怕各大厂商还必须要祭出"让渡价值"这个法宝。

消费者在选购汽车时，总希望把成本降到最低限度。仔细分析这些成本，包括以下几个基本要素：

（1）货币成本即车价。一般情况下，普通老百姓拿出多年的积蓄购买汽车时，首先考虑的还是价格的高低，因此货币成本是构成顾客总成本的大小的主要和基本因素。号称汽车市场两大"鲇鱼"的奇瑞和吉利，在创业初期就是靠低价这个法宝。但随着人民收入水平的不断提高，消费观念的不断变化，以及车价的逐渐回归，货币成本占总成本的权重在逐渐下降，单一的用车价刺激消费，已经不能起到像以前那样立杆见影的效果了。

(2) 时间成本。购买某种汽车，最主要的时间成本，就是从关注到提车的时间的长短了。在这个时间就是金钱的时代，消费者是没有多少耐心去慢慢等的。于是我们常常听到有的消费者在比较两款车型时，因为其中一款的提车时间太长，从而选择能提到现车的另一款的例子。在中国市场上，广州本田的经销商仗着较为优异的汽车质量和性能，用时间成本引诱消费者，必须加价才能买到现车，否则就得等上几个月，甚至是无限期。但实际上，买加价的车虽然降低了顾客的时间成本，却增加了货币成本和精神成本（不愉悦），总体来说，让渡价值是减小的。

(3) 精力（精神与体力）成本。仅在精力成本方面，以两款市场上典型的新一代微型车QQ和SPARK为例，说明不同销售策略对精力成本的影响。首先消费者产生了对微型车的购买需求，就开始收集微型车的有关信息。于是通过各种传媒，发现了“梦想触手可及”的QQ以及“城市精品车”的SPARK，但QQ的信息更容易收集且印象更为丰满，于是在寻找信息阶段，QQ的精力成本比SPARK更小。2003年5月，QQ抢先上市，凭借一系列的推广活动，知名度大增，销量看好，专卖店里也是琳琅满目。SPARK半年后才“姗姗来迟”，且零配件受进口配额限制，导致其产量非常小。QQ以货源的丰富、专卖店的普及，给顾客的判断选择提供了极多的便利条件。在决定购买和实施购买环节，QQ现款现货政策以及众多的销售网点，又以绝对的优势方便了消费者，使精力成本进一步降低。

分析完了顾客总成本，相应的应该分析顾客购买的总价值。这是提高顾客让渡价值的另一个重要手段。

(1) 产品价值。对于汽车而言，它是由汽车的功能、特性、品质、品种与样式等所产生的价值。产品价值是由顾客需要来决定的，而不是由产品本身来决定的。

(2) 服务价值。服务价值是伴随汽车实体的出售，厂家向顾客提供的各种附加服务。如售后维修服务、零配件供应服务、质量信息反馈服务以及新兴的救援服务等。在发达国家成熟的汽车市场，整车销售的利润，已占厂商总利润的较小比例，大部分的利润来自于售后服务和零配件的供应等附加服务。可以说车价利润只是整个利润蛋糕的奶油表面，真正的利润是在其使用过程中的各种附加服务。

(3) 形象价值。形象价值是指厂商及其产品在社会公众中形成的总体形象所产生的价值。对于汽车而言，其核心价值就是品牌价值。

（资料来源：汽车中国论坛网，有删改）

三、价值链

顾客满意就是要让顾客得到最大的价值。那么价值是如何创造出来的呢？这就是迈克尔·波特的著名的价值链理论。见图1-5。

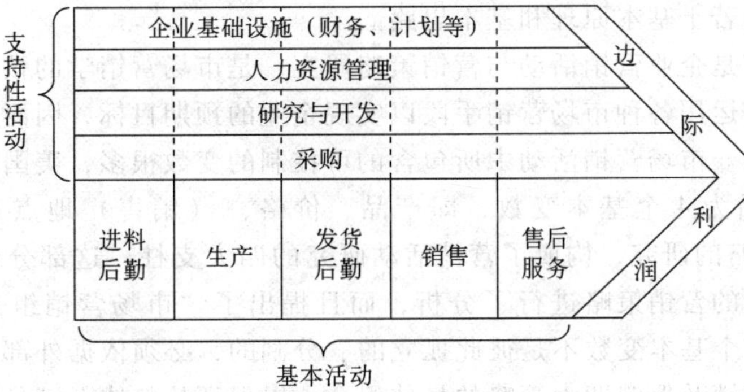

图1－5　价值链理论模型

价值链理论是著名竞争学家迈克尔·波特提出的，他认为价值链理论是指一个企业创造价值的经济活动的集合。这个集合包含两大方面九大环节。

他把企业内外价值增加的活动分为基本活动和支持性活动，基本活动涉及企业生产、销售（营销）、进料后勤（物流）、发货后勤（物流）、售后服务。支持性活动涉及人事、财务和计划、研究与开发、采购等，基本活动和支持性活动构成了企业的价值链。不同的企业参与的价值活动中，并不是每个环节都创造价值，实际上只有某些特定的价值活动才真正创造价值，这些真正创造价值的经营活动，就是价值链上的“战略环节”。

从价值链理论来看，顾客价值并不是某一个企业创造的，而是价值链上的企业相互协作，共同创造的。这就要求企业密切关注组织的资源状态，企业特别关注和培养在价值链的关键环节上获得重要的核心竞争力，以形成和巩固企业在行业内的竞争优势。

企业的竞争优势既可以来源于企业核心竞争力的培养，也可来源于企业间协调或合用价值链所带来的最优化效益。即竞争优势的获得实际上是价值链上的企业通过打造各自的核心竞争力及企业之间的协作形成的。

第五节

市场营销学的研究内容与学习方法

一、研究内容

市场营销学是以市场营销活动及其规律性为研究对象的科学，根据市场营销活动的主要内容和目的，市场营销学的主要内容大体可以归纳成三个部分：企业与市场的关系；营销活动与营销策略研究；市场营销计划、组织与控制。

第一部分内容着重分析企业与市场的关系，分析影响和制约企业营销活动的各种环境因素，分析各类购买者的行为，进而提出企业进行市场细分和选择目标市场的理论和方法，并就市场调查和市场需求预测作了介绍。这部分内容具有市场营销基础的意义，阐述了市场营销的若干基本原理和基本思路。

第二部分内容是企业营销活动与营销策略研究，是市场营销学的核心内容。其任务在于论述企业如何运用各种市场营销手段以实现企业的预期目标，因而全部都是围绕企业经营决策展开的。市场营销活动中所包含的可控制的变数很多，美国学者尤金·麦卡锡把这些变数概括为 4 个基本变数，即产品、价格、（销售）地点和促销，简称为“4Ps”，对 4Ps 策略的研究，构成了营销活动研究的四大支柱。这部分内容不仅就每个基本变数可供选择的营销策略进行了分析，而且提出了“市场营销组合”这一十分重要的概念，强调 4 个基本变数不是彼此孤立的、分割的，必须依据外部环境的动向，进行产品、定价、分销及促销四大策略的最佳组合，以保证从整体上满足顾客的需求。

第三部分关于市场营销计划、组织与控制的研究，主要阐述了企业为保证营销活动的成功而应在计划、组织、控制等方面采用的措施与方法。

二、学习市场营销学的意义

（一）更好面对未来环境的挑战

我们正在面对知识经济时代严峻挑战，学习、研究市场营销学，是知识经济时代的要求，是迎接新世纪挑战、适应环境变化的必需。知识经济改变了人的工作环境，一个商店的服务员既要做好本职工作，又需要了解客户的需求，了解服务所需的技巧和手段、具备营销人员工作素质，知道规范化的行业标准，能够对客户需求满意度进行统计，对客户的心理需求进行分析等等，这些工作都需要营销理论的指导。

（二）提高人们的营销意识

“你有营销意识吗”一文的作者张建认为：营销之魂是什么？是营销意识。没有营销意识，企业的一切看似先进合理的营销理念、营销技术、营销行为都只能停留在机械实施阶段，都可能造成一种“画虎不成反类犬”的营销悲剧。营销意识是什么？简单说，就是营销在我心中、顾客在我手中，就是“营销思想，无处不在；营销问题，人人有责”。例如，Sony 的总裁能够从职员手中的破旧录音机想到便携式播放器，从而开创 Mp3 的时代，这是一种创新意识；沃尔玛要求员工面对顾客询问与本柜台经营无关的商品时，要求服务员要把顾客带到出售商品的柜台，这是服务意识。而这些营销意识的形成，离不开对营销理论的系统学习和理解。

（三）促进企业成长

企业用市场营销理论作指导，就可以密切注意和了解市场需要的现状与变化，发现一些未满足的需要和市场机会；然后，根据企业的任务、目标和资源条件等，选择本企业能够最好地为之服务的目标市场，并根据目标市场的需要，开发适销对路的产品，确定适当的价格，选择适当的分销渠道，制定适当的促销方案，千方百计地满足目标市场的需要，这样就可以扩大销售，提高市场占有率，增加盈利，实现企业的任务与目标。由此可见，市场营销是联结社会需要与企业反应的中间环节，是企业用来把社会需要变为企业盈利机会的行之有效的手段，是现代企业整个经济活动中的一个极为重要的组成部分，它对企业的生存与发展起着决定性的作用。

（四）使人人学会营销自己

现在，营销学的发展已经远远超过了经济范畴，经济活动离不开营销。现代营销学之父菲利普·科特勒认为，营利部门需要营销，非营利部门也需要营销。松下幸之助认为，国家需要营销，企业需要营销，个人也需要营销。他们都指出了营销对非营利部门及人生的重要性。“要学会营销商品首先要学会营销自己”。人生的过程实质就是营销自己的过程。人生就是一台戏，导演就是每个人自己。人生要有正确的价值观、要学会适应环境、要正确定位自己、要提高自身素质（质量、品牌、包装）、要通过合适的渠道寻找工作、要宣传和推广自己等等，都是营销。会营销自己就可能早日达到成功的彼岸。

三、市场营销学的学习方法

市场营销学是实践性很强的一门学科，因此在实际的教学过程中要着重从提高学生实践技能出发，坚持“课内教学与课外实践相结合，理论讲授与实务指导相结合”的原则，密切联系营销实践活动，强化学生基础素质，拓宽学生知识视野，积极采用案例教学法、专题讨论法、项目专题调研与策划等方法，努力探索各种行之有效的教学途径。

（一）重视课堂教学安排

包括理论讲授、案例分析、情景模拟、专题讨论和学期实践、作业与调研策划报告等活动。课堂讲授的课时占较大比例，大约70%左右，其中穿插启发式案例和课堂互动。课堂介绍紧紧围绕章节重点和难点内容，基于教材又高于教材，精讲多练，按“复习——讲授——总结”的模式，将前后相关内容贯穿起来，帮助学生熟练掌握。课堂案例讨论与项目专题讨论一学期进行3~4次，课时占20%~30%左右。案例内容主要针对重点章节选择，强调案例选用的适应性和典型性。

（二）注意第二课堂活动的开展

由于课堂教学的学时限制，要保证课程教学的质量，还需要结合学生的日常活动有目的地安排案例收集、专题调研与策划等内容，要求学生组合团队，利用业余时间完成，在课程教学中可安排适当的时间进行讨论及答辩，但一般比例在10%~20%，也可以将此类任务与学生自主性的集体活动结合起来，一方面作为专业教学的补充，另一方面充实学生集体活动的内容，在激发学生学习本专业知识的兴趣的同时坚定学生从事本专业工作的信心。

（三）专题讨论

根据教学的需要，建议经常性地布置一些思考题，以理论运用和案例分析的形式为主，要求学生自主完成，在每节课开始由学生代表进行3~5分钟专题发言，以强化对知识的记忆，提高学生主动学习的积极性。

（四）师生互动

教学方法上要特别强调学生参与教学的积极性，达到师生互动，教学相长的目的。在教学过程中，充分尊重学生，了解学生的需求，张扬学生个性，激发学生的主动探究知识的积极性和主动性，提高学生全面素质。鼓励学生不仅学好营销理论，还要培养营销意识，大胆运用与实践，在实践中创造性的学习和运用营销理论。庄子说过，“吾生也有涯，而知也无涯，以有涯学无涯，殆已。”我们学习的最终目的是应用于实践。

本章小结

市场是由那些具有特定的需要或欲望，而且愿意并且能够通过交换来满足这种需要或欲望的全部潜在顾客所构成。企业的产品通过市场来实现销售并获得利润，市场就必须具备人口（顾客）、购买力（支付能力）和购买欲望三个要素。

市场营销是指以满足顾客需要为中心，并为获得利润，而从事的与市场有关的一系列营销活动。市场营销概念包含了下列一些核心概念：需要、欲望和需求；产品或服务；价值；交换、交易与关系；市场；市场营销者和预期顾客。

市场营销学是以市场营销活动及其规律性为研究对象的科学。市场营销学的产生和发展经历了产生、形成、革命和完善等阶段，在不同年代形成了许多重要营销概念，对今天仍有很强指导意义。

市场营销观念是指企业营销活动的基本指导思想。任何企业和其他组织都有意识或无意识地在其中一种观念的指导下从事生产经营活动。市场营销观念分为传统观念和现代观念两大类。传统观念包括生产观念、产品观念和推销观念。现代观念包括市场营销观念、社会营销观念、大市场营销观念、可持续营销观念、整合营销观念和竞合营销观念。

顾客满意是指顾客通过对一种产品可感知的绩效（或结果）与他的期望值相比较后，所形成的愉悦或失望的感觉状态。顾客满意取决于顾客让渡价值，顾客让渡价值则是通过价值链创造的。

思考题

1. 如何理解市场的概念？
2. 何谓市场营销？如何理解？
3. 针对不同需求，营销管理的任务是什么？
4. 为什么要分析和研究营销管理哲学？
5. 市场营销与推销有什么不同？
6. 大市场营销与市场营销有何区别？
7. 可持续营销与市场营销、社会营销有什么区别？
8. 市场营销与整合营销有何不同？
9. 如何才能使顾客满意？
10. 怎样创造顾客价值？

在线习题　　案例分析

第二章

企业战略计划与营销管理

【学习目标】

1. 了解企业战略计划过程；
2. 理解企业战略计划与营销计划之间的关系；
3. 熟悉企业营销管理过程，掌握编制营销计划书的格式。

导入案例：

海尔的发展战略

1. 名牌战略阶段（1984 年—1991 年）

特征：只做冰箱一个产品，探索并积累了企业管理的经验，为今后的发展奠定了坚实的基础，总结出一套可移植的管理模式。

2. 多元化战略阶段（1992 年—1998 年）

特征：从一个产品向多个产品发展（1984 年只有冰箱，1998 年时已有几十种产品），从白色家电进入黑色家电领域，以“吃休克鱼”的方式进行资本运营，以无形资产盘活有形资产，在最短的时间里以最低的成本把规模做大，把企业做强。

3. 国际化战略阶段（1998 年—2005 年）

特征：产品批量销往全球主要经济区域市场，有自己的海外经销商网络与售后服务网络，Haier 品牌已经有了一定知名度、信誉度与美誉度。

4. 全球化品牌战略阶段（2006 年—2012 年）

特征：为了适应全球经济一体化的形势，运作全球范围的品牌，从 2006 年开始，海尔集团继名牌战略、多元化战略、国际化战略阶段之后，进入第四个发展战略创新阶段：全球化品牌战略阶段。

国际化战略和全球化品牌战略的区别是：国际化战略阶段是以中国为基地，向全世界辐射；全球化品牌战略则是在每一个国家的市场创造本土化的海尔品牌。海尔实施全球化品牌战略要解决的问题是：提升产品的竞争力和企业运营的竞争力。与分供方、客户、用户都实现双赢利润。从单一文化转变到多元文化，实现持续发展。

5. 网络化战略阶段（2012 年至今）

在 2006 年海尔进入了全球化品牌战略阶段，开始探索互联网时代创造顾客的商业模式——“人单合一双赢”模式。网络化企业发展战略的实施路径主要体现在三个方面：企业无边界、管理无领导、供应链无尺度。企业需要打破原有的边界，成为一个开放的平台型企业，可以根据用户的需求迅速整合资源；同时为了跟上用户点击鼠标的速度，企业需要颠覆传统的层级关系，组建一个个直接对接用户的自主经营体；在此基础上，去探索按需设计、按需制造、按需配送的供需链体系。

而支撑海尔网络化发展战略的基石是“人单合一双赢”模式。“人”是指员工，“单”是指用户，“人单合一双赢”就是员工给用户创造价值的同时，能够实现自身的价值，该模式旨在搭建一个机会公平、结果公正的充满活力的价值平台。

（资料来源：海尔正式宣布进入“网络化战略”阶段，青岛日报电子版，2013.01）

点评：

不管在什么战略阶段，海尔的战略思路一直有一条主线：永远为用户创造价值。彼得·德鲁克（Peter F. Drucker，1909－2005）有句名言：“企业的目的只有一个正确而有效的定义，那就是创造顾客。”海尔之所以有竞争力，就是因为守住了“永远为用户创造价值”这一方向没有偏移。

第一节

企业战略计划

一、企业战略计划的含义

战略（Strategy）源于军事与战争，本意是指对战争全局的总体谋划。后用于政治与经济领域。把战略理论引用于企业就成为企业战略，它指明了企业在较长时期内所采取的发展道路或发展方向。

企业战略计划则是为实现一个较长期的全局性的发展目标，有效利用各种资源，在对企业内外环境分析的基础上而设计的一个全局性的行动纲领。就一个企业的战略问题而言，一般包括四个重要组成部分：环境分析——企业可能做些什么；能力与资源——企业实际能做什么；管理者的利益和愿望——企业想要做些什么；对社会的责任——企业应该做些什么。对所有这些组成部分进行的谋划，就形成了一项可行有效、系统完整的战略计划。因此，企业的战略计划就是企业在开放的动态市场中，跟踪并鉴别“市场机会”（Marketing chance）和“环境威胁”（Environment threat），审视自身的优势和弱点，确定企业发展目标、发展阶段、发展重点及资源调配等重大问题，将企业资源最为有效地配置到各种产品和市场中去，最为有利地实现企业目标。

发展目标是战略计划的核心。目标的确定必须建立在内外部环境分析的基础上，使发展目标与内部条件优势及外部环境的机会相平衡，使企业目标与市场机会相匹配，使企业能力与外部环境的需要相适应。发展阶段是为了实现战略目标划分的各个段落。因为战略计划的长期性，不可能一步到位，必须根据战略计划期任务的大小，涉及的范围、任务的繁简划分成若干个阶段，并使它们环环相扣、实现企业发展目标。发展重点是为了发挥企业优势，选择主攻方向。资源调配是指为实现发展目标而采取的主要对策，是实现发展目标的物质条件。

二、企业战略计划的特征

1. 全局性

企业的战略计划是对经营活动本身及影响经营活动的全部因素进行的谋划，它要求局部利益服从整体利益。但战略计划的全局性特征并不是均衡使用力量，而是抓住关键因素，重点解决，同时照顾到影响目标实现的一般因素。

2. 长期性

企业战略计划是对企业营销活动进行的更长期的设计，着眼未来，一般为5年或更长期的计划。

3. 阶段性

企业战略计划都是分阶段的，即在战略计划实施过程中把战略目标按时间先后进行分解，划分为几个阶梯性的由低到高的目标或战略步骤，以确保战略目标一步步实现。

4. 稳定性

企业战略计划不能朝令夕改，要保持相对的稳定性。为此，企业家在制定战略计划时，一定要调查研究，客观估计可能发生的利弊条件，作出科学预测，使企业战略计划保持先进合理的水平。稳定性并不排除应变性。企业的外部环境尤其是国际市场是千变万化的，要求企业能够适应环境的变化，因此，战略计划既要保持稳定性，又要留有充分可调节的余地。

5. 抗争性

当今的市场竞争越来越激烈，企业为了求生存和发展，在竞争中取胜，其战略计划就必须具有抗争性。为此，战略计划的制定就必须建立在知己知彼、发挥自身优势，避实击虚的基础上，方能使企业捷足先登，领先一步，稳操胜券。

三、企业战略计划的作用

企业战略是企业市场营销活动的灵魂。制订科学、严密、富有远见而又切实可行的战略计划，以统一思想、统一行动，能够大大地提高市场营销活动的目的性、预见性、整体性和有效性，对于树立良好的企业形象、增大盈利、加强竞争能力和应变能力以及维系企业长期的生存和发展等，都具有重要的作用。具体来讲，企业战略计划的作用，主要体现在以下几个方面：

（1）战略计划（Strategies plan）是构筑企业经营与市场复杂多变的环境相适应的有效机制。市场差异性（如市场规模、劳力成本、货币价值、法律和政治机构、社会因素、文化因素等）大，而环境因素又多变。通过制定战略计划，可促使企业详细地研究其预期发展，促使企业仔细观察分析市场动向并对其未来的发展趋势作出评价，从而有利于明确和决定企业未来行动方向，大大减少决策的盲目性，减弱甚至消除出乎预料的市场波动或事件对企业造成的困难，避免由于决策失误而可能给企业带来的损失。例如，日本手表厂商面对瑞士手表王国的挑战，大胆提出“手表电子化”时代已经到来，进而做出生产“电子表代替传统机械表”的战略决策，一举获得成功。

（2）战略计划是协调企业内部各种活动（资金筹措、资源配置、生产过程、销售过程）的总体指导思想和基本手段。制定战略计划可促使企业从整体战略出发，对其各个分部（或子公司）的工作进行统筹安排，充分而合理地利用内部各种资源（人力、财力、物力、企业声誉等），从而使企业实现各项目标的可能性更大。

（3）战略计划是增强企业凝聚力和创造和谐有效的管理气氛的重要手段。制定计划，可促使决策者从全局出发，高瞻远瞩地考虑问题，不仅考虑顺境下采取什么行动，尤其是考虑逆境下企业采取更强力的对策，使企业绝处逢生。制定战略计划可协调企业各个分部和职能部门的工作，保持各分部具体业务目标与总公司的总目标一致，加强企业内部各部门、各层次横向、纵向的信息沟通，把企业内部可能出现的冲突减少到最低限度，最大限度地发挥集体的战斗力。

（4）有效战略计划可使企业预知未来环境中的机会与威胁，进而使企业在营销中抓住环境中的有利因素，撇开不利因素，使企业的营销活动更加顺利的进行。当通用汽车公司、福特公司、克莱斯勒公司最终开始生产小型汽车跟日本人抗争时，它们已失去了对丰田、日产以及一大批外国公司，特别是日本汽车制造厂的优势。造成这一痛苦事实的原因在于美国汽车制造商的过分自满和惰性，因而失去了领导一个迅速成长的小型汽车市场的机会。小型汽车成了汽车制造商的机会。一个新的机会，犹如一扇窗户，仅仅在一个很短的时间里向你敞开。

（5）战略计划为我们今后的行动指明了方向。战略计划的核心是确立战略目标，有了目标就可以使我们少走弯路，减少在黑暗中的摸索，进而减少人财、物的投入，使企业以最少的投入最快的速度实现企业预期目标。

小链接：

阿里巴巴的“大淘宝”战略

2008 年 9 月，马云宣布将投入启动“大淘宝”战略，马云解释道：“大淘宝就是要做电子商务的服务提供商，为所有的电子商务参与者提供‘水、电、气’等基础服务。就好比一些地方在招商引资之前首先要做到‘三通一平’，提供良好的生产生活环境，然后方能引凤入巢，繁荣一方。”其实，淘宝网要做的“三通一平”，就是要让自己所有的用户在“大淘宝”平台上的支付、营销、物流以及其他技术问题都能够做到顺畅无阻。

大淘宝”战略分为几个进化阶段：

淘宝的初级商业阶段：对集团内部的资源进行整合，将阿里妈妈与淘宝网合并，打通淘宝与阿里巴巴平台，形成一个 B2B2C 的商业生态链条。明确定义淘宝 = eBay + 乐天（Rakuten）+ 亚马逊（Amazon）。eBay 的商业模式是典型的 C2C 模式。乐天市场的商业模式应该是介于 eBay 和亚马逊之间的所谓 B2B2C 模式。亚马逊是典型的 B2B 模式。在综合以上三种模式的基础上，提出“大淘宝”战略的最终目标是在全球范围内打败 eBay 与亚马逊，成为世界电子商务领域的霸主。为此，2009 年 9 月，马云宣布将独立网店系统引入大淘宝战略，淘宝与 shopex 独立网店系统合作开发的“淘掌柜”上线。2009 年 12 月 18 日，为淘宝网卖家量身打造的淘宝外店系统“淘里淘外”正式启动。此外，淘宝还与中网、土豆网、优酷网等有影响力的互联网服务提供商合作，以及大量小的软件程序提供商的合作，共享资源。淘宝通过共享一个多接口的开放性平台，将大量的合作伙伴集结在淘宝周围，建立起了强大的、牢不可破的技术堡垒和龙头地位，并在未来成为行业标准的制定者。

淘宝的中级商业阶段：构建淘宝在互联网的整个商业生态系统，即通过“淘宝合作伙伴计划”作为突破口。2009 年 12 月 1 日，“淘宝合作伙伴计划”的平台“淘拍档”成立。淘宝网召集各方面的电子商务外包供应商，在 IT、渠道、服务、营销及仓储物流等电子商务生态链的各个环节，为淘宝卖家、企业提供个性化产品和个性化服务。淘宝吸引更多的垂直网站，尤其是大企业的网站加入“大淘宝”行列中来。2009 年 4 月 1 日，淘宝社区 SNS 产品“淘江湖”正式上线展开内测。“淘江湖”将增加客户的黏度以及活跃度。2010 年 1 月 1 日，淘宝“数字娱乐”板块正式开通，淘宝正式进入在线视频领域。那些人气旺盛的博客、SNS 社区、娱乐、以工作交流为核心的非零售站点，也都是淘宝建立开放性平台拉拢的对象。

日本乐天的经营理念之一就是将业务分散，同时各个业务彼此间更可形成环环相扣的网络布局，达到 1+1>2 的效果。淘宝也秉承了这样的经营理念，收购、合资建立相关行业的公司。通过淘宝的这一系列决策，它将进一步颠覆中国电子商务的生态系统。

淘宝的高级商业阶段：构建覆盖全国的线下商务平台，通过连接线上和线下的通道的建立，创建新的零售模式。为了构建覆盖全国的线下商务平台，淘宝在 2009 年 4 月 15 日，正式启动淘宝网线下实体店“淘一站”。淘宝与各个行业不断进行多方面的合作，比如湖南卫视、ShopEX、各出版传媒集团等。淘宝在快速地整合各种资源，并将平台从虚拟的互联网延伸到了线下实体，一步步地在实现自己的电子商务生态圈。

通过“大淘宝”战略的实施，淘宝正在呈现娱乐化、大众化、多元化的发展趋势。

（资料来源：根据百度文库马云“大淘宝”战略资料整理）

四、企业战略层级结构

在一些较大规模的企业，通常有三个组织层次战略（见图 2－1）。这些层次包括：企业层次、部门层次、职能层次。企业总部负责设计整个企业的战略计划，确定给每个部门的在公司中的地位，决定给每个部门分配多少资源以及要开展哪些新业务或取消哪些旧业务。每个部门也要制定部门层次的计划，将企业给予的资源分配给各个业务。各职能部门也要制定战略支持企业层和部门层次战略的实施。

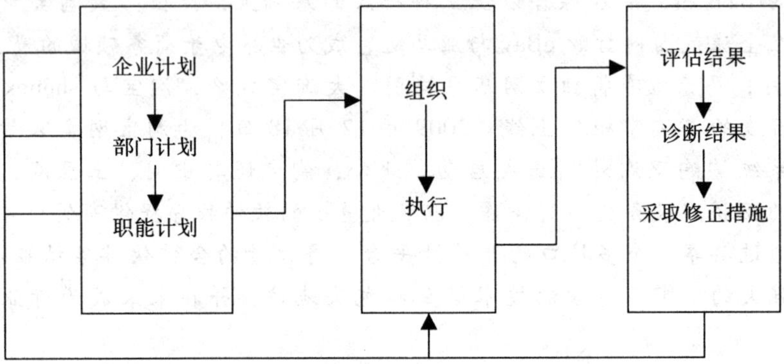

图 2－1 战略计划、执行和控制过程

1. 企业层战略是企业最高层次的战略

需要根据公司使命，确定企业的发展方向和途经；其主要任务是回答“我们应该做什么业务”，即确定企业的使命与任务、产品及经营领域；“我们怎么样去管理这些业务”，即在企业不同的战略事业单位之间如何分配资源以及采取何种成长方向等。

2. 部门战略又称事业部或分公司战略

是在企业层战略指导下，各个战略事业单位制定的部门战略，是公司战略之下的子战略。它主要强调经营范围和资源配置问题，研究产品和服务在市场上的竞争问题。其目的从企业外部来看主要是建立一定的竞争优势，即在某一特定的产品与市场领域取得获利能力；从企业内部来看主要是获得一定的协同效应，即统筹安排和协调企业内部的各种生产、财务、研究开发、营销等业务活动。

3. 职能层战略

是为贯彻、实施和支持公司战略与部门战略而在企业特定的职能管理领域制定的战略。职能战略一般可分为营销战略、人事战略、财务战略、生产战略、研究与开发战略、公关战略等。与公司战略和竞争战略相比较，职能战略更为详细、具体和具有可能操作性。实际上，职能战略是公司战略、竞争战略与实际达成预期战略目标之间的一座“桥梁”。

第二节

企业战略计划过程

显而易见，今天的公司要想在动荡的环境中生存下去，必须有长期的战略计划。而战略计划本身由图 2－2 所示的一系列步骤和工具组成。因此简单的来讲战略计划是一个过程。它是指在组织目标、资源和它的各种环境机会之间建立与保持一种可行的适应性的管理过程。具体来讲企业的战略计划过程主要由以下步骤构成：

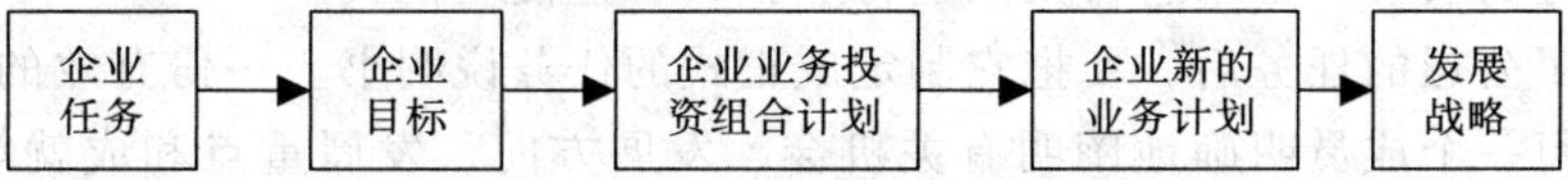

图 2－2　企业战略计划管理过程

一、规定企业的任务

规定企业任务，即规定企业在中长期内将要做些什么。具体地说就是明确以下问题：“企业是做什么的?”“顾客是谁?”企业的业务将是什么?”“企业的业务应该是什么?”。

这些问题看似简单，但实质上却十分复杂且非常重要。因为它们关系到今后较长一段时期的发展。企业任务的形成必须注意 5 个关键性的要素：

1. 企业过去历史的突出特征

例如，“派克”金笔过去一向是以生产具有“保存价值”的金笔为其特色，后来面对强劲的竞争对手转而改变企业的任务，生产“低价钢笔”，结果由于忽视了自身特色，丢掉了老市场，也未战领新市场。因此，规定企业任务时必须尊重它过去历史上的卓著特征。

2. 企业的所有者和管理者的价值取向或偏好

任何一个企业的主管人员都有他们自己的目的和观念，这些目的和观念影响着企业任务的制定。如中国著名的小绍兴“鸡粥店”，每天顾客盈门，每天接待顾客不下 5000 人次，当记者问业主为什么不学“肯德基”走出国门，走连锁发展的道路时。业主的回答是：“本地顾客还接待不完，还去国外干什么!”，“小绍兴”尽管也有几十年的历史，至今还没走出家门。而“肯德基”在全世界已有几千家分店。

3. 环境因素

环境因素影响着组织的任务。因为环境的变化会给企业带来威胁也会带来机会。例如“绿色营销”的到来给电冰箱生产企业带来了不利影响，在一些国家有氟冰箱禁止出售，同时也带来了机会，绿色无氟冰箱大受消费者欢迎。再如《战狼 2》燃爆 2017 年暑期档，上映 4 小时票房破亿，85 小时破 10 亿元、7 天达 18 亿元、11 天达 34 亿元，创造了电影票房新纪录。《战狼 2》的成功固然和制作精良有关，但更与他的题材和推出背景有关。作为一部史诗级军事题材的国产大片，题材深入人心，符合大背景：建军

90周年大阅兵，中国强军梦！激发了人的爱国热情。电影正好满足了观众强烈的爱国心并产生满满的民族自豪感。

4. 企业资源情况

企业资源是实现目标的物质基础，因此，它限制着企业任务的制定。如果一个企业资源决定企业只能成为一个二流的企业，而公司提出要成为世界最大的企业，显然是自欺欺人。中国的“巨人集团”正是忽视了自身的资源状况，而过早的步入大规模企业经营的行列，想在一夜之间成为中国的巨人，结果它失败了。

5. 企业特有的能力

即企业任务的确立应建立在它所独有的能力之上。也就是说企业规定自己的任务时应扬长避短，发挥自身的优势，例如麦当劳公司也许能进入太阳能行业，但其特长是经营为大众服务的快餐。如果进行太阳能行业，其特色便会消失。

在确立了公司的任务后，要把它制定成正式的任务说明书。一份有效的任务说明书将向公司的每一个成员明确地阐明有关机会、发展方向、发展重点和成就等方面内容。公司的任务说明书充当着一只“无形的手”，引导着广大而又分散的职工各自的，但却是一致地朝着同一个方向——为实现公司目标而工作。而一个有效的任务说明书应明确以下内容：

（1）任务说明书应该明确组织经营的业务范围。业务范围可以从三个方面加以确定：所要服务的顾客群；所要满足的顾客需要；用以满足这些需要的技术。例如，一家冰箱厂专门为家庭生产电冰箱，它的顾客群就是家庭；顾客需要是冰箱冷藏食物；技术就是制冷技术。公司的业务范围见图2-3。

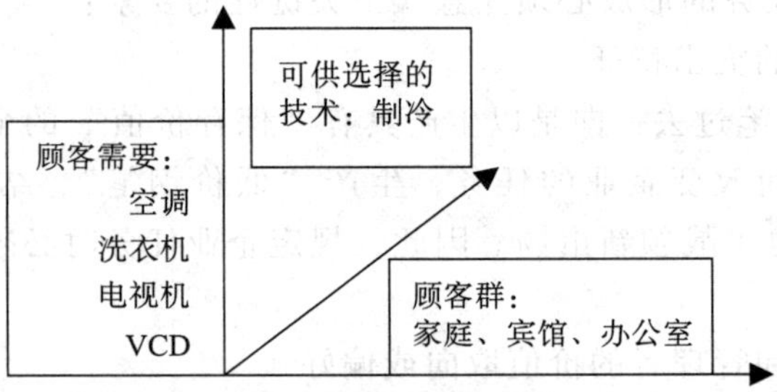

图2-3　一家冰箱厂业务范围

公司有权扩大或缩小业务范围。例如，它可以决定为其他顾客群生产冰箱、冰柜，也可以为家庭生产空调、洗衣机、电视机等等。

在确定业务范围时还必须以市场为导向，即按目标顾客的需要来规定和表述企业任务，如西安杨森公司：我们生产药品（产品导向），市场导向是我们出售健康。施乐复印机公司：我们生产复印设备（产品导向），市场导向是我们帮助提高办公效率。哥伦比亚电影公司：我们生产电影（产品导向），市场导向是我们经营娱乐。

（2）公司的任务说明书应富有鼓动性，能够激起员工的工作激情。员工喜欢他们的工作是有意义的，能够为人们的生活作出贡献。如果把清洁工的工作描绘成绿色天使，为人们创造美好生活空间，那就会对员工产生一种新的目的感。如果把推销真空吸尘器说成是创造一个清洁、健康的家庭环境，推销人员就会感到鼓舞。

(3) 公司任务说明书必须强调那些公司打算遵循的重大政策。政策规定了员工在对待顾客、供应商、分销商、竞争者以及广大公众的立场、观点、态度，以便于公司在重大问题上采取一致行动。

企业的任务一旦被确定，它将成为未来一二十年里的力量源泉和活动中心。一般应保持相对稳定性。但当它已经失去信任，或者不再是公司的最佳事业时，公司的任务就需改写。

二、规定企业目标

企业的任务确定后，还要把企业的任务具体化为一系列的各级管理层次的目标。最常见的目标有：盈利、销售成长、市场占有率提高、风险的分散以及产品创新等。

为了便于采用，组织诸目标应该符合以下要求。

1. 层次化

一家公司往往追求多种目标。但在一定时期、一定条件下企业资源有限，这些目标必须按轻重缓急进行排列，以确保重要目标的实现。例如可口可乐公司在“二战”期间的目标，层次性就非常清晰。可口可乐是一位叫潘伯顿的药剂师在1886年初发明，最初它是用美洲的古柯叶和非洲的可乐果提炼而成。在“二战”之前，公司规模小，投资回报率很低。“二战”开始，公司把提高投资报酬率作为公司一个重要目标。要提高投资报酬率有两个途径：增加总收入，或减少投资。公司放弃了后一途径。要增加总收入，需增加销售、降低成本。“二战”期间，可口可乐通过借助政治力量取得了美军专用饮料的“资格证书”。美国政府出资在世界各地建成64个可乐装瓶厂，利用战争，五年内实现了别人25年才能达到的海外经营规模，使前方军队中出售1000亿瓶可乐，获得了较高的投资回报率。投资回报率在50%以上，为后来的多样化经营积累了雄厚的资金基础。在1996年投资回报率达56.7%，市场价值为1150.7亿美元，销售18018亿美元，利润额29.86亿美元，资产150.41亿美元。

2. 数量化

在可能的条件下，目标应该用数量来表示。这样能促进经营管理计划的制定、执行和控制。

3. 目标水平应切实可行

目标水平的确定应建立在分析机会和资源条件的基础上，而不是主观愿望的产物，这样的目标水平实现的可能性才最大。

4. 公司总目标与各分层次之间的目标应协调一致

有些企业的管理当局提出的目标往往是相互矛盾的，例如“最大限度地增加销售额和利润。”实际上，企业不可能既最大限度地增加销售额同时又最大限度地增加利润。因为企业可能通过降低价格、提高产品质量、加强广告促销等途径来增加销售额，当这些营销措施超过一定限度时，利润就可能减少。所以，各种目标必须一致，否则会失去指导意义。韦伯指出，每个企业都面临八种基本的战略权衡抉择：①短期盈利和长期盈利。②盈利幅度和竞争地位。③直接推销努力和市场开发努力。④现有市场渗透和新市场发展。⑤作为长期成长源泉的相关和非相关新机会。⑥盈利和非盈利目的。⑦成长和稳定。⑧无风险环境和高风险环境。

三、制定企业业务投资组合计划

企业明确了任务、目标以后，下一步就要检查目标所经营的业务项目和确定每项业务的具体内容。战略计划的一个重要任务就是决定建立、维持、收缩和淘汰哪些业务。制定企业业务经营计划就是对现有业务进行分析、评价，以做出发展什么、维持什么、建立什么、淘汰什么业务的决策，使企业有限的资源用于经营效益最高的业务。这就需要对现有业务现状进行评价和选择，实行分类管理。

首先，建立战略业务单位。大多数的企业都有可能同时或准备经营若干项业务。比如一家公司既生产汽车，又生产摩托车，还生产空调。每项业务都会有自己的特点，面对的市场、环境也未必完全一样。为了便于从战略上进行管理，有必要将企业的各项业务划分为若干个战略业务单位。战略经营单位通常具有这样一些特征：第一，它是一项业务或相关业务的集合，在制定计划时，可以与公司的其他业务分开而单独地制定计划。第二，它有自己的竞争对手。第三，它有一位专职经理，负责制定和完成计划。

其次，选择评价方法。对现有业务进行评价和选择的方法很多，主要有波士顿矩阵法（四象限评价法）、通用电器公司法、寿命周期法、获利能力评价法和临界收益评价法等。在此主要介绍前两种。

（一）波士顿矩阵法（BCG 法）

波士顿矩阵法是波士顿咨询集团发明的方法。他们在 1970 年创立并推广了“市场成长率——相对市场份额矩阵”的投资业务组合分析法。如图 2－4 所示，横坐标轴上的相对市场占有率表示此战略业务单位的市场份额与该市场最大竞争者的市场份额之比，当相对市场份额为 0.2 时，则该公司的战略业务单位的销售额为市场领导者的销售额的 20%；当相对市场份额为 5 时，则该公司的战略业务单位是该市场的领导者，并且是市场第二位的公司的销售额的 5 倍。横轴以 1.0 为分界线，将相对市场份额分为高相对市场份额和低相对市场份额。纵轴表示市场增长率，即这项业务所在市场的年销售增长率，用数字 0～20% 表示，并认为市场成长率超过 10% 就是高速增长。需注意的是，企业可以在运用中根据实际情况对这些数字范围进行修改。图中的 8 个圆代表某公司的 8 个业务单位，每个业务的销售额与圆的大小成正比，它们的位置表示这个业务的市场成长率和相对市场份额的高低。

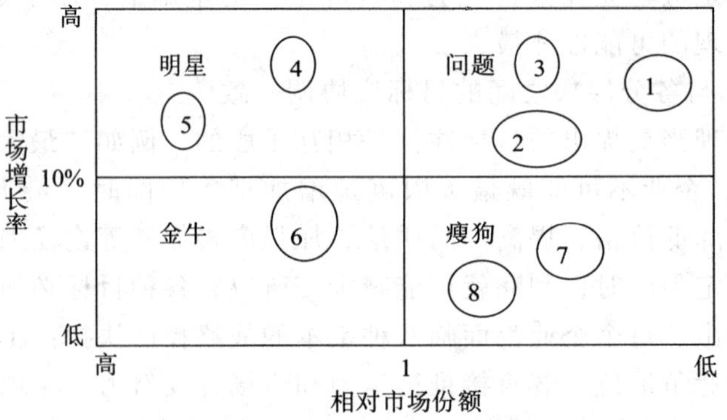

图 2－4 波士顿矩阵法

如果我们以市场占有率为1、销售增长率10%作为判别各类业务的标准，则可将该公司八项业务划分为四类，进行分类评价，并作出相应的投资分配决策。

1. 问题类

问题类是销售增长率高而相对市场占有率低的公司业务。如图2-4中的①②③。企业的大多数业务是从问题类开始，公司力图进入一个高速成长的市场，其中已有一个市场领导者。企业要满足高速成长的市场需求并赶超市场领导者，必须添置厂房，设备和人员，这就需要大量的现金投入。因此企业经营的问题类业务不能太多，如图2-4，公司应把资金集中在一个或两个业务上而不是三个业务上，以避免资金分散使用。最后需注意问题类业务应小心确定，对确有发展前途的业务要大量投资，对没有发展前途的业务要及时摆脱。

2. 明星类

一个公司如果在问题类业务上经营成功，就变成明星。明星类是高速成长市场中的领先者。它们有较高的市场占有率和销售增加率，但要维持高占有和高增长就必须进行大量的投资以击退竞争者。因此，明星类业务常常是现金的消耗者而非现金产生者；但随着生产条件的成熟、产量的增加、单位产品成本的降低而获得更多的利润并成为公司的金牛类。如图2-4中的④⑤。

3. 金牛类

当市场的年销售增长率下降到10%以下，而如果它继续保持较大的市场份额，前面的明星类业务就成了金牛类业务，这类业务之所以称其为金牛，是因为它为公司带来了大量的现金收入。由于金牛业务销售增长率低，公司不必大量投资，同时也因为该业务是市场领先者，它还享有规模经济和较高利润率之优势。公司用它的金牛业务收入来支付账款和支持明星类、问题类和狗类业务，这些业务常常是现金短缺者。如图2-4中的⑥便是金牛类。但一个金牛业务会使公司有较脆弱的竞争地位，一旦金牛业务失去市场份额，企业就会缺乏现金支持而陷入困境。因此公司需有几头强壮的“金牛”。

4. 瘦狗类

瘦狗类业务是指销售增长率缓慢、市场份额也低的业务。这类业务通常微利、保本甚至亏损，因而是企业现金的消耗者。企业必须认真分析其存在的必要性，否则应果断决策，消减或淘汰之。

随着科学技术的进步，市场竞争日益加剧，产品市场生命周期日趋缩短，企业经营的产品业务在上述矩阵图中的相对位置势必不断变化。因此，企业在制定企业战略时，必须预测未来市场变化，正确规划未来产品业务矩阵，制定好产品业务投资计划。一般来说，可供企业选择的业务经营决策有以下四种：

（1）发展。即竭尽全力，甚至不惜放弃短期收益来实现扩大产品业务市场占有率的目标。这一策略适合明星产品及有发展潜力的问题类业务。

（2）维持。即尽量保持某一产品业务的市场份额。这一策略适合金牛类产品业务。因这类业务大多处于市场寿命周期的成熟期，占有较大的市场份额，可为企业提供大量的现金收入。

（3）收割。即旨在尽可能榨取某一产品业务的近期利润，而于长期利益以不顾。这种策略适用于处境不佳或弱小的“金牛”类产品业务，因为这类产品即将转入衰退期，前途暗淡。最明智的做法就是乘其尚未完全失去一席之地之机榨取更多的现金收入，相对于预期即将放弃的“问题”类和“消费现金”类产品同样是适用的。对于上述类别的产品业务，企业要有计划地减少投资、降低质量、压缩促销、提高价格或降低价格。

(4) 放弃。即停止生产，清理、变卖存货，把资源转移到利益较高的领域。这一策略适合无发展前途或妨碍企业增益的某些“问题”或“消耗现金”类产品。

波士顿矩阵法提高了管理人员的分析和战略决策能力，帮助他们更深刻地理解公司各项业务活动的地位及其相互关系，有助于他们合理的分配资源，及时收获或放弃萎缩业务，增加在更有发展前景的业务中投资。但是，这个模型也有其局限性：第一，由于评分等级带有折中性，很多业务位于矩阵的中间区域，难以确定使用何种战略。第二，这种方法只考虑了市场增长率与相对市场份额两个因素，考虑的因素太少。

(二) 通用电气公司模型（GE 法）

美国通用电气公司提供了一个更为复杂的投资业务组合分析模型，认为在评估战略业务单位时，除了应该考虑波士顿咨询集团模型中的市场增长率和相对市场份额两个因素外，还应考虑更多的因素。通用电气公司将这些因素分为两类：一类是行业吸引力，另一类战略业务单元的竞争能力。这两个变量对评定业务具有重要意义。企业如果进入富有吸引力的行业，并拥有在这些行业中获胜所需要的各种业务实力，它就可能成功。如若缺少其中一个条件，就很难得到显著的效果。一个实力雄厚的企业不可能在一个夕阳行业中大展宏图，同样，一个孱弱的企业也不可能在一个朝阳行业中大有作为。(如图 2-5 所示)。4 个圆圈代表某公司的四个战略业务单位。圆圈的大小与行业的规模成正比，圆圈中阴影部分表示该业务单位在该行业中所占的市场份额。纵轴代表行业吸引力，它的大小取决于总体市场大小、年市场增长率、历史毛利率、竞争激烈程度等因素。横轴表示企业战略业务单位的战略业务单元的竞争能力它的大小取决于市场份额、份额增长、产品质量、品牌知名度、分销网络、促销效率、生产效率、单位成本、研究开发绩效等因素。企业将上述两类因素进行评估，评出各个因素的分数（最高分为 5 分，最低分为 1 分），再按各个因素的重要性确定其权数，根据各因素的分数和权数就可计算出行业吸引力和企业战略业务单位的数据。

根据行业吸引力的大中小与企业战略业务单位的竞争能力的强中弱，我们也可以将矩阵分为 9 个方格，将业务分为 3 个部分：

(1) 左上角地带（又叫“绿色地带”），这个地带的三个小格是“大强”“中强”“大中”)。这个地带的行业吸引力和战略业务单位要“开绿灯”，采取增加投资和发展增大的战略。

(2) 从左下角到右上角的对角线地带（又叫“黄色地带”，这个地带的三个小格是“小强”“中中”“大弱”)。这个地带的行业吸引力和战略业务单位的业务实力总的来说是“中中”。因此，企业对这个地带的战略业务单位要“开黄灯”，采取维持战略。

(3) 右下角地带（又叫“红灯地带”)，这个地带的三个小格是“小弱”“小中”“中弱”)。总的来说，这个地带的行业吸引力偏小，战略业务单位的业务力量偏弱。因此，企业对这个地带的战略业务单位要“开红灯”，采取“收割”或“放弃”的战略。例如，九象限图中的战略业务单位 D，其业务实力弱，行业吸引力太小，企业对这种业务须采取淘汰战略为宜。

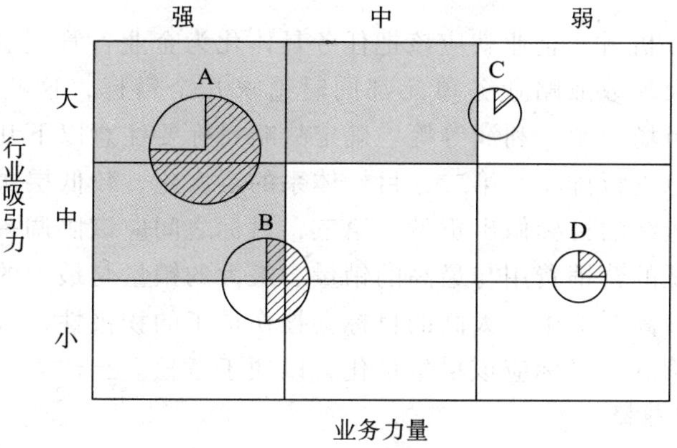

图2-5 通用电气公司模型

四、制定企业新的业务计划

企业依靠现有业务无法达到既定目标，就要开发新的业务。新增业务计划制定由以下几个步骤组成。首先，战略业务单位要明确业务在企业中的地位；接着对企业的外部环境和企业内部的资源和能力进行分析，即SWOT分析；在前两个步骤的基础上，确定新增战略目标；然后选择竞争战略；最后形成新增业务计划。

（一）分析业务任务

明确业务在公司战略中的地位为每个战略业务单位制定战略计划的起点。管理者应该明确战略业务单位在公司中的地位，根据公司的总体任务确定自己的任务。

（二）SWOT分析

SWOT分析是一种用来确定企业本身的优势（strengths）、劣势（weaknesses）、环境中的机会（opportuniites）和威胁（threats），从而将公司的战略与公司内部资源、外部环境有机结合的分析方法。

1. 机会与威胁

市场机会是市场机会是指市场上所存在的尚未满足的需求，它是影响公司战略的重大因素。如市场需求增长强劲、市场进入壁垒降低、出现向其他地理区域扩张的机会等等。公司管理者要抓住机会，应该对市场环境进行分析，找出可能存在的市场机会，评价每一个机会的成长和利润前景，确定抓住市场机会所需要的成功条件，分析自己在该市场机会上所拥有的优势，选取那些可与公司的资源和能力相匹配的最佳机会。市场威胁是指在环境变化的趋势中对企业的生存与发展不利的、消极的因素，如市场需求减少、替代品抢占公司销售额、经济萧条等。

2. 优势与劣势

公司的优势是指在执行策略、完成计划以及达到确立的目标时可以利用的能力、资源以及技能。如技术技能优势、无形资产优势、人力资源优势、组织优势等。公司的劣势是指能力和资源方面的缺乏或者缺陷。如缺乏有竞争力的技术、有形资产、人力资源、组织资产等。在制定计划时，确定企业的资源和能力是优势还是劣势是很重要的。将你的资源和能力与行业中重要的能力和资源进行比较，有助于你识别出公司目前的优势与劣势。

（三）目标制定

在进行 SWOT 分析后，企业就应该把任务具体化为企业各管理层的目标，形成一套完整的目标体系。大多数战略业务单元都同时追求几个目标，这些目标包括产品销售额、销售增长率、市场份额、利润等等。确定战略目标要注意以下几个问题：第一，目标必须按照轻重缓急进行排序。第二，目标体系的层次化，较低层次的目标应该服从较高层次的目标，为最终的目标做出贡献。第三，目标之间应该协调一致，如最低的成本与最高的质量、最低的营销费用与最高的销量、最大的销量与最大的利润之间都是矛盾的。第四，目标应该高低适中，太高的目标会挫伤员工的积极性，太低的目标则不具有激励员工的作用。第五，目标应该尽量量化，以便于考核。

（四）选择竞争战略

美国学者波特认为，有三种一般性竞争战略可供选择，这三种战略是总成本领先战略、差异化战略、目标聚焦战略。

1. 总成本领先战略

这种战略是指一个企业通过采取一系列措施使其总成本达到行业最低水平。可以使企业总成本降低的措施包括：努力获取较高的市场份额；努力寻找良好的原材料；设计便于制造的产品；保持一个较宽的相关产品系列；购买可以降低成本的先进生产设备；有效地利用企业的生产经验；严格控制成本与管理费用；最大限度地减少研发、服务、推销、广告等方面的成本；为所有主要顾客群进行服务以扩大产量和销量。尽管质量、服务以及其他方面也不容忽视，但贯穿于整个战略之中的是使成本低于竞争对手。一旦赢得了总成本领先的地位，企业可以使用所获得的较高利润购买可以进一步降低成本的先进生产设备，以维护成本上的领先地位。

2. 差异化战略

差别化战略是指将公司提供的产品或服务与竞争对手的区别开来，树立起一些全产业范围中具有独特性的东西。企业可以在品牌形象（奔驰轿车）、设计（三星手机）、技术上的独特性能（Intel 微处理器）、顾客服务（IBM 笔记本电脑）、商业网络等一个或几个方面，与竞争者相比能有显著的独到之处。当顾客认为企业所提供的产品或服务与竞争对手的产品或服务不同时，他们对价格的敏感性降低，企业同样有可能获得较高的利润。在市场营销、研究与开发、产品技术和工艺设计等方面具有强大的实力是企业有效地实施这一战略的前提。

3. 目标聚焦战略

成本领先和差别化战略，都要求企业在整个市场、整个行业内实现其目标。聚焦战略则是只为某个特殊的顾客群、某产品线的一个细分市场或某一地区市场服务。聚焦战略可以使企业以较高的效率、更好的效果为某一狭窄的市场服务。波特认为这样做的结果，是企业或者通过满足特殊对象的需要而实现了差别化，或者在为这一对象服务时实现了低成本，或者二者兼得，从而超过在较广阔范围内竞争的对手。

一般来讲，企业要获得竞争优势就必须在三种战略中做出选择，必须决定希望在哪个方面取得优势。那些采用模糊的战略的企业的绩效往往最差，它们想获得所有战略的优势，结果在哪一方面都没有做好。

（五）形成新增业务计划

在选择了竞争战略后，战略业务单位必须制定执行这种战略的具体计划，保证战略的实施。如果一个企业选择的是总成本领先战略，那么它需要制定能够有效地降低成本的计划；如果一个企业选择的是差异化战略，那么它需要制定可以使企业在名牌、设计、技术、服务等一个或几个方面与竞争对手有所区别的战略。而选择正确的市场机会是企业制定正确业务计划的前提。但这种客观存在着的市场机会，并不等于就是可被某一企业利用的“企业机会”。企业要使客观存在的“市场机会”成为适宜的“企业机会”，必须具备一定前提条件，即它与企业的任务相一致，企业具有利用该机会的资源能力，利用该机会足以实现企业的目标要求，三者缺一不可。

在市场上，企业可能面对的市场机会多种多样，但归纳起来，可划分为三种类型：密集性成长的市场机会，一体化成长的市场机会和多样化成长的市场机会。企业利用市场机会旨在增进企业发展。所利用的市场机会不同，就会采取与之相适应的成长策略。成长机会的主要类型如下：

1. 密集性市场机会

密集性市场机会系指尚未被完全开发的潜伏在企业现有产品和现有市场的营销机会。也就是说，企业仍可在现有的生产经营范围寻求深度的发展。企业一旦选择和利用这种市场机会，可采用三种密集型成长战略：

（1）市场渗透战略。企业在原有市场中争夺更多的顾客和更大的销售额，提高市场占有率，从而实现企业业务增长。具体措施包括三种：一是鼓励原有顾客增加购买数量，如通过更新色彩花色式样、精美包装、价格折扣和季节差价等营销措施，以收到扩大销路之效。二是挤掉竞争对手，提高本企业现有产品的市场占有率。三是发掘潜在买主，激发其购买动机，吸引他们转而购买本企业产品。

（2）市场开发战略。通过有效措施，开拓新的国际市场来扩大现有产品的销售，从而实现企业业务的增长。这可能是基于两种原因：一种是当营销环境发生变化，出现了有利于新市场建立的时机；一种是由于企业生产过剩或原有市场需求饱和时，迫使企业将现有产品向新市场扩张。企业开拓新市场的机会可能会随时出现，如新市场进口限制的减少、关税的下降、发展中国家经济的腾飞等，都可能带来新的营销机会。关键是企业要善于识别，并及时果断地采取营销措施，才能抓住机遇，求得发展。企业实施这种战略的核心是开辟新的销售渠道，大力开展广告宣传等促销手段。

（3）产品开发战略。企业向现有市场提供新产品或改进产品（如增加花色、品种、规格、型号等），以满足不同顾客的需求，从而扩大销售，实现企业业务的增长。实施这种战略的重点是在市场细分的基础上改进产品设计，大力开展以产品特色为主的宣传等促销手段。

2. 一体化市场机会

一体化市场机会是指客观上存在的将企业业务纵向伸展到供、产、销不同环节而求得发展的市场机会。一体化市场机会的选择和利用，往往导致企业不同程度的多种经营，增强自身供产销的整体能力，从而提高效率，扩大规模，增加盈利。企业利用一体化市场机会可采用的战略有：

（1）后向一体化成长战略。企业通过自办、契约、联营或兼并等形式，以销、供、产为序，对其供给来源取得控制权或所有权，实行一体化经营而获得成长的战略。如冶炼或加工企业向原材料生产方向发展，实行产供一体化；商业企业向生产产品的方向发展，实行销产一体化；零售商向批发商方向发展，实行零批（“销供”）兼营。这都是利用后向一体化的成长战略。

（2）前向一体化成长战略。企业自办、契约、联营或兼并等形式，以供、产、销为序，对其产品的加工或销售取得控制权或所有权，实行一体化经营求得企业发展的战略。如生产原油企业开办炼油厂；畜牧场自办或联办若干个鲜奶销售网点；批发企业增设或接办零售商店等，都采用的是前向一体化发展战略。

（3）水平一体化成长战略。企业通过兼并、联合竞争对手或与同行企业合资经营等形式，以扩大生产规模，减少竞争性、增强垄断性，以寻求企业发展的战略。如麦道公司与波音公司的联合便是水平一体化发展战略的应用。

3. 多样化市场机会

多样化市场机会是指存在于企业现有经营业务范围之外的领域的市场机会。一般来说，当企业在利用密集性和一体化市场机会受到限制，或遇到营销障碍时，企业会突破行业界限，在更为广泛的领域寻求利用新的机会，新增与现有业务有一定联系甚至毫无联系的其他业务，实行跨行业的多样化经营，以实现企业业务的增长。企业要运用多样化市场机会，一般可采用三种多样化成长战略：

（1）同心多样化成长战略。企业以现有物质技术力量为核心，开发与现有物质技术力量密切相关的新产品，增加产品的门类和品种，犹如同一圆心向外扩展业务范围，以寻求新的发展。如生产收音机的无线电厂“索尼”，利用现有设备和技术，开发生产收录音机，随身听、电视机、录像机、组合音响等。实行多样化经营有利于发挥企业原有设备技术优势，充分利用企业资源，减少或分散经营风险。

（2）水平多样化成长战略。企业以现有顾客需求为中心，不断增添新的物质技术力量，开发生产满足顾客某一方面需求的系列产品，以扩大业务经营范围，寻求新的发展。如美国农机公司，为满足农民种田的需要，增设化肥厂、农药厂等，生产农机具，化肥、农药，为农民的农业生产服务。实行水平多样化经营，易于开拓市场，有利于塑造有力的企业形象，但水平一体化发展战略需进行跨行业投资，风险较大，只有实力强大的企业方能采用。

（3）集团式多样化发展战略。企业通过投资或兼并等形式，把经营范围扩展到多个新兴产业或其他行业，组成混合型企业集团，开展与现有技术、现有市场、现有产品毫无联系的多样化经营活动，以寻求新的发展机会。在当今世界，集团化、多样化是全球经济的一大特点，它可以使企业合理调配资金、应对竞争、避免能源危机、行业退化、政局变动给企业造成的威胁。如美国的通用汽车公司、通用电器公司、国际电话电报公司、柯达公司、杜邦公司，日本的三菱商社、三井物产、住友商事等，都早已实行集团式多样化经营，它们经营范围广，经济实力雄厚，重视开发尖端技术产品，技术水平高，具有很强的竞争力。

小链接：

《我们的梦想》

2017年，"格力电器董事长董明珠以《我们的梦想》为主题的开工寄语中指出，只有找到差距、找到问题，才能找到未来。"每个人都在往前走，只要慢一点，就会被赶上，就会被甩下。要想不被赶上、不被甩下，只有创造！创造新产品、创造新生活。"根据《产业在线》的数据，2016年格力家用空调国内市场占有率达42.73%。此外，格力在国内商用空调市场的份额也保持领先。作为家用空调领域的单品冠军，当主营业务逐渐接近天花板，格力不断谋求多元化发展，过去几年中格力先后进入小家电、冰箱、智能手机、智能装备、精密模具等领域，2016年开始涉足洗衣机市场。2017年，格力电器将"挑战自我、掌控未来"作为经营指导思想，布局多元化战略，巩固和发展空调产业的同时，不断向智能制造、智能家居、新能源产业延伸。

格力多元化将"三箭"齐发，首先，在智能家居领域，丰富格力生活电器的产品线，同时做大做强手机产业，将正式启动手机线下渠道销售。其次，在智能制造领域，加快智能装备和模具产业的市场拓展，紧密围绕机器人和精密机床两个领域进行深入研究。格力将携手银隆，拓宽相关产业链。牢牢把握与银隆合作所带来的机遇与挑战，在模具、电机、汽车空调、智能装备等领域创造新的利润增长点。格力还将加大各工业制品品牌的推广力度，兼顾国内和海外市场，寻求与电商平台的合作机会。这意味着，格力将从B2C领域，积极向B2B领域拓展。其三，在新能源领域，格力将扩大光伏空调的市场份额，实现光储一体化的技术突破；攻关能源控制的协议与策略，实现家居级、楼宇级、城区级的分布式控制系统和分布式能源系统开发。格力电器在1000亿元左右的收入规模已徘徊了3年，董明珠三路并进的思路表明，她仍在为格力电器下一个千亿积极地"排兵布阵"。

董明珠说，格力的梦想是"一个中国制造的梦想，一个蓝天白云的梦想"。

（资料来源：根据"我们的梦想"、格力布局多元化战略等网络资源整理，2017.08）

利用这种多样化的市场机会求得企业新增业务的成长，是一种有巨大潜力但又是极冒险的事业。适合于财力雄厚，技术力量强，有很高声望的大公司采用。对于大多数企业，尤其是中小型企业来说，一般不宜采用，或只能在低层次、小范围内采用。

第三节

市场营销管理过程

一、市场营销管理过程

我们前面已讨论，战略计划过程包括确定公司目标，制定业务经营组合计划，确立新业务计划，所有这些都是对未来前景的描绘。企业的每个部门都有责任向战略计划部门提供本部门业务发展前景的情报和建议，并制订出本部门的业务计划，以保证企业战略计划的实现。

各营销部门与战略计划部门的关系是既相对独立，又互为前提。每个营销部门都为战略计划部门提供信息和意见，以供其分析和评价（第一步）。战略计划部门为营销部门制订任务（第二步），营销部门在这些任务的基础上制订自己的营销计划（第三步），并贯彻执行（第四步）。最后战略计划部门评审结果。然后这一过程又周而复始。因此，战略计划的实施和完成有赖于企业各营销部门的支持，营销部门需要根据企业总的发展战略制订相应的市场营销计划，市场营销计划的制定和实施，即市场营销管理过程既是企业战略的一个重要的组成部分，又是实现企业战略的重要保证。因此，二者相互联系，密不可分。

市场营销管理过程，一般包括分析市场机会、目标市场战略、设计营销策略、营销计划的执行与控制等 4 个基本步骤。见图 2－6。

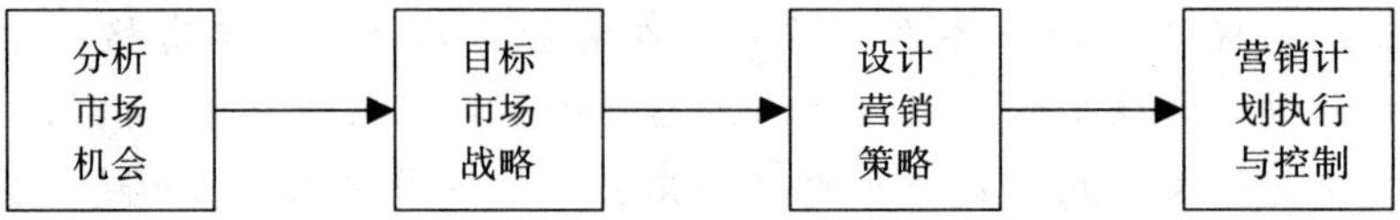

图 2－6　市场营销管理过程示意图

（一）分析市场机会

任何一个企业都处于复杂多变的外部环境之中。为了寻找、识别企业能够利用的新的市场机会，企业需要分析微观营销环境和宏观营销环境。微观营销环境包括顾客、竞争者、供应商、营销中间商、公众等；宏观营销环境包括影响企业营销活动的人文环境、经济环境、自然环境、技术环境、政治法律环境和社会文化环境。以动态地适应外部环境的发展变化，求得企业的稳步发展。成功的企业能够及时、准确地认识到环境中尚未被满足的需要，并且通过提供适当的产品或服务，获取利润。如果企业的产品销售给消费者，它需要了解消费者市场的特点、影响消费者购买的因素以及消费者购买决策的过程。如果企业的产品销售给生产性组织、批发商、零售商、政府等组织，它需要了解组织市场的特点、影响组织市场购买的因素以及组织采购者购买决策的过程。

（二）目标市场战略

目标市场战略包括市场细分化、选择目标市场和市场定位三个相互关联的步骤。在企业分析了它的市场机会后，由于大多数市场都包含生活方式、背景和收入水平各不相同的消费者，为了更好地满足顾客的需求，企业需要对市场进行细分，并且对这些细分市场进行评价。然后，选择一个或几个企业能够比竞争对手更好地为其服务的细分市场作为目标市场。企业在选择了目标市场之后，必须制定定位战略。定位是指企业根据竞争者的产品在细分市场所处的地位和顾客对产品某些属性的重视程度，塑造出本企业产品与众不同的鲜明的特色或个性，并传递给目标顾客，使该产品在目标顾客心中占有一个独特的位置。企业所确定的市场地位要能够发挥本企业的核心能力，为目标消费者提供比竞争者更大的价值。

（三）设计营销策略

各个战略业务单位及其营销部门需要根据目标市场的特点和市场定位战略的要求，制定合适的营销策略。在这一阶段，管理者需要做出营销预算、确定营销组合以及将营销资源进行合理地分配。市场营销组合是指企业可控制的一组营销手段，企业可以组合运用这些手段以实现其营销目标。这些手段包括产品、定价、地点、促销。

（四）营销计划执行与控制

通过上述步骤可以制订市场营销计划，企业需要将营销计划贯彻、落实，以实现企业的营销目标。市场营销战略计划的最后一个关键步骤就是对整个的营销活动进行计划、组织和控制。

二、营销计划书

企业的营销计划最终落实到营销计划书上。计划书要求言简意赅，突出主题，可操作性强。具体写一份营销计划书，见下文表2-1，通常包括以下几个板块的内容：

（一）计划概要

计划概要是对主要营销目标和措施的简短摘要，目的是使管理部门迅速了解该计划的核心内容和主要目标。

（二）目前营销状况

当前营销状况是计划书正文的第一部分，主要提供该产品目前营销状况的有关背景资料，包括市场、产品、竞争、分销和宏观环境状况的分析。

1. 市场状况：列举目标市场的具体数据，包括该市场的总体规模与增长，过去几年总量、总额，不同地区或细分市场的销售，消费者或用户需求、观念及购买行为动态和趋势。

2. 产品状况：列出企业产品组合中每一个品种近年来的销售价格、市场占有率、成本、费用、利润率等方面的数据，主要采用定量分析方法。

3. 竞争状况：明确主要的竞争者，并列出主要竞争者的市场规模、目标、市场份额、产品质量、价格、营销战略和战术及其有关特征，以准确了解竞争者的意图和行为，判断竞争者的变化趋势。

4. 分销状况：描述公司产品所选择的分销渠道的类型和在各种分销渠道上的销售数量，主要经销商及经营能力变化，激励所需的费用和交易条件。如某产品在专业商店、百货商店、折扣店等各种不同渠道上的销售比例。

5. 宏观环境状况：主要对与该产品线相关的宏观环境的状况和主要发展趋势作出简要的介绍。一般仍以人口统计、经济、技术、政治、法律、社会文化等基本宏观环境因素进行描述与分析。

（三）机会与风险分析

机会与问题分析可利用市场营销状况资料，采用有关工具和方法（如SWOT分析法），对企业和产品线面对的内外部环境进行深度分析；明确产品的机会与威胁、优势与劣势，寻找到产品面临的问题，以便于确定有针对性解决问题的营销战略和行动方案。在这项分析中，必须把风险与机会的分析与企业的优势与劣势分析结合起来进行，这样才能使这项分析真正给企业带来威利的机会，回避可能遇到的风险。

（四）制定营销目标

营销目标，是市场营销计划的目的与核心内容。在这里应主要建立两种目标，即财务目标和营销目标。这些目标要用数量化指标表达出来，要将目标定得实际、合理，并有一定的开拓性。目标中包含了对任务的数量和时间要求。比如，企业希望增加利润，就可能要求该产品的销售利润必须达到20%，销售量完成多少，以什么价格销售，扩大或缩减多少销售网点，企业以及品牌的知名度提高到多少等。

例如财务目标和营销目标。对于财务目标，确定每一个战略目标的财务报酬目标，主要包括投资回报率、利润率、利润额、年度现金流量等指标。营销目标：财务目标必须转化为营销目标。目标中包含了对任务的数量和时间要求。营销目标主要包括销售额、销售增长率、销售量、市场占有率、品牌知名度、分销网络、广告效果等。

（五）营销策略

营销计划的这一部分是表述企业将采用的营销策略，包括目标市场选择和市场定位、营销组合策略等。明确企业营销的目标市场，即企业准备服务于哪个或哪几个细分市场，如何进行市场定位，确定何种市场形象；企业在其目标市场上拟采用什么样的产品、渠道、定价和促销策略。

（六）行动方案

行动方案是对各种营销战略的具体实施制定具体的手段与途径，是实现营销战略与目标的根本保证。简单来说，营销计划中的行动方案所要解决的问题有将要做什么？何时开始去做？何时完成？由谁来做？成本是多少？行动方案的具体内容是什么？整个行动计划可以列表加以说明，为落实营销战略，要制定可实际操作的具体计划和行动方案。对于每个营销战略要素，应具体确定将由何人在何时何地花多少费用采用何种方法步骤，负责完成何项具体工作。

小链接：

某房地产公司的促销行动方案

行动方案1：

主题：品质风范

样板房开放日 项目进度促销

对象：购楼客户或准客户

内容：参观样板房

现场交流对家居布置的体会和向往

填写问卷调查，内容为“你认为品质生活应该是怎样的？”“你最向往的家居格调是怎样的？”

最后抽奖选出一名形象大使，颁发荣誉证书和购楼券5000元（不能换取现金）。

行动方案2：

项目进度促销

主题：×××花园外立面落成答谢酒会（楼盘全面竣工）

对象：业主及其亲朋好友

内容：答谢酒会和宣传广告

八套尾盘的现场让利销售，介绍成交者，来主另可免交管理费6～12个月。

行动方案3：

主题：购房，赠10年（共30天）×××酒店免费居住权（楼盘全面竣工）

对象：准客户

内容：全面竣工讯息告之

购房，赠10年（共30天）×××酒店免费居住权（5000元）。

行动方案4：

主题："品味生活"之夜

－－－－－－－中秋节促销（节日促销）

地点：小区园林

内容：免费品茗赏月

高空观赏都市之夜风景线

历代咏月诗词赋曲欣赏，并进行诗词赋曲名、作者有奖竞猜，现场发放广告礼品及宣传单张。

行动方案5：

主题："十万元家庭财产保险大赠送"活动

－－－－－－－针对本案尾盘促销（活动促销）

对象：所有客户

时间：周末

地点：售楼大厅

内容：买楼即送价值10万元的家财保险（只需200元的投入）

200元对买楼者不算什么，但10万元的保险值却有相当大的吸引力

为用户着想，体现关心，以人为本的精神

媒体安排及广告预算（8个月）：

媒体选择原则：媒体选择以尽可能扩大与消费者接触机会与覆盖面为原则

（1）大众媒体为主；

（2）特色媒介为辅；

（3）考虑到前期形象已有一定积累，本期不考虑电视媒体

大众形式媒体：

报纸 深圳商报、深圳特区报、南方都市报

公关 新闻分布会、促销活动、展销会

特色媒体：

杂志 财经杂志、车友会刊、深圳黄页（生活消费指南）

邮递 邮政专递、信用卡、话费单

其他 WALMART店售票单背面、超市购物袋、饮水机容器、搜房网

（发展商可根据需要，从中选择1～2个媒体形式）

考虑点：

(1) 生活接触频率高，易于建立知名度；

(2) 费用低廉，适合长期投放；

(3) 媒体新颖，易于形成口碑传播。

广告推广费用预算：

推广费用预算的计划原则：考虑到前期的宣传效应，我们建议西海湾花园每月3~4次的广告投放量，拟定以350万元分摊到8个月推广期投放。

A 报纸广告占总体预算的65% (227.5万元)

分配理由及原因：报纸作为地产销售之主选媒体，在深圳尤其突出；信息量较大，可直接吸引买家打电话到现场咨询之效果，所以占比例较大，考虑到不同时期发布量应根据销售计划而界定，我公司按常规做法作出其中安排，仅供参考。版面以1/3、1/4为主。

B 促销活动占总体预算的22% (77万元)

分配理由及原因：促销活动为直接促进销售的手段之一，可以在不同销售时期进行使用，我们在考虑不同时期的推广组合运用，特别在收尾期为促进尾盘销售加重促销力度，以达到销售目的。

C 特色媒体占总体预算的5% (17.5万元)

分配理由及原因：针对性较强，费用相对低廉，信息干扰较少，生活接触频率高。

特色媒体形式详见媒体建议，发展商可根据需要，从中选择1~2个媒体形式。

D 展销会 占总预算的6% (21万元)

分配理由及原因：展销会也为宣传及销售手段之一，除春/秋两季政府举办的展销会参展外，可能要考虑在适合的地点自行举办展销会。

E 不可预计费用占总体预处的2% (7万元)

分配理由及原因：该费用，我司考虑到不同时期的要求，作为其他预算补充。

（资料来源：根据西海湾花园广告整合提案资料整理）

（七）营销预算

营销预算即开列一张实质性的预计损益表。在收益的一方要说明预计的销售量及平均实现价格，预计出销售收入总额；在支出的一方说明生产成本、实际分销成本和营销费用，以及再细分下去的明细支出，预计出支出总额。最后得出预计利润，即收入和支出的差额。企业的各业务单位编制出营销预算后，送上层主管审批，经批准后，该预算就是材料采购、生产调度、劳动人事以及各项营销活动的依据。

（八）营销控制

营销计划的最后一部分是检查和控制，用以监督计划的完成状况．通常的方法是将目标和预算按月或季度分解，上一级管理者定期检查计划完成情况，发现偏差及时采取修正行动，保证整个计划能井然有序、卓有成效地付诸实施。

表 2－1　　营销计划的内容简表

一、执行纲领	即对主要营销目标和措施的简明概括的说明。
二、目前营销状况	（1）市场情况。市场的范围有多大，包括那些细分市场，市场及细分市场近几年营业额有多少，顾客需求状况及影响顾客行为的各种环境因素等。 （2）产品情况。产品组合中每个品种的价格、销售额、利润率等。 （3）竞争情况。主要竞争者有哪些，各个竞争者在产品质量、定价、分销等方面都采取了哪些策略，他们的市场份额有多少以及变化趋势等。 （4）分销渠道情况。各主要分销渠道的近期销售额及发展趋势等。
三、威胁与机会	威胁是指营销环境中存在的对企业营销的不利因素；机会是指营销环境中对企业营销有利的因素，即，企业可以取得竞争优势和差别利益的市场机会。环境威胁可从两方面进行评估：①潜在的重要性，重要性的大小依威胁成为事实时公司的损失多少而定。②发生的可能性。即威胁成为事实的可能性。营销机会也可从两方面进行评估：①潜在吸引力，即获利的能力。②成功的可能性。市场机会能否成为企业的营销机会，还要看它是否符合企业的目标和资源。
四、营销目标	营销目标是营销计划的核心部分，是在分析营销现状并预测未来的威胁和机会的基础上制定的。营销目标也就是在本计划期内要达到的目标，主要包括市场占有率、销售额、利润率、投资收益率等指标。
五、营销策略	营销策略是指达到上述营销目标的途径或手段。包括目标市场的选择和市场定位战略、营销组合策略、营销费用策略等。
六、行动方案	行动方案具体包括：①要做什么；②为什么做；③何时开始；何时完成；④由谁负责；⑤如何做；⑥成本预算。
七、预算	典型情况是将计划规定的目标和预算按月份或按季度分解，以便于企业的上层管理部门进行有效的监督检查，督促未完成任务的部门改进工作，以确保营销计划的完成。
八、控制	收入方面要说明预计销售量及平均单价，支出方面要包括生产成本、实体分配成本及营销费用的说明，收支的差额为预计的利润。

本章小结

企业的战略计划就是企业在开放的动态市场中，跟踪并鉴别“市场机会”（Marketing Chance）和“环境威胁”（Environment threat），审视自身的优势和弱点，确定企业发展目标、发展阶段、发展重点及资源调配等重大问题，将企业资源最为有效地配置到各种产品和市场中去，最为有利地实现企业目标。

战略计划是一个过程。它是指在组织目标、资源和它的各种环境机会之间建立与保持一种可行的适应性的管理过程。具体来讲企业的战略计划过程主要有以下步骤构成：企业任务、企业目标、企业业务投资组合计划、企业新的业务计划。

企业市场营销过程由分析市场机会、制定营销战略、制定营销策略、营销计划的执行与控制 4 个基本步骤组成。

思考题

1. 举例说明企业战略计划的主要内容。

2. 企业战略计划过程的主要内容是什么？

3. 企业任务的确定受哪些因素制约？

4. 什么是企业战略业务单位，用什么方法评价战略业务单位？

5. 虚拟一家企业，列出主要的战略业务单位和各业务单位的市场占有率、市场销售增长率，用波士顿矩阵评价法进行评价，并做出投资决策。

6. 拜访一家企业，为该企业写一份营销计划书。

在线习题　　　　案例分析

第三章

营销环境分析

【学习目标】

1. 了解营销环境的构成因素和分析营销环境的意义；
2. 掌握营销环境分析的方法，为企业制定营销决策提供有效信息；
3. 学会分析企业的竞争地位及策略选择。

导入案例：

吉祥物不吉祥

图3-1　格列奥

在世人眼中，得到世界杯吉祥物的生产权无疑是抱上了一个聚宝盆，但是位于德国巴伐利亚州的尼奇公司（NICI AG）却因为接手2006年足球世界杯吉祥物狮子格列奥，在世界杯正式开赛之前，即5月17日宣布破产。破产原因是，由于吉祥物严重滞销导致无力清还贷款。

尼奇公司是德国一家历史悠久的玩具公司，带有NICI标志的玩具在德国受到孩子们的喜爱。这家玩具厂拥有500名员工，2005年收入达到了1.55亿欧元，于2004年耗资280万欧元（约360万美元）的费用购买了吉祥物格列奥的独家生产权。

尼奇公司营销总监克林马赫在接受采访时强调，导致他们破产的“罪魁祸首”

就是世界杯吉祥物狮子格列奥，是该系列产品在德国的滞销拖垮了公司。这个“不吉祥”的吉祥物狮子格列奥售价 19.95 欧元。

格里奥的形象出现伊始，就遭到不少批评，因为一贯代表德国的标志是鹰，而不是狮子。同时，“它的着装不够绅士，而且胡子太长，看起来很邋遢，德国人是不会喜欢的。”在遭遇了种种嘲笑与责难之后，可怜的狮子格列奥的人气在德国球迷中急剧下跌，甚至乏人问津。

世界杯这样大型体育盛事被商界视为赚钱良机。尼奇公司的离奇破产打破了这个神话，据克林马赫说，世界杯组委会表示对尼奇的破产感到很遗憾，会对格列奥进行降价处理。

点评：

尼奇公司破产表面上看是由于吉祥物严重滞销导致其无力清还贷款，实质上是由于吉祥物格里奥本身不符合德国的文化和风俗习惯。一是德国人喜欢的是鹰，而不是狮子。二是设计不符合德国人严谨的性格，有伤风化。世界杯是全世界人的世界杯，但在哪个国家举办，其吉祥物设计必须考虑该举办国的文化、宗教和风俗习惯，与举办国文化抵触的吉祥物毫无疑问是不受欢迎的。这就是环境对产品销售、对生产企业的巨大影响。因此，营销活动必须与市场环境相适应。竞争的自然法则就是“优胜劣汰，适者生存。”

环境是影响企业营销活动的重要内容。识别环境为企业带来的机会和威胁，是营销人员的主要职责之一。在营销活动中，企业必须根据环境的实际与发展趋势，自觉地利用市场机会，防范可能出现的威胁，制定相应的战略与策略，才能确保在竞争中立于不败之地。

第一节

营销环境及其特征

一、市场营销环境的内涵

任何企业都如同生物有机体一样，总是生存于一定的环境之中。环境是指周围的情况和条件，泛指影响某一事物生存与发展的力量总和。市场营销环境是指影响企业市场营销活动和目标实现的各种因素和力量的总和。既包括企业的外部环境因素，也包括企业的内部环境因素。

企业的营销活动不可能脱离周围环境而孤立地进行。企业营销活动要以环境为依据，主动地去适应环境，甚至影响环境。

从适应角度讲，营销环境是客观的，是不以人的意志为转移的。营销环境是企业营销活动的制约因素，营销活动离不开营销环境。这就是典型的市场营销观念。企业可以决定其生产产品的产品结构、品牌、包装、价格、渠道长短、促销手段等等，但决定不了环境的存在及其发展趋势和影响。而且上述内容还必须与市场相适应。

从影响或改变的角度讲，营销活动决非只能被动地接受环境，营销管理者可以采取积极、主动的态度能动地去适应营销环境。这就是菲利普·科特勒著名的大市场营销观念。即企业要成功地进入封闭型或保护型市场，应该运用政治权力和公共关系等手段，先营造对企业有利的环境，再去开展营销。通过大市场营销，企业可以影响一个国家的法律、政策，可以影响竞争者的态度和策略，也可以影响消费者对企业的看法和态度。

市场营销环境的特征决定了它对企业的生存与发展、营销活动及决策过程产生着有利的或不利的影响，产生着不同的制约作用和效果。一方面，它为企业提供了市场营销机会；另一方面，市场营销环境也会给企业造成某种威胁。

因此，重视研究市场营销环境及其变化，是企业营销活动的最基本的课题。

二、营销环境的分类

营销环境内容庞大，从不同角度有不同分类。见图 3－2。

1. 按影响范围分，有微观环境和宏观环境

微观环境是指由公司本身市场营销活动所引起的与公司市场紧密相关、直接影响其市场营销能力的各种因素。包括公司自身因素、供应商、营销中介、顾客或市场、竞争者和公众等。

宏观环境是指影响公司微观环境的各种因素和力量的总和。包括人口环境、经济环境、自然环境、政治法律环境、科学技术环境及社会文化环境等。

2. 按控制难易分，有可控因素和不可控因素

可控因素是指由公司及营销人员能够支配的因素。包括最高管理部门可支配的因素：如产业方向、总目标、公司营销部门的作用、其他职能部门的作用。营销部门可控制的因素：如目标市场的选择、市场营销目标、市场营销机构类型、市场营销计划、市场营销控制等。

不可控制的因素是指影响公司的工作和完成情况而公司及市场营销人员不能控制的因素。包括消费者、竞争、政府、经济、技术和媒体等。

3. 按环境性质分，有自然环境和文化环境

自然环境包括自然资源、土地、气候、生态系统及其他自然界方面的许多因素。

文化环境包括社会价值观和信念、教育、语言、审美观、宗教、风俗等。

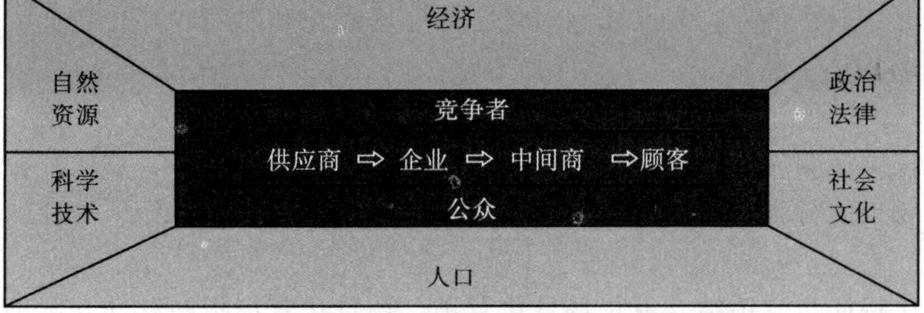

图 3－2　营销环境构成

三、市场营销环境的特征

（一）客观性

营销环境的客观性指营销环境是不以营销者的意志为转移的，不管营销者是否承认，它都存在。如人口数量与结构因素、政治法律因素、社会文化因素等，企业是改变不了的，它们都会对企业营销活动产生直接或间接的影响。企业只有与环境相适应，才能存在和发展。否则就面临被淘汰的危险。

（二）差异性

营销环境的差异性不仅表现在宏观环境的不同上，也表现在微观环境的不同上。在不同国家或地区，文化、法律、宗教信仰、风俗习惯等差异非常大；同一国家不同地区或同一地区不同民族、不同性别、收入、年龄、职业等差异也非常大。环境的差异性也表现为同一环境的变化对不同企业的影响不同。企业开展营销活动，必须具体问题具体分析目标市场的环境，才能有效发现市场机会和威胁，制定有针对性的营销对策。

（三）多变性

市场营销环境不是一成不变的，而是一个变化的系统。如世界和我国人口都在不断增长、技术的变化日新月异、法律体系在不断完善、东西方文化在不断交融等等，变化的环境既会给企业提供机会，也会给企业带来威胁，虽然企业难以准确无误地预见未来环境的变化，但可以通过设立预警系统，跟踪不断变化的环境，及时调整营销策略。

（四）相关性

营销环境诸因素间，不是独立存在，而是相互影响，相互制约，其中某一因素的变化，会引进其他因素的变化。比如美国出现次贷危机，造成全球金融危机，世界各国经济出现衰退，我国出口大幅下降，大批农民工返乡等。随着收入不断增长，购买力就会提高，消费结构比例也会发生变化，购买档次也会提高。那么市场供给总量就要增加，产品结构就要随之调整等。

（五）可影响性

可影响性指的是企业可以通过对内部环境要素的调整与控制，来对外部环境施加一定的影响，最终促使某些环境要素向预期的方向转化。现代营销学认为，企业经营成败的关键，就在于企业能否适应不断变化着的市场营销环境。但强调企业适应环境，并不意味着企业只能消极地、被动地适应环境，也应该有主观能动性，变被动为主动，即运用自己的经营资源去影响和改变营销环境，为企业创造一个更有利的活动空间，然后再使营销活动与营销环境取得有效的适应。

除以上一般特征外，在互联网时代，还有场景化和时间碎片化特征。

1. “场景化”特征

在互联网时代，“场景化”时代正向我们走来。场景化是指在一定生活圈，运用互联网手段将生活圈内的人连接起来，构建一个庞大的线下入口，获取并分析生活圈内人群在生活场景的行为轨迹、喜好习惯等数据，从而实现与该人群及时、精准、有效的互动。

场景化特征与营销结合就是场景化营销。场景化营销指在移动互联网条件下，基于大数据、云计算、物联网和人工智能，围绕用户，把看似无关的应用跟消费者所处的实际情境相连接，提供贴合用户体验的场景应用：如实现行业融合，主要依据用户的碎片时间整合各类产品、服务；根据不同目标群体的特性分类管理，对市场进行有针对的场景设定，由此获得广泛推广和精准传播，让消费行为在潜移默化中不由分说的自然完成。某种意义上，借助符合用户生活形态的场景化设计，重塑产品的渠道和链接方式，是今天在移动互联网条件下决定营销成败的关键。

场景化时代，企业借助移动设备，社交媒介，大数据，传感器和定位系统，除了可以精确获知消费者的个人状态，对消费行为进行有针对的营销推广外，还能从宏观角度，抽象得出相关领域的分布存在和发展趋势。在国外有一家名叫 Bitcarrier 的公司，他们根据公共交通建立了一个场景平台：通过多种传感器和城市电网 2000 万个端口收集数据，然后制做城市交通情报网。相关部门由此得出公共交通流的发展趋势和分布变化，并依据进行实时调整，这为城市治理提供了极大便利。

2. “时间碎片化”特征

“时间碎片化”是当今社会对个体存在的一种典型描述。今天的人们，拥有海量的社交渠道和媒介资源。空前的快节奏生活，使以往需要占用整块时间才能完成的事，现在大多被拆分解构：乘车赶路，交友聚餐，甚至睡觉前和醒来后，大家面对的几乎都是手机，生活、工作的界限开始模糊……由此，营销的关键就在于如何在移动、分散、碎片的环境中，抓住用户注意力，高效促成消费。

第二节

宏观环境分析

宏观市场营销环境指那些作用于微观营销环境，并因而给企业造成市场机会和环境威胁的主要社会力量，包括人口、经济、自然、科学技术、政治法律及社会文化等因素。这些主要社会力量代表企业不可控制的变量，见图 3－3。

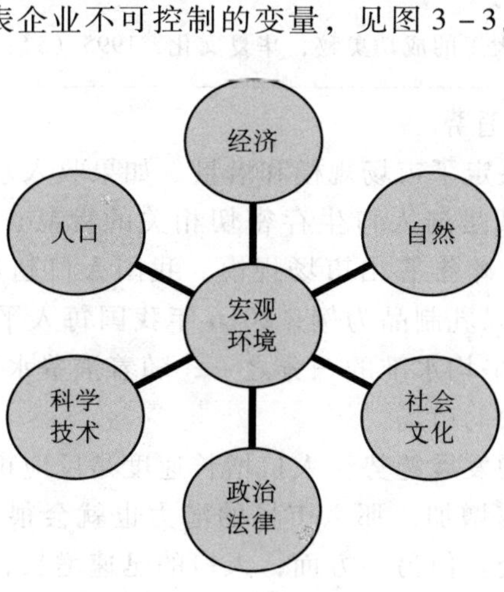

图 3－3　宏观环境因素

一、人口环境

人口因素是营销活动应考虑的第一个因素。因为市场是由那些想购买商品同时又具有购买力的人构成的。因此，人口的多少直接决定市场的潜在需求量。人口越多，市场规模就越大。而人口的年龄结构、地理分布及人口密度、性别结构、出生率及死亡率、人口流动性及其文化教育等人口特性，都会对市场格局产生深刻影响，并直接影响企业的市场营销活动和经营管理工作。企业必须重视对人口环境的研究，密切注视人口特性及其发展动向，不失时机抓住市场机会，当出现威胁时，应及时、果断调整营销策略以适应人口环境的变化。

小链接：

“尿布大王”的崛起

第二次世界大战后，日本经济百业待兴。一个只有30多人的小公司，叫西治会社。其主要产品是雨衣、游泳衣、卫生带等橡胶制品。由于受国货的冲击，生意不好、销路不畅，订货很少，路越走越窄。不甘失败的董事长多川博，苦想冥思，多方找活路。一天，他在闲翻报纸，一篇关于日本全国每年有多达250万个婴儿出生的消息，使他的脑子一转：如果每个婴儿每年用两块尿布，全国每年就要耗用500万块，每个婴儿4块，就是1000万块。这将是一个规模广阔的尿布市场。尿布虽小，但关系到千家万户，是消费者不可缺少的商品，只要下决心把它经营好，就有出路。

在经过一番仔细的调查分析后，多川博果断地放弃了其他产品的生产，使西治会社转变成了一个专门从事尿布生产的专业化公司。几十年过去了，西治会社大展宏图，已经发展成为一家拥有700多位职工的中型公司，它生产的尿布数量占日本全国总产量的70%，并销到海外的70多个国家和地区，成为名副其实的世界“尿布大王”。

资料来源：力谏，尿布大王的成功奥秘，华夏文化，1995（5）：60－60

（一）人口数量及发展趋势

首先，人口数量直接决定了市场规模和潜量。如果收入水平不变，一般来讲，人口数量与需求量成正比，尤其是与人口生存密切相关的食品、衣着、日用品的需求成正比。因此，按人口数量可大略推算出市场规模。我国人口超过13亿，如果1人一天消费1元钱，就是13个亿，以乳制品为例，2016年我国每人平均乳制品折合生鲜乳消费量为36.1千克，约为世界平均水准的三分之一，随着消费水平的提升，加上13亿人口的规模，这无疑是一个巨大的市场。

其次，还要注意人口的发展趋势。人口增长速度是反应市场潜力的重要指标。人口增加，其消费需求也会迅速增加，那么市场的潜力也就会很大，对食品、住房、服装、建材、家电等都会带来机会。但另一方面，人口的迅速增长，也会给企业营销带来不利的影响。人口增长可能导致人均收入下降，人均购买力下降，反而影响到市场需求规模。

（二）人口结构及发展趋势

1. 年龄结构

不同年龄的消费者对商品的需求不一样。老年人、中年人、青年人、少年和婴幼儿等都有不同的需求。老年人注重健康、便利品；中年人强调实惠、美观；青年人注重新颖、时髦等。另外，目前人口老龄化现象也是影响营销的重大因素。人口老龄化必然导致老年用品——药品、保健品、养老院、老年旅游市场等需求增加，为营销带来机会。而婴幼儿数量的下降则为婴幼儿市场带来威胁。

2. 性别结构

性别结构就是男女人口的比例，反映到市场上就形成了不同性别的商品市场和购买行为。男性与女性在消费心理与行为、购买商品类别、购买决策等方面有很大的不同。化妆品、服装、首饰等是女性购买商品，烟酒等则是男性购买的商品；女性喜欢逛商场、审美能力强、善于砍价、爱挑剔，而男性则购买的主动性和独立性强、购买目标明确、购买迅速。女性购买家庭生活用品较多，男性购买大件耐用消费品较多等等。

3. 地理（空间）结构

地理结构指人口在不同地区的分布或密集程度。人口地理结构表现在市场上，就是人口的集中程度不同，则市场大小不同；消费习惯不同，则市场需求特性不同。

在发达国家，一个突出的现象就是城市人口向农村、郊区流动。人口农村化、郊区化，则为农村、郊区带来市场机会，而为城市，尤其是城市中心区带来威胁。所以，在发达国家，城乡结合部，大型商场发展迅速。

在我国，则是农村人口向城镇或工矿区流动；内地人口向沿海经济开放地区流动；城市人口向城乡结合部流动。这样就会蕴藏着不同的市场机会与威胁。

4. 民族结构

民族不同，其生活习性、文化传统也不相同。因此，企业营销者要注意民族市场的营销，重视开发适合各民族特性并受其欢迎的商品。

5. 家庭结构

家庭是购买、消费的基本单位，家庭的数量和结构也直接影响到商品的数量和结构。我国人口多，家庭数量也多，与家庭相关的商品需求量就大。从发展趋势看，我国家庭呈现小型化趋势，即两口之家、三口之家及丁克家庭越来越多。家庭数量的剧增，必然会引起人口对住房及建材、炊具、餐具、家具、家用电器、床上用品等需求的迅速增长。家庭小型化趋势，蕴藏着巨大商机。

6. 职业结构

由于分工，形成不同的职业。不同职业，工作环境、收入、生活环境、教育程度等大不相同，由此形成不同的消费习惯、生活方式等，营销应当注意自己的目标市场是属于哪一个群体，然后才能有针对性地开展营销活动。

二、经济环境

经济环境指影响企业营销活动的购买力因素，包括消费者的收入、消费支出倾向和消费结构及社会经济发展等内容。经济环境是影响营销的决定性因素。

（一）消费者收入水平的变化

1. 国内生产总值（GDP）

它是衡量一个国家经济实力与购买力的重要指标。从国内生产总值的增长幅度，可以了解一个国家经济发展的状况和速度。一般来说，工业品的营销与GDP有关，而消费品的营销则与此关系不大。国内生产总值增长越快，对工业品的需求和购买力就越大，反之，就越小。

2. 人均国民收入

这是用国民收入总量除以总人口的比值。这个指标大体反映了一个国家人民生活水平的高低，也在一定程度上决定商品需求的构成。一般来说，人均收入增长，对消费品的需求和购买力就大，反之就小。

3. 家庭收入

家庭收入的高低会影响很多产品的市场需求。一般来讲，家庭收入高，对消费品需求大，购买力也大；反之，需求小，购买力也小。

4. 个人可支配收入

是在个人收入中扣除税款和非税性负担后所得余额，它是个人收入中可以用于消费支出或储蓄的部分，它构成实际的购买力。

5. 个人可任意支配收入

是在个人可支配收入中减去用于维持个人与家庭生存不可缺少的费用（如房租、水电、食物、燃料、衣着等项开支）后剩余的部分。这部分收入是消费需求变化中最活跃的因素，也是企业开展营销活动时所要考虑的主要对象。因为这部分收入在用于满足人们基本生活需要之后，一般用于购买高档耐用消费品、旅游、储蓄等，它是影响非生活必需品和劳务销售的主要因素。

需要注意的是，企业营销人员在分析消费者收入时，还要区分“货币收入”和“实际收入”。只有“实际收入”才影响“实际购买力”。

（二）消费结构和消费者支出模式的变化

消费结构是指消费过程中人们所消耗的各种消费资料（包括劳务）的构成。

消费结构的内容包括食品、衣着、家庭设备用品及服务、医疗保健、交通通信、文化教育体育娱乐、居住、其他支出等八大类。消费结构有八大类及每个类别内部还有具体的构成，这些都影响到消费者的需求，并影响到企业的营销活动。

同时，在收入不断增长的情况下，消费者的消费结构支出方向也是不同的，即消费者支出模式。消费者支出模式一般用恩格尔定律表示。

恩格尔定律是德国统计学家恩斯特·恩格尔在1875年研究劳工家庭收入与支出结构时发现的规律。他认为，当家庭收入增加时，各种消费支出均会相应增加，但支出的增加幅度不同，使得各种支出占总支出比例发生变化。用于购买食物的支出比例下降，而用于服装、交通、保健、娱乐、教育的支出比例上升。恩格尔的这一研究结论被称为“恩格尔定律”，该定律对研究需求结构、预测需求变化趋势有重要意义。

恩格尔定律的具体运用主要是通过计算恩格尔系数反映，恩格尔系数的计算公式：

$$\text{恩格尔系数} = \frac{\text{食品支出}}{\text{总支出}} \times 100\%$$

食物支出占总消费量的比重越大，恩格尔系数越高，生活水平越低；反之，食物支出所占比重越小，恩格尔系数越小，生活水平越高。一般，恩格尔系数59%以上为绝对贫困，50%~59%为温饱，40%~49%为小康，30%~39%为富裕，30%以下为最富。恩格尔系数反映了人们收入增加时支出变化的一般趋势，已成为衡量一个国家、地区、城市、家庭生活水平高低的重要参数。

（三）消费者储蓄和信贷情况的变化

消费者的购买力还要受储蓄和信贷的直接影响。

当收入一定时，储蓄越多，现实消费量就越小，但潜在消费量愈大；反之，储蓄越少，现实消费量就越大，但潜在消费量愈小。企业营销人员应当全面了解消费者的储蓄情况，尤其是要了解消费者储蓄目的的差异。储蓄目的不同，往往影响到潜在需求量、消费模式、消费内容、消费发展方向的不同。这就要求企业营销人员在调查、了解储蓄动机与目的的基础上，制定不同的营销策略，为消费者提供有效的产品和劳务。

消费者信贷，就是消费者凭信用先取得商品使用权，然后按期归还贷款，以购买商品。这实际上就是消费者提前支取未来的收入，提前消费。消费信贷主要有：①短期赊销。②分期付款。③信用卡信贷等几类。信贷消费允许人们购买超过自己现实购买力的商品，从而创造了更多的就业机会、更多的收入以及更多的需求；同时，消费者信贷还是一种经济杠杆，它可以调节积累与消费、供给与需求的矛盾。当市场供大于求时，可以发放消费信贷，刺激需求；当市场供不应求时，必须收缩信贷，适当抑制、减少需求。消费信贷把资金投向需要发展的产业，刺激这些产业的生产，带动相关产业和产品的发展。

（四）经济发展状况

企业的市场营销活动受到一个国家或地区经济发展状况的制约，在经济全球化的条件下，国际形势也是营销活动的重要影响因素。

1. 经济发展阶段

经济发展阶段高低，直接影响企业的市场营销活动。经济发展阶段高的国家和地区，着重投资于较大的、精密自动化程度高的、性能好的生产设备；在重视产品基本功能的同时，比较强调款式、性能及特色；大量进行广告宣传及营业推广活动，非价格竞争较占优势；分销途径复杂且广泛，制造商、批发商与零售商的职能较独立，连锁店的网点增加。美国学者罗斯托的经济成长阶段理论，把世界各国经济发展归纳为5种类型：①传统经济社会；②经济起飞前的准备；③经济起飞阶段；④迈向经济成熟阶段；⑤大量消费阶段。处于前三个阶段的国家属于发展中国家，处于后两个阶段的国家属于发达国家。

2. 经济形势

主要指国内与国际经济形势。一国或一个地区经济发展是持续增长的还是处于滞胀阶段，还是处于衰退阶段，都会影响到企业的营销活动。国际市场一体化将逐渐形成，他国的经济形势也会影响本国的营销活动，如东南亚金融危机、美国次贷危机就影响到全世界，给世界经济带来了极大的负面影响。

三、政治法律环境

政治与法律是影响企业营销的重要的宏观环境因素。政治因素像一只有形之手，调节着企业营销活动的方向，法律则为企业规定营销活动的行为准则。政治与法律相互联系，共同对企业的市场营销活动发挥影响和作用。

（一）政治环境

政治环境指企业市场营销活动的外部政治形势、国家方针政策及其变化。

国内政治环境主要是指国内安定团结的政治局面与党和政府的方针、政策及其连续性和稳定性。稳定、和谐的政治环境为企业营销带来机会，相反则为企业带来威胁。

国际营销也注意国际政治环境的影响，应了解“政治权力”与“政治冲突”对企业市场营销活动的影响。“政治权力”对企业营销活动的影响主要表现在有关国家政府通过采取某种措施限制外来企业及产品的进入，如进口限制、外汇控制、劳工限制、绿色壁垒等等。“政治冲突”则指的是国际上重大事件和突发性事件，这类冲突即使在以和平和发展为主流的时代也从未绝迹过。

（二）法律环境

法律环境是指国家或地方政府颁布的各项法规、法令、条例等。法律环境不仅对企业的营销活动，而且对市场消费需求的形成和实现具有一定的调节作用。企业研究并熟悉法律环境，不仅可以保证自身严格依法经营和运用法律手段保障自身权益，还可通过法律条文的变化对市场需求及其走势进行预测。

各个国家的社会制度不同，经济发展阶段和国情不同，体现统治阶级意志的法律制度也不同。从事国际市场营销的企业，必须对相关国家的法律制度和有关的国际法规、国际惯例和准则进行深入的学习研究并在实践中遵循。

法律环境的影响要求企业一是法律先行，认真学习法律，遵章守法，不违法，否则就要受到法律制裁。二是巧用法律，认真研究法律，学会运用法律武器来维护自身的利益。三是善钻法律，通过法律找到法律为企业带来的市场机会，不为法律的条条框框所束缚。

法律环境的变化趋势也要引起注意。今后多种立法健全且管制企业的立法增多；政府机构执法更严；公众利益团体力量增加。这都会对企业营销产生影响。

小链接：

钻缝经营

在国际贸易中，商业竞争更是你死我活，无所不用其极。许多国家以法律的手段保护本国企业，从而成为其他国家的强大对手。然而有的企业临危不乱，借用外国法律，巧妙地钻空子，使自己的产品仍然能打入外国市场。

美国为了限制进口，保护本国工业，曾颁布了一项法律《购买国货法》，法律规定：美国政府采购，必须购买国货，想以此保护民族工业的发展。

然而，在《购买国货法》中，关于“国货”的定义是：“一件商品，美国制造的零件所含的价值必须占这一商品的50%以上。”日本机械制造企业根据这条规定，想出了一个妙招。他们生产一种有20种零件的产品，在本国生产19种零件，缺少的那一件在美国市场上买最贵的运回日本组装后再送往美国销售。这样，一方面最大限度地利用了本国的零件和劳动力；另一方面，那个零件因为贵，占整个商品价值的50%以上，从而依据美国法律的定义，该产品就是美国货，可以成为政府采购对象。日本公司“借”美国法律这把“刀”，巧钻空档，进入了美国市场。

资料来源：百度文库，2017.07

四、科学技术环境

“科学技术是生产力，且是第一生产力。”科学技术通常包括：信息技术、生物技术、原材料技术和空间技术等。科技环境作为营销环境的一部分，不仅直接影响企业内部的生产和经营，还同时与其他环境因素互相依赖、相互作用，特别与经济环境、文化环境的关系更紧密。尤其是新技术革命，给企业市场营销既造就了机会，又带来了威胁。如一种新技术的应用，可以为企业创造一个新产品，产生巨大的经济效益；同时也可以迫使企业的某一传统优势产品退出市场。新技术的应用还会引起企业市场营销策略、经营管理方式以及消费者购物行为发生变化。所以，科学技术被称为“创造性的毁灭力量”。

（一）新技术引起的企业市场营销策略的变化

1. 产品策略

新技术应用于新产品开发的周期大大缩短，产品更新换代加快。开发新产品成了企业开拓新市场和赖以生存发展的根本条件。尤其是信息技术的发展，在网络上，由于交互技术的支持，定制服务得以实现。例如，日本一家自行车公司，利用“快速反应系统和按订单生产”，消费者可以在自行车的“计算机产品展示室”借助于CAD对其自身进行测量，消费者通过输入自身特性的数据，找到最符合自己的自行车的尺寸和形状。然后，消费者还可以对自行车的车把等提出独特的要求，这些信息则通过电子数据交换系统（EDI）直接送到生产车间。这种按照客户要求生产和安装的自行车可以在2小时内交货或送出。

小链接：

工业4.0，中国制造业将重新崛起

技术的潮水并不容易逆转，互联网迟早会革新传统的制造流程，每一个国家都不敢落下——美国提出了偏重软件的“工业互联网”计划，德国颁布了偏重硬件的“工业4.0”计划，中国的版本则是“中国制造2025”。虽然发展路径有所不同，但几个大国对最终将要完成的目标意见一致，那就是让制造业变得更加智能。

工业4.0更加诱人的是生产效率的提升。在传统的制造业环境下，生产链由相互独立的生产单元构成。而当生产设备完成智能升级并相互连接后，生产单元间就能够实现更好地整合，从而降低库存并实现资源的最优化配置。

据估计，未来5到10年，德国制造业产值将提升900亿~1500亿欧元，以总成本为标准的整体生产率也将提升5到8个百分点。但值得注意的是，原料成本并不会因为工业4.0出现太大变化，如果排除这一部分成本并以加工成本计算，生产率的增加幅度将提升15到25个百分点。

成本控制最有效的领域在物流环节，预计将节省约50%的支出。这一幅度促使众多中国企业纷纷布局物流，使之成为工业智能化最为明显的领域之一。

例如阿里巴巴的菜鸟网络通过数据的整合分析实现运输工具满载率的提升，京东集团则使用自营智能仓库提高商品的分拣效率。

除了物流成本的减少，预计劳动力成本也将降至目前水平的65%至75%，运营成本和日常开支分别下降30%左右。而成本大幅降低会促使更多的企业投入，波士顿咨询公司的报告预计，德国大规模采用工业4.0将会在未来10年带动约2500亿欧元的投资，而这一数值占所有制造商收入的1%至1.5%。

工业4.0通过生产设备和生产流程的智能化，将使得柔性生产和大规模定制成为可能，而这样的模式能够使企业在激烈的竞争环境中更加从容。在工业4.0的进程当中也将持续，生产类岗位将减少12万个，质量管理类岗位将减少2万个，维护类岗位减少1万个。简单来说，那些低技术门槛及高重复率的工作将会受到波及。相对应的，IT和数据整合领域的岗位数量将翻倍，新增11万个；研发和人机界面设计领域的工作岗位也将增加11万个。由于数据在工业4.0的使用场景和商业模式中越发重要，工业数据科学家的新增岗位量将达到7万个，而IT解决方案架构师和用户界面设计师的需求也将激增。

机器并不可能完全取代人力，毋庸置疑的是，只有那些需要灵活反应、解决问题以及具备定制化能力的工作会保留下来。这对教育系统的变革提出了更高的要求，德国的高校正在通过“学徒”和“合作教育”等模式，尽力弥合人才供给端和需求端在IT技能方面的差距。

（资料来源：工业4.0，中国制造业将重新崛起，第一财经周刊，2017年2月24日）

2. 分销策略

新的科学技术，使人们的工作及生活方式发生了重大变化，从而引起分销机构的不断变化。例如，20世纪30年代出现的超级市场，40年代出现的廉价商店，60、70年代出现的快餐服务、自助餐厅以及2003年后出现的淘宝、天猫、京东等电商。同时也引起分销实体的变化，运输实体的多样化，增加了运输容量及货物储存量，使现代企业的实体分配出发点由工厂变成了市场，由长渠道趋向扁平化。

3. 价格策略

科技进步，一方面降低了产品成本，使价格下降；另一方面使企业能够通过信息技术，加强信息反馈，正确应用价值规律、供求规律、竞争规律来制定和修改价格策略。

4. 促销策略

信息技术使信息沟通的效率不断提高、促销成本的降低、促销手段及方式的现代化将为营销带来全新的变化。以广告为例，网络背景下，广告不再是简单的输送形式，而是以产品信息库的形式放在计算机网络上，消费者可以在产品信息库的主页上，看到立体化、多方位、声情并茂的信息，如产品的（3D）活动图像、专家对技术指标的鉴定分析报告、对消费者使用情况预先进行模拟等。

（二）新技术引起的企业经营管理的变化

技术革命是管理改革或管理革命的动力，它向管理提出了新课题、新要求，又为企业改善经营管理、提高管理效率提供了物质基础。目前许多企业在经营管理中都使用电脑、传真机等设备，这对于改善企业经营管理，提高企业经营效益起了很大作用。电子商务技术使得交易、结账、统计、预测等作业迅速提高，大大提高了零售商店收款工作效率，缩短了顾客等候收款时间，提高了服务质量。如世界零售第一沃尔玛通过自己的卫星技术，在一个小时内就可得到其遍布全球的零售连锁店销售的全部数据，大大提高了决策效率。

（三）新技术对零售商业和购物习惯的影响

自动售货机的出现，使销售形式得到改变，这种方式对卖方来说，不需要营业人员，只需少量的工作人员补充商品，回收现金，保养、修理机械；对买方来说，购货不受时间限制，在任何时间都可以买到商品和提供的服务。网上商店或虚拟商店的出现，使消费者足不出户即可完成购物，大大方便了消费者。企业和消费者（B2C），企业与企业（B2B）这种全新的商业模式的出现，企业将网上销售的结算与银行转账系统相连，使消费者可以轻松在网上购物，并通过电子钱包，电子支票或电子货币等来支付各种款项，也改变了消费者的购物习惯和生活方式。因此，营销人员应该看到技术的发展趋势，充分利用技术促进企业发展不断迈向新台阶。

五、自然环境

自然环境是人类最基本的活动空间和物质来源，可以说，人类发展的历史就是人与自然关系发展的历史，自然环境的变化与人类活动休戚相关。自然资源也是企业生存发展的基础。

（一）自然资源短缺或即将短缺

地球上的资源由无限资源、可再生的有限资源和不可再生的有限资源组成。无限资源，如空气，虽无限但其质量却不断下降。可再生的有限资源，如森林、食物等。有限又不能再生的资源，如石油、煤及各种矿物。由于现代工业文明对自然资源无限度地索取和利用，导致矿产、森林、能源、耕地等日益枯竭，甚至连以前认为永不枯竭的水、空气也在某些地区出现短缺。目前，自然资源的短缺已经成为各国经济进一步发展的制约力甚至反作用力。

（二）自然环境受到严重污染

世界经济是物质经济，这种经济是以肆意挥霍原料、资源、能源等自然资源为代价的经济，是一种严重依赖于矿物燃料作为发展动力的经济。这种经济模式的特点就是粗放形式高速增长，不仅极大地消耗地球资源，而且是人类生存环境遭到空前污染。土壤沙化、温室效应、物种灭绝、臭氧层破坏、沙尘暴等等，环境的恶化正在使人类付出惨重的代价，严重破坏人类、企业的生存环境。

（三）政府对自然资源管理的干预日益加强

在自然资源短缺或即将短缺，以及自然环境受到严重污染的形势下，人类的生存发展受到严重威胁，今后如何生存？下一代如何生存？这是靠市场调节不了的问题，从而引起了世界各国政府的关注。政府及其部门对自然资源的管理日益加强。如限制城市锅炉的使用；限制超污染汽车上路；实施阶梯水价；对于小规模的煤矿、水泥厂、造纸厂、钢铁厂等关停并转；取缔一切污染企业等等。

自然环境的变化对企业营销的影响表现在：

1. 企业经营成本的增加

自然环境变化对企业经营成本增加的影响，主要通过两个方面表现出来。一方面，经济发展对自然资源严重依赖是传统经济发展模式的主要特征之一。自然资源日趋枯竭和开采成本的提高，必然导致生产成本提高。另一方面，环境污染造成的人类生存危机，使得人们对环境的观念发生改变，环保日益成为社会主流意识。昔日粗放模式下的生产方式必须进行彻底改变，企业不仅要担负治理污染的责任，还必须对现有可能产生污染的生产技术和所使用的原材料进行技术改造，而这不可避免地加大了企业生产成本。

2. 新兴产业市场机会增加

环境变化给企业带来的市场机会也主要体现在两个方面。一方面，为了应对环境变化，企业必须寻找替代的能源以及各种原材料，替代能源及材料生产企业面临大量的市场机会。例如，石油价格的居高不下和剧烈波动，激起企业对替代能源研究的大量投资，仅仅太阳能领域，已有成百上千的企业推出了更新一代具有实用价值的产品，用于家庭供暖和其他用途。另一方面，环保型材料和各种污染控制的技术、设备及产品相继问世，如清洗器、回流装置等创造一个极大的市场，促使企业探索其他不破坏环境的方法去制造和包装产品。

六、社会文化环境

社会文化因素，一般指在一种社会形态下形成的价值观念、宗教信仰、道德规范以及世代相传的风俗习惯等被社会所公认的各种行为规范。具体包括一个国家或地区的价值观念、生活方式、风俗习惯、民族特征、宗教信仰、伦理道德、教育水平、文学艺术等内容的总和。

社会文化对企业营销的影响是多层次、全方位、渗透性的。企业的市场营销人员应分析、研究和了解社会文化环境，以针对不同的文化环境制定不同的营销策略。

（一）语言

语言是文化的重要内容，是人类表达思想和交流的工具。语言差异代表文化差异。企业开展营销活动，要注意到这种差异及其对消费者购买行为产生的影响，从而针对不同的语言群体制定相适应的营销策略。品牌命名、品牌翻译、广告语言等都要与目标市场群体的文化相适应，否则就没有市场。

（二）教育状况

教育是按照一定目的要求，对受教育者施以影响的一种有计划的活动，是传授生产经验和生活经验的必要手段，反映并影响着一定的社会生产力、生产关系和经济状况，是影响企业市场营销的重要因素。教育状况对营销活动的影响，可以从以下几个方面考虑。

（1）对企业选择目标市场的影响。处于不同教育水平的国家或地区，对商品的需求不同。

（2）对企业营销产品的影响。文化不同的国家和地区的消费者，对商品的包装、装潢，附加功能和服务的要求有差异。通常文化素质高的地区或消费者要求商品包装典雅华贵，对附加功能也有一定要求。

（3）对营销调研的影响。企业的营销调研在受教育程度高的国家和地区可在当地雇佣调研人员或委托当地的调研公司或机构完成具体项目，而在受教育程度低的国家和地区，企业开展调研要有充分的人员准备和适当的方法。

（4）对促销方式的影响。企业的产品目录、产品说明书的设计要考虑目标市场的受教育状况。如果经营商品的目标市场在文盲率很高的地区，就不仅需要文字说明，更重要的是要配以简明图形，并要派人进行使用、保养的现场演示，以避免消费者和企业的不必要损失。

（三）审美观念

人们在市场上挑选、购买商品的过程，实际上也就是一次审美活动。审美观念指在审美活动中，审美主体所持有的态度和看法的总称。处于不同时代、不同地域的人们拥有不同的审美观念。这将影响到消费者对产品或服务、促销的看法，比如人们越来越注重产品的外形、式样、包装、色彩、品牌等，须引起营销人员的重视。

（四）价值观念

价值观念就是人们对社会生活中各种事物的态度和看法。不同的文化背景下，人们的价值观念相差很大，消费者对商品的需求和购买行为深受价值观念的影响。对于不同的价值观念，企业的市场营销人员就应该采取不同的策略。一种新产品的消费，会引起社会观念的变革。而对于一些注重传统、喜欢沿袭传统消费方式的消费者，企业在制定促销策略时应把产品与目标市场的文化传统联系起来。

（五）宗教信仰

宗教是文化因素的重要内容之一。不同宗教有不同的信仰和禁忌，所以，企业在营销中应该把影响大的宗教组织作为自己的重要公共关系对象，在营销活动中针对宗教组织设计适当方案，投其所好，避其禁忌。

（六）消费习俗

消费习俗是人类各种习俗中的重要习俗之一，是人们历代传递下来的一种消费方式，也可以说是人们在长期经济与社会活动中所形成的一种消费风俗习惯。我国就有“十里不同俗”之说。了解目标市场消费者的禁忌、习俗、避讳、信仰、伦理等也是企业进行市场营销的重要前提。

第三节
微观环境分析

企业的微观营销环境是指对企业服务其目标市场的营销能力构成直接影响的各种因

素的集合。包括企业内部环境、顾客、供应商、营销中介、竞争者和社会公众等与企业具体营销业务密切相关的各种组织与个人。见图 3－4。

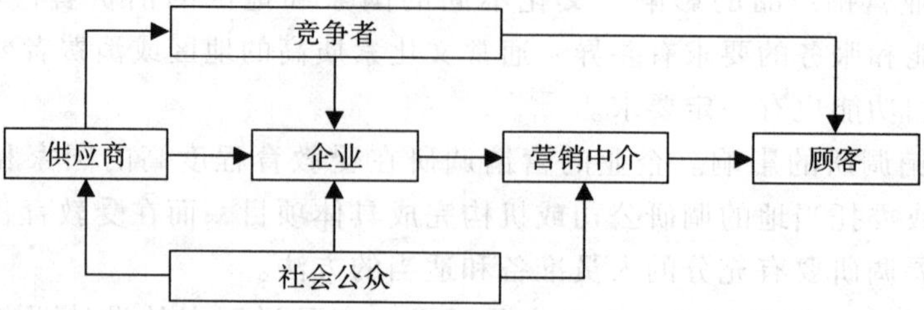

图 3－4　微观环境因素

一、企业内部因素

企业为开展营销活动，必须设立某种形式的营销部门，而且营销部门不是孤立存在的，它还面对着财务、采购、制造、研究与开发等一系列职能部门。市场营销部门与这些部门在最高管理层的领导下，为实现企业目标共同努力着。另一方面，企业市场营销部门与这些部门之间既有多方面的合作，也存在争取资源方面的矛盾。这些部门的业务状况如何，它们与营销部门的合作以及它们之间是否协调发展，对营销决策的制定与实施影响极大。如营销部门提出了消费者对产品的具体要求，而设计部门则是根据机械原理、工艺流程设计，二者可能产生矛盾；营销部门要花钱做广告，而财务部门则从投入产出角度认为要节约开支等。

二、供应商

供应商是指向企业及竞争者提供生产经营所需资源的企业或个人。供应者对企业营销活动有重要影响，其所供应的原材料数量和质量将直接影响企业产品的数量和质量；所供应原材料的价格会直接影响产品的成本、利润和价格；供应的及时性、可靠性影响到企业能否正常生产和经营。因此，企业要处理好与供应商的关系。当然，企业为了减少供应商对企业的影响和制约，要尽量注意避免过于依靠单一的供应商，以免当与供应商的关系发生变化或供应商本身陷入经营困境时，波及企业的生产经营活动。

三、营销中介

营销中介是协助企业促销和分销其产品给最终购买者的个人或组织。包括中间商（批发商、代理商、零售商），物流配送公司（运输、仓储），市场营销服务机构（广告、咨询、调研）以及财务中介机构（银行、信托、保险等），这些组织都是营销所不可缺少的中间环节，大多数企业的营销活动都需要他们的协助才能顺利进行。

（1）中间商。包括商人中间商和代理中间商。它们主要是帮助生产者实现产品价值和使用价值的商业性组织。商人中间商拥有商品的所有权，它又分为批发商和零售商。代理中间商是不拥有商品所有权的中间商，它包括代理商、经纪人和生产商代表等。

（2）物流公司。指协助厂商运输、储存商品的物流组织。它主要处理商品的运输、储存、包装、加工、装卸搬运、物流信息和订单处理等环节。其作用能够解决产销在时间、空间上的矛盾，实现商品的时间效应和空间效应。

(3) 营销服务机构。指为厂商提供营销服务的各种机构。如调研公司、咨询公司、广告公司、企业诊断公司、律师事务所等。

(4) 财务中介。主要指协助厂商融资或分担营销风险的机构。如银行、保险公司、证券公司等。其作用影响到企业能否融到企业所急需的资金，以及企业的成本。

四、顾客（市场）

顾客是企业服务的对象，同时也是产品销售的市场和企业利润的来源。顾客市场可分为五大类：消费者市场、生产者市场、中间商市场、政府市场和国际市场。见图3－5。

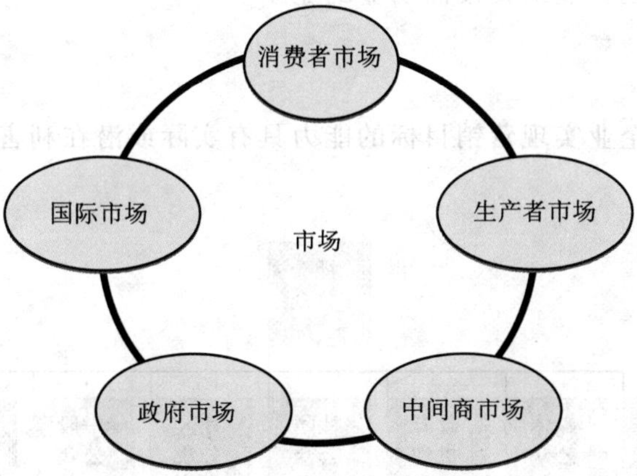

图3－5 市场构成

(1) 消费者市场。为了个人消费而发生购买行为的个人及家庭。这是生产者、批发商和零售商的市场。

(2) 生产者市场。为了加工、生产并销售其产品以获取利润而发生购买行为的个人和企业。它是供应商的市场。

(3) 中间商市场。为了通过转售获取利润而发生购买行为的个人和企业。这是生产者的市场。

(4) 政府市场。为了履行政府职责而发生购买行为的各级政府机构。这是供应商、批发商和零售商的市场。

(5) 国际市场。即国外的购买者，包括国外的消费者、生产者、中间商和政府机构。这是供应商、生产者、批发商和零售商的市场。

五、竞争者

企业在某一目标市场上的营销努力总会遇到其他企业的包围或影响，这些和企业争夺同一目标顾客的力量就是企业的竞争者。从消费者需求的看，竞争者分为四类。

(1) 愿望竞争者。是指生产不同产品、满足不同需求的竞争者。是潜伏程度最深的竞争者，不同竞争者分属不同的产业，相互之间为争夺潜在需求而展开竞争。如食品生产者与汽车制造商、服装生产者、家电生产者之间的竞争。

（2）平行竞争者。是生产不同商品，满足同一需求的竞争者。这是潜伏程度更深的竞争者，这些竞争者所生产的产品种类不同，但所满足的需要相同。这属于较大范围的行业内部竞争。如服装生产者之间的竞争，都是服装加工商，但有的生产春秋装，有的生产冬装，有的则生产夏装等。

（3）产品形式竞争者。是生产商品的不同形式，满足同一需求的竞争者。即各个竞争者产品的基本功能相同，但形式、规格和性能或档次不同。如服装生产者，有高档服装、低档服装和中档服装生产者等。同是冬装，有的生产羽绒服，有的生产皮衣等。

（4）品牌竞争者。是生产不同商品的品牌，满足同一需求的竞争者。是指品牌不同，但满足需要的功能、形式相同的产品之间的竞争。如服装行业的衫衫、雅戈尔、七匹狼、报喜鸟等。这是企业最直接而明显的竞争。

六、公众

社会公众是指对企业实现营销目标的能力具有实际或潜在利害关系和影响力的团体或个人。见图3－6。

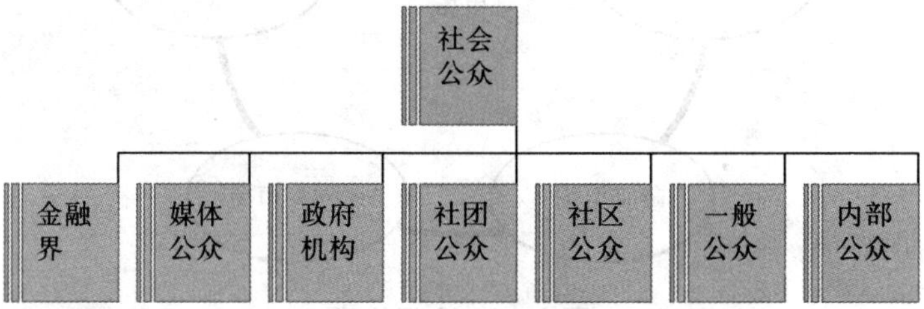

图3－6 社会公众

（1）金融界。金融界主要包括银行、投资公司、证券经纪行、股东。金融界对企业的融资能力有重要的影响。

（2）媒介公众。媒介公众指那些刊载、播送新闻、特写和社论的机构，特别是报纸、杂志、电台、电视台。

（3）政府机构。政府机构指政府及其管理机构，如工商局、卫生局、环保局、城建局、公安局等。企业管理当局在制订营销计划时，必须认真研究与考虑政府政策与措施的发展变化。

（4）社团公众。一个企业营销活动可能会受到消费者组织、环境保护组织、少数民族团体等的质讯。

（5）社区公众。指邻里居民和社区组织。这是企业存在发展的“根”，一定要处理与保持好与他们的关系，取得他们的支持和配合。

（6）一般公众。指上述公众之外的公众。虽然一般公众并不是有组织地对企业采取行动，然而一般公众对企业的印象却影响着消费者对该企业及其产品的看法。企业需要关注一般公众对企业产品及经营活动的态度。

（7）内部公众。内部公众包括企业职工、职能部门员工以及中高层管理人员、董事会成员等。企业应加强管理和信息沟通，调动内部员工的积极性和主动性，使他们为企业出谋划策。当企业雇员对自己的企业感到满意的时候，他们的态度也就会感染企业以外的公众，从而扩大企业影响，树立良好的形象。

第四节

营销环境机会、威胁与企业对策

一、营销环境的机会与威胁

（一）营销环境机会

营销环境机会是指由于环境变化形成的对企业营销管理富有吸引力的领域。或是市场上存在的尚未满足或尚未完全满足的需求。

市场机会主要有以下几种类型：

1. 环境机会与企业机会（公司机会）

随着环境的变化而客观形成的各种各样未满足的需求，就是环境机会。环境机会中那些符合企业战略计划的要求，有利于发挥企业优势的可以利用的市场机会，才是企业机会。企业的市场营销管理部门就是要经过分析和评价环境机会来选择出合适的企业机会，并采取有效的对策加以利用。

2. 表面的市场机会与潜在的市场机会

在市场上，明显没有被满足的现实需求，就是表面的市场机会。现有的产品未能满足的或尚未完全为人们意识到的隐藏的需求，就是潜在的市场机会。表面的市场机会易于为人们发现和识别，同时利用这种机会的企业较多，因而难以取得机会效益（即先于其他企业进入市场所取得的竞争优势和超额利润）。潜在的市场机会虽然不易于为人们发现和识别，但同时抓住和利用这种机会的企业较少，因此机会效益比较高。企业应注意发现和利用潜在的市场机会。

3. 行业性市场机会与边缘性市场机会

在企业所处的行业或经营领域中出现的市场机会，称为行业性市场机会。在不同行业之间的交叉或结合部分出现的市场机会，称为边缘性市场机会。由于自身生产经营条件的限制，企业一般都较为重视行业性市场机会，并将其作为寻找和利用的重点，但由于行业内部企业之间的竞争，往往会使机会效益减弱甚至丧失。边缘性市场机会，因其可以发挥企业的部分优势，而且较为隐蔽，难以为大多数企业重视和发现，所以利用这种机会的企业易于取得机会效益。寻找和识别边缘性市场机会的难度较大，需要企业的营销人员具有丰富的想象力和较强的开拓精神。

4. 目前市场机会与未来市场机会

在目前的环境变化中市场上出现的未被满足的需求，称为目前市场机会。在目前的市场上仅仅表现为一部分人的消费意向或少数人的需求，但随着环境的变化和时间的转移，在未来的市场上将发展成为大多数人的消费倾向和大量的需求，称为未来市场机会。企业寻求和正确评价未来市场机会，提前开发产品并在机会到来之时迅速将其推向市场，易于取得领先地位和竞争优势，机会效益较大，但本身也隐含着一定的风险性。重视未来市场机会并不意味着可以轻视目前市场机会，否则企业将失去经营的现实基础，而对未来市场机会缺乏预见性和迎接的准备，对企业今后的发展也很不利。因此，企业应将这两种市场机会的寻找和分析工作结合起来进行。

(二) 营销环境威胁

营销环境威胁是指由于环境的变化形成或可能形成的对企业现有经营的冲击和挑战。或对企业的市场地位构成的威胁。

营销环境威胁的客观性直接影响到企业的生存和发展。因此，对环境威胁也要认真分析，客观对待。环境威胁与环境机会相对应，大概也包括全面威胁和局部威胁；有目前威胁和未来威胁；有表面威胁和潜在威胁等。

二、企业对策

营销环境机会一般意味着利润，而营销环境威胁一般意味着损失。市场机会与威胁给企业带来的影响也是不同的，有大有小，这样对企业来讲就形成了四种业务类型，见表 3－1。

表 3－1　　机会与威胁矩阵

	威胁高	威胁低
机会大	冒险业务	理想业务
机会小	困难业务	成熟业务

对于不同的业务，企业应该分别采用不同的对策。

(1) 冒险业务。即不宜盲目冒进，也不宜迟疑不决，错失良机，应全面分析自身的优势和劣势，扬长避短，创造条件，争取突破性发展。

(2) 理想业务。应看到机会难得，甚至转瞬即逝，必须抓住机遇，迅速行动；否则错失良机，将后悔不及。

(3) 困难业务。要么努力改变环境，走出困境或减轻威胁，要么立即转移，摆脱无法扭转的困境。

(4) 成熟业务。可作为企业的常规业务，用以维持企业正常运转，为开展理想业务和冒险业务准备条件。

本章小结

企业营销与环境是相互依赖、相互制约的关系。市场营销环境是指关系企业生存和发展、影响并制约企业营销战略的制定和实施的一切因素和力量的总和。它具有客观性、差异性、多变性、相关性和可影响性等特征。

企业的微观营销环境是指对企业服务其目标市场的营销能力构成直接影响的各种因素的集合。包括企业内部因素及顾客（市场）、供应商、营销中介、竞争者和社会公众等与企业具体营销业务密切相关的各种组织与个人。

宏观营销环境指那些作用于微观营销环境，并因而给企业造成市场机会和环境威胁的主要社会力量，包括人口、经济、自然、科学技术、政治法律及社会文化等因素。这些主要社会力量代表企业不可控制的变量。

营销环境机会指由于环境变化形成的对企业营销管理富有吸引力的领域。营销环境威胁指由于环境的变化形成或可能形成的对企业现有经营的冲击和挑战。市场机会与威胁给企业带来的影响是不同的，这样对企业来讲就形成了四种业务类型——冒险业务、理想业务、困难业务和成熟业务。

思考题

1. 什么是营销环境？它有哪些特点？
2. 分析企业与营销环境的关系。
3. 分析我国人口环境及其发展趋势对企业营销的影响。
4. 如何利用法律环境开展营销活动？
5. 分析技术环境对企业营销活动的影响。
6. 社会文化环境对企业营销有哪些影响？如何利用？
7. 低碳经济对企业营销的机会与威胁表现在什么地方？
8. 微观环境有哪些？试分析其对企业营销的影响。
9. 环境机会与环境威胁会形成哪些业务？如何理解？企业如何利用这些业务？

在线习题　　案例分析

第四章

市场竞争者分析

【学习目标】

1. 学习分析竞争者的步骤和方法；
2. 掌握市场竞争的三大基本策略；
3. 熟悉市场竞争地位不同的企业应采用的竞争策略。

导入案例：

华为“二次替代”的竞争力如何练就？

华为创立后不久，不满足于低端产品的代理和仿制，集中力量主攻数字程控交换机，并于20世纪90年代中期取得突破，华为后来陆续开发的网络通信产品（比如路由器等），基本上是按照“模仿—创新—替代”的路径在国内市场逐渐取得优势的。

国内市场上对国外产品的替代，我们称之为“一次替代”。当“二次替代”从不发达国家市场转到发达国家市场（欧洲）时，“替代”的内涵有所变化：长期由国外品牌占主角的部分高端市场开始出现松动。这与全球金融危机和经济衰退有关，因为国外老牌运营商也在压缩投资，寻找价廉物美的新兴设备及系统供应商。从这个意义上说，衰退周期对于华为这样的挑战者来说，或许具有一定的正向意义。

华为怎么能在国内、国外两个市场实现“二次替代”？“替代”背后的原因、理由是什么呢？

1. 产品背后的人才性价比优势

华为产品性价比优势的背后是知识型人才的性价比优势。首先是供给充分。处于改革开放前沿地区的华为，以“奋斗者为本”，吸纳了大批工程技术专业的毕业生及年轻人。在行动上甚至有“掠夺性”人才引进的说法。至今仍有传说华为创业初期如何“垄断”几所邮电大学毕业生的故事。

2. 客户导向的技术创新

即依据客户需求，在应用技术层面进行创新，准确洞察客户被忽视和漠视的愿望，并在技术及产品上作出有针对性的回应。

当总体技术落后时，我们可以在理解客户层面略胜一筹，以此牵引技术持续的、集腋成裘式的进步。这是追赶型企业成长的关键。

目前，华为在部分技术领域已成为全球领先者，正走在从“fast follower”（快速的跟随者）到“ICT 领导者、客户问计对象”的宽广道路上。近 20 年来华为累计获批专利近 4 万件，自主创新成果占到全国所有企业全部成果的 2/3。华为保持技术进步的原因是什么？除了前面提到的人力资源优势之外，主要的因素在于理念、政策的导向以及机制的设计。

3. 从机制设计的角度看，驱动、促进华为技术进步的机制主要有：

第一，学习对标。华为自创业以来，一直以全球范围内的先进企业为标杆，引进、借鉴、学习它们在技术战略管理、研发管理等方面的成熟经验，尤其是 IPD 研发流程的导入和应用，对于提高研发活动的效率起了至关重要的作用。

第二，利益激励。除人们熟知的员工广泛持股外，华为将应用型的研发机构均定位为利润中心，直接感受市场压力，同时也分享市场成果。强调利益要向创造业绩的一线“奋斗者”（研发人员是主体）倾斜。

第三，内部辩驳。华为在一些研发机构及相关的事业群内部设置“红军”“蓝军”机制——模仿军队演习时两军的模拟对抗。“蓝军”常常扮演诘难和反驳的角色。任何一种研发方向和技术设想，只有通过辩驳才能明晰图景，明确路径，提高胜算概率，这也是防范“颠覆性”失误和风险的有效手段。

第四，组织弹性。华为在员工的职业生涯安排上有一个很有意思的做法，即部分员工大范围、大跨度的调岗和轮换。有时候，研发部门的员工去做营销，而营销部门的员工则调换过来做研发。这样做既有利于培养复合型人才，同时也有利于不同的职能组织之间换位思考、相互协同，真正践行“以客户为中心”原则。

第五，资源保障。除了内部源于利润的积累、员工入股和外部借款外，华为先后出售华为电气、H3C 等合资企业股权，也是重要的资源保障机制。

4. 营销和技术的“双轮”驱动

即营销和技术驱动。华为的文化和管理，既催生了“从需求中来，到需求中去”的端对端客户服务流程，也培育出在市场上融入客户、快捷反应、专业过硬的以“狼性”著称的团队。

第一，从边缘市场到中心市场渐次展开，以“不对称竞争”超越对手

无论是国内还是国外，华为在目标市场的选择上都是先边缘后中心，之所以这样递进式地拓展市场主要原因在于华为作为后发的、追赶型的企业。只有从行业领

先者不太注重或者受制于种种因素（如环境艰苦、市场不规范等）难以建立优势的次级区域市场以及目标客户入手，才有较大的可能取得成功。

第二，实施战略性客户关系管理

首先，华为将人们通常所说的“公关”和客户“关系”上升到战略层面，运用组织机制和组织的力量（健全职能、制定流程、安排协同、管理绩效）构建优势，使客户关系开发、突破、维护的创意、方案以及执行都有了组织保证。

其次，对于客户关系管理，华为的思路是从客户选择、需求分析、接洽、接待、介绍、沟通、投标到方案设计、项目施工和交付、售后服务、合约履行，全程制定并执行严格、细致、精准的流程和操作（作业）规范，将弹性较大的营销过程纳入工业化、信息化管理，保证了客户关系管理工作的卓越品质。

再者，面对国内外运营商这样的强势客户，华为深知要寻找多种形式的双赢合作模式。如业务上的嵌入式配合、客户辅导、联合开发等。

第三，采取“特种兵”式的市场运作模式

在华为，有一线客户开拓小组——通常被称为“铁三角”——由客户经理（团队）、产品经理（团队）和交付经理（团队）组成，既分工又合作，共同完成客户开发和服务工作。他们像“特种兵”一样素质优秀、装备精良，能够突进、投放到距离市场和顾客最近的地方；同时，后方提供强有力的支持、服务和指导（包括训练、装备、信息、给养、炮火、运送投放、行动引导等）。于激烈的市场竞争中能够攻城掠寨、节节获胜。

这样前后关联的组织结构，将市场一线与后方支持、战略制定与战略执行进行了有机结合。

（资料来源：根据华为“二次替代”的竞争力如何练就？资料整理，百度文库，2017.03）

点评

华为的制胜之道是，在一个瞬息万变的竞争时代，不固守于单一的组织化的原则，不执迷于一劳永逸的解决方案，不一厢情愿地寻找理想状态下的最佳模式，并且在给定条件和具体情境下选择最合适、最有利于自己的商业模式，从而实现公司战略的“二次替代”。

市场竞争是市场经济的一般特征。只要商品生产和商品交换存在，就必然有竞争。在市场经济中，任何企业都无法回避竞争。企业要想在市场上取得成功，就必须积极参与市场竞争。而参与竞争的基本前提是在探究、掌握市场竞争规律基础上制定符合企业目标和实力的竞争战略，即要搞清楚企业在市场竞争中要面对的各种竞争压力，找出主要竞争对手并分析其竞争实力与策略，这是企业制定有效竞争战略与策略的基础。本章我们将就这些问题进行探讨。

第一节

识别和分析竞争者

一、从行业角度识别竞争者

一个行业是指一群提供一种可以相互替代的产品的公司。行业的分类依据有：销售商的数量，产品的差异化程度，进入、流动和退出壁垒的存在于否，成本结构，纵向一体化程度，以及全球化程度等。

市场竞争是指不同的利益主体之间为在市场上争夺有利地位而进行的竞争。根据参与竞争的利益主体所处角度不同，我们可以将其划分为三种基本的竞争类型：卖方之间为争夺市场顾客进行的竞争；买方之间为争夺货源进行的竞争；卖方与买方之间为争取各自的利益进行的竞争。在这三种基本竞争类型中，表现最为激烈的是卖方之间的竞争，其激烈不仅表现在争夺顾客时的直接针锋相对，还表现在这种竞争的参与者更加复杂、多样，除了同行业现有企业互相竞争之外，潜在的新加入者、替代产品经营者都在参与这一类型的竞争。因此，如果将潜在的新加入者和替代品经营者包括进来，进一步就可以将市场竞争划分为五种类型，或者说每一个企业在市场中都存在五种类型竞争对手，分别给企业造成不同的竞争压力，见图 4－1。

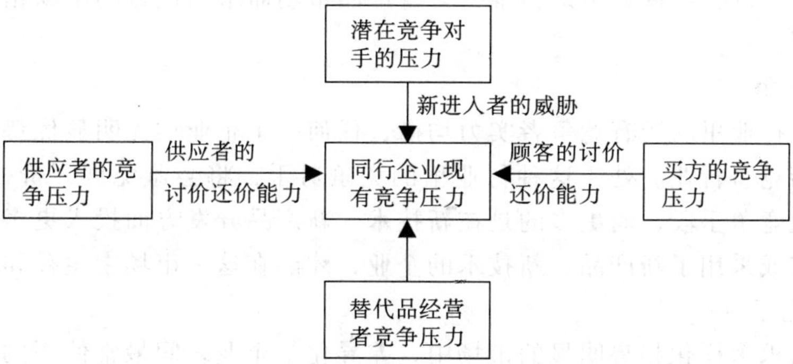

图 4－1 迈克尔·波特五力模型

（一）潜在的竞争对手压力分析

一个市场中的潜在竞争压力主要来自于新的可能加入者。新企业的加入意味着产品市场供应量的增加、产品价格降低、企业边际收入下降，结果可能导致整个行业利润下降。对于新企业是否加入某一市场，一般可通过以下因素进行分析：

1. 市场中现有竞争者的数目

某一市场中现有竞争者的数目即卖方密度。卖方密度及其变化直接影响到市场竞争的激烈程度和每个参与竞争的企业的市场份额。在市场需求量相对稳定的市场中，如果卖方密度较高，新企业的加入往往会遭到市场中既有企业的较为强烈的抵御，从而降低其进入欲望。这种情况下的强行加入者，通常是一些实力雄厚的大企业，潜在竞争能力很强。

2. 产品差异程度

产品差异使竞争企业间的产品具有不同特色，有效的产品差异必须是顾客能够觉察和接受的。在顾客需求表现出明显差异性的市场中，产品差异成为企业追求顾客忠诚，从而建立竞争优势的重要手段。如果某一市场中的现有企业，产品差异化水平和产品品牌忠诚水平都很高，将会提高这一市场的进入难度。同时也给具有明显产品特色的新进入者创造了进入市场的机会，这种新加入者往往具有较强的竞争力量。

3. 市场进入难度

市场进入难度主要指新企业加入某个市场时面临的困难程度，这些困难主要表现在所需资金规模、技术要求、经济规模以及政府政策限制等方面。

（二）同行业现有竞争压力分析

某一市场内现有企业之间的竞争是最直接、最显见的竞争。这种竞争往往是因企业为争取自身市场地位而引发，并通过诸如新产品开发投放、价格调整、广告战、分销渠道争夺、产品差异突出以及增加顾客服务等营销手段来体现。不同行业，由于市场状况不同，企业间竞争目的、竞争实力不同，应对竞争的手段也会有许多差别。一般来讲，同行业企业间竞争有 5 种基本竞争形式：

1. 份额竞争

这种竞争主要是在成熟行业中表现突出，当市场需求增长缓慢，或需求增长率呈不断下降趋势时，企业为了保持已有的利润水平或维持投资效益，只有通过扩大市场占有率达到目的。所以，份额竞争即为维持自身产品市场需求而进行的市场相关资源争夺战会越来越激烈。

2. 均势竞争

如果若一行业里的所有竞争者实力均衡，任何一个企业均无明显优势可言，那这种行业称为均衡竞争行业。处于这种行业里的竞争对手，将会避免展开价格战、广告战、促销战等常规竞争手段，而更多的是在新技术、新产品开发方面投入更多的资源。因为只有那些拥有或采用了新产品、新技术的企业，才能在这一市场中生存和发展。

3. 差异化竞争

在顾客需求多样化趋势明显的市场中，差异化是企业之间最常使用的竞争手段。或者通过产品本身在设计、构造、技术、功能等方面的不同形成产品独有的特色，或者运用其他各种营销手段，如价格策略、广告宣传、顾客服务等，形成不同产品品牌间定位差异来争取顾客，以达到获得市场竞争优势的目的。

4. 规模竞争

在规模经济优势明显的行业中，经营规模扩张是企业降低成本、获得市场竞争优势的最有效手段。而降低产品价格又是更多地吸引顾客、增加产品销售的有效手段。因此，这类行业的企业竞争经常采取的手段是在不断追加投资，扩大规模的同时调降产品价格。

5. 多元化竞争

在受到限制较多或者预期发展前景不是很乐观的市场中，企业往往通过多元化经营方式开展竞争。如烟草行业企业，普遍采用多元化经营，通过在其他行业投资实现企业发展壮大。

（三）替代品经营者造成的竞争压力分析

通常企业的竞争对手并不局限于同一行业中。许多企业尽管彼此生产的产品在形式、内容甚至满足人们需求方式上并不相同，但这些产品或者在满足人们特定需求上功能类似，或者由于更加能够吸引人们在一定时期内有限的购买力，而影响到企业产品的市场销售、影响到企业的市场地位，甚至给企业带来毁灭性打击。所以，对替代品经营企业的分析是市场竞争对手分析中不可缺少的一项内容。

正如上面所说，替代品竞争者主要指的是那些在满足人们特定需求上与本企业产品功能类似产品经营者，或者由于更加能够吸引人们在一定时期内有限的购买力，而导致人们可能放弃对本企业所经营产品种类购买的产品经营者。前者我们称为“平行竞争者”，后者我们称为“愿望竞争者”。

替代品经营者的影响针对的是整个行业，与替代品经营者竞争，需要行业内所有企业的共同努力。为减少替代品企业的竞争压力，就要在正确认识替代品基础上，加大技术开发投入、积极开发新产品。

（四）购买者造成的市场压力分析

购买者对企业形成的压力主要来自于其讨价还价能力。购买者通过压低产品价格、追求更高的产品质量、寻求更全面的服务项目等方式，从卖方企业间互相竞争中获得好处。通常情况下，影响购买者讨价还价意愿和能力的因素主要有以下几个方面：

（1）如果某个特定买主购买量很大，或其购买量占卖方企业整体产品销售比例较高时，相应该购买者在讨价还价中处于优势地位。

（2）当购买者为所采购产品付出的代价构成其自身最重要成本时，其购买过程中也会尽最大努力与销售方进行价格谈判。

（3）如果市场上同类产品经营者很多，即卖方竞争激烈，相应购买者可选择余地很大，讨价还价能力就高。

（4）在产品同质性程度较高的市场中，产品价格成为购买者对不同提供者所提供产品进行比较的唯一因素，这时其讨价还价的意愿也表现得比较强烈。

（5）当购买者更加关注所采购产品的质量时，在价格方面付出大量精力的意愿也较低。

（6）对于技术含量较高的产品，往往使购买者难以建立准确的产品价值估计，因此其议价能力弱。

（7）当购买者难以收集到全面、准确的市场产品信息时，或者对所收集的产品信息进行深入分析的能力较低时，购买者就难以对市场提供的产品进行全面评估，这时其讨价还价能力就不可避免受到影响。

为了尽量减少购买者讨价还价造成的压力，企业应选择和建立相对稳定、忠诚的目标客户群体。对于卖方来讲，理想的目标顾客应具有这样几个特征：其特定的购买需求与企业的供应能力相匹配；讨价还价能力和所要求的服务成本相对较低；具有较大的发展潜力。

（五）供应者造成的市场压力分析

企业营销目标的实现，必然要依赖某些特定资源的供应。如果没有人、财、物等各方面资源的供应保证，企业的经营活动就无法正常进行。所以，企业的资源供应者相对于顾客来说是“硬币的另一面”。我们这里所指的供应商主要是那些作为企业原材料、能源以及其他营销资源的提供者。这些资源提供者，其讨价还价能力的高低对企业产品成本影响很大；另外，其所提供资源价格的稳定性也影响企业产品供应价格的稳定性，从而对企业的市场营销工作产生巨大影响。一般情况下，资源供应商的讨价还价能力主要受到以下几方面因素影响：

1. 垄断程度

若供应商规模大而且数目小，则其对资源的垄断性就越高，议价能力也越强。

2. 资源的稀缺性

资源越是稀缺，越不容易找到替代品，则供应商的议价能力也越强。

3. 企业的转换成本

当只有特定供应商作为企业的原材料供应者或特殊材料的提供者时，企业再另找供应商将会付出很大代价，这逼迫与供应商加强合作，这样供应商有了讨价还价的砝码，其议价能力也越大。

4. 供应商寻找新用户的可能性

供应商越容易找到新用户，其议价能力相对现有用户而言越高。

综上所述，企业参与市场竞争所要面对的竞争压力来自各个方面。但不同类型企业、同一企业在不同时期面对的主要竞争压力是不同的，企业只有在对面临的各种竞争压力深入分析基础上，找出其时其地的主要竞争压力来源，明确主要竞争对手，才能制定出更有效的竞争战略与策略。

二、从市场的角度识别竞争者

分析研究企业周围的竞争者，是一项十分细微和复杂的工作，从表面上看，对一家企业而言，确认其竞争者似乎是一项简单的任务。企业往往仅关注现有的直接竞争者，但一个企业实际和潜在的竞争者的范围非常广泛，企业往往败于新出现的竞争者或新技术，而不是现有的竞争者。根据企业间竞争的直接成都来划分，可以分为 4 种层次的竞争者：

1. 品牌竞争者

他们是提供相似的产品与服务，以相似的价格销售给同样的顾客或其他公司，但品牌不同。例如，通用汽车公司可看到其主要竞争者为福特、丰田、本田、雷诺及其他同为中等价位的汽车制造商。但它并不认为自己在和梅赛德斯、奔驰等汽车商竞争。

2. 形式竞争者

企业可更广泛地界定其竞争者为制造相同产品或同级产品的所有公司。即生产同种产品类别的厂商。如通用汽车公司也可以将所有的汽车制造商视为其竞争者。

3. 平行竞争者

满足同一种需求的不同产品之间的竞争。如通用公司可以广泛地将生产各种交通工具，甚至轮船、飞机等的制造商，视为自己的竞争者。再如，父亲节的礼物：刮胡刀、手表、领带、蛋糕等互相竞争。

4. 愿望竞争者

企业仍可更广泛地将各种可能耗用目标顾客金钱的制造商或服务公司视为自己的竞争者。顾客相同，满足需求的产品不同。如通用汽车公司可以更广泛地将所有销售消费性耐用品、新住宅等的公司视为其竞争者。

三、从竞争结构的角度识别竞争者

从行业竞争结构识别竞争者可以分为以下4种情况：

1. 完全垄断

当某一领域只有一家企业提供某一种产品或服务时，即为完全垄断。完全垄断态势多是基于规章、专利权、许可证、规模经济或其他因素形成，因而缺乏完全相同的产品，甚至缺乏密切替代品，这时企业几乎没有竞争者或者竞争者较少。在没有竞争者或竞争者较少的情况下，企业可以提高产品价格，获取高额垄断利润。当然，过高的价格会激发资本拥有者的投资热情，很快会出现竞争者。因而完全垄断是暂时的、相对的，而竞争是绝对的、永恒的。

2. 寡头垄断

一旦形成少数几家大企业市场同一类产品的行业结构态势，该行业中的几家大企业之间的竞争激烈程度最高，几家大企业之间通常要签订协议，建立垄断同盟，形成寡头垄断，从而在一定时期形成垄断利润。寡头之间不论如何建立垄断同盟，也存在着某种矛盾和斗争，不可能长期处于均衡状态，寡头垄断迟早会被打破。

3. 垄断竞争

指某一行业内有许多卖主且相互之间的产品在质量、性能、款式和服务方面有差别，顾客对某些品牌有特殊偏好，不同的卖主以产品的差异性吸引顾客，开展竞争。企业竞争的焦点是扩大企业品牌与竞争品牌的差异，突出特色，更好地满足目标市场需求以获得溢价。在垄断竞争条件下，垄断企业变动价格不会引起竞争者的强烈反应。应当注意，产品的差异性有些是客观上存在的，易于用客观手段检测或直观感觉证实；有些则是购买者主观心理上存在的，不易用客观或主观方法加以检测。比如，汽车的速度、油耗和部件易损程度可用客观手段检测，减震性、舒适性、噪声大小和喷漆光亮度可用眼、耳、身等感官加以感觉；而不同品牌化妆品的营养皮肤功能和抗衰老功能、不同品牌服装的“档次”等都不易用客观或主观检测。对于客观上不易造成差别的同质产品或不易用客观和主观手段检测的产品，企业可以运用有效的营销手段如款式、商标、包装、价格和广告等在购买者中造成成本品牌与竞争品牌的心理差别，强化特色，夺取竞争优势。

4. 完全竞争

由许多提供相同产品或服务的企业所形成的行业结构态势为完全市场竞争。在这种行业内，竞争者价格大致相同，因而要通过降低生产和销售成本来获取较高的利润，或通过产品差异化来吸引更多的顾客，当然也可以通过技术领先地位来取得竞争的胜利。

四、评估竞争对手的实力和反映

（一）评估竞争对手的优势和劣势

每一个企业都有自身的优势或劣势。竞争对手优势和劣势的多寡，决定着其能否实现其既定的战略和目标。要准确地评估各个竞争对手的优势与劣势，首先必须注意收集竞争对手近期各方面的资料，如销售额、市场占有率、边际利润、投资收益率、现金流量等。

竞争对手的这些资料对于评判其竞争实力找出其优势与劣势很重要，而直接得到这些资料是有很大难度的，通常只能通过一些间接渠道收集，如通过顾客、供应商、中间商等渠道。这其中顾客价值分析（Customer Value Analysis）是获得有价值资料的重要方式。

基于分析竞争对手的顾客价值分析，实质上是希望通过对顾客需求满足的跟踪，发现竞争对手的优势和劣势。其主要步骤主要是：

（1）调查、分析并确认顾客重视的产品主要属性，即顾客购买产品的评价标准，或称顾客价值标准；

（2）评估各种属性在吸引顾客中的重要程度；

（3）对比分析本企业产品与竞争对手产品在各项顾客价值标准上的差异；

（4）对比分析在特定细分市场上，本企业产品与主要竞争对手产品在各项顾客价值标准上的差异；

（5）通过差异分析，明确竞争对手的优势与劣势。

在进行上述分析时，有两点要特别注意：一是由于顾客需求与心理的处于动态变化之中，应该注意随时跟踪顾客价值标准的变化，以及时觉察对竞争对手的实力变化；二是不能掺杂有利于本企业的无效的或臆想的假设，以尽量使分析评估具有客观性。

（二）估计竞争对手的反应模式

企业通过分析和研究竞争对手的目标、战略以及优势、劣势，可以对其应对市场变化可能产生的反应和采取的行动进行预测和判断。

不同企业对于竞争对手采取的市场行为会有不同的反应，即反应模式不同。通常，竞争对手的反应模式可以大致归纳为四种基本类型：

1. 从容不迫型

这种类型的竞争对手对企业的市场行为反应不强烈或比较缓和。产生这种反应的原因各不相同，或因其对顾客很有信心认为顾客对气象当中程；或者是其缺乏做出反应行为所需的资金；或者是对市场变化反应迟钝，没有注意到其他企业的已经变化的市场行为。

2. 选择反应型

这种类型的竞争对手只对企业的某些行为和挑战做出强烈反应。通常这种竞争对手对其他企业的降价以及对顾客有强烈刺激效果的促销措施反应激烈，而对其他的市场行为不作反应。

3. 凶猛反应型

这种类型的竞争对手对其他企业的任何策略和行为都会做出强烈的、迅速的反应。

4. 随机反应型

这种类型的竞争对手对企业的行为反应是随机变化的，对于面临的某种挑战或攻击，有时反应并可能很强烈，有时则不进行反击或行为缓和，没有一定规律，通常无法预料其反应方式和强烈程度。

通过分析和估计竞争对手的反应模式，可以使企业对其主要竞争对手有更进一步的了解和认识，为企业选择攻击或回避的对象以及为企业选择恰当的应对策略提供依据。

五、市场营销战略联盟

市场营销战略联盟（International Strategic Alliances）是指两个或两个以上的企业，为实现某一战略目标而建立的合作性共同体。

（一）市场营销战略联盟在基本要点

1. 优势整合

市场营销战略联盟往往由不同的公司组建，以实现强强联合、资源共享、优势互补。

2. 战略导向

市场营销战略联盟往往因某一战略目标而建立，这些战略目标主要有市场开发、供应链整合、技术研发、标准制定等。

3. 组织灵活

市场营销战略联盟的各方地位平等，一般不设立统一的管理机构，组织形式灵活，战略实施过程的控制基本上通过市场力量来进行。

（二）市场营销战略联盟的产生动因

市场营销战略联盟是企业应对激烈的市场竞争的组织创新，市场营销战略联盟的本质是协同竞争。市场营销战略联盟的产生源于竞争与合作的发展。竞争与合作是当今世界经济的两个重要趋势。一方面，随着竞争的全球化、多样化、复杂化，企业之间的竞争日益激烈；另一方面，在激烈的竞争中，企业也更加重视企业间的战略协同与合作，并通过战略联盟的形式以求得更为有利的竞争优势。从这个意义上说，市场营销战略联盟是应对激烈竞争的产物。

具体而言，从企业业务的市场地位和业务单位对各个公司的战略价值来考察，市场营销战略联盟产生的动因有4个方面：

1. 防御

企业为了保持自身的竞争优势或领先地位的核心业务面与其他企业建立战略联盟。

2. 追赶

企业为了支持没有取得领先地位的核心业务而与其他企业建立战略联盟。

3. 维持

企业为了保持已取得领先地位的边缘业务而与其他企业建立战略联盟。

4. 重构

企业为了支持没有取得领先地位的边缘业务而与其他企业建立战略联盟。

（三）市场营销战略联盟的类型

1. 按合作的组织形式分为非股权联盟和股权联盟

非股权联盟是两个以上的企业不涉及股权参与，而是借助契约建立的合作形式，如许可证、特许经营权、技术交流协议、排他性的分销协议等。它又分为非正式合作联盟与正式合作联盟两种。非正式的合作联盟是指两个或两个以上公司之间签订的不具有法律约束力的协议所形成的战略联盟；正式的合作联盟是指两个或两个以上的企业签订的具有法律约束力的协议所形成的战略联盟。

股权联盟是两个以上的国际企业涉及股权参与的合作形式，其中又分为合作企业和有限持股联盟两种形式。合作企业有两个或两个以上的企业建立新的合资公司，并围绕共同的战略目标开展工作，如建立新企业合作生产或开展物流；有限持股联盟由某一企业少量参股其联盟企业，以加强其与联盟企业的关系，如 IBM 公司在 1990—1991 年间，大约购买了西欧国家 200 家软件和电脑服务公司的少量股份，借此与当地的经销商建立起良好的联盟关系。

2. 按合作领域的差别分为技术联盟、市场联盟和生产联盟

技术联盟是企业在技术开发、技术交流和分享方面的战略联盟。

市场联盟是基于市场的资源所建立的联盟，如企业与具有广泛分销渠道的企业的联盟。

生产联盟是企业在生产运营领域进行合作的联盟。

（四）市场营销战略联盟的建立步骤

在国际营销实践中，不少的企业运作国际战略联盟往往并不成功，国际战略联盟的优势未能真正发挥出来，其主要原因是对国际战略联盟未能进行有效的管理。一般而言，成功的国际战略联盟取决于以下几个方面的工作：

1. 选择合作伙伴

优秀的战略伙伴是成功的战略联盟的基础。在选择战略伙伴时，要认真分析企业自身及对方的竞争优势，实现强强联合和互补联合。失败的战略联盟往往是强弱的联合，弱者往往不能提供有效的资源促进联盟的发展，结果往往被强者抛弃或兼并。

2. 决定组织构架

根基对自身的认识和对对方的分析，结合所处的竞争环境，谨慎地决定合作的组织形式。一般而言，非股权联盟组织灵活，便于应对复杂的竞争环境，但往往组织松散，不容易深入凝聚联盟各方的力量；而股权联盟相对组织紧密，易于组织，但不容易应对复杂的竞争环境。

3. 协调战略目标

在市场营销战略联盟运行中，要保持联盟各方特别是高层的接触和沟通，建立相互的诚信合作机制，及时协调战略目标，保证联盟的平稳运行。

4. 创新企业文化

联盟各方面都需要对企业文化进行调整和创新，树立双赢和合作的理念，相互学习，相互促进，相互依存，互利互惠。

第二节

市场基本竞争战略

企业在分析主要竞争对手之后，就要依据分析结果制定相应的竞争战略。每个企业

由于自身营销目标、经营实力以及所处市场环境不同，所针对的竞争对手不同，竞争战略亦应有所不同。另外，即使同一企业，在发展的不同时期，或者多元化经营企业不同类型产品，也分别需要制定不同的竞争战略。美国哈佛大学教授迈克尔·波特（Michael Porter）在其所著的《竞争战略》一书中，对企业竞争战略进行了最为经典的总结，归纳提出了三种最基本竞争战略：成本领先战略、差异化战略、集中性战略。

一、成本领先（Overall Cost Leadership）战略

所谓成本领先战略就是通过降低产品研发、生产和分销等各个环节的成本费用，努力使本企业的总体经营成本低于竞争对手，从而使本企业的产品价格低于竞争对手的产品价格，以达到迅速扩大销售、提高市场份额、获得有利的市场竞争地位、成为市场主导者的目的。

在这种战略的指导下企业决定成为所在产业中实行低成本生产的厂家。企业经营范围广泛，为多个产业部门服务甚至可能经营属于其他有关产业的生意。企业的经营面往往对其成本优势举足轻重。成本优势的来源因产业结构不同而异。它们可以包括追求规模经济、专利技术、原材料的优惠待遇和其他因素。例如，在电视机方面，取得成本上的领先地位需要有足够规模的先进生产设施、低成本的设计、自动化组装和有利于分摊研制费用的全球性销售规模。在安全保卫服务业，成本优势要求极低的管理费用、源源不断的廉价劳动力和因人员流动性大而需要的高效率培训程序、追求低成本的生产厂商地位不仅仅需要向下移动学习曲线而是必须寻找和探索成本优势的一切来源。

成本领先地位的战略一般必然地要求一个企业就是成本领先者，而不只是争夺这个位置的若干厂商中的一员。许多厂商未能认识到这一点，从而在战略上铸成大错。当渴望成为成本领先者的厂商不止一家时，他们之间的竞争通常是很激烈的，因为每一个百分点的市场占有率都被认为是至关重要的。除非一个企业能够在成本上领先，并“说服”其他厂商放弃其战略，否则，对盈利能力以及长期产业结构所产生的后果就可能像一些化工行业中出现的情况那是灾难性的。所以，除非重大的技术变革使一个企业得以彻底改变其成本地位，否则小成本领先就是特别依赖于先发制人策略的一种战略。

有效实施总成本领先战略必须具备一定的条件：

（一）具有规模经济优势

只有在规模经济优势明显的状况下，企业通过扩大销售降低运营成本的努力才会有效，使成本领先战略得以实施。在规模经济效益显著的行业中，也只有那些比竞争对手拥有更先进技术设备企业，或者比竞争对手拥有更具市场吸引力品牌的企业，能通过扩大产品市场销售、提高产品市场占有率获得市场竞争优势并形成进一步提高市场占有份额、降低成本的良性循环。

（二）具有较高的成本管理水平

具有规模经济效益优势行业中的企业，并非可以轻易获得成本优势，只有那些产品质量控制水平、成本控制水平高的企业，才可能将潜在的优势转化为现实。

企业采用总成本领先战略时，为了有效实施这一战略、维护成本优势和市场领导地位，需要购买和使用大量高效率的设备，而高效率的设备往往专用性较强。设备的高度专用性，使企业产品变型和更新换代缓慢，产品制造中适应市场变化进行调整的灵活性

差，当市场需求发生变化时，企业可能出现危机。

低成本经营通常依赖较高的市场占有率和较大规模的产品生产与销售，而大量生产与销售必然使产品的品种单一，这将不可避免地影响和降低产品对顾客需求的满足程度。当顾客对需求的满足程度比对产品价格更重视的情况下，低成本战略将失去市场优势。

小链接：

从沃尔玛的成功看成本领先战略

美国沃尔玛（Wal－Mart）连锁店公司是美国最大的也是世界上最大的连锁零售商。1962年沃尔玛的创始人山姆·沃尔顿在美国阿肯色州的罗杰成立了第一家沃尔玛门店，1990年沃尔玛成为全美第一大零售企业，2002年沃尔玛全球营业收入高达2 198亿美元，荣登世界500强的冠军宝座。沃尔玛每十年上一个新台阶，最终在其第一家沃尔玛门店成立40年后，坐上了头把交椅。沃尔玛能够取得今日的成就，其中一个重要原因就是成功地实施了成本领先战略。沃尔玛把节约开支的经营理念作为实施成本领先战略的先决条件，将其物流循环链条作为实施成本领先战略的载体，利用发达的高科技信息处理系统作为成本领先战略实施的基本保障。即：在采购、存货、销售和运输等各个商品流通环节想尽一切办法降低成本。如：直接向工厂购货，使采购成本降低了2%～6%；统一进货，特别是那些在全球范围内销售的高知名度商品，其获得的价格优惠远远高于同行，形成他人无法比拟的低成本优势；帮助供应商改进工艺、提高质量、降低劳动力成本、分享沃尔玛的信息系统等，辅助供应商实现最低成本，从而提高收益率；存货管理环节降低包装和存货成本，公司总部有一台高速电脑，同20个发货中心及1 000多家商店连接。通过商店付款柜台扫描器售出的每一件商品，都全自动计入电脑。当某一货物减少到某一数量时，就会发出这种信号，使商店及时向总部要求进货总部安排货源后，送往离商店最近的分销中心，再由分销中心的电脑安排发送时间和路线；分销配送环节沃尔玛自身拥有车队，并辅之全球定位的高科技管理手段，保证车队总是处在一种准确、高效、快速、满负荷的状态。沃尔玛各店铺从向总部订货到实现补货，仅需2天，而竞争对手需要4至5天才能实现补货一次。据沃尔玛自己的统计，沃尔玛的商品运往商店的成本，即进货费用占商品总成本的比例只有3%，而竞争对手则需要4.5%～5%；发达的高科技信息处理系统下，各店铺、配送中心、供应商和运输车队利用空中信息轨道及时联络，使快速移动的物流循环链条上的各个点实现了光滑、平稳、顺畅的低成本衔接；积极寻求与供应商、分销商、顾客等供应链外部参与者的合作或联盟，通过共担风险、共享收益、共享信息、共同完成长期目标，实现对顾客需求的快速反应和供应链总利润的最大化。

资料来源：根据百度百科资料“沃尔玛成本领先战略”整理，2017.09

二、差异化（Differentiation）战略

差异化战略也称别具一格战略、差别化战略，就是企业通过大力发展别具一格的产

品线或营销项目，并形成对顾客具有极大吸引力的产品特色，以争取在产品或服务等方面比竞争对手有独到之处，通过取得差异优势形成独家经营的市场，以获得市场竞争优势。差异化战略中的“差异”，不仅是指产品本身功能、构造等有形的差异，还包括产品加工工艺、技术特点、售后服务、分销网络、促销方式以及品牌形象等方面的独特性。最理想的情况是公司使自己在几个方面都具有差异化。例如，卡特皮勒推土机公司（Caterpillar Tractor）不仅以其经销网络和优良的零配件供应服务著称，而且以其极为优质耐用的产品享有盛誉。所有这些对于大型设备都至关重要，因为大型设备使用时发生故障的代价是昂贵的。应当强调，差异化战略并不意味着公司可以忽略成本，但此时成本不是公司的首要战略目标。

差异化战略不仅可以使企业避免在市场上与竞争对手直接的对抗，还对其他竞争对手的进入形成障碍。产品差异可以有效地降低顾客的价格敏感性和价格对比的选择性，使企业实施价格策略的灵活性和余地加大，定价自主性提高，从而可能获取较高的市场利润。如果差异化战略成功地实施了，它就成为在一个产业中赢得高水平收益的积极战略，因为它建立起防御阵地对付五种竞争力量，虽然其防御的形式与成本领先有所不同。波特认为，推行差异化战略有时会与争取占有更大的市场份额的活动相矛盾。推行差异化战略往往要求公司对于这一战略的排他性有思想准备。这一战略与提高市场份额两者不可兼顾。在建立公司的差异化战略的活动中总是伴随着很高的成本代价，有时即便全产业范围的顾客都了解公司的独特优点，也并不是所有顾客都将愿意或有能力支付公司要求的高价格。

并不是所有的公司都适合差异化战略，实施差异化战略也需要一定的适用条件与组织要求：

（1）可以有很多途径创造企业与竞争对手产品之间的差异，并且这种差异被顾客认为是有价值的；

（2）顾客对产品的需求和使用要求是多种多样的，即顾客需求是有差异；

（3）采用类似差异化途径的竞争对手很少，即真正能够保证企业是“差异化”的；

（4）技术变革很快，市场上的竞争主要集中在不断地推出新的产品特色。

除上述外部条件之外，企业实施差异化战略还必须具备如下内部条件：

（1）具有很强的研究开发能力，研究人员要有创造性的眼光；

（2）企业具有以其产品质量或技术领先的声望；

（3）企业在这一行业有悠久的历史或吸取其他企业的技能并自成一体；

（4）很强的市场营销能力；

（5）研究与开发、产品开发以及市场营销等职能部门之间要具有很强的协调性；

（6）企业要具备能吸引高级研究人员、创造性人才和高技能职员的物质设施；

（7）各种销售渠道强有力的合作。

实现产品差异化有时会与争取占领更大的市场份额相矛盾，甚至产生一些意外的风险。企业在采用差异化战略时，可能有两方面的风险。一方面是竞争对手的仿制，当企业费尽心力建立的“差异”取得市场成功并获得较高经济效益时，往往会有一些竞争对手仿效这种“差异”，而使企业的“差异”消失或缩小，使企业的差异化优势丧失或削弱。同时，由于企业当初创立“差异”所花费的投资远远高于仿效所需投资，营销成本不言而喻高于这些竞争对手。另一方面，如果为建立“差异”需要投入的资金过高，而顾客不愿为获得这种“差异”支付相应的高价格时，这种“差异”就成为无效“差异”，成为企业经营中的包袱。这两种情况，都将使企业在竞争中处于不利地位。

小链接：

数据管理平台（DMP）

DMP（Data Management Platform）即通过全面整合管理第一方和第三方数据，深度建模和人群细分，建立自动化人群策略，提供全面深入的数据洞察和智能管理，指导广告商进行强有力的广告优化和投放决策，使广告商的需求能够与用户搜索习惯和兴趣相互搭配，形成共鸣，越来越匹配。

DMP核心元素包括：

数据整合及标准化能力：采用统一化的方式，将各方数据吸纳整合。

数据细分管理能力：创建出独一无二、有意义的客户细分，进行有效营销活动。

功能健全的数据标签：提供数据标签灵活性，便于营销活动的使用等。

相关渠道环境的连接：跟相关渠道的集成，包含网站端、展示广告、电子邮件以及搜索和视频，让营销者能找到、定位和提供细分群体相关高度的营销信息，真正实现差异化营销。

（资料来源：根据百度文库资料整理）

三、集中性（Focus）战略

集中性战略指的是企业集中力量为某一个或少数几个细分市场提供服务，通过在一个或少数几个细分市场上建立的成本优势或差异化优势，更好地满足顾客的特殊需要，从而争取市场局部的竞争优势。

集中化战略比较适合于中小企型企业。中小型企业竞争实力相对较弱，要针对整个市场实现低成本或差异化是比较困难的，甚至是不可能的。采用集中化战略可以使其集中力量，充分发挥相对优势，通过在较狭窄的市场上为特定的目标顾客提供优质服务、提高顾客忠诚，达到长期占有市场、获得市场竞争地位的目标。

集中性营销战略追求的目标不是在较大的市场上占有较小的市场份额，而是在一个或几个市场上有较大的甚至是领先的市场份额。其优点是适应了本企业资源有限这一特点，可以集中力量向某一特定子市场提供最好的服务，而且经营目标集中，管理简单方便。使企业经营成本得以降低，有利于集中使用企业资源，实现生产的专业化，实现规模经济的效益。集中性营销对环境的适应能力较差，有较大风险，放弃了其他市场机会。如果目标市场突然变化，如价格猛跌，购买者兴趣转移等，企业就有可能陷入困境。集中单一产品或服务的增长战略风险较大，因为一旦企业的产品或服务的市场萎缩，企业就会面临困境。因此，企业在使用单一产品或服务的集中增长战略时要谨慎。规模较小的企业在采用集中化战略时，由于目标市场狭窄，企业的低成本和差异化优势非常容易受产业条件和市场需求变化的影响。

综上所述，这三种竞争战略各有利弊。企业要成功地运用这些竞争战略，需要根据自身产品特点和企业实力进行合理选择。企业一旦选择了竞争战略，就必须全力以赴，以求在市场中拥有某方面优势。如果企业没有把握住以上三种战略中的任何一种战略，那么，企业将在竞争中处于劣势。但如果一个企业在三种战略中同时追求两个或两个以上的战略目标并成功也会非常困难。因为实施这三种竞争战略所要求的管理方式、组织形式、设备条件、技术水平和员工素质等有所不同。即使有企业同时采用不同的竞争战略，也往往是在不同的产品经营领域分别采用不同的战略。例如，汽车制造商可以在轿车经营中采用差异化战略，而同时在卡车的经营中采用成本领先战略。

第三节

市场竞争者策略

企业在制定了市场竞争战略后，就需要根据其战略制定一系列相应的竞争策略。企业的市场竞争策略作为实现市场竞争目标和战略的具体手段，不仅要考虑到企业本身选择的竞争战略的要求，还要考虑到企业在市场竞争中所扮演的角色，即企业的市场竞争地位。市场竞争地位不同的企业，由于在市场中的既有利益差别很大，用于维护其市场利益的手段就不可能相同。

一、市场竞争者地位

在某一行业中，各个企业的市场地位从长期看是动态变化的，而在一定时期内，每一个企业的市场竞争地位又是相对稳定的。通常情况下，一个企业的市场份额是最综合反映企业竞争成果和实力的指标，所以，最常用的划分企业市场竞争地位的方法就是按照市场占有率高低将企业分为4种类型：市场领导者、市场挑战者、市场追随者、市场利基者。

（一）市场领导者（Market Leader）

市场领导者是指在相关产品市场上占有率最高的企业。通常情况下，大多数行业都有一家企业被公认为是市场领导者，它在产品价格变动、新产品开发、分销与促销实力等方面处于市场主导地位。它是市场竞争的焦点，也是其他企业挑战、效仿或回避的对象。如软饮料行业中的可口可乐公司、快餐市场中的麦当劳公司等。这种主导者几乎各行各业都有，他们的地位是在竞争中自然形成的，但不是不变的。

（二）市场挑战者（Market Challenger）和市场追随者（Market Follower）

在市场中，那些与市场领导者相比居于次一级地位的企业（市场占有率处于领导者之后的第二、第三甚至更低一些的企业）采取的竞争策略目标可能有两种：一是争取市场领导地位，向市场领导者或其他竞争对手挑战，即市场挑战者；一是安于次要地位，在“和平共处”的状态下求得尽可能多的收益，即市场追随者。每个处于市场次要地位的企业，都要根据自身实力和环境提供的机会与风险，决定自己在竞争中是扮演“挑战”还是“追随”的角色。

(三) 市场利基者 (Market Nicher)

每个行业几乎都有一些小企业，他们专注于市场上被大企业忽略的某些小的细分市场，在这些小市场上通过专业化的经营来获取最大限度的收益，也就是在大企业的夹缝中求得生存和发展。这种有利的市场位置在西方被称为“Niche”，通常音译为“利基”。占据这种市场位置的企业，就称为市场利基者。

二、市场竞争者策略

(一) 市场领导者竞争策略

市场领导者虽然在市场上处于主导地位，但并不能高枕无忧，它面临着许多竞争对手的攻击和挑战。因此，市场领导者必须采取适当的竞争策略，维护和确保它的市场领导地位。通常市场领导者可采取三种策略来维护其领导地位，这三种策略分别是：扩大整个市场的总需求、保持现有市场占有率、进一步提高市场占有率。

1. 扩大整个市场的总需求

由于市场领导者的市场占有率最高，所以，市场总需求量增大时的收益也最大。一般情况下，市场领导者扩大市场总需求经常运用以下策略：

(1) 发现新的使用者。对于某种产品来说，经常会由于种种原因使其市场需求潜力没有得到最大限度发掘，发现并挖掘新的使用者是扩大市场需求的重要方式。具体可采用的策略包括：市场渗透，即转变不使用该产品的潜在顾客的态度，进而成为使用者；将产品打入新的细分市场，包括新的目标顾客群和新的地理区域。

(2) 开辟产品新的用途。对于许多产品来说，潜存着一定的未发现功用，通过发掘其新用途，可以使产品的需求量迅速增长。如碳酸氢钠（俗称“小苏打”）自投放市场后的120多年里，销售一直十分平稳，当被发现其具有消除冰箱异味的功能后，市场需求量大幅度攀升。

(3) 刺激现有顾客增加使用量。通过运用一些适当的措施和手段，促使顾客增大产品的使用量也可以有效提高整个市场的总需求。如服装制造商通过加快推出新款服装频率，刺激顾客购买更多的服装。

2. 保持现有市场占有率

市场领导者在谋求扩大整个市场总需求的同时，还要防范市场挑战者的攻击。保护已经取得的市场占有率和市场地位。在许多市场中，市场挑战者的力量是不可低估和轻视的，它们对市场领导者会产生很大的威胁，如果不能有效抵御其攻击，就可能被取而代之。

市场领导者抵御挑战者需要从两方面同时入手：首先，必须及时发现和弥补本企业各个方面可能遭到攻击的弱点，使挑战者无可乘之机。其次，由于进攻是最好的防御，市场领导者不可满足于现状，要以攻为守，即通过不断增强竞争优势，巩固本企业在产品开发、产品成本、分销与促销效率以及产品服务等各方面的领先地位，以积极的态度抵御竞争对手的挑战。

3. 进一步提高市场占有率

市场占有率对于每个企业都有着非常重要的意义。市场领导者可以通过进一步提高市场占有率，来巩固其主导地位。提高市场占有率不仅可以大幅度增加产品销售，而且可以有更高的投资收益率。有研究表明，在一些行业中，市场占有率高于40%的企业的平均投资收益率是市场占有率不足10%的企业的3倍。

但是，并非在任何情况下提高市场占有率都能使企业利润同步增长。高市场占有率导致高收益的条件是：市场占有率的提高不致引起反垄断指控；产品单位成本随市场占有率的提高而降低；如果企业欲通过进一步提高产品质量来提高市场占有率时，则必须使市场所接受的价格的增长幅度高于为改善产品质量所增加的成本提高的幅度。

小链接：

可口可乐中国战略"换味"

可口可乐似乎已经进入了一个"换味"的战略转型通道。这些新"可乐"一改碳酸饮料的面孔，迅速地在电视、网络、报纸上替代了原来留给可口可乐的空间。

2009年初，可口可乐已陆续在"美汁源"的平台下推出了C粒柠檬、爽粒葡萄等产品，而这次已经是可口可乐当年第二次大规模上市新产品。

值得注意的是，推出的新产品几乎都是非碳酸饮料，更有趣的是，就在"美汁源果粒奶优"宣布上市后的第4天，可口可乐瓶装商业生产（武汉）有限公司正式开业，这家排名第39的可口可乐工厂是可口可乐迄今为止在中国投资额最高、生产设备全球最先进的不含汽饮料生产基地，同时也是可口可乐在华最大的生产基地。可口可乐将迎来一次重大的战略调整。

而导致这一战略转型的原因似乎与可口可乐全球业务增长的不景气息息相关。据可口可乐公布的第三季度季报显示，当季营业收入下降了4%，低于市场预期；盈利增长不到1%。按箱计算的销量增长仅为2%，其中北美市场销量下降4%。不过，中国市场销量增长却依然保持两位数。此外，可口可乐的主流产品碳酸软饮料销量增长仅为1%，非充汽饮料的销量则增长7%。

牛奶果汁的诱惑

对于可口可乐公司本身来说，并不愿意承认因碳酸饮料市场的不景气而导致战略转变。但事实上，对于现在的可口可乐公司来说，使用"全球饮料巨头"这个称呼似乎比"全球碳酸饮料巨头"更为准确。

尤其是在推出了"牛奶汽水"和"美汁源果粒奶优"这两款令大众吃惊不已的蛋白饮料之后。可口可乐的竞争矛头直接指向了包括娃哈哈、太子奶等本土牛奶饮料企业。

有意思的是，几乎在可口可乐推出"美汁源果粒奶优"的同时，雀巢也计划推出有果汁和牛奶成分搭配的固体饮料产品"雀巢果维"，虽然这款产品与牛奶果汁饮料有着很大的差异，但作为替代品市场，还是对娃哈哈营养快线等产品带来了不小的挑战和冲击。

据有关调查数据显示，牛奶果汁饮料是一块新兴的市场，但发展迅速。2008年，国内牛奶果汁饮料的整体销量已达62亿升。其中，娃哈哈的营养快线、问候阳光等系列占据整个乳品饮料市场份额的70%。

可口可乐推出牛奶果汁产品可能只是一个信号，这可能意味着可口可乐未来将对牛奶饮料市场深度介入。中投顾问食品行业首席研究员陈晨认为，随着汇源、统一甚至是康师傅等饮料企业的追随进入，势必将加剧牛奶饮料市场的竞争。

美汁源的野心

与此同时，果粒奶优对于可口可乐来说，还有着另外一个更为重要的作用，那就是对于“美汁源”这个品牌的扩张所带来的积极影响。

据可口可乐公司相关人员介绍，“美汁源”从2004年在中国诞生以来，到2008年，已经成为了2008年中国果汁市场排名第一的品牌。而产品品类也从最初的“美汁源果粒橙”单一品种发展为西柚口味的“美丽果”、热带水果口味的“热带果粒”等。

从传统的碳酸饮料巨头到饮料巨头的转变，“美汁源”这个非碳酸饮料品牌对可口可乐来说是举足轻重的。“美汁源”经过几年的经营，已经有了很好的品牌基础。

与此同时，可口可乐公司也不想放弃“可口可乐”这个品牌在碳酸饮料中的影响力，毕竟碳酸饮料在一定时期内还保留着巨大的市场基数。业内人士预计，“美汁源”未来在全球范围内可能成为与“可口可乐”旗鼓相当的品牌。

可口可乐拟2017年在中国实行双瓶战略。James Quincey指出，中国O2O的发展所带来的生意能占到整体营业额的三四成，而这种商业模式的承载体很大一部分是街边小店，因此产品有必要作出适应性调整，“我想我们可能需要一些不同尺寸的饮料，以便他们可以适配到送餐包裹里头。”

（资料来源：根据“可口可乐中国战略换味”等资料整理）

（二）市场挑战者竞争策略

市场挑战者在行业中的市场地位较主导者低，但也具有相当的竞争实力。其通常主要采取进攻策略向市场领导者或其他竞争对手发起挑战。

1. 确定挑战对象

市场挑战者在选择挑战策略之前，需要首先确认挑战对象。通常，市场挑战者攻击的对象可能是市场领导者，也可能是与自身实力相当的企业，甚至是弱于自身的企业。向市场领导者发动进攻是风险大而回报也较大的一种选择。但只有在领导者在某些方面存在弱点或失误，同时挑战者正好具备这一方面优势时，这一选择才有意义。而以弱小企业为攻击对象，虽然回报较小，但由于所需成本低、成功率高，积少成多也能取得客可观的效果。

2. 选择攻击策略

在选定挑战对象后，针对不同的竞争对手，根据其竞争实力与自身实力强弱对比，选择合理的挑战策略就成为能有成功的关键。

（1）正面进攻（Frontal Attack）。正面进攻是指挑战者集中全部优势力量攻击竞争对手的主要市场领域，即直接向竞争对手的优势项目发起攻击。要想以正面攻击取得成功，挑战者必须在产品、价格、分销以及促销等各方面具有超过竞争对手的优势，否则，采取正面进攻的风险很大，甚至是一种自杀行为。即使是规模大、实力强的挑战者，也未必一定能取胜。

(2) 侧翼攻击（Flanking Attack）。侧翼攻击是指挑战者集中力量攻击竞争对手的弱点。通常，企业都会在其主要市场建立牢固的防线，而其他次要市场的方位一般较为薄弱。挑战者往往在正面攻击力量不足的情况下，选择竞争对手防御较为薄弱的侧翼发起攻击。这种攻击风险小，比较容易取得成功。

通常有两种侧翼攻击是比较有效的。一是发掘并进入主导者和其他竞争对手尚未占领的细分市场，使之发展成为强大的细分市场。二是向市场提供更好的差异化产品，以夺取更多的市场份额。

(3) 围堵攻击（Encirclement Attack）。围堵攻击是指挑战者从各个方向对竞争对手发起全面攻击，即对竞争对手的强项和弱项都加以攻击。实施这种攻击策略要求挑战者在各个方面拥有大大超过竞争对手的优势，并确信能够迅速、全面地突破竞争对手的防御。

(4) 迂回攻击（Bypass Attack）。迂回攻击是指挑战者避开竞争对手的现有市场领域，打入竞争激烈程度较低的市场，对竞争对手发起间接的进攻。通常挑战者可以采取以下三种方式实施迂回攻击：一是发展各种与竞争对手无关的新产品；二是以现有产品开拓竞争对手尚未进入的细分市场；三是加强新技术、新产品的研究和开发利用，以更好的产品取代竞争对手的现有产品。

(5) 游动攻击（Guerrilla Attack）。游动攻击是指规模较小、力量较弱的挑战者，对其竞争对手发起的小型的、间歇式的攻击。游动攻击是小企业用来对抗大企业的一种策略。挑战者通过游动攻击骚扰竞争对手，逐步削弱竞争对手的实力，以便寻找机会建立永久性的立足点。

（三）市场追随者竞争策略

市场追随者主要通过仿效行业中的市场领导者，来谋求自己的生存和发展。但是，市场追随者并非被动地、简单地模仿市场领导者，而是采取有效的跟随策略，确保在不危害和威胁市场领导者的根本利益、不会引起竞争对手报复的前提下，保持其现有的顾客，并谋求取得适当比例的新顾客，以达到市场占有率提高或市场销售量增加的目的。市场追随者由于不需要大量的投资，使其在成本上具有一定的优势，常常可以获得满意的利润，其投资收益率甚至可以超过行业的平均水平。通常情况下，市场追随者可以采取的基本竞争策略有以下三种：

1. 紧密跟随（Following Closely）

紧密跟随是指追随者在产品、价格、分销、促销及其他方面，尽可能模仿市场主导者。这种追随者往往很少关心市场的开发和培育，他们只是依赖市场主导者在市场开发、产品开发及其他方面的投资，靠拾取市场主导者的残余市场来生存。

2. 有距离追随（Following at Distance）

有距离追随是指追随者在某些方面模仿市场主导者，而在另一些方面又与主导者保持一定的差异。如在产品包装、广告宣传、产品价格等方面与市场主导者形成差异，而在产品功能、分销渠道等方面追随主导者。如果这种追随不具有攻击性，主导者不会介意这些追随者的存在。

3. 有选择追随（Following Selectively）

有选择追随指的是追随者择优模仿市场主导者的某些做法，而在其他方面保持自己的独创性。这种追随者将有可能发展为挑战者。为了避免与市场主导者直接竞争，追随者往往会选择与主导者不同的细分市场来销售产品。

（四）市场利基者竞争策略

市场利基者以规模较小的细分市场为目标市场，通过为特殊的顾客提供专门的产品和服务，以谋求生存和发展。在许多行业中都会存在一些被大多数企业忽视的市场空缺，填补这些市场空缺，有时可以获得高利润。

1. 企业要通过填补市场空缺来取得成功，关键在于发现和评估有利可图的市场空缺。一个既安全又有利可图的市场空缺应具备以下特征：

（1）必须有足够大的市场规模和购买力。

（2）必须有成长的潜力。

（3）该市场对主要竞争对手不具有吸引力。

（4）企业有为该市场提供有效服务的能力。

（5）企业能够通过为顾客提供优良产品和服务，来抵御竞争对手的攻击。

2. 企业要想获得一个具备上述特征的市场空缺，必须在市场、产品、顾客以及分销等方面实行专业化营销。通常企业可以选择的专业化方案有以下 8 种：

（1）按最终用户专业化。即企业专门致力于为某一类最终用户提供服务。

（2）按垂直阶段专业化。即企业专门于本行业产品生产经营全过程中某一个环节。

（3）按顾客规模专业化。即企业集中力量专门服务特定规模的顾客。

（4）按特定顾客专业化。即企业专门服务于某一个或几个最主要的顾客群。

（5）按地理区域专业化。即企业专门服务于某一地区或地点的市场。

（6）按产品特色专业化。即企业专门经营某一种或某一类产品。

（7）按质量与价格专业化。即企业专门经营某一质量和价格档次的产品。

（8）按服务项目专业化。即企业专门提供某一种或几种其他企业没有的服务项目。

填补市场空缺策略并非只适合小企业，对于在行业主要市场上市场占有率较低的大、中企业来说，填补市场空缺可能是一个明智的选择和有效的成长途径。大企业同样可以在小市场中大有作为。

本章小结

经济全球化使全球市场竞争加剧，面对激烈的国际国内市场竞争，企业必须从行业和市场视角了解竞争者，准确地把握竞争者的特点，分析竞争对手的战略、目标、优势和劣势，制订适当的竞争战略和策略，本章围绕“竞争”与“竞争者”，阐述了企业的基本竞争战略和不同竞争者的竞争策略。

竞争者分析主要包括市场竞争者类型、识别竞争者、评估竞争者的实力和反映、市场营销战略联盟。

市场竞争战略主要包括成本领先战略、差异化战略、集中性战略。总成本领先战略就是通过降低产品研发、生产和分销等各个环节的成本费用，努力使本企业的总体经营成本低于竞争对手，从而使本企业的产品价格低于竞争对手的产品价格，以达到迅速扩大销售、提高市场份额、获得有利的市场竞争地位、成为市场主导者的目的。差异化战略也称别具一格战略、差别化战略，就是企业通过大力发展别具一格的产品线或营销项目，并形成对顾客具有极大吸引力的产品特色，以争取在产品或服务等方面比竞争对手有独到之处，通过取得差异优势形成独家经营的市场，以获得市场竞争优势。集中性战略指的是企业集中力量为某一个或少数几个细分市场提供服务，通过在一个或少数几个细分市场上建立的成本优势或差异化优势，更好地满足顾客的特殊需要，从而争取市场局部的竞争优势。

按照市场占有率高低将企业分为 4 种类型：市场主导者、市场挑战者、市场追随者、市场利基者。市场主导者是指在相关产品市场上占有率最高的企业。市场主导者要保持领先地位，必须采取适当的竞争策略。通常市场主导者采取扩大整个市场的总需求、保持现有市场占有率、进一步提高市场占有率等 3 种策略来维护其主导地位；市场挑战者在行业中的市场地位较主导者低，但也具有相当的竞争实力。其通常主要采取进攻策略向市场主导者或其他竞争对手发起挑战；市场追随者是指在营销组合策略上模仿或跟随市场领导者的公司，市场追随者可以采取的基本竞争策略有紧密跟随、有距离追随有选择追随等 3 种策略；市场利基者以规模较小的细分市场为目标市场，通过为特殊的顾客提供专门的产品和服务，以谋求生存和发展。在许多行业中都会存在一些被大多数企业忽视的市场空缺，填补这些市场空缺，有时可以获得高利润。

思考题

1. 分析竞争对手的主要步骤有哪些？
2. 企业要面对哪几个层次的竞争对手？
3. 竞争对手的反应模式有哪些？
4. 企业可以采用的基本竞争战略有哪些？采用这些战略各有何风险？
5. 按照市场竞争地位，可将某一行业中的企业分成哪几种类型？它们各有什么特征？
6. 试述市场领导者可采用的防御战略。
7. 试述市场挑战者可采用的进攻策略。
8. 市场追随者可分为哪些类型？理想的利基市场主要有哪些特征？

在线习题　　案例分析

第五章

营销调研和预测——洞察顾客需求动向

【学习目标】

1. 掌握营销信息的构成和功能；

2. 分析营销调研的概念和作用；

3. 理解营销调研的步骤、营销调研的方法和调查表设计的方法；

4. 分析市场需求预测的内涵、需求预测的定性与定量的方法。

导入案例：

吉利公司的市场调查

男人长胡子，因而要刮胡子；女人不长胡子，自然也就不必刮胡子。然而，美国的吉利公司却把“刮胡刀”推销给女人，居然大获成功。

吉利公司创建于1901年，其产品因使男人刮胡子变得方便、舒适、安全而大受欢迎。截止20世纪70年代，吉利公司的销售额已达20亿美元，成为世界著名的跨国公司。但吉利公司的领导者并不满足，而是想方设法继续拓展市场，争取更多用户。就在1974年，公司提出了面向妇女的专用“刮毛刀”。这一决策看似荒谬，却是建立在坚实可靠的市场调查基础上。

吉利公司先用一年的时间进行了周密的市场调查，发现在美国30岁以上的妇女中，有65%的人为保持美好形象，要定期刮除腿毛和腋毛。这些妇女之中，除使用电动刮胡刀和脱毛剂之外，主要靠购买各种男用刮胡刀来满足此项需要，一年在这方面的花费高达7 500万美元。相比之下，美国妇女一年花在眉笔和眼影上的钱仅有6 300万美元，染发剂则为5 500万美元。毫无疑问，这是一个极有潜力的市场。

根据这一调查结果，吉利公司精心设计了新产品，它的刀头部分和男用刮胡刀并无两样，采用一次性使用的双层刀片，但刀架选用了色彩鲜艳的塑料，并将握柄改为弧形以利于妇女使用，这样一来，新产品立即彰显出女性的特点。为了迅速占领市场，吉利公司还拟定几种不同的“定位观念”到消费者中征求意见。这些定位观念包括：突出刮毛刀的“双刀刮毛”；突出其创造性的“完全适合女性需求”；强调价格的“不到50美分”；以及表明产品使用安全“不伤玉腿”等等。最后，公司根据多数妇女的意见，选择了“不伤玉腿”作为推销时突出的重点，刊登广告进行刻意宣传。结果，迅速畅销全球。

点评：

市场调查研究是经营决策的前提，只有充分认识市场，了解市场需求，对市场做出科学的分析判断，决策才具有针对性，从而拓展市场，使企业兴旺发达。

在现代市场营销观念下，营销管理的任务就是在满足消费者的需求和欲望的前提下达成企业的利润目标。企业营销管理人员为完成上述任务，需要对企业可控制的因素即产品、定价、分销和促销策略进行综合运用以制定有效的市场营销策略，而后者必须建立在收集全面和可靠的市场信息基础之上。因此，经常开展市场营销调研，建立企业的市场营销信息系统，对企业的信息资源进行全面的、科学的管理是企业制定市场营销决策的前提与基础。企业必须重视对营销调研的管理和研究。与通常所说的市场调研不同，完整的营销调研系统包括三个方面：市场营销信息系统、市场营销调研和市场需求预测。

第一节

大数据与营销信息系统

一、大数据

众所周知，现在是一个大数据时代。再加上云时代的来临，大数据更是吸引了越来越多人的关注。企业数据本身也蕴含着价值，数据应该随时为决策提供依据。

（一）大数据的概念

“大数据”的概念最早由维克托·迈尔·舍恩伯格（Viktor Mayer－Schönberger）和肯尼斯·库克耶（Kenneth Cukier）在其编写的《大数据时代》一书中提出，他认为，大数据不是随机样本，而是所有数据。

麦肯锡咨询公司是研究大数据的先驱，其在报告《Big data：The nextfrontier for innovation，competition，and productivity》中给出的大数据定义，“大数据指的是大小超出常规的数据库工具获取、存储、管理和分析能力的数据集”。

国际数据公司（International Data Corporation，简称 IDC）从大数据的 4 个特征来定义大数据，即海量的数据规模（Volume）、快速的数据流转和动态的数据体系（Velocity）、多样的数据类型（Variety）、巨大的数据价值（Value）。

大数据是一个宽泛的概念，仁者见仁智者见智。上面几个定义，无一例外都突出了“大”字。“大”是大数据的一个重要特征，但远远不是全部。

本书认为，大数据（英文 Big Data），是需要经过特殊技术处理才能具有更强的决策力、洞察力和流程优化能力的海量、高增长率和多样化的信息资产，是在大量或多样数据中迅速获取有用信息的能力；大数据不仅是一种信息资产，更是一种获取信息的能力。

（二）大数据的特征

大数据具有 4 个特点，即 Volume（大量）、Velocity（高速）、Variety（多样）、Value（价值），即 4V。

1. Volume（大量）

国际数据公司的《数据宇宙》报告显示：2008 年全球数据量为 0.5ZB，2010 年为 1.2ZB，2014 年为 6.2ZB，2015 年达 8.6ZB，人类已经进入 ZB 时代。2020 年以前全球数据量仍将保持每年 40% 多的高速增长，大约每两年就翻一倍。当前，个人计算机硬盘的容量为 TB 量级，一些大企业的数据量已经接近 EB 量级。

2. Velocity（高速）

高速是大数据区分于传统数据挖掘的最显著特征。IDC《数据宇宙》报告显示，预计到 2020 年，全球数据使用量将达到 35.2ZB。在海量的数据面前，数据处理效率就是企业成功的法宝。

3. Variety（多样）

根据多样性，数据可以被分为结构化数据和非结构化数据。结构化数据，以文本为主，便于存储；非结构化数据包括网络日志、音频、视频、图片、地理位置信息等，随着时代的发展，结构化数据越来越多。数据多样性需要企业具有更强的数据处理能力。

4. Value（价值）

数据的价值在于将正确的信息在正确的时间交付到正确的人手中。价值的高低与数据总量的大小成反比。如何通过强大的机器算法更迅速地完成数据的价值“提纯”已成为目前大数据背景下亟待解决的难题。

（三）大数据营销

大数据营销是指通过互联网采集大量行为数据，帮助广告主找出目标受众，对广告投放内容、时间、形式等进行预判与调配，最终完成广告投放的营销过程。大数据营销的核心是：让网络广告在恰当的时间，通过恰当的载体，以恰当的方式，投给恰当的人。

大数据营销是基于多平台的大量数据，依托大数据技术，应用于互联网广告行业的营销方式。大数据营销产生于互联网，又作用于互联网。大数据营销，是一个在大量运算基础上的技术实现过程，是一个关于互联网的新风潮。

大数据营销具有以下特点：①多平台数据采集；②时效性；③个性化；④性价比

高；⑤关联性。

大数据营销的作用：①客户方面，分析客户行为与特征，引导客户使用产品、关注企业营销活动，改善客户体验，筛选重点客户，实现客户分级管理；②竞争对手方面，检测竞争对手；③品牌方面，传播品牌知识，检测并管理品牌危机；④决策方面，发现新市场与新趋势，预测市场与决策分析，精准营销（需要精准的营销信息做支撑）。

二、营销信息系统

现代社会被称为信息社会，信息就是资源、就是财富。营销活动同样离不开信息。营销活动的信息是通过营销信息系统去完成的。

（一）信息

所谓信息是由数据、文本、声音、图像4种形态组成的资料。

（1）数据。通常指数字信息，是经计算机处理的任何数字、文字、符号。

（2）文本。指书写语言信息。

（3）声音。指能听到说话的声音，如音乐、无线电、电话、录音机等处理的产品。

（4）图像。指能看得见的照片、图画信息。

信息一般具有可扩散性、可共享性、可贮存性和可转移性等特征，从而为人类和社会生产、生活服务。

（二）市场营销信息系统

市场营销信息系统是一个由人员、机器设备和计算机程序所组成的连续有序地收集、分析、评估和分配所需适时的、准确的市场营销信息的系统。见图5－1：

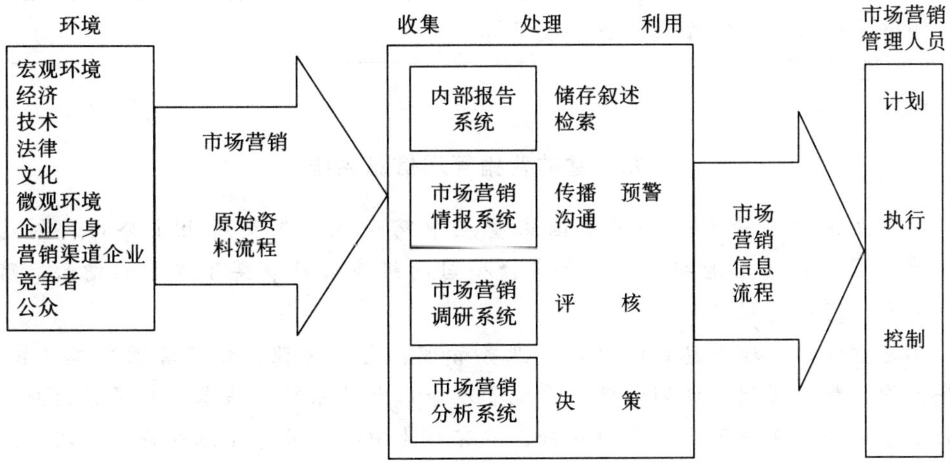

图5－1 营销信息系统

营销信息系统的构成分析：

1. 内部报告系统

内部报告系统亦称内部会计系统，它是企业营销管理者经常要使用的最基本的信息系统。

内部报告系统的主要功能是：提供有关订货数量、销售额、产品成本、存货水平、现金余额、应收账款、应付账款等信息。通过内部报告系统，能够发现企业已进行的营销活动中的市场机会和问题。其中“订货——发货——开出收款账单”这一循环是内部报告系统的核心。

2. 营销情报系统

营销情报系统是指市场营销管理人员用以获得日常的有关企业外部营销环境发展趋势的恰当信息的一整套程序和来源。

营销情报系统的任务是：利用各种方法收集企业营销环境未来发展的信息。

内部报告系统是为营销管理人员提供事件发生以后的结果数据，而营销情报系统为营销管理人员提供正在发生和变化中的数据。

3. 营销调研系统

营销调研系统是对营销活动中出现的某些特定的问题进行研究。市场营销调研系统的任务就是系统而客观地识别、收集、分析和传递有关市场营销活动各方面的信息，提出与企业所面临的特定的营销问题有关的研究报告，以帮助营销管理者制定有效的营销决策。

营销调研系统不同于营销信息系统，它主要侧重于企业营销活动中的外部信息；是间歇性作业；以调研人员亲自参与为主；强调某些特定问题的解决等。

4. 营销分析系统

营销分析系统也称营销管理科学系统，它通过建立数学模型对复杂现象的统计分析，帮助营销管理人员分析复杂的市场营销问题，做出最佳的市场营销决策。

营销分析系统由两个部分组成，一个是统计库，另一个是模型库。

统计库的功能是采用各种统计分析技术从大量数据中提取有意义的信息，如回归分析、时间序列分析等。模型库包含了由管理科学家建立的解决各种营销决策问题的数学模型，如排队模型、选址模型、竞争模型等。

小链接：

九芝堂的营销管理信息系统

湖南九芝堂股份有限公司是国家重点中药企业，深交所上市公司。创建于1650年，是中国著名老字号。多年来，公司的经济效益取得了显著的增长，跻身于全国中药行业十强之列。

九芝堂营销管理信息系统囊括了业务管理、仓库管理、账务管理、客户管理、领导查询、费用管理、计划管理、系统管理等八大子系统，基本涵盖了营销业务领域的方方面面。实现了以事务为基础，以客户为中心，确保账账相符，账实一致的营销管理指导思想。

业务管理：以对发货单、发票、结算单、往来凭证的流水线式管理为基础，以客户、产品、仓库、业务员、销售机构、销售区域六大要素的组合报表为延伸，以应收账款管理为核心是三者的有机构成；

仓库管理：基本事务是各仓库的单据管理，同时通过发货、收料与业务方面紧密相连，通过入库、领料，残损与账务联成一体；

账务管理：是业务和仓库管理流程的审结者，它调入业务和仓库基本数据来产生产成品账，销售账和销售利润账，还要通过与业务方面的对账来发现和规范业务管理；

客户管理：在建立全面标准化的客户档案的基础上，保证了客户作为最重要业务资源的有效性、可管理性和可指导、制约业务的特性；

领导查询：可以调取领导最为关心的营销信息对比和排比表，实时清晰地了解业务进展情况；

费用管理：按照品牌、业务员和科目将各项费用细分，同时也与业务的实际发生情况进行了挂钩；

计划管理：则从计划和综合报表（台账等）两个角度，在综合采集业务数据的基础上自动生成；

系统管理：有两大特色，一在于按岗定职责，二在于可以从数据安全的角度将整套营销系统透明一致地开放给业务员、分（子）公司经理等具有不同数据访问权限的人员使用。

九芝堂营销管理信息系统充分体现了"二八定律"，通过周密细致的客户分析可以使业务会计将注意力集中在20%能带来80%效益的客户上，从而对业务进行指导和监督、审核；通过实时的库存管理，可以有效地对库存进行控制，从而减少库存损失，减少不合理的库存占用资金，盘活和提高资金的周转率；进销存财的一体化，数据的透明性和一致性将确保各部门对账的顺畅，减少错误，提高工作效率；通过数据的安全性控制可以将过于集中的营销管理职能适当的分离出去，从而减少内勤部工作压力，提高内勤部的综合战斗力；通过各类报表（尤其是综合报表和到天的账龄分析表），可以有效地发挥营销中心的指导和监督、审核职能，将一些更严格的管理规则应用到业务实践中去，通过管理产生效益。

纵观国内医药行业，公司的营销模式是先进而成功的，所以基于这套营销模式的营销管理系统也承继了此特性：严格的客户管理机制，严密的安全体系结构，方便快捷的操作方式，丰富实用的统计报表，进、销、存、财一体化的流程控制。

资料来源：百度文库.2012-12-22.

（三）以计算机为中心的营销信息系统

现代信息的收集越来越多是建立在以计算机为中心的互联网技术基础之上进行的，它包括了以下内容。

1. Bar Code

Bar Code 即条码系统。快速、高效的信息收集是通过条码系统完成的。

2. POS

POS 即 Point of Sale，销售点管理系统。这能够实现销售数据的迅速收集，并传送到管理信息系统，为采购、库存管理提供依据。

3. EOS

EOS 即 Electronic Ordering System，电子订货系统。它可以实现足不出户完成商品订货任务。

4. CRM

CRM 即 Customer Relationship Management，客户关系管理系统。它可以自动收集客户的全部资料，为促销设计有针对性的策略提供帮助。

5. EDI

EDI 即 Electronic Data Information，电子数据交换，又叫无纸贸易。它可以实现交换双方交易数据的及时电子传递，代替纸张传递，从而大大提高了交易速度，降低了交易成本和交易风险。

6. ERP

ERP 即 Enterprise Resource Planning，即企业资源计划。它通过企业流程再造，能够帮助企业实现生产、流通、消费的无缝对接，加快生产、流通和消费过程，提高资源利用效率，更快、更好地满足消费者需要。

7. GIS

GIS 即 Geographic Information System，就是地理信息系统。它能够帮助企业充分了解某一地区的生产企业、家庭、交通、客流、车站等信息，为企业选址、促销等提供帮助。

小链接：

汇源果汁 ERP

汇源集团创建于 1992 年 6 月，主要从事各种果蔬汁的开发、生产和销售。产品有 6 大类、90 多个品种，年产量 146 万吨，纯果汁占据了 46% 的市场份额，中高浓度果汁占据 39.8% 的市场份额；在全国各地的 30 多家现代化工厂，联结了 400 多万亩名特优水果、无公害水果、A 级绿色水果生产基地和标准化示范果园；建立了遍布全国的营销服务网络，构建了一个庞大的水果产业化经营体系。

汇源果汁的 ERP 实施强调以财务为数据中心，“购、销、存”一体化的管理和运作模式，简化和规范了工作流程，降低了企业运营成本。采用 ERP 管理思想与管理模式来规划企业的管理与决策系统，从而将企业产、供、销、人、财、物等资源有机地衔接与集成起来。

1. 财务分析功能增强。汇源是上市公司，要定期接受和处理各销售公司的报表，ERP 系统提供的自动汇总功能很好地解决这个问题。

2. 数据共享，实时监控。新的系统使数据管理由原来的人工操作变为现在的软件处理，流程简化而规范。而且系统的 Intranet 功能，数据共享大大降低了部门间沟通的难度和成本，提高了部门间的工作效率。主要体现在以下几个方面：

（1）借助销售管理系统的随时统计功能，企业的发货情况、销售排名、业务员业绩考核、应收账款状况都实现了实时监控。

（2）财务方面，数据共享、电子单据成为资金控制最及时和最有力的依据，财务部门可以随时得到各部门输入的数据，实行实时监控，把错误降到最小。

（3）库存明显改善，库存的情况由库管员和财务部门同时监控，真正实现了物流和现金流的统一管理。由库存为中心的一体化管理，实现了“以销定产，以产定购”的 JIT 管理。

资料来源：百度文库 . 2012 – 09 – 12.

第二节

市场营销调研

一、市场营销调研的含义和作用

市场营销调研是指运用科学的方法系统而客观地辨别、收集、分析和传递有关市场营销活动等各方面信息的活动。市场营销调研可以为企业营销管理者制定有效的市场营销决策提供重要的依据。与狭义的市场调查不同，它是对市场营销活动全过程的分析和研究。

市场营销调研是企业营销活动的基础，其作用十分重要。

1. 有利于开拓新的市场

通过营销调研，企业可发现消费者尚未满足的需求，发现市场中存在的机会和企业营销的问题，从而抓住机会，解决问题，不断开拓新的市场。

2. 有利于优化营销组合

营销组合能否达到营销目的，营销调研是基本依据。通过营销调研，充分了解消费者的需求及其满足程度，了解消费者对产品、价格、渠道和促销的反应，这样，才能制定有针对性的、最佳的营销组合方案。美国柯达公司就是通过调研开发出众所周知的傻瓜相机，并制定了一般家庭能够接受的价格，在全球 28 个国家建立 40 多个分支机构，同时上市促销，当年实现销售 2000 万美元，其中一半收入来自海外，获得成功。

3. 有利于制定科学的营销规划

营销规划决定企业发展的未来，是一项中长期计划，只有通过调研，了解企业内外部环境因素和企业优劣势，了解市场竞争格局，了解市场需求规模及结构，了解消费者的购买特征，才能科学地制定和调整企业营销规划。否则，营销规划就是空中楼阁。

二、市场营销调研步骤

营销调研是一项有计划、有组织的活动，必须遵循一定的程序，才能达到预期效果。营销调研程序一般包括确定问题与目标、制定调研计划、收集信息、信息加工分析和提出调研报告五大步骤。见图 5－2：

图 5－2　营销调研程序

（一）确定问题与目标

为了达到调研目的，首先要确定调研问题，即为什么而调研。调研问题不能过宽，也不能过窄，须明确界定。过宽，则造成无谓的人、财、物的浪费；过窄，则影响调研结果的准确性。

其次，确定调研目标。调研目标因调研类型不同而不同。市场营销调研类型有三大类：

1. 探测性调研

探测性调研是用于探询企业所要研究的问题的一般性质的调研。探测性调研是研究者在研究之初对所要研究的问题的性质或范围不太明确，不能确定到底要研究些什么问题时而进行的收集初步资料的调研。通过探测性调研，可以发现问题，了解情况，为进一步调研打下良好基础。

2. 描述性调研

描述性调研是一种经常性调研活动。描述性调研是通过详细的调查和分析，对市场营销活动的某个方面进行客观的描述。描述性调研一般要深入市场，收集一手资料，不但要发现问题，更要找出问题产生的原因，并寻求解决的办法。例如，市场潜力和市场占有率、产品的消费群结构、竞争企业的状况的描述等。与探测性调研相比，描述性调研的目的更加明确，研究的问题更加具体。

3. 因果关系调研

因果关系调研的目的是找出关联现象或变量之间的因果关系。描述性调研可以说明某些现象或变量之间相互关联，但要说明某个变量是否引起或决定着其他变量的变化，就用到因果关系调研。因为影响某个变量的因素非常多，到底哪个是主要因素，哪个是次要因素，需要进行因果关系调研。如销售量下降，原因可能有价格问题、竞争问题、中间商问题、促销问题、宏观因素等，到底哪个是主要因素，就需要调研。

（二）制定调研计划

在调研问题和目标确定之后，就需要准备一份详细周密的调研计划，确保调研能够有序进行。调研计划的内容见表 5－1：

表 5－1　　调研计划内容

调研计划的项目	调研计划的内容
信息来源	一手资料；二手资料
调研方法	询问法；观察法；实验法
调研工具	调查表；设备；提纲
调研方式与调研对象	普查与重点调查；典型调查；抽样调查
调研经费	总费用和各项目费用
人员培训分工	主持人、补充人、记录人、协调人等
作业进度	总时间、周时间、日时间安排及调剂

（三）收集信息

信息收集的途径有两种：

1. 实地调研

实地调研就是调研人员亲自到第一线去收集有关调研问题的信息，实地调研获取的信息又叫一手资料。一手资料最丰富、最客观、最重要、最实用，但调研人员付出也最大，调研费用也比较高。

因此，实地调研，可以由本企业派出调研人员收集，也可能委托调研公司去收集。尤其是市场较远，企业又缺乏优秀的调研人员，或语言不通、存在文化障碍等情况下，可以委托专职的调研公司去做。如国际营销调研一般是通过市场国的调研公司进行。

2. 文案调研

文案调研就是坐在办公室，通过电脑、报纸、杂志、年鉴等查阅市场各方发布的信息而进行的调研。这种资料也叫二手资料。二手资料来源非常广泛，调研人员既可以从内部资料获取，也可通过外部资料获取。内部资料来源有：企业财务报告、资产平衡表、销售统计等；外部资料来源有：政府公报和文件、书籍、报纸、期刊、商品目录、广告等。二手资料费用较低，省时省力，但资料可能过时、不精确、不完善、不可靠等。

（四）信息加工与分析

调研的目的是要分析出调研结果，为决策提供帮助。实地调研结束后，调研人员就要运用汇总、平均数、相关系数、表格等对信息进行整理、编码、统计、分析，从而提出调研结果。分析信息也就是运用科学的统计方法对调研信息“去粗取精，去伪存真，由此及表，由表及里”的过程。分析的方法有定性分析和定量分析，或经验分析和数学分析。现在一般运用计算机和辅助软件来进行，这样效率高且科学。

（五）提出调研报告

调研的最终目的是要为决策部门提供一个客观的调研报告。因此，调研人员要在信息加工和分析的基础上，以调研报告的形式总结、汇总调研报告。调研报告要力求简明、准确、完整、客观，为决策提供依据。

三、市场营销调研的方法

（一）确定调研对象的方法

1. 普查与典型调查

普查就是对调研对象一一进行调查，这种调查全面、准确，但耗时长，成本高，且有时资料在调查开始与结束后，数据差别较大。通常只有政府机构才用，企业很少使用上述这种方法。

与普查相对应的是典型调查。典型调查就是从总样本中选择有代表性的样本进行调查。这种调查同普查相比，有事半功倍之效。如调查国企盈利与亏损情况，可以选择国企中盈利大户与亏损大户开展调研，这就是典型调查。

2. 抽样调查方法

当调研对象众多、调查区域广，且受制于人、财、物限制时，可以采用抽样调查法。

抽样调查方法是从调查对象总体中选取具有代表性的部分个体或样本进行调查，并根据样本的调查结果去推断总体发展趋势的方法。抽样调查法包括以下类型：

（1）简单随机抽样。简单随机抽样就是对总体进行编号，然后按照等可能性原则从总体中随意抽出个体的抽样方法。

简单随机抽样方法简单，误差分析较容易，但是需要样本容量较多，适用于各个体之间差异较小的情况。

(2) 等距随机抽样。等距随机抽样就是对总体进行编号，第一个随机，其余按间隔抽取样本，间距等于样本总数除以抽取的个体数。

等距随机抽样法的抽样样本分布比较好，有好的理论，总体估计值容易计算。

(3) 分组抽样。分组抽样就是把总体按照一定的标准分组，然后再按照随机抽样方法从每一组中抽取样本进行调研。

分组抽样可以增强样本的代表性，避免样本总是集中于某个群体中。

(4) 分群抽样。分群抽样就是把调查总体机械地分成若干群体，再按照随机抽样方法抽取样本进行调研。比如按地理区域分群抽样。

分群抽样适用于样本比较集中的情形，组织简单，可降低调查费用，但样本代表性差。

分组抽样与分群抽样的不同是，分组抽样是组内相同，组与组不同；分群抽样是群与群相同，群内不同。

(5) 判断抽样。判断抽样就是由调研人员根据自己的判断，确定调研对象的方式的调查方法。

(二) 收集资料的方法

1. 观察法

观察法是由调查员直接或通过仪器在现场观察调研对象的行为动态并加以记录而获取信息的一种方法。观察法包括以下几种类型：

(1) 直接观察法。直接观察法就是调查员通过现场直接观察收集被调查人员信息的方法。

直接观察法又可以分为公开观察法和隐蔽观察法两种。公开观察是调查人员在调查地点的公开，即被调查者意识到有人在观察自己的言行；隐蔽观察是指被调查者没有意识到自己的行为已被观察和记录。这两种方法都是直接收集第一手资料的调查方法。

(2) 亲身体验法。“要知道梨子的味道，最好亲自尝一尝。”要了解消费者的信息，最好扮演成消费者去消费一次，即可知道消费者的心理、动机和行为。

(3) 实际痕迹测量法。实际痕迹测量法是通过消费者消费留下的痕迹收集信息的方法，如要了解司机喜欢哪个电台的节目，可以通过司机修车或坐车时观察汽车上的频道痕迹就可知道。

实际痕迹测量法一般用于对用户流量、广告效果等的调查。

(4) 行为记录法。行为记录法是借助一定的仪器，把消费者的某一消费行为全部记录（录像）下来进行分析，去分析消费者心理、动机、需求的方法。

观察法的优点是可以观察到消费者的真实行为特征，无需其他中间环节，且观察到的资料比较真实、生动；具有即时性的特点，能捕捉到正在发生的现象；能搜集到一些无法言表的材料。缺点是容易受时间、观察对象、观察者本身的限制，且观察者只能观察到外部现象，无法观察到调查对象的一些动机、意向及态度等内在因素。直接观察法不适用于大面积的调查。

2. 实验法

实验法是指在控制的条件下对所研究的现象的一个或多个因素进行操纵，以测定这些因素之间的关系，它是因果关系调研中经常使用的一种行之有效的方法。

实验法有实验室实验法与自然实验法两种类型。实验室实验法通过严格控制各种因素，采用专门仪器进行测试和记录数据，具有较高的可信度，用于探索自变量和因变量之间的关系。自然实验法则比较接近人的生活实际，易于实施，用于研究教育心理学、儿童心理学和社会心理学的大量课题。

实验法在展销上的应用有以下几种：

（1）简单时间序列。选择若干经销商，通过展销对比，判断促销方式的优劣。

（2）重复时间序列。选择一个经销商，展销，停一周，再展销。

（3）前后控制组分析。选择两个经销商，一个展销，一个不展销，进行对比分析。

实验法的优点是可以有控制地分析、观察某些市场现象之间是否存在着因果关系，以及相互影响程度，方法科学，能够获得较真实的资料，可信度较强。实验法适用于对当前市场现象的影响分析，具有一定的局限性且费用较高。

3. 访问法

访问法是营销调研中使用最普遍的一种调查方法。它把调研人员事先拟订的调查项目或问题以某种方式向被调查者提出，要求给予答复，由此获取被调查者或消费者的动机、意向、态度等方面的信息。

访问法主要包括以下几种类型：

（1）个人访问。个人访问是调研人员与被调查对象面对面，通过提问获取资料的方法。个人访问的优点是灵活性大，可听取意见、观察反映、发现问题、互相启发、深入探讨等；缺点是费用高、人力消耗大、受调查人员主观影响大。

（2）电话访问。电话访问是调研人员通过向调研对象打电话的方式收信信息的方法。其优点是信息快、费用低、回答率高；缺点是用户受限、仅适用于简单问题、调研对象不易合作等。

（3）邮寄访问。邮寄访问是调研人员通过设计调查表或问卷收集信息的方法。其优点是问题面宽、调研对象可充分考虑也可参考他人意见；缺点是回答率低、周期长、不能解释。

（4）网络调查法。网络调查法即调研人员在互联网上通过设计问卷收集资料的方法。其优点是速度快、成本低；缺点是调研对象不好控制。

访问法的优劣可见表 5－2：

表 5－2　　访问法优劣对比

项目 \ 类型	邮寄	电话	个人	网络
灵活性	差	好	非常好	好
数据质量	好	一般	非常好	好
对访问员控制	非常好	一般	差	一般
样本控制	一般	非常好	一般	差
收集速度	差	非常好	好	非常好
问题回答	差	好	好	好
成本	好	一般	差	非常好

（三）问卷（调查表）设计

1. 确定问题的类型

（1）自由回答式（开放式）问题。自由回答式问题，即只有提问没有答案的问题。这种回答问题的方式的优点是可获得较多的较真实的信息。缺点是由于被调查人因受不同因素的影响，各抒己见，使资料难以整理。

（2）多项选择题（封闭式）。多项选择题即有提问有答案的问题，调研对象从中做选择即可。这种问题的优点是调研对象回答简单，资料和结果也便于整理。需要注意的问题是选择题要包含所有可能的答案，又要避免过多和重复。

（3）分类式问题。分类式问题是有关调研对象个人性别、年龄、收入等问题。分类式问题也是不容易取得调研对象配合，又不愿回答的问题。

（4）态度测量题。态度测量是调研者用数字或符号来量化表述消费者意见态度的过程。态度测量题即把问题回答分成不同的程度供调研对象选择。它又有两种方法：

①评比测量（李克特量表法）。评比测量即答案中标有“非常喜欢、喜欢、一般、不喜欢、非常不喜欢”的问题，并对5级喜欢程度赋予5、4、3、2、1的值（或相反顺序），让被访者打分或直接在相应位置画钩或画圈，由此判断消费者对某一问题的喜欢程度。李克特量表实例见表5－3。

表5－3　　李克特量表测量实例

测量指标	非常喜欢	喜欢	一般	不喜欢	非常不喜欢
产品包装	□	□	□	□	□
稳定性	□	□	□	□	□
耐用性	□	□	□	□	□
安全性	□	□	□	□	□
服务	□	□	□	□	□

李克特量表的优点是使用简便、直观，应用广泛；但遇到不能直接使用李克特量表的定量测评指标时，需将其转化为李克特量表要求的测评指标，转化方法：将指标的量值按一定标准恰当地划分为5个区间，每个区间分别对应李克特表的5个赋值，实现指标的转化。

②顺序测量。顺序测量即给出可能答案，由调研对象按照自己的意愿将给出的项目排出顺序。

小链接：

“安静的小狗”

美国沃尔沃林环球股份有限公司是一家生产鞋子的公司，有一年他们设计、生产了一种“安静的小狗”（安静、舒适之意）的皮鞋，但不知消费者是否喜欢。于是采取了态度测量的方式来了解消费者对此鞋的喜欢程度。他们拿出100双鞋，分别送给100位不同层次、不同地区的消费者，让他们试穿。八周后，公司通知试用者要收回皮鞋，若不愿退回，须支付5美元。结果，大部分顾客愿意支付5美元把鞋子留下，也不愿意退回。当然公司是不会让消费者付钱的。但从中得到两个信息：鞋子舒适，人们喜欢；5美元人们愿意购买。于是大批量生产，投放市场，获得成功。

设置态度测量题时，容易出现虚假反应、主观偏向问题。针对虚假反应问题，测量者可以在测量时加入假通道技术（实验者申明采用一种仪器可以探查到被试的真正态度，实际上这是做不到的，如果被试不了解实情，相信实验者真能做到，就可能作出真实的反应）、行为指标（当人们倾听他们赞成的信息时往往点头而不是摇头）、皮电反应和肌电图；针对主观偏向问题，测量者可以采用对一个态度采用多个问题的方法，而且问题的表述采用不同方式，对同一问题有时用“同意”回答，有时用“不同意”回答。

调查表设计中问题的类型见表5－4。

表5－4　　调查表设计

类型	封闭式问题	举例
双项选择	一个问题两个答案	安排旅行时，你给×××打电话吗？ 是　否
多项选择	三个或三个以上答案	你和谁乘飞机旅行？ 无　孩子　配偶　同事　配偶及孩子　旅行团
认可程度	同意或不同意程度	小航空公司比大航空公司服务好？ 十分不同意　不同意　不置可否　同意　十分同意
语义差别	极端选择	某航空公司： 大　小　有经验　无经验　现代　传统
重要程度	不重要到重要	飞机上饮食服务对你来讲： 非常重要 很重要 有点重要 不很重要 很不重要
优劣差异	好与不好	某航空公司的服务： 非常好　很好　一般　不好　很不好
购买倾向	实际购买	如果飞机公司为长途旅行者提供电影服务，你： 肯定买　大概会买　不一定买　可能买　一定不买
	开放式问题	
随意问题	随意问题	你认为某航空公司的空中服务怎么样？
文字联想	提供几个词，由被调查人联想	航空公司　旅行　服务
完成句子	提供未完成的句子	当我选择航空公司时，我主要考虑：
完成叙述	提供未完成的叙述	几天前，我乘某航空公司的飞机时，看到座位很特别，这引起了我的一些想法和感受

2. 确定问题的措词

调查表设计一般注意避免以下问题：

（1）避免一般化问题。如你对本旅馆是否感到满意？这就是一般化问题。满意不满意包含很多方面，如价格、服务、卫生等，不能过于笼统，要具体。

（2）避免模糊语言，问题要含义清楚。问题提问要明确，不能含糊。如某市场“四通八达”，是指市场，还是指城市。

（3）避免引导性语句。有电影院做调研，问题是“现在警匪片很流行，你喜欢吗？”这就是引导性语句。

（4）避免断定性语句。某酒厂调研的问题是“你喝什么酒？”即断定调研对象一定喝酒了。

（5）避免假设性语句。假如你有500万元，你会干什么？就是假设性语句。

（6）避免困窘性语句。这是关于个人隐私问题。

3. 确定问题的顺序

（1）先自由式，后封闭式，最后分类式。主要是先给调研对象一个自由发挥的空间，然后再做出选择，等问题全部回答完了，关于个人的问题也就顺手写上了。

（2）先易后难，树立信心。提问先易后难是为了不要让难题把调研对象吓跑了，容易的题做完，就剩下一点难题也就能够克服了。

（3）先趣味性问题，后实质性问题。问卷设计也要有艺术性，先提高调研对象的兴趣，再提出我们要调研的内容。

第三节

市场需求的测量与预测

在进行市场营销调研的基础上，要判断和准确选择目标市场，企业还必须对市场进行需求测量和预测。加强预见性，减少盲目性，正是需求测量和预测的目的。不科学进行市场需求预测，就不能正确地制订营销规划和目标。

一、市场需求测量

（一）市场需求

1. 市场需求的含义

市场需求是一个产品在一定的地理区域和一定的时期内，一定的营销环境和一定的营销方案下，特定的顾客群体愿意购买该产品的总数量。

（1）产品。预测首先要确定产品的类别及范围。

（2）总量。预测的是总量的绝对值还是相对值。

（3）购买。购买指订货量、装运量、收货量、付款量或消费量。

（4）顾客群。是总市场的顾客群、还是区域市场的顾客群、还是目标市场的顾客群。

（5）地理区域。是全国、某省、某地区。

（6）时期。预测量是一年、二年，还是五年、十年。

(7) 营销环境。不同营销环境，预测量是不同的。如繁荣期与衰退期，预测量相差就比较大。见图 5-3：

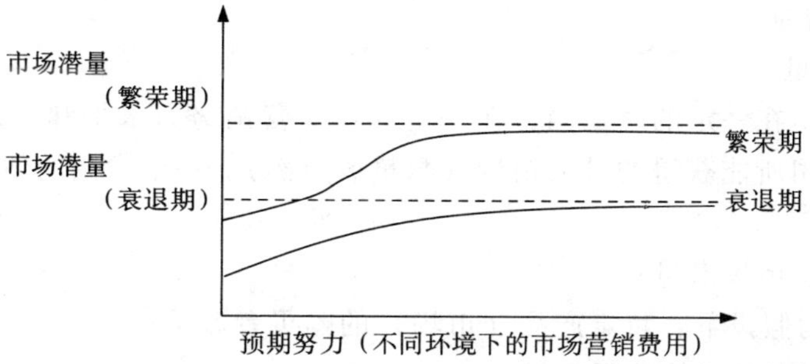

图 5-3 一定营销环境下的需求

(8) 营销努力。需求预测也与企业做出的营销努力有关。企业产品、产品价格、促销和渠道都会对需求产生影响。图 5-4 反映的就是预测量受到营销费用的影响而表现出了不同的数值。

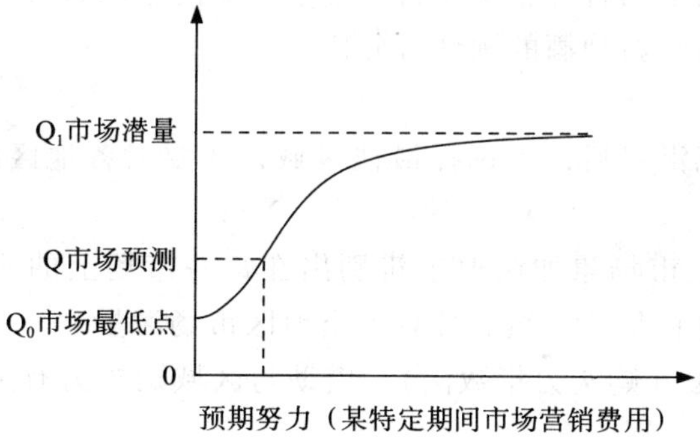

图 5-4 一定营销努力下的需求

2. 企业需求

企业需求是指市场需求总量中企业所占的份额。其公式为：

$Q_i = S_i Q$

式中：Q_i为 i 公司的需求；

S_i为 i 公司的市场份额；

Q 为市场总需求。

与预期的努力相对应的市场需求称为市场预测。市场预测表示在一定的环境条件下和市场营销费用估计下的市场需求。它不是最大的市场需求。

在市场竞争中，企业市场占有率与其营销努力成正比。假定营销努力与营销费用成正比，则企业市场占有率为：

$$S_i = \frac{\alpha_i M_i}{\sum \alpha_i M_i}$$

式中，M_i 为 i 公司的营销费用；

$\sum M_i$ 为全行业营销费用；

α_i 为公司营销费用有效率。

（二）市场潜量

1. 总市场潜量

总市场潜量是在一定的时期内，在一定的行业营销努力水平和一定的环境条件下，一个行业全部公司所能获得的最大销量（数量或金额）。一个常用的估计方法是：

$Q = nqp$

式中：Q 为总市场潜量；

n 为在一定的假设下，特定产品（市场）的购买者数量；

q 为一个购买者的平均购买数量；

p 为每一平均单位的价格。

总市场潜量也可用连锁比率法估计，它由一个基本数乘上几个修正率组成。假设有一个啤酒厂有兴趣估计一种新营养啤酒的市场潜量，可以通过下式计算：

新啤酒需求量 = 人口 × 人均可支配收入 × 人均可支配收入中用于购买食物的百分比 × 食物中用于饮料的平均百分比 × 饮料中用于酒类的平均百分比 × 酒类中用于啤酒的平均百分比 × 啤酒中用于新啤酒的预计百分比

2. 地区市场潜量

企业在测量总市场潜量后，为选择最佳区域，还要对各地区的市场潜量进行测量。测量方法有：

（1）市场累加法。市场累加法要求辨别出在每一市场上的所有潜在购买者，并且对他们潜在的购买量进行估计，然后计算得出地区市场潜量。

（2）多因素指数法（购买力指数法）。借助与区域购买力有关的各种指数以估算其市场潜量。

$B_i = 0.5Y_i + 0.3R_i + 0.2P_i$

式中：B_i为 i 地区的购买力占全国总购买力的百分比；

Y_i为 i 地区的个人可支配收入占全国的百分比；

R_i为 i 地区的零售销售额占全国的百分比；

P_i为 i 地区的居住人口占全国的百分比。

购买力指数所使用的权数带有某些片面性。产品不同，权数应有所调整。

（三）行业销售额和市场份额

在测量总市场潜量和地区市场潜量后，企业还要估计全行业市场的实际销售量，即确认部分竞争性企业及其销售量，做到知己知彼，有针对性展开竞争。

当然，获取竞争对手的销售数据是比较困难的，一般可以国家统计部门公布的统计数字、新闻部门发布的数据、行业主管部门发布的数据等作为参考，然后计算全行业各竞争者的市场占有率。

二、市场需求预测

市场需求预测是在市场调查的基础上，运用科学的理论和方法对未来一定时期的市场需求和企业需求以及影响市场需求变化的诸因素进行分析研究，对未来的发展趋势做出判断和推测，为企业制定正确的市场营销决策提供依据。

市场预测内容一般两大类，即宏观预测与微观预测。宏观预测主要是对国民经济的主要指标如 GDP、总供给和总需求、就业水平、物价水平、消费、投资等的发展趋势进行预测。微观预测是对企业营销活动及其发展趋势进行预测。企业预测的重点是微观预测，当然它也受宏观预测的影响。

市场需求预测首先要确定预测目标，其次是选择预测方法，再次是运用数据进行预测，最后是预测结果评价。这里重点分析预测方法，即定性预测法和定量预测法。

（一）定性预测法

定性预测法也称为直观判断法，是市场预测中经常使用的方法。定性预测主要依靠预测人员所掌握的信息、经验和综合判断能力，预测市场未来的状况和发展趋势。这类预测方法简单易行，特别适用于那些难以获取全面的资料进行统计分析的问题。

定性预测方法又包括：购买者意图调查法、销售人员意见法、专家意见法。

1. 购买者意图调查法

购买者意图调查法就是直接向购买者询问其购买意向和意见，以此判断销售量的方法。

如果购买者有清晰的意图，愿意付诸实施，并能告诉访问者，这种调查就显得特别有价值。这种预测方法一般适用于工业用品和耐用消费品。

2. 销售人员意见法

销售人员意见综合法是通过听取销售人员的意见判断市场需求的方法。首先确定邀请的销售人员数量，其次由他们对未来一定时期内各自负责的区域或项目进行预测，然后由预测人员综合、修正，提出预测结果。

由于销售人员来自市场第一线，熟悉市场和竞争，因此预测有一定的可靠性；让销售人员参与预测，可以增强他们完成任务的信心。但这种方法也有不足：一是销售人员对宏观形势把握不充分；二是预测结果容易受其教育水平的影响；三是受其心理影响（最近推销成功或失败），预测可能过于乐观或过于悲观；四是估计可能保守，目的是为了得到较低的销售定额，以取得较高的提成。因此，对于销售人员的预测要进行综合、修正。

一般在预测时，一个销售人员可以预测三种结果——最高销售量、最低销售量和最可能的销售量；然后对这三个数字加权计算；最后对销售人员的加权值现进行加权计算。见表 5 -5：

表 5 -5　销售人员意见综合法

销售人员	预测项目	销售额（万元）	概率	销售额×概率
张××	最高销售	400	0.2	80
	最低销售	200	0.3	60
	最可能销售	300	0.5	150
	合计	900		290
李××	最高销售	460	0.2	92

续表

销售人员	预测项目	销售额（万元）	概率	销售额×概率
	最低销售	200	0.2	40
	最可能销售	340	0.6	204
	合计	1000		336
王××	最高销售	480	0.2	96
	最低销售	220	0.3	66
	最可能销售	280	0.5	140
	合计	980		302

如果三个销售人员素质相当，权重相同，则：

$$销售预测值 = \frac{290+336+302}{3} = 309.3\ （万元）$$

3. 专家意见法

专家意见法就是邀请相关专家，根据其经验和学识，进行预测的方法。这里的专家既包括大学教授和研究人员，也包括经销商、分销商、供应商、营销顾问等。

专家意见法的具体形式有三种：

一是集体讨论法。召集专家，组成一个专门小组，专家们相互交换意见，互相启发，集思广益，最后形成一个特定的预测量。但集体讨论法会受专家口才、专家权威性等的限制，从而影响预测值。

二是个人预测综合法。即要求专家们分别提出自己的估计，然后由一位专家负责把他们的预测值汇总，形成一个统一的预测值。

三是德尔菲法。德尔菲（Delphi）是古希腊神话中的地名，因城中有阿波罗神殿而有德尔菲神谕之传说。德尔菲法是先由各个专家针对所预测事物的未来发展趋势独立提出自己的估计和假设，经企业分析人员（调查主持者）审查、修改、提出意见，再发回到各位专家手中，这时专家们根据综合的预测结果，参考他人意见修改自己的预测，即开始下一轮估计。如此往复，直到各专家对未来的预测基本一致为止。

德尔菲法优点是：预测过程迅速，成本较低；预测中各种不同的观点都可以表达并加以调和。其缺点是：专家意见未必能反映客观现实；责任较为分散，估计值的权数相同。因此，德尔菲法一般适用于总额的预测，而用于区域、顾客群、产品大类等的预测时，可靠性较差。

（二）定量预测法

定量预测是利用比较完备的历史资料，运用数学模型和计量方法，来预测未来的市场需求。

1. 时间序列法

时间序列是按时间顺序排列的一组数字序列，是一组反映依时间变化的市场营销情况的历史数据。通过数理统计方法，找到一组时间序列发展变化的数量特征，就可以用这种关系预测未来的发展趋势。时间序列法的具体方法有：

（1）简单平均法（算术平均法）。简单平均法，就是以观察期数据之和除以求和时使用的数据个数（资料期数），求得平均数。当市场比较稳定，销售额波动不大时，可用此方法进行预测。其计算公式是：

$$Q_{n+1} = \frac{\sum Q_n}{n}$$

式中，Q_{n+1}为下一期预测值；

Q_n为各期实际值；

n 为期数。

例：2019 年食盐的每月销售量见表 5－6，试用算术平均法预测 2020 年的每月销售量。

表 5－6　　食盐 2019 年的销售额　　单位：千元

月份	1	2	3	4	5	6	7	8	9	10	11	12
销售额	335	321	346	363	329	327	368	350	341	312	327	351

则 2020 年的每月销售量

$$= \frac{335+321+346+363+329+327+368+350+341+312+327+351}{12} = 339.2\text{（千元）}$$

（2）加权平均法。加权平均法，就是在求平均数时，根据观察期各资料重要程度的不同，分别给以不同的权数后加总平均的方法。采用加权平均法求得的平均数包含了长期趋势变动。当历史销售额表现出明显的递增或递减趋势时，可用加权平均法预测，即逐渐加大近期实际值在平均值中的比重。其计算公式是：

$$Q_{n+1} = \sum \alpha_i Q_n$$

式中，Q_{n+1}为下一期预测值；

Q_n为各期实际值；

α_i为权数，权数之和等于 1。

例：某商店 2015～2019 年的销售额（单位为万元）Q_n、权数 α_i资料见表 5－7。试用加权平均法预测 2020 年的销售额。

表 5－7　　某商店 2015～2016 年的销售额及加权值

观察期	销售额 Q_n	权数 α_i
2015	40	1
2016	60	2
2017	55	3
2018	75	4
2019	85	5

则 2020 年销售额 $= \frac{40\times1+60\times2+55\times3+75\times4+85\times5}{1+2+3+4+5} = 70$（万元）

（3）移动平均法。移动平均预测法是时间序列预测法的一种。移动平均法是用一组最近的实际数据值来预测未来一期或几期内产品销售量的一种常用方法。移动平均法适用于即期预测。当产品需求既不快速增长也不快速下降，且不存在季节性因素时，移动平均法能有效地消除预测中的随机波动，这是非常有用的。移动平均法的优点是计算简便、实用性强，缺点是没有考虑相关因素对预测值的影响。

移动平均法根据预测时使用的各元素的权重不同，可以分为简单移动平均法和加权移动平均法。

①简单移动平均法。简单移动平均法是预测将来某一时期的平均预测值的一种方法。该方法是对过去若干历史数据求算术平均数，并把该数据作为以后时期的预测值。

其计算公式是：

$$F_{t+1} = \frac{1}{n}\sum_{i=t-n+1}^{t} x_i$$

式中，F_{t+1}为第 $t+1$ 期的预测数；

n 为计算移动平均值时所使用的历史数据的数目，即移动时间的长度。

移动平均法只适用于短期预测，大多数情况下只用于以月度或周为单位的近期预测。其主要用途是对原始数据进行预处理，以消除数据中的异常因素或除去数据中的周期变动成分。

移动平均法的优点是简单易行，容易掌握。缺点是只在处理水平型历史数据时才有效，这就大大限制了移动平均法的应用范围。

某企业 1 月份的实际销售额为 1 万元，2 月份为 1.2 万元，3 月份为 1.3 万元，则：

$$4\text{ 月份的预测销售额} = \frac{1+1.2+1.3}{3} = 1.167\ (\text{万元})$$

②加权移动平均法。加权移动平均法是根据跨越期内时间数列数据资料重要程度的不同，分别给予不同的权重，再按移动平均法原理，求出移动平均值，并以最后一项的加权移动平均值为基础进行预测的方法。

加权移动平均法的公式如下：

$$Y_{n+1} = \sum_{i-n-k+1}^{n+1} Y_i x_i$$

式中，Y_{n+1}为第 $n+1$ 期加权平均值；

Y_i为第 i 期实际值；

x_i为第 i 期的权数，权数之和为 1；

n 为本期数；

k 为移动跨期。

某企业 1 月份的实际销售额为 1 万元，2 月份为 1.2 万元，3 月份为 1.3 万元，则：

$$4\text{ 月份的预测销售额} = \frac{1\times 1+2\times 1.2+3\times 1.3}{1+2+3} = 1.217\ (\text{万元})$$

加权移动平均法的关键是合理确定权重，而权重的确定是按照“近重远轻”的原则进行的。“近重远轻”，即越接近预测期的数据赋予较大的权数，越远离预测期的数据赋予较小的权数。简单移动平均法在计算平均值时对移动期内的数据同等对待，加权移动平均法弥补了简单移动平均法的这一不足。但加权移动平均法对近期的趋势反应比较敏感，因此不适用于有明显季节性变化因素存在的情形。

（4）指数平滑法。指数平滑法是生产预测中常用的一种方法，也用于中短期经济发展趋势预测，所有预测方法中，指数平滑法是用得最多的一种。简单移动平均法是对时间数列的过去数据一个不漏地全部加以同等利用；加权移动平均法则不考虑较远期的数据，并在加权移动平均法中给予近期资料更大的权重；而指数平滑法则兼容了简单移动平均法和加权移动平均法所长，不舍弃过去的数据，但是仅给予逐渐减弱的影响程度，即随着数据的远离，赋予逐渐收敛为零的权数。

也就是说指数平滑法是在移动平均法基础上发展起来的一种时间序列分析预测法，它是通过计算指数平滑值，配合一定的时间序列预测模型对现象的未来进行预测。其原理是任一期的指数平滑值都是本期实际观察值与前一期指数平滑值的加权平均。其公式是：

$$\overline{Q}_{T+1} = \alpha Q_T + (1-\alpha)\overline{Q}_T$$

式中，$\overline{Q}_{T+1}$为下一期预测值；

Q_T 为 T 期实际销售额；

$\overline{Q}_T$ 为 T 期平滑值；

α 为平滑系数，$0 \leqslant \alpha \geqslant 1$。

因此，预测值总是在本期实际销售额和平滑销售额之间。平滑系数反映了本期实际销售额和平滑销售额对预测值的影响程度。平滑系数越接近于1，本期实际销售额影响越大；平滑系数越接近于0，平滑销售额影响越大。一般 α 取0.3，而平滑销售额的初始值则取最初几期销售额的平均值或第一期的实际销售额。

某企业5月份销售额为2万元，预测5月份销售额为1.5万元，若平滑系数 α 为0.2，则：

6月份的预测销售额 $=0.2 \times 2 + (1-0.2) \times 1.5 = 1.6$（万元）

2. 回归分析法

回归分析法是指运用最小平方法，以直线斜率表示增长趋势的预测方法。公式为：

$$Y = a + bX$$

式中，a 为直线在轴上的截距；

b 为直线的斜率，反映年平均增长率；

Y 为销售预测趋势值；

X 为时间。

根据最小平方法原理，先计算预测趋势值的总和，即：

$$\sum Y = na + b\sum X$$

式中，n 为年份数。

再计算 XY 的总和，即：

$$\sum XY = a\sum X + b\sum X^2$$

为简化计算，将 $\sum X$ 取0。若 n 为奇数，则取 X 的间隔为1，将 $X=0$ 置于资料期的中间一期；若 n 为偶数，则取 X 的间隔为2，将 $X=-1$ 与 $X=1$ 置于资料中央的上下两期。当 $\sum X = 0$ 时，上述二式分别为：

$$\sum Y = na$$

$$\sum XY = b\sum X^2$$

由此推算出 a、b 值为：

$$a = \frac{\sum Y}{b}$$

$$b = \frac{\sum XY}{\sum X^2}$$

所以：

$$Y = \frac{\sum Y}{n} + \frac{X\sum XY}{\sum X^2}$$

例：假设某企业2015—2019年销售额分别为480万元、530万元、540万元、570万元、580万元，运用直线趋势法预测2020年的销售额。

由于 $n=5$ 为奇数，且间隔为1，故 $X=0$ 置于中间一期即2017年，X 的取值依次为 -2、-1、0、1、2，XY 依次为 -960 万元、-530 万元、0、570万元、1160万元，X^2 依次为4、1、0、1、4。见表5－8：

表5－8　　回归分析表

时间	X	X^2	Y	XY
2015	－2	4	480	－960
2016	－1	1	530	－530
2017	0	0	540	0
2018	1	1	570	570
2019	2	4	580	1160
2020	3		612（预测值）	
$\sum$	0	10	2700	240

所以：

$\sum Y = 2700$ 万元

$\sum XY = 240$ 万元

$\sum X^2 = 10$

代入公式，则得：

$Y = 2700/5 + 240/10 \times X = 540 + 24 \times X$

预测2020年的销售额，则 $X=3$，代入上式，得：

$Y = 540 + 24 \times 3 = 612$（万元）

3. 统计需求分析法

统计需求分析就是运用一整套统计学方法发现影响企业销售的最重要的因素以及这些因素影响的相对大小。企业经常分析的因素，主要有价格、收入、人口、气候和促销等。

统计需求分析将销售量 Q 视为一系列独立需求变量 X_1，X_2，……，X_n 的函数，即

$Q = f(X_1, X_2, \cdots\cdots, X_n)$

这些变量同销售量之间的关系一般并不能用严格的数学公式表示出来，而只能用统计分析来揭示和说明，即这些变量同销售量之间的关系是统计相关。

某饮料公司预测各地的销售量，运用统计需求预测分析，发现其需求量受年均温度、人均收入（百元）影响，其表达式：

$$Q = -145.5 + 6.46X_1 - 2.37X_2$$

设某地年平均气温为华氏 54 度，人均收入为 2 400 元（24 百元）。

其饮料需求量 $= -145.5 + 6.46 \times 54 - 2.37 \times 24 = 146.46$

本章小结

信息是营销决策的基本依据。市场营销信息系统就是一个由人员、机器设备和计算机程序组成的连续有序地收集、分析、评估和分配适时的、准确的市场营销信息的系统。它由内部报告系统、营销情报系统、营销调研系统和营销分析系统四部分组成。

市场营销调研是指运用科学的方法系统、客观地辨别、收集、分析和传递有关市场营销活动的各方面信息的活动。市场营销调研一般有确定问题与目标、制订调研计划、收集信息、分析信息、提出调研报告等步骤。调研的方法包括确定调查对象的方法、收集资料的方法和调查表设计方法等。确定调查对象的方法有普查法和抽样方法。收集资料的方法有观察法、实验法和访问法。调查表的设计方法有确定问题的类型、确定问题的措辞和确定问题的顺序等。

市场需求是一个产品在一定的地理区域和一定的时期内，一定的营销环境和一定的营销方案下，特定的顾客群体愿意购买的总数量。它包括市场需求预测、市场潜量预测和企业预测。预测方法有定性预测和定量预测两大类。定性预测方法有购买者意图调查法、销售人员意见综合法和专家意见法。定量预测方法有时间序列法、回归分析法和统计需求分析法。

思考题

1. 什么营销信息系统？包括哪些内容？有何作用？
2. 什么是营销调研？有什么作用？
3. 营销调研有哪些步骤？
4. 什么是观察法、实验法和访问法？它们有哪些重点？
5. 如何设计调查表？
6. 如何理解市场需求的概念？
7. 如何评价销售人员意见预测法？

在线习题　　案例分析

第六章

市场购买行为分析——理解购买者需求

【学习目标】

1. 消费者购买行为模式；
2. 影响消费者行为的文化因素；
3. 影响消费者行为的社会因素；
4. 影响消费者行为的心理因素；
5. 组织市场购买行为分析。

导入案例：

海尔的顾客认知

消费者对于海尔的品牌形象认知集中于精致体面、丰富有趣、智慧简单、健康安全和绿色环保。海尔在以往成熟品牌形象基础上，正在注入新的年轻元素，时尚、简单、智能、创新的认知逐渐有所显现。

尼尔森对互联网时代未来家居生活的诠释，可简单概括为：以绿色环保和健康安全为基础，通过智慧家居，让生活更简单，有趣，更有品质，实现最佳生活体验。

近年来，海尔一直在进行互联网转型，积极布局智能家居，目前已经打造了从用水到食品、洗护、娱乐、空气、安全、健康七大生态圈，每个生态圈都通过创新产品的互通互联为消费者带来健康、简单、智能的生活体验。

例如，海尔 codo 咕咚手持洗衣机，采用三节 7 号电池驱动，能够产生每分钟 700 次频率的拍打，用“挤压洗”的洗涤方式去污，号称可洗掉酒渍、血渍等较小的污渍，避免了为一个小小的污渍就大动干戈洗整件衣服的情况。海尔在其官网公布了这款 codo 咕咚手持洗衣机的预约价格为 299 元，于 2015 年 5 月正式开卖。购买者有七成是男士，他们越来越喜欢简单、快捷、智能高的产品。海尔咕咚手持洗衣机依靠颜值高，小巧便携，操作简单方便，通过多次使用，可以比较容易掌握各种污渍的洗涤技巧，省时又省心，赢得经常出差人士的青睐，成为居家旅行的必备神器。

另外海尔还开展对洗衣机噪音不满意就退货的承诺活动等。海尔意识到互联网时代瞬息万变，现代人生活压力大，情绪更易浮躁，对噪声也更敏感。越来越多的用户白天忙工作，洗衣服等家务活儿只能安排在晚上等休息时间，这就对洗衣机的安静运行提出了更高的要求。海尔静音洗衣机正好迎合了顾客高层次需求。

（资料来源：根据百度文库资料整理）

点评：

互联网时代，唯有以用户需求为基准推动产品创新，才能在竞争中站稳脚跟。既始终将用户需求作为技术创新与产品研发的源动力，把分析顾客的购买心理与行为作为产品创新的起点。海尔咕咚洗衣机正是满足了现代居家旅行人员对方便、快捷、精于心而简于形的要求，才赢得客户好感；其推行的“对噪声不满意就退货”活动，也是针对用户对安静平稳的洗涤需求所作的创新升级，彰显出其以优质产品为基础的品牌自信心。

第一节

消费者市场购买行为分析

一、消费者市场的含义和特点

消费者市场又称最终消费者市场、消费品市场或生活资料市场，是指个人或家庭为满足生活需求而购买或租用商品的市场。它是市场体系的基础，是起决定作用的市场。消费者市场是现代市场营销理论研究的主要对象。成功的市场营销者是那些能够有效地发展对消费者有价值的产品，并运用富有吸引力和说服力的方法将产品有效地呈现给消费者的企业和个人。因而，研究影响消费者购买行为的主要因素及其购买决策过程，对于开展有效的市场营销活动至关重要。

与生产者市场相比，消费者市场具有以下特征：

（1）从交易的商品看，由于它是供人们最终消费的产品，而购买者是个人或家庭，因而它更多地受到消费者个人人为因素诸如文化修养、欣赏习惯、收入水平等方面的影响；产品的花色多样、品种复杂，产品的生命周期短；产品的专业技术性不强，替代品较多，因而商品的价格需求弹性较大，即价格变动对需求量的影响较大。

（2）从交易的规模和方式看，消费品市场购买者众多，市场分散，成交次数频繁，但交易数量零星。因此绝大部分商品都是通过中间商销售产品，以方便消费者购买。

（3）从购买行为看，消费者的购买行为具有很大程度的可诱导性。这是因为消费者在决定采取购买行为时，不像生产者市场的购买决策那样，常常受到生产特征的限制及国家政策和计划的影响，而是具有自发性、感情冲动性；二是消费品市场的购买者大多缺乏相应的商品知识和市场知识，其购买行为属非专业性购买，他们对产品的选择受广告、宣传的影响较大。由于消费者购买行为的可诱导性，生产和经营部门应注意做好商品的宣传广告，指导消费，一方面当好消费者的参谋，另一方面也能有效地引导消费者的购买行为。

（4）从市场动态看，由于消费者的需求复杂，供求矛盾频繁，加之随着城乡交往、地区间的往来日益频繁，旅游事业的发展，国际交往的增多，人口的流动性越来越大，购买力的流动性也随之加强，因此，企业要密切注视市场动态，提供适销对路的产品，同时要注意增设购物网点和在交通枢纽地区创设规模较大的购物中心，以适应流动购买力的需求。

二、互联网时代下的消费行为特征

根据《中国互联网络发展状况统计报告》，截至 2016 年底，中国网民达 7.31 亿，手机网民达 6.95 亿，增长率连续 3 年超过 10%。中国已成为交易额全球最大网络零售市场，网络购物成为了推动中国电子商务市场发展的重要力量。消费者主要表现为如下特征：

1. 集中化与知识化

据调查统计，网络购物的消费者中，15 岁以下年龄占 5.7%，15～35 岁年龄占 65.2%，35～50 岁占 29.1%。消费群体呈年轻化态势。其中，大专以上学历层活跃程度很高，占用户 75%。

2. 透明化与灵活化

由于智能手机行业的迅速发展以及网络环境的愈加完善，消费者对商品的信息掌握更加全面，获取产品信息的渠道更加丰富。消费者通过各类搜索引擎查询更多详细的产品信息。每次购买前，消费者会认真地比较和筛选，最终掌握详实的性价比最优的商品。随着互联网的快速发展，消费者的选择方式，跨越了空间距离，打破了时间界限。改变了购销方式。所有网上商品交易，24 小时销售。电商与消费者不用谋面，弹指之间便可以完成交易。消费更加灵活便利。

3. 冲动性与倾向性

据调查统计，有 75.5% 的消费者有在网上冲动消费的经历。2016 年的“双十一”，创下了史无前例的 1207 亿元的交易额，连续 3 年环比增长超过 30%。疯狂抢购打折的商品多数不是生活必需品，而且还存在先涨价再打折的情况。根据中国互联网络信息中心 CNNIC 的调查显示，消费者最喜欢在网上购买服装饰品和生活用品，远远超过其他商品品类，80% 的网购消费者都在网上购买过这类商品。虽然服装鞋帽的交易价格相比计算机、通信数码产品及配件、家用电器等较低，但是消费者通过网络购买服装鞋帽类商品的平均花费仍处于较高水平。

4. 多元化和自主化

在互联网技术的支持下，商家逐渐将自己的店铺搬到网络屏幕当中，如淘宝在成立之初，其入驻的商家仅有几千家，如今已经达到百万的规模。消费者最大的特点就是需求不同，电商企业面临的是不同层次的消费者，参与电商的企业越多越能够为消费者提供个性化服务，消费者面临的选择也将更加多元化。互联网的发展，为消费者提供了更多更便捷的消费渠道，让消费者在消费的过程中有了更多的选择，从而促使消费者在消费的过程中根据自己的意愿自主选择性购物、自主消费。

三、消费者市场的购买对象

消费者进入市场，其购买对象是多种多样的，但如果以一定的标准进行分类，消费者的购买对象则可以分为不同的类型。

如果按消费者的购买习惯为标准，消费者的购买对象一般分为三类，即便利品、选购品、特殊品。

（1）便利品。又称日用品，是指消费者日常生活所需、需重复购买的商品，诸如粮食、饮料、肥皂、洗衣粉等。消费者在购买这类商品时，一般不愿花很多的时间比较价格和质量，愿意接受其他任何代用品。因此，便利品的生产者，应注意分销的广泛性和经销网点的合理分布，以便消费者能及时就近购买。

（2）选购品。指价格比便利品要贵，消费者购买时愿意花较多时间对许多家商品进行比较之后才决定购买的商品，如服装、家电等。消费者在购买前，对这类商品了解不多，因而在决定购买前总是要对同一类型的产品从价格、款式、质量等方面进行比较。选购品的生产者应将销售网点设在商业网点较多的商业区，并将同类产品销售点相对集中，以便顾客进行比较和选择。

（3）特殊品。指消费者对其有特殊偏好并愿意花较多时间去购买的商品，如电视机、电冰箱、化妆品等。消费者在购买前对这些商品有了一定的认识，偏爱特定的厂牌和商标，不愿接受代用品。为此，企业应注意争创名牌产品，以赢得消费者的青睐，要加强广告宣传，扩大本企业产品的知名度，同时要切实做好售后服务和维修工作。

如按商品的耐用程度和使用频率分类，消费者的购买对象可分为耐用品和非耐用品。

（1）耐用品。指能多次使用、寿命较长的商品，如电视机、电冰箱、音响、计算机等。消费者购买这类商品时，决策较为慎重。生产这类商品的企业，要注重技术创新，提高产品质量，同时要做好售后服务，满足消费者的购后需求。

（2）非耐用品。指使用次数较少、消费者需经常购买的商品，如食品、文化娱乐品等。生产这类产品的企业，除应保证产品质量外，要特别注意销售点的设置，以方便消费者的购买。

四、消费者购买行为模式

营销的目标是使目标顾客的需要和欲望得到满足和满意。所谓“消费者行为研究”是指研究个人、集团和组织究竟是怎样选择、购买、使用和处置商品、服务、创意，以满足他们的需求和欲望。

（一）消费者购买行为的研究模式

早期，营销人员能通过向消费者销售的日常经验来很好地了解消费者。但是，企业和市场规模的扩大，涉及的内容千头万绪，从哪里入手对消费者购买行为进行分析？市场营销学家归纳出6个问题，构成了一个认识问题的框架，见表6-1。

表6-1　购买行为因素

由谁构成（Who）	购买者（Occupants）
购买什么（What）	购买对象（Objects）
为何购买（Why）	购买目标（Objectives）
怎样购买（How）	购买行动（Operations）
何时购买（When）	购买时间（Occasions）
何地购买（Where）	购买地点（Outlets）

1. 谁来购买

此问题可分三个角度来加以分析：第一，谁担任实际的购买（购买者）；第二，谁做出购买的决定；第三，归谁来使用。一般而言，女性担任家庭购买的主要角色，而且也多是女性做出购买决定。随着经济的不断发展，物质生活的日趋丰富，消费者的生活方式也发生相应的变化。特别是类似于超市等自助商店的兴起，以及电脑等技术产品应用家庭化等，使得男性渐渐参与购买的决定和实际的行动。很多家庭耐久消费品或者价格较高的用品，如购买汽车、住房，多由男性或者双方共同做出购买的决定。

同时青少年与儿童对家庭购买的影响也是越来越大，这与父母观念的转变，电视、电脑等现代媒介的渗透有着不可分割的联系。虽然在某些消费中，儿童不是直接的购买者，但是作为最终的使用者的角色，孩子对于家庭的购买决定有着相当的影响力。若干制造商与中间商在拟订产品与广告政策时，已经注意到青少年与儿童的这种影响力。

2. 购买什么

市场上商品和服务的种类日趋丰富，而消费者的消费形态也是越来越复杂，在购买商品和服务时，影响购买决定因素以及是如何做出决定的过程，都是企业营销管理者非常关心的问题。为满足目标顾客的需要和欲望，企业必须首先“认识顾客”，并将之用于开发新产品、提供特色服务以及价格、渠道、沟通和其他营销组合。

3、消费者为什么购买

消费者为什么购买，也就是通常所说的购买动机与行为。所谓动机是行为的内在因素，它是由个人的需要所引发，是达成满足需要的行为动力。因此，动机可以说是行为的原型，行为是动机的传达。而引导人们购买某一商品和选择某一厂牌的动力，称为购买动机。

现代的企业，从商品计划开始，便不断从事推销活动、促销活动、广告及其他市场运营活动。这些活动的目的，都是为了促使消费者购买商品。首先以商品计划而言，产品品质、特性、功用、包装、价格等，必须适合消费者的需要。如能适合消费者的需要，零售商自然乐于向顾客推销，甚至消费者本身也会主动选择该商品。企业为了向销售商推销其产品，一方面对零售商举办经营指导讲座，限一定期间特价供应或给予预售。另一方面，赠送店面广告材料、分发公司刊物，对零售店保证一定利润等措施。这些销售、促销活动，主要是为了使零售店乐于经销其商品，且能主动向顾客推荐而进行的。但广告的目的是为了直接向消费者诉求，说明商品、激起其购买意欲、促使零售店的顾客选购其商品为目的而进行的。广告对于销售商，虽然也有告知商品、使其确信、使其乐于经销以及主动向顾客推荐的效果，但广告的主要目标，仍是针对消费者。

由此观之，各种市场运营活动，不论直接的或间接的，一切都集中在消费者购买商品的目标上。因此，了解消费者动机对企业经营者而言非常重要。有关购买动机的调查研究将有助于企业采用准确的市场营销策略以最大范围地争取消费者。

4. 消费者如何购买

消费者如何购买，关系到商品、服务与价格政策。以价格、服务与品牌的关系为例来看影响消费者的选择，某些消费者特别重视价格，他们购买最便宜的商品而不关心何种品牌；另一种消费者也购买便宜的商品，但是对于品牌追求更倾向于多数人所熟知的；另有一部分消费者愿意付较高的价格，购买他们所希望购得的品牌或服务。

消费者以什么方式购买，关系到企业如何选择分销渠道。现在社会生活节奏较快，多数人生活忙碌，消费者的购买习惯具有普遍趋向，多数消费者宁可付出较高价格，希望各种食物和日用品均有较佳的包装，使购买与使用较为便利。又如近年来消费者喜欢网上购物，电子支付，如果某一家百货商店坚持单一渠道的实体零售、现款交易，没有利用网络电子渠道，必将在这场消费者购买方式革命性的变革中其营业额大受影响。据统计，2017 年网民数 7.51 亿。互联网普及率为 54.3%；手机上网占 96.3%。手机外卖用户 2.74 亿。移动支付用户规模达 5.02 亿，见图 6－1。

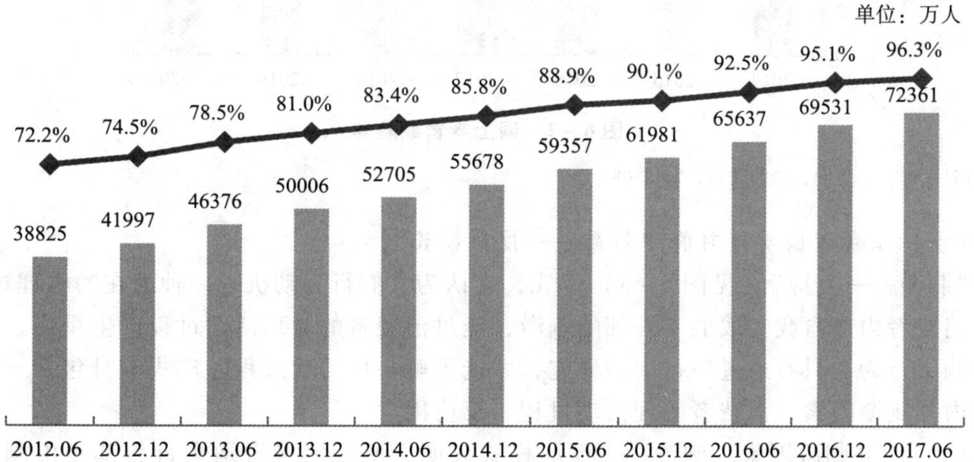

图 6－1　中国手机网民规模及比例

资料来源：中华网，新闻频道，2017.08

5. 消费者何时购买

市场营销主管人员必须了解消费者购买商品时间方面的习惯，譬如季节性、每一星期的第几天购买人数最多或者每天何段时间顾客最为拥挤。如果产品具有季节性存在，如我国的端午节、中秋节与春节，多数消费者喜欢在此三个节日期间购买礼品赠送亲友，尤其各类食品在此期间销路激增，因此食品企业的市场营销主管人员应密切注意此种特征，在适当时间将产品推出市场，而且还要注意产品设计、包装、价格与市场需要数量及各种条件的配合，方能从季节性因素赚取最大利润。

6. 消费者何处购买

研究消费者在何处购买，可从两方面加以分析，即消费者在何处决定购买与消费者在何处实际购买。消费者对于多数的商品与服务在购买前已经在家中做出决定。如购买保险、汽车、家具与家庭电器等。另一方面某种商品则在购买现场始做决定，如一般日用消费品与食物等。一个公司在商品设计与销售计划拟定以前应先了解消费者在何处决定购买的信息，如果是在商店中才做决定，须注意商品的包装与购买现场广告，特别是在顾客自助方式的超市。假如消费者的购买决定是在家中做出的，应借助大众媒介、网络广告来影响消费者。2017 年，我国网上零售额突破 7 万亿元，占社会消费品零售总额的 14.9%，网购用户渗透率达到 64.0%，见图 6－2。

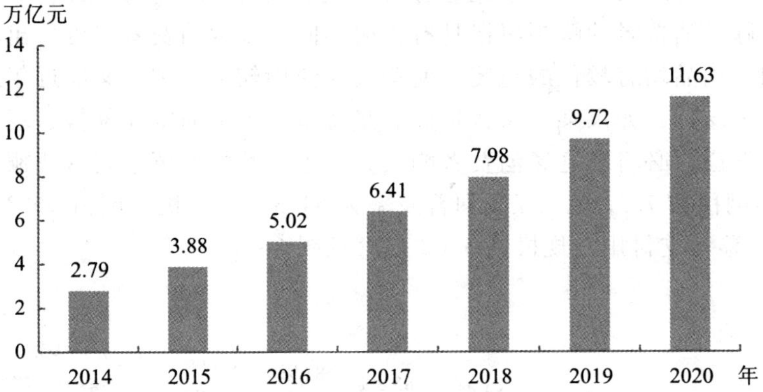

图 6－2　网上零售额趋势

资料来源：中华网，新闻频道，2017.08

（二）消费者购买行为的“刺激——反应模式”

“刺激——反应”（见图 6－3）模式，它认为人们行为动机是一种内在的心理过程，是在消费者内部自我完成的。外部的刺激，经过消费者的心理活动过程产生反应，从而引起购买行为。只有通过对行为的研究，才能了解心理活动过程。模式本身包括三个变量：内外刺激因素、消费者心理活动过程、反应因素。

（1）内外刺激因素。刺激——反应模式表明，所有消费者购买行为都是由刺激引起的，这种刺激既来自消费者内部的生理和心理因素，如生理、心理需要、动机、个性、态度、观念、习惯等，又来自外界环境，如企业的产品、价格、销售方式、广告、服务、社会政治情况、经济情况、科技水平、地理条件、文化因素以及个人的年龄、性别、职业、收入、家庭结构、社会阶层等。

（2）反应因素。指消费者的购买行为。如产品的选择、品牌的选择、经销商的选择、购买时间、地点、方式的选择等。它是一次具体的购买行动并进行评价。

（3）购买者心理活动过程。在刺激与反应之间的是消费者内在的心理活动过程，由于是在消费者内部自我完成的，看不见摸不着，心理学家将其称为“暗箱”或“黑箱”。购买者心理活动过程包括两部分内容：一部分是购买者的特性，包括购买者社会

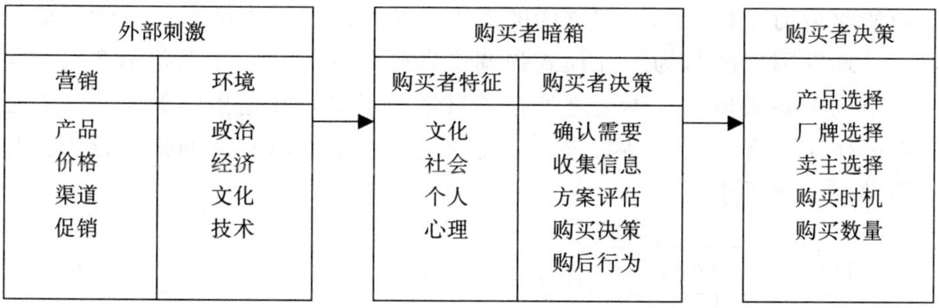

图 6－3　刺激——反应模式

和文化的、个人和心理的特征。不同特征的消费者会对同一刺激产生不同的理解和反应。比如，同一件服装，价格较贵，但款式新颖。追求时尚、潮流，而且经济能力又允许的消费者在进行比较判断后，感觉可以接受，会做出相应的购买行为。但收入水平不高，经济能力不允许的消费者，更注重商品的实用价值，他们经过比较判断后，会放弃购买。这就是不同心理特征的消费者对同一种刺激的不同反应。另一部分是购买者的决策过程，复杂的决策过程会影响购买者的最后选择。

消费者在种种刺激因素作用下，经过复杂的心理活动过程，产生购买动机，在动机的驱使下，做出购买决策，采取购买行动，并进行购买评价，由此完成了一次完整的购买行为。

消费者购买行为的一般模式，是营销部门制定营销计划、扩大商品销售的依据。它能帮助营销部门认真研究和把握购买者的内心世界，认识消费者的购买行为规律，并根据本企业的特点，向消费者进行适宜的刺激，使外在的刺激因素与消费者的内在心理发生整合作用，以便形成购买决策，采取购买行动，实现满足需要，扩大销售的目的。

（三）消费者购买行为的不同学科分析模式

1. 经济学模式

率先建立消费者购买行为理论并提出购买行为模式的是英国经济学家马歇尔。马歇尔模式认为：消费者的购买决策基于理性判断和清醒的经济计算。即每个消费者都根据本人的需求偏好、产品的效用和相对价格来决定其购买行为。认为购买者购买决策的作出是建立在理性、清醒的经济计算的基础上的，购买者追求的是“最大边际效用”。即消费者根据自己获得的市场信息，根据个人的愿望和有限的收入，购买那些能使自己得到最大效用的物品。

马歇尔模式揭示了消费者购买行为的主要决策方式，但它只强调了经济因素，而忽视了消费者个性因素、认识因素、社会因素、文化因素等的影响，无法单独解释各种购买行为的产生和变化，也不能阐明产品和品牌偏好的形成原因、消费者的购买动机差异、商品流行的出现等基本问题，以及为什么有些产品“价格越低，购买者越少，价格越高，购买者反而越多”等特殊现象。

2. 传统心理学模式

传统心理学模式的代表人物是巴甫洛夫，这一模式认为：通过各种各样的强化力量加强诱因——反映的关系。借助强大的驱策力来建立消费者的购买行为，而需求是由驱策力引起的。又称需求的驱策力模式，见图 6－4。驱策力分为原始驱策力和学习驱策力两种。原始驱策力是指人的生理方面的需求，是非理性因素的行为。学习驱策力是心理的需求，是理性因素的行为。此模式强调广告刺激的作用，在无差别产品竞争市场上和战后早期市场上效果显著。不足之处在于只强调了输入和输出的关系，没有强调文化对于消费者的作用，在目前产品数量大于需求的情况下，所有人的购买行为都包含了更高层次的精神和文化需求。

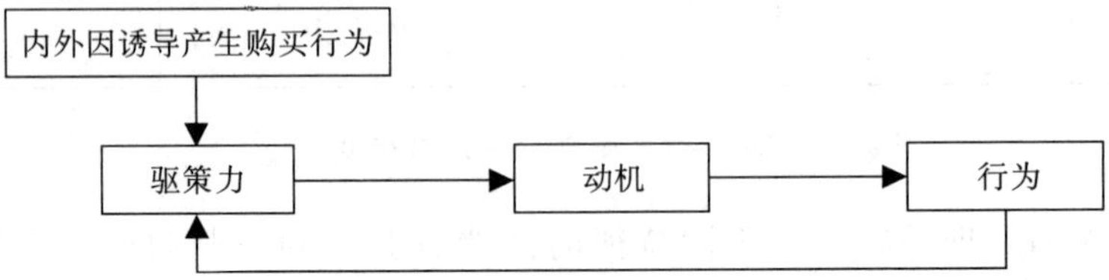

图 6－4 传统心理学模式

3. 社会心理学模式

维布雷宁创立的是一种社会心理模式。维氏认为，人类是一种社会的动物，其需求和购买行为通常要受到社会文化和亚文化的影响，并遵从他所处的相关群体、社会阶层和家庭等特定的行为规范。上述社会因素往往直接形成和改变人们的价值观、道德观、审美观和生活方式，进而在很大程度上决定消费者的购买行为。人们的需求和行为都要受到社会群体的压力和影响，以至于处于同一社会阶层的人们在商品需求、兴趣、爱好、购买方式、购买习惯上有着许多的相似。营销人员的主要任务是确定哪些人对哪些产品最具影响力，以使这些人在最大限度和范围内施展其影响。

维布雷宁模式认为，相关群体主要从三个方面影响消费者购买行为：①影响消费者对某种产品或品牌的态度，使之成为一定的消费观念。②相关群体为消费者规定了相应的消费内容和消费方式。③相关群体潜移默化的作用，可能导致消费者的仿效、攀比，出现消费流行现象。例如 LV 手袋，在流行的浪潮中，大多数消费者的参与往往是一种无意识的行为，而手袋行业的从业者往往会有意识地制造并推动流行的发展，因此现代的流行便在少数人的有意指导下和多数人的无意推动中不断循环发展，由设计师、生产企业、LV 官网零售商、消费者共同创造流行，他们各自在流行浪潮中做出自己的贡献。消费者通过模仿和从众心理推动流行的大众化。

4. 学习模式

巴甫洛夫模式又称为学习模式。这位俄国心理学家认为：和大部分的动物一样，人类的需求行为实质上是一种“条件反射”过程，而购买行为则是一种“刺激——反应”过程。这种“刺激——反应”间的关系可细分为驱策力、诱因、反应和强化 5 个步骤，见图 6－5。

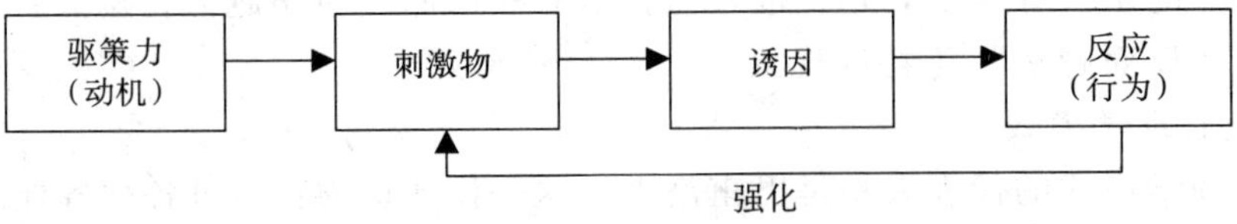

图 6－5 学习模型

（1）驱策力（动机）。是一种诱发购买行为的内部刺激力量。这种内部刺激根据人类不同的基本需要可分为不同种类：产生人类生理需要的饥寒、产生安全需要的恐惧、产生社交和自尊需要的荣誉和地位，等等。

（2）刺激。能够满足或缓解驱策力的某种产品或劳务。如食品、衣服、武器、轿车等。这些商品却能使消费者产生的心理紧张得到满足和消除。

（3）诱因。刺激物具有的能促使消费者做出购买决定的外在刺激，如价格、品牌、包装、广告等。

（4）反应（行为）。消费者为了满足需求而去寻找某种商品和劳务的行为，也就是消费者购买行为。它是需求者对诱因的反作用。

（5）强化。使诱因——反应间的关系得到加强，它和以前需求欲望的满足程度直接相关。如果消费者需求欲望得到高度满足，时间一长，这种反应经常被强化，就会形成消费者重复购买。

根据巴甫洛夫模式，没有驱策力和诱因，就没有购买行为，也就谈不上强化。一定的驱策力，可能有不同的诱因，但相同的购买行为，可以被类似的诱因所诱导。因此，当消费者习惯使用的某种品牌的产品缺货时，他会改用类似的品牌。当驱策力强度非常大时，会促使诱因和购买行为有一般化倾向。比如，消费者欲购的某种品牌的产品缺乏，只剩下较差的产品时，如果需求欲望很强烈，则消费者也会选择较差品牌的产品。和一般化倾向相对应的是区别化倾向。一般化倾向减少诱因和购买行为的差异，而区别化倾向则增加其差异，使同样的驱策力和诱因，导致不同的购买行为。

巴甫洛夫模式认为：广告是一种重要的诱因，重复广告对消费者购买行为的影响不可低估。人们往往受到诱因重复和强化的刺激后，才会产生某种反应行为，即购买行为。若广告只出现一次，是弱诱因，无法将人们的驱策力激发到采取购买行为的必要程度上；若广告重复出现，不仅使消费者难以忘记，而且能够起到强化作用，刺激消费者重复购买某种商品或某种品牌的商品。

五、影响消费者购买行为的主要因素

消费者不可能在真空里作出自己的购买决策，他们的购买决策很大程度上受到文化、社会、个人和心理因素的影响。尽管其中大部分因素是营销人员无法控制的，但是必须充分予以重视。下面，我们要考察每一因素对购买者购买行为的影响。见图6－6。

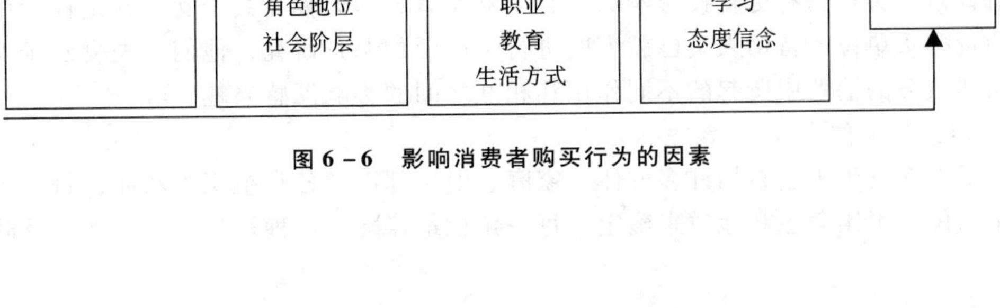

图6－6　影响消费者购买行为的因素

（一）文化因素

文化因素对消费者的行为具有最广泛和最深远的影响。文化因素主要体现在文化和亚文化两大方面。

文化是人类社会在长期的生产和生活实践中建立起来的价值观、道德观、法律等的总和。文化是人类欲望和行为最基本的决定因素，人类行为大部分是学习而来的，在社会中成长的儿童通过其家庭和其他主要机构的社会化过程学到了基本的一套价值、知觉、偏好和行为的整体观念。不同文化有不同的价值观念，当然就有不同的购买行为。世界文化一般由东方文化、西方文化和伊斯兰文化三大主体文化构成。

一个人的购买行为不仅受文化的影响，而且也受亚文化的影响。即每一个文化都包含着能为其成员提供更为具体的认同感和社会化较小的亚文化群体。不同地理区域、不同的民族、不同宗教、不同种族等都有其各自生活方式特征的亚文化。

（二）社会因素

消费者的购买行为同样也受到一系列社会因素的影响，如消费者的参考群体、家庭、社会角色与地位和社会阶层等。

1. 参考群体

一个人的行为受到许多群体的强烈影响。一个人的参考群体是指那些直接（面对面）或间接影响人的看法和行为的群体。凡对一个人有着直接影响的群体称为成员群体，这些都是个人所属并且相互影响的群体。有些是主要群体，它们之间不断相互影响，例如家庭、朋友、邻居和同事，主要群体的影响倾向于非正式的。一个人同时也属于次要群体，次要群体比较倾向于是正式的，相互影响较少，其中包括各种宗教组织、各类专业协会和各种工会。

营销人员必须识别目标顾客的参考群体，特别是参考群体中的“意见带头人”，他们是大众市场顾客的模仿对象。意见带头人分散于社会各阶层，某人在某一产品方面可能是意见带头人，但在其他产品方面也许只是意见的追随者。营销人员应力图通过认识并掌握与意见带头人有关的一些个人的特征，确定他们阅读的新闻媒体，通过向他们传递信息等方式来接触意见带头人。

2. 家庭

家庭是在社会上最重要的消费者购买组织。购买者家庭成员对购买者行为影响很大。在购买者生活中，家庭可区分为两种类型。婚前家庭包括一个人的双亲，每个人都从父母那里得到有关政治、经济、个人抱负、自我价值和爱情等方面的指导。即使购买者与他的双亲之间的相互影响已经不太大了，但双亲购买者无意识的购买行为的影响仍然是重要的；在许多父母和子女共同生活在一起的国家里，如东方国家，父母的影响力是非常大的。

对日常购买行为有更直接影响的是有子女家庭，即夫妻和其子女。它是社会中最重要的消费购买单位。营销人员已就家庭进行了广泛的调查研究，他们对夫妻及子女在各种商品和服务的消费中所起的不同作用和相互之间的影响深感兴趣。

3. 角色与地位

一个人在一生中会参加许多群体、家庭、俱乐部以及各类组织。然而，每个人在各群体中的位置可用角色和地位来确定。每一角色都伴随着一种地位，这一地位反映了社会对他的总评价。企业的CEO这个角色要比中层管理人员角色地位高；同样，企业中层管理人员的地位比一般职员地位高。人们在购买商品时往往结合自己在社会中所处的地位和角色来考虑。企业营销人员必须意识到产品已成为地位标志的潜力。

4. 社会阶层

所谓社会阶层就是在一个社会中，具有相对的同质性和持久性的群体，它们是依据收入、职业、教育程度等按等级排列的，每一阶层成员具有类似的价值观、兴趣爱好和行为方式。

社会阶层有几个特点。第一，同一社会阶层内的人，其行为要比来自不同社会阶层的人的行为更加相似。第二，人们以自己所处的社会阶层来判断各自在社会中占有的高低地位。第三，某人所处的社会阶层并非由一个变量决定，而是受到职业、所得、财富、教育和价值观等多种变量的制约。第四，个人能够在一生中改变自己所处的阶层，既可以向高阶层迈进，也可以跌至低阶层。在诸如服装、家具、娱乐活动和汽车等领域，各社会阶层均显示出不同的产品偏好和品牌偏好。

（三）个人因素

消费者在购买决策中，也受到个人特征的影响，特别是受其年龄所处的生命周期阶段、职业、经济环境、生活方式、个性以及自我观念的影响。

1. 年龄和生命周期阶段

人们在食品、服装、家具、娱乐的喜好与年龄有关。人们在一生中购买的商品和劳务是不断变化的，幼年时吃婴儿食品，发育和成熟时期吃各类食品，晚年对食品的要求将更为特殊。同样，人们对衣服、家具和娱乐的喜好也同年龄有关。

消费还根据家庭生命周期阶段来安排，见表6-2。美国市场研究者对不同生活周期的消费者的消费和购买需求进行研究得出一个结果（从国内的角度出发，虽然文化和生活方式存在很多的差异，但是该研究结果还是有一定的参考性），该研究结果将人的生命周期分成八个阶段，根据不同阶段的收入状况的差异，处在每一阶段上的家庭和个人都有相应的商品消费需求。营销人员应该充分了解处在不同周期的消费者以及家庭的消费实况，这对开发产品、拟定相关的营销计划具有不可估量的意义。

表6-2　　家庭生命周期阶段

家庭生命周期阶段	消费者需求特征
单身阶段	随意支配收入较多。求新、时尚、自我、服装、电子产品、休闲
新婚阶段	双份收入。追求时尚，耐用品
满巢阶段Ⅰ	最年幼的子女不到6岁。理性，婴儿用品
满巢阶段Ⅱ	年轻夫妻，6岁或6岁以上子女。教育支出增加
满巢阶段Ⅲ	年长的夫妇和已自立的子女同住。住房支出增加
空巢阶段	年长的夫妇，无子女同住，户主仍在工作：年老的夫妇，无子女同住，户主已退休。休闲支出、保健支出增加
鳏寡阶段	家庭解体，收入相对减少。医疗、保健、社会服务

2. 职业

社会分工形成不同的职业，一个人的职业也影响其消费模式。如蓝领和白领、工人与农民、公务员与教师等，其消费模式是不同的。

3. 经济环境

经济环境会严重影响一个人的产品选择。经济环境包括：可花费的收入（收入水平、稳定性和花费的时间）；储蓄和个人资产（包括流动资产比例）；借款能力；对花费与储蓄的态度。营销者的任务是合理引导消费者的支出倾向，让环境向有利于企业产品销售的方向发展。

4. 生活方式

生活方式是根据价值观安排的生活模式即如何生活。来自相同的文化、亚文化群、社会阶层，甚至来自相同职业的人们，也可能具有不同的生活方式。一个消费者在不同时期也有着不同的生活方式，了解一个人的生活方式通常用 AIO（activities interests opinions）模式，即购买行为、对何感兴趣、对产品意见等。人的生活方式可划分为：节俭型、奢华型、浪漫型、守旧型、新潮型等。营销者的任务就是要研究他们的产品和品牌与具有不同生活方式的各群体之间的相互关系，努力使企业产品适应不同的生活方式。

小链接：

奢侈品牌的转变：卖产品到卖生活方式

“当我走进一家奢侈品店，你确实可以打开感官感知到奢侈品牌文化的细节内涵，从橱窗到店内陈列布置，还可以享受尊贵的奢侈服务品质。但当我买完之后，走出店铺一瞬间，好像奢侈的感受立刻消失了。”一位金融行业高管这样描述她眼中的奢侈品体验，她说自己最近爱上了新的奢侈体验世界：住一个同名奢侈品牌酒店，“我喜欢 LOUIS VUITTON，住在马尔代夫的 LV 白马庄园酒店，就像梦一样，每一个细节都在流露着百年奢侈品的品位，非常考究。”

与奢侈品门店不同的是，奢侈品牌开设的同名酒店，通过顶尖的设计、融入品牌的个性，可谓造了一个奢侈之梦，住在这样的空间内，让人浸泡在流动、360 度环绕的奢侈生活体验。与其说酒店是奢侈品牌扩张的新产品线，不如说它是另外一张立体的体验广告。

波士顿咨询公司（BCG）一份针对美国奢侈品消费者的调查显示，51% 的奢侈品消费者追求“丰富体验”，大于奢侈品本身。因此，一种新型体验性奢侈正在兴起，人们寻找新的方式，放下手头工作、放慢脚步，学着思考和欣赏。体验奢侈成为奢侈品打造内在生活方式的必然。

（根据网络资源整理，2017. 09）

5. 个性和自我观念

个性是指个人独特的心理特征。通常用自信、自卑，内向、外向，活泼、沉稳，急性、慢性、倔强、顺从等来表述一个人的个性。

自我概念是指自己认为自己是怎样的人。消费者总是购买与自我概念相一致和能改变自我形象的产品。消费者自我概念和产品的象征意义对他人可见性消费品购买决策有重要影响。例如服装作为一种他人可见性的商品往往被认为是穿着者自身的延伸，其本身就具有了某些性格特征。消费者的自我概念告诉了消费者“我是一个什么样的人”，为了使得自己符合对自己的认识，消费者倾向于选择和自身性格相一致的服装。

Coleman 对美国最富有的3%的人进行分析发现：在这3%的人群中，一种是较低调的消费行为，很少显示自己的富有，这样的人群他们往往是具有显赫的家庭背景，继承了大量家庭的财富，这个人群只占美国总人口的1%；而另一种消费行为则是非常奢华，代表人群是社会中非常出色的商业精英或专业人士，他们往往是中产阶级的家庭背景，通过自己的努力获得了巨大的成功，这样的人群占总人口的2%。因此认为，个体在文化和价值观的差异影响了消费者对服装的选购。

（四）心理因素

消费者的购买行为也受到4种主要心理因素的影响，即动机、知觉、学习以及信念和态度。动机是一种需要，它能够及时引导人们去探求满足需要的目标。而知觉取决于物质刺激物的特征，同时还依赖于刺激物与周围环境的关系（形态观念）以及个人所处的状况。人们通过行为和学习，获得自己的信念和态度。而消费者的信念和态度反过来又会影响其购买行为。

1. 动机

动机是由需要而引发的。人的有些需要是由生理状况而引起，诸如饥饿、口渴、不安等。另外一些需要是心理性的。它是由心理状况紧张而引起，例如尊重和归属。其中大部分需要，在一定时间内不会发展以激发人采取行动的那种程度。只有当需要升华到足够的强度水平时，这种需要才会变为动机。动机也是一种需要，它能够及时引导人们去探求满足需要的目标，一旦需要满足之后，紧张感随即消除。

心理学家已经提出了人类动机理论，最流行的有3种：

（1）弗洛伊德动机理论，假定人们行为的真正心理因素大多是无意识（潜意识）。根据弗洛伊德理论，一个人不可能真正懂得其受激励的主要动因。营销者的任务就是做好“动机定位”，每一个产品能唤起消费者的一个独特的动机因素。

（2）马斯洛的动机理论。行为科学的理论之一，由美国心理学家亚伯拉罕·马斯洛于1943年在《人类激励理论》论文中所提出。马斯洛理论把需要分成生理需要、安全需要、社交需要、尊重需要和自我实现需要五类，依次由较低层次到较高层次排列，见图6-7。

五种需要像阶梯一样从低到高，按层次逐级递升，但这样次序不是完全固定的，可以变化，也有例外情况。一般来说，某一层次的需要相对满足了，就会向高一层次发展，追求更高一层次的需要就成为驱使行为的动力。相应的，获得基本满足的需要就不再是一股激励力量。

五种需要可以分为两级，其中生理上的需要、安全上的需要和感情上的需要都属于低一级的需要，这些需要通过外部条件就可以满足；而尊重的需要和自我实现的需要是高级需要，他们是通过内部因素才能满足的，而且一个人对尊重和自我实现的需要是无止境的。同一时期，一个人可能有几种需要，但每一时期总有一种需要占支配地位，对行为起决定作用。任何一种需要都不会因为更高层次需要的发展而消失。各层次的需要相互依赖和重叠，高层次的需要发展后，低层次的需要仍然存在，只是对行为影响的程度大大减小。

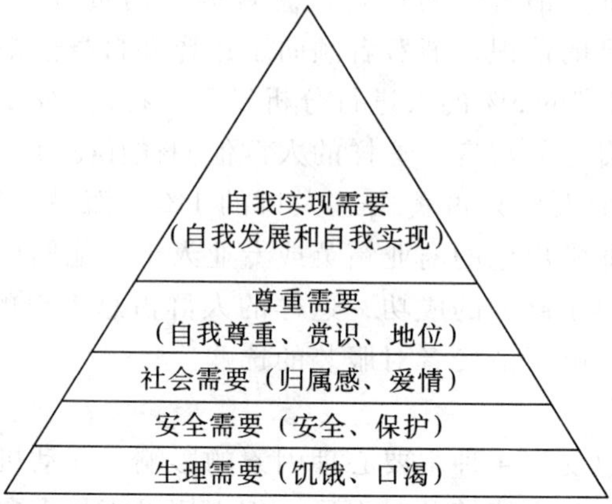

图 6－7　马斯洛需求层次论

马斯洛和其他的行为心理学家都认为，一个国家多数人的需要层次结构，是同这个国家的经济发展水平、科技发展水平、文化和人民受教育的程度直接相关的。在不发达国家，生理需要和安全需要占主导的人数比例较大，而高级需要占主导的人数比例较小；在发达国家，则刚好相反。

营销工作者的任务，就是分析发现顾客所处的需求层次，有针对性地加以刺激和引导，激发顾客需求，满足顾客需要。

（3）赫茨伯格的动机理论。弗雷德里克·赫茨伯格提出了动机双因素理论。这个理论区别了两种不同因素，即不满意因素和满意因素，即所期望的价值和超越期望的价值。

该动机理论有两层含义：第一，销售商应该尽最大努力防止影响购买者的各种不满意因素。如电脑销售商遇到的不满意因素可能是不符合要求的使用训练手册和不好的产品维修服务政策。尽管这些事情对计算机的出售不起促进作用，但会起影响出售的作用。第二，销售商和生产厂商要仔细识别消费者购买产品的各种主要满意因素和激励因素，并对此深加研究。但是，这些因素会随着消费者购买产品不同而发生很大的差异。

2. 知觉

一个被激励的人随时准备行动。然而，他如何行动则受他对情况的知觉程度的影响。知觉人脑对客观事物的整体属性的反映是建立在感觉基础之上的。知觉不但取决于物质刺激物的特征，而且还依赖于刺激物同周围环境的关系，以及个人所处的状况。人们会对同一刺激物产生不同的知觉这是因为人们会经历 3 种知觉过程：选择性注意；选择性扭曲；选择性保留。

（1）选择性注意。人们在日常生活中面对众多刺激，但调研结果表明：人们会更多地注意那些与当前需要有关的刺激物。人们会更多地注意他们期待的刺激物。人们会更多地注意跟刺激物的正常大小相比有较大差别的刺激物。仅以商业性广告刺激物为例，平均每人每天要接触到 1 500 个以上的广告。但人们感兴趣的只有少数几个广告。

（2）选择性扭曲。选择性扭曲就是人们将信息加以扭曲，使之合乎自己意思的倾向。想法、偏见、先入为主等影响都到选择性扭曲。即使是消费者注意的刺激物，也并不一定会与原创者预期的方式相吻合。对于选择性的扭曲，营销人员无能为力。

（3）选择性保留。人们会忘记他们所知道的许多信息，但他们倾向于保留那些能够支持其态度和信念的信息。选择性保留解释了为什么营销人员在传递信息给目标市场的过程中需要选用大量戏剧性手段和重复手段。

3. 学习

人们要行动就得学习。学习是指由于经验而引起的个人行为的改变。学习论者认为，一个人的学习是通过驱动力、刺激物、诱因、反应和强化的相互影响而产生的。消费者学习模型对营销人员来说，可以通过把学习与强烈驱动力联系起来，运用刺激性暗示和提供强化等手段来建立对产品的需求。例如，可口可乐通过在广告里加入中国过年元素，“春联，过年团圆”，提出回家过年怀抱可口可乐的诉求，提醒人们过新年喝可口可乐，建立起人们对可口可乐的需求。

4. 信念和态度

通过实践和学习，人们获得了自己的信念和态度，它们又转过来影响人们的购买行为。

信念是指一个人对某些事物所持有的描述性想法。如人们对冰箱的描述性想法是保鲜、节电。态度是指一个人对某些事物或观念长期持有的好与不好的认识上的评价、情感上的感受和行动倾向。一旦形成对产品好、坏的评价，一般难以改变。

营销者的任务就是在消费者心目中为产品建立起与众不同的、符合消费者欲望的信念，培养顾客对企业的好感，最终成为企业产品的忠诚消费者。

综上所述，影响消费者购买行为的因素很多，同时受到文化、社会、个人和心理因素之间复杂影响和作用的结果，其中很多因素是营销人员所无法改变的。但是，这些因素在识别那些对产品有兴趣的购买者方面颇有用处，它提示营销人员如何开发产品、制定价格、选择地点和促销，以便引发消费者的强烈反应。

六、互联网时代影响消费者行为的因素

1. 商品的价格

据调查显示，95%的消费者在购买商品时把价格放在第一位。无论收入状况如何，价格都是消费者在购买商品时考虑的首要因素。网上购物之所以具有吸引力，在于网络市场能够降低经营销售费用和管理费用，网上销售的商品价格较低。2016 年京东商城公布了“双十一”销售情况，自 11 月 1 日到 11 日，总下单量过亿，交易额同比增长 60%。如此庞大的消费群体正是被各大电商所制定的优惠政策所吸引。

2. 商品的质量

由于电商营销的商品，大部分是由图片所展示，而店家往往会选择一些过度美化的图片来展示商品，与实物不相符的可能性很大。此外，个别商家雇佣网络水军来为自己的商铺和产品打出好评，商铺的评分和商品描述的真实性难以确保。

2016 年，国家质检总局公布了 11 种电商产品质量抽查报告。有 439 家企业生产的 472 批次产品合格，监督抽查合格率 82.7%；存在着实物与网上描述不符的现象。因此，对于电商的商品质量，消费者往往持怀疑态度。

3. 支付渠道的安全性

目前，第三方支付行业在发展中暴露出了很多问题。首先，明确第三方支付平台的法律地位，以法制的形式保障第三方支付行业的责任、权利与义务。第二，加强行业监管，加大惩处力度，保障电商和运输渠道的规范有序，保证消费者资金和商品的安全。第三，充分发挥第三方平台信用中介的作用，保证卖方买方重要信息的私密性，从而约束交易双方的行为，增加网民对网上购物的可信度。

4. 运输的便利性

61%的消费者会因为物流运输的时间而选择在相对较近区域电商进行购物。以当前电商环境模式下的发展最为迅速的 C2C 模式为例。C2C 的经营成本较低，以个人名义来发放物流，更具有灵活性。

5. 商品的个性化

受传统媒体的传播影响，消费者与电商的信息沟通在一定程度上受到阻碍，电商不能直接了解消费者需求，消费者的个性需求不能及时与电商传递。在互联网电商时代，消费者可以通过网络，直接提出具体的个性需求，电商也能够直接通过一系列的管理措施对不同消费者实行个性化的服务，不断完善产品，直到消费者满意。因此消费者往往会感受到更细致的客户体验，购买到更适合自己的产品。

七、消费者购买决策过程

不同消费者的购买决策过程有特殊性，也有一般性，对此加以研究可以更有针对性地开展营销活动，满足需求，扩大销售。消费者是怎样做出购买决策的？购买的整个过程是怎样的？这些问题都是营销人员重点研究目标顾客时最关心的问题。

（一）参与购买的角色

首先描述一下购买中不同角色的参与程度。就许多产品而言，识别购买者是相当容易的。一般来说，烟草制品是男子选择的，化妆品是女子选择的。然而，另一方面，另外一些产品所涉及的决定单位往往由不止一人所组成。以家用汽车的选择为例，也许购买新车的提议出自长子，购买何种类型的汽车来自朋友的推荐，汽车的结构由丈夫提供选择，妻子则对汽车的外表有明确的要求。在妻子的赞同下，也许由丈夫做出购车的最终决定。然而，新车的最终使用者可能是妻子而不是丈夫。因此，区别人们在一项购买决策过程中可能扮演的不同角色是非常重要的课题。消费者消费虽然是以一个家庭为单位，但参与购买决策的通常并非一个家庭的全体成员，许多时候是一个家庭的某个成员或某几个成员，而且由几个家庭成员组成的购买决策层，其各自扮演的角色亦是有区别的。人们在一项购买决策过程中可能充当以下角色：

（1）发起者。发起者是指首先提出或有意想购买某一产品或服务的人。

（2）影响者。影响者是指其看法或建议对最终决策具有一定影响的人。

（3）决策者。决策者是指在是否买、如何买、哪里买等方面购买决策中做出完全或部分最后决定的人。

（4）购买者。购买者是指实际采购人。

（5）使用者。使用者是指实际消费或使用产品或服务的人。

企业管理者和营销人员除需了解影响消费者的各种因素、消费者购买模式之外，还必须弄清楚消费者购买决策，以便采取相应的措施，实现企业的营销目标。了解每一购买者在购买决策中扮演的角色，并针对其角色地位与特性，采取有针对性的营销策略，就能较好地实现营销目标。比如购买一台空调，提出这一要求的是孩子，是否购买由夫妻共同决定，而丈夫对空调的品牌作出决定，这样空调公司就可以对丈夫作更多有关品牌方面的宣传，以引起丈夫对本企业生产的空调的注意和兴趣，至于妻子在空调的造型、色调方面有较大的决定权，公司则可设计一些在造型、色调等方面受妻子喜爱的产品。只有这样在了解了购买决策过程中的参与者的作用及其特点后，公司才能够制定出有效的生产计划和营销计划。

（二）消费者购买行为的类型

消费者在购买商品时，会因商品价格、购买频率的不同，而投入购买的程度不同。西方学者根据购买者在购买过程中参与者的介入程度和品牌间的差异程度，将消费者的购买行为分为 4 种类型。见图 6－8。

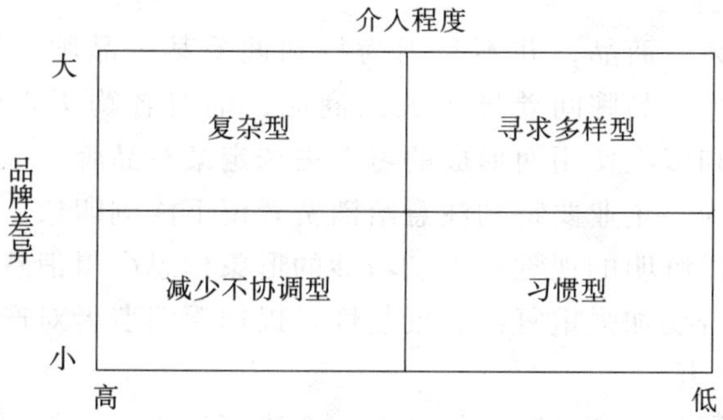

图 6－8　消费者购买行为类型

1. 复杂型购买行为

当消费者初次选购价格昂贵、购买次数较少的、冒风险的和高度自我表现的商品时，则属于高度介入购买。由于对这些产品的性能缺乏了解，为慎重起见，他们往往需要广泛地收集有关信息，并经过认真地学习，产生对这一产品的信念，形成对品牌的态度，并慎重地作出购买决策。

对这种类型的购买行为，企业应设法帮助消费者了解与该产品有关的知识，并设法让他们知道和确信本产品在比较重要的性能方面的特征及优势，使他们树立对本产品的信任感。这期间，企业要特别注意针对购买决定者做介绍本产品特性的多种形式的广告。

2. 减少不协调型购买行为

当消费者高度介入某项产品的购买，但又看不出各厂牌有何差异时，对所购产品往往产生失调感。因为消费者购买一些品牌差异不大的商品时，虽然他们对购买行为持谨慎的态度，但他们的注意力更多地是集中在品牌价格是否优惠、购买时间、地点是否便利，而不是花很多精力去收集不同品牌间的信息并进行比较，而且从产生购买动机到决定购买之间的时间较短。因而这种购买行为容易产生购后的不协调感：即消费者购买某一产品后，或因产品自身的某些方面不称心，或得到了其他产品更好的信息，从而产生不该购买这一产品的后悔心理或心理不平衡。

为了改变这样的心理，追求心理的平衡，消费者广泛地收集各种对已购产品的有利信息，以证明自己购买决定的正确性。为此，企业应通过调整价格和售货网点的选择，并向消费者提供有利的信息，帮助消费者消除不平衡心理，坚定其对所购产品的信心。

3. 多样型购买行为

如果一个消费者购买的商品品牌间差异虽大，但可供选择的品牌很多时，他们并不花太多的时间选择品牌，而且也不专注于某一产品，而是经常变换品种。比如购买饼干，他们上次买的是巧克力夹心，而这次想购买奶油夹心。这种品种的更换并非对上次购买饼干的不满意，而是想换换口味。

面对这种广泛选择的购买行为，当企业处于市场优势地位时，应注意以充足的货源占据货架的有利位置，并通过提醒性的广告促成消费者建立习惯性购买行为；而当企业处于非市场优势地位时，则应以降低产品价格、免费试用、介绍新产品的独特优势等方式，鼓励消费者进行多种品种的选择和新产品的试用。

4. 习惯型购买行为

消费者有时购买某一商品，并不是因为特别偏爱某一品牌，而是出于习惯。比如醋，这是一种价格低廉、品牌间差异不大的商品，消费者购买它时，大多不会关心品牌，而是靠多次购买和多次使用而形成的习惯去选定某一品牌。

针对这种购买行为，企业要特别注意给消费者留下深刻印象，企业的广告要强调本产品的主要特点，要以鲜明的视觉标志、巧妙的形象构思赢得消费者对本企业产品的青睐。为此，企业的广告要加强重复性、反复性，以加深消费者对产品的熟悉程度。

（三）购买决策过程

每一消费者在购买某一商品时，均会有一个决策过程，只是因所购产品类型、购买者类型的不同而使购买决策过程有所区别，但典型的购买决策过程一般包括五个步骤。见图 6－9。

图 6－9　消费者购买决策过程

1. 认识需求

认识需求是消费者购买决策过程的起点。当消费者在现实生活中感觉到或意识到实际与其祈求之间有一定差距、并产生了要解决这一问题的要求时，购买的决策便开始了。消费者的这种需求的产生，既可以是人体内机能的感受所引发的，如因饥饿而引发购买食品、因口渴而引发购买饮料，又可以是由外部条件刺激所诱生的，如看见电视中的西服广告而打算自己买一套、路过水果店看到新鲜的水果而决定购买等。当然，有时候消费者的某种需求可能是内、外原因同时作用的结果。

市场营销人员应注意识别引起消费者某种需要和兴趣的环境，并充分注意到两方面的问题：一是注意了解那些与本企业的产品实际上或潜在的有关联的驱使力；二是消费者对某种产品的需求强度，会随着时间的推移而变动，并且被一些诱因所触发。在此基础上，企业还要善于安排诱因，促使消费者对企业产品产生强烈的需求，并立即采取购买行动。

2. 收集信息

当消费者产生了购买动机之后，便会开始进行与购买动机相关联的活动。如果他所欲购买的物品就在附近，他便会实施购买活动，从而满足需求。但是当所需购买的物品不易购到，或者说需求不能马上得到满足时，他便会把这种需求存入记忆中，并注意收集与需求相关和密切联系的信息，以便进行决策。

消费者信息的来源主要有4个方面：

（1）个人经验来源。消费者从自己亲自接触、使用商品的过程中得到的信息。

（2）相关群体来源。从家庭、亲友、邻居、同事等个人交往中获得信息。

（3）公共来源。消费者从传播媒体、消协、技监局等所获得的信息。

（4）商业来源。这是消费者获取信息的主要来源，其中包括广告、推销人员的介绍、商品包装、产品说明书等提供的信息。这一信息源是企业可以控制的。

上述4种信息来源中，从（1）到（4），信息量越来越大；而可信度是越来越低。

3. 方案评价

当消费者从不同的渠道获取到有关信息后，便对可供选择的品牌进行分析和比较，并对各种品牌的产品作出评价，最后决定购买。

消费者对收集到的信息中的各种产品的评价主要从以下几个方面进行：

（1）分析产品属性。产品属性即产品能够满足消费者需要的特性。消费者一般将某一种产品看成是一系列属性的集合，对一些熟知的产品，他们关心的属性一般是：

照相机：照片清晰度、速度、体积大小、价格。

电脑：信息存储量、图像显示能力、软件适用性。

牙膏：洁齿、防治牙病、香型。

计算机：储存能力、图像显示能力、软件的适用性。

轮胎：安全性、胎面弹性、行驶质量。

手表：准确性、款式、耐用性。

这些都是消费者感兴趣的产品属性，但消费者不一定对产品的所有属性都视为同等重要。市场营销人员应分析本企业产品应具备哪些属性，以及不同类型的消费者分别对哪些属性感兴趣，以便进行市场细分，对不同需求的消费者提供具有不同属性的产品，既满足顾客的需求，又最大限度地减少因生产不必要的属性所造成的资金、劳动力和时间的耗费。

（2）建立属性等级。即消费者对产品有关属性所赋予的不同的重要性权数。消费者被问及如何属性。在非特色属性中，有些可能被消费者遗忘，而一旦被提及，消费者就会认识到它的重要性。市场营销人员应更多地关心属性权重，而不是属性特色。

（3）确定品牌信念。消费者会根据各品牌的属性及各属性的参数，建立起对各个品牌的不同信念，比如确认哪种品牌在哪一属性上占优势，哪一属性相对较差。

（4）形成“理想产品”。消费者的需求只有通过购买才能得以满足，而他们所期望的从产品中得到的满足，是随产品每一种属性的不同而变化的，这种满足程度与产品属性的关系，可用效用函数描述。效用函数，即描述消费者所期望的产品满足感随产品属性的不同而有所变化的函数关系。它与品牌信念的联系是，品牌信念指消费者对某品牌的某一属性已达到何种水平的评价，而效用函数则表明消费者要求该属性达到何种水平他才会接受。每一消费者对不同产品属性的满足程度不同，形成不同的效用函数。比如，某一消费者欲购买一台摄像机的满足，会随着功能的齐全、图像的清晰、操作的方便等而得以实现，但也会因价格的上升而使满足感减少。把效用的各最高点连接起来，便成为消费者最理想的摄像机效用函数。

4. 购买决策

消费者从众多可供选择的品牌中，通过一定的评价方法，对各种品牌进行评价，从而形成对它们的态度和对某种品牌的偏好。在这一评价过程中，大多数的消费者总是将实际产品与自己的理想产品进行比较。也就是说，偏好和购买意图并不总是导致实际购买，尽管二者对购买行为有直接影响。

在对100名声称年内要购买A牌家用电器的消费者进行追踪研究以后发现，只有44名实际购买了该种产品，而真正购买A牌家用电器的消费者只有30名。因此，只让消费者对某一品牌产生好感和购买意向是不够的，真正将购买意向转为购买行动，其间还会受到两个方面的影响。

（1）他人的态度。消费者的购买意图，会因他人的态度而增强或减弱。他人态度对消费意图影响力的强度，取决于他人态度的强弱及他与消费者的关系。一般说来，他人的态度越强、他与消费者的关系越密切，其影响就越大。例如丈夫想买一大屏幕的彩色电视机，而妻子坚决反对，丈夫就极有可能改变或放弃购买意图。

（2）意外的情况。消费者购买意向的形成，总是与预期收入、预期价格和期望从产品中得到的好处等因素密切相关的。但是当他欲采取购买行动时，发生了一些意外的情况，诸如因失业而减少收入，因产品涨价而无力购买，或者有其他更需要购买的东西等等，这一切都将会使他改变或放弃原有的购买意图。

5. 购后行动

产品在被购买之后，就进入了买后阶段，此时，市场营销人员的工作并没有结束。消费者购买商品后，通过自己的使用和他人的评价，会对自己购买的商品产生某种程度的满意或不满意。

购买者对其购买活动的满意感（S）是其产品期望（E）和该产品可觉察性能（P）的函数，即$S=f(E, P)$。若$E=P$，则消费者会满意；若$E>P$，则消费者不满意，若$E<P$，则消费者会非常满意。消费者根据自己从卖主、朋友以及其他来源所获得的信息来形成产品期望。如果卖主夸大其产品的优点，消费者将会感受到不能证实的期望。这种不能证实的期望会导致消费者的不满意感。E与P之间的差距越大，消费者的不满意感也就越强烈。当他们感到十分不满意时，肯定不会再买这种产品，甚至有可能退货、劝阻他人购买这种产品。所以，卖主应使其产品真正体现出其可觉察性能，以便使购买者感到满意。事实上，那些有保留地宣传其产品优点的企业，反倒使消费者产生了高于期望的满意感，并树立起良好的产品形象和企业形象。

消费者对其购买的产品是否满意，将影响到以后的购买行为。如果对产品满意，则在下一次购买中可能继续采购该产品，并向其他人宣传该产品的优点。如果对产品不满意，则会尽量减少不和谐感，因为人的机制存在着一种在自己的意见、知识和价值观之间建立协调性、一致性或和谐性的驱使力。具有不和谐感的消费者可以通过放弃或退货来减少不和谐，也可以通过寻求证实产品价值比其价格高的有关信息来减少不和谐感。

市场营销人员应采取有效措施尽量减少购买者买后不满意的程度，并通过加强售后服务、保持与顾客联系、提供使他们从积极方面认识产品的特性等方式，以增加消费者的满意感。

研究和了解消费者的需要及其购买过程，是市场营销成功的基础。市场营销人员通过了解购买者如何经历引起需要、寻找信息、评价行为、决定购买和买后行为的全过程，就可以获得许多有助于满足消费者需要的有用线索；通过了解购买过程的各种参与者及其对购买行为的影响，就可以为其目标市场设计有效的市场营销计划。

第二节

组织市场购买行为分析

购买产品和服务的不仅有消费者，还有各种社会组织。组织市场的购买者是企业的重要营销对象，企业应当充分了解他们的特点和购买行为。

一、组织市场的类型和特点

（一）组织市场的概念和类型

组织市场是指各种组织机构形成的对企业产品和劳务需求的总和。组织市场包括生产者市场、转卖者市场和政府市场。

1. 生产者市场

生产者是指一切购买产品和服务并将之用于生产其他产品或劳务，以供销售、出租或供应给其他个人和组织。组成生产者市场的主要行业是农业、林业、渔业、采矿业、制造业、建筑业、运输业、通讯业、公共事业、金融业、服务业。

2. 转卖者市场

又叫中间商市场，是指那些通过购买商品和劳务以转售或出租给他人获取利润为目的的个人和组织构成的市场。它包括批发商和零售商。

3. 政府市场

是指那些为执行政府的主要职能而采购或租用商品的各级政府单位。政府通过税收、财政预算掌握了相当部分的国民收入，形成了潜力极大的政府采购市场。

（二）组织市场的特点

从市场需求的角度看，与消费品市场相比，产业市场的需求有两个鲜明的特征。

1. 需求的派生性，即生产资料的需求源于消费资料的需求，消费资料的需求情况决定生产资料的需求状况。

2. 需求的弹性小，即在一定的时期内，需求的品种和数量不会因价格的变动而发生很大变化。从产品角度看，产业市场的产品和服务均是用于制造其他产品或提供服务，是非最终消费产品；而且这些产品技术性强，有不少产品价格昂贵。从购买的角度看，产业市场有几个突出的特征：一是由于产品技术性强，购买者必须具备相关的商品知识和市场知识。二是直接采购。生产资料的采购一般很少经过中间商（标准品除外），而是直接从生产厂商那里购买产品。

3. 购买批量大、购买者少。由于企业的主要设备若干年才买一次，原材料、零配件则根据供货合同定期供应。

二、生产者市场及其购买行为分析

在组织市场中，生产者市场的购买行为有典型意义，它与消费者市场的购买行为有相似性，又有较大差异性，特别是在市场结构与需求、购买单位性质、购买行为类型与购买决策过程等方面。

（一）生产者购买行为的主要类型

企业购买决策过程的复杂性取决于购买类型。生产者购买的类型可分为三种：直接重购、修正重购和新购。

1. 直接重购

这是一种在供应者、购买对象、购买方式都不变的情况下而购买以前曾经购买过的产品的购买类型。这种购买类型所购买的多是低值易耗品，花费的人力较少，无须联合采购。面对这种采购类型，原有的供应者不必重复推销，而应努力使产品的质量和服务保持一定的水平，减少购买者时间，争取稳定的关系。

2. 修正重购

指购买者想改变产品的规格、价格、交货条件等，这需要调整或修订采购方案，包括增加或调整决策人数。对于这样的购买类型，原有的供应者要清醒认识面临的挑战，积极改进产品规格和服务质量，大力提高生产率，降低成本，以保持现有的客户；新的供应者要抓住机遇，积极开拓，争取更多的业务。

3. 新购

指生产者首次购买某种产品或服务。由于是第一次购买，买方对新购产品心中无数，因而在购买决策前，要收集大量的信息，因而，制定决策所花时间也就越长。首次购买的成本越大，风险就越大，参加购买决策人员就越多。“新购”是营销人员的机会，他们要采取措施，影响决策的中心人物；要通过实事求是的广告宣传，使购买者了解本产品。为了达到这一目标，企业应将最优秀的推销人员组成一支庞大的营销队伍，以赢得采购者信任和采取行动。

（二）生产者购买的特点

1. 购买过程的特点

（1）供求谈判时间长。工业品的购买涉及厂房、建筑、能源、机器、设备、交通工具、各种规格型号的原材料、各种辅助设备、标准件等，投入的资金大，有的设备使用时间长，购买者不仅考虑设备的物质寿命，而且要考虑技术寿命和经济寿命，导致谈判协商时间长。

（2）高尖技术设备和定制设备的购买，一般是供需直接见面。因为需要根据购买者提出的技术要求进行设计和制造。

（3）购买次数较少。如设备一次购入，使用多年；原材料、标准件按企业预先制定的经济订购批量和采购次数进行采购或一次合同分批分期交货；生产者客户比消费者客户要少。

(4) 需要提供产品服务。有部分工业产品，如工业锅炉等的购买需要提供技术服务，为购买者提供安装、维修、操作培训等多方面服务，才能激发购买者的购买动机。

(5) 在工业品的质量和供应时间上有一定的要求。工业品的质量直接影响着生产者产品的质量，工业品的质量要符合化学的、物理的性能要求。供应时间是保证生产者进行正常生产经营的条件，既不能推迟，也不能过早。

(6) 生产者购买决策复杂。工业品的购买不是由采购人员一人所能决定的，它通常要根据计划提出的品种、规格、型号、材质、数量和期限购买物资，有关技术要求、货款的支付还要同主管领导、工程技术人员、财会人员和厂长商榷之后才能最后决定。

除此之外还有购买的批量大、金额大等特点。生产者购买比消费者购买要复杂得多，但有其原因。

2. 购买行为的特点

(1) 购买的目的性。生产者购买的目的是为了生产出市场需要的产品。要根据市场的需求量，确定生产量，进而决定所需购买的数量。采购的物资既不能多，也不能少，否则都会影响生产者的经济效益。

(2) 购买的理智性。生产者所购买的工业品必须考虑质量、品种、规格、价格、供货期及售后服务。如果某几种工业品质量与功能相似，生产者会购价格低的产品；在质量上，则需购买符合技术特性要求的生产设备和原材料。生产者的购买是技术性很强的理智性业务活动，涉及由生产者的产品质量而引起的人身安全、假冒伪劣产品等法律问题，不可轻易购买。

(3) 购买的组织性。购买的组织性是指企业内部的组织体系。生产者的购买要根据每个购买组织自己的目标、政策、程序、组织结构及组织系统的要求而进行。营销者应当了解生产者（购买者）企业组织体系结构，了解有多少人参加购买决策，哪些人参加购买决策，购买标准是什么，购买者企业有哪些政策会影响购买行为。

(4) 购买的集团性。一项重大工业品的购买，往往由一个集团来决定，它通常由许多具有不同地位、权力、职能的人组成，如质量管理者、采购申请者、使用者、财务主管、工程技术人员等。他们的购买心理与期望不同，往往会导致决策的矛盾及决策过程复杂化。

(5) 个人动机性。因为参加购买决策的每一个人的年龄、收入、受教育程度、职业、个性及对风险的态度不同，导致每个人的购买动机不同。营销者要善于抓住和引导正确动机，使营销顺利成功。

(6) 购买的环境性。生产者购买时受当时的经济、技术、政治环境及文化、竞争环境的影响，其中最主要的是经济、技术环境，也就是经济、技术前景因素的影响。当今时代，科技飞速发展，产品更新换代常常在3~5年之间，生产者怕购回的工业品是即将换代产品，或是即将降价的处理品。营销者要恰如其分地介绍有关经济技术的前景，便于加速销售。

（三）影响生产者购买决策的主要因素

同消费者购买行为一样，生产者的购买行为也同样会受到各种因素的影响。美国的韦伯斯特和温德将影响生产者购买行为的各种因素概括为四个主要因素：环境因素、组织因素、人际因素和个人因素。

1. 环境因素

在影响生产者购买行为的诸多因素中，经济环境是主要的。生产资料购买者受当前经济状况和预期经济状况的严重影响，当经济不景气，或前景不佳时，生产者就会缩减投资，减少采购，压缩原材料的库存和采购。此外，生产资料购买者也受科技、政治和竞争发展的影响。营销者要密切注视这些环境因素的作用，力争将问题变成机遇。

2. 组织因素

每个企业的采购部门都会有自己的目标、政策、工作程序和组织结构。产业市场营销者应了解并掌握购买者企业内部的采购部门在它的企业里处于什么地位——是一般的参谋部门，还是专业职能部门；它们的购买决策权是集中决定还是分散决定；在决定购买的过程中，哪些参与最后的决策等等。只有对这些问题做到心中有数，才能使自己的营销有的放矢。

3. 人际因素

这是企业内部的人事关系的因素。生产资料购买的决定，是由公司各个部门和各个不同层次的人员组成的“采购中心”做出的。“采购中心”的成员由质量管理者、采购申请者、财务主管者、工程技术人员等组成。这些成员的地位不同、权力有异，说服力有区别，他们之间的关系亦有所不同，而且对生产资料的采购决定所起的作用也不同，因而在购买决定上呈现较纷繁复杂的人际关系。生产资料营销人员必须了解用户购买决策的主要人员、他们的决策方式和评价标准、决策中心成员间相互影响的程度等，以便采取有效的营销措施，获得用户的光临。

4. 个人因素

产业市场的购买行为虽为理性活动，但参加采购决策的仍然是一个一个具体的人，而每个人在作出决定和采取行动时，都不可避免地受其年龄、收入、所受教育、职位和个人特性以及对风险态度的影响。因此，市场营销人员应了解产业市场采购员的个人情况，以便采取“因人而异”的营销措施。

（四）生产者购买决策过程

1. 购买决策的参与者

产业用品供货企业不仅要了解谁在市场上购买和产业市场的特点，而且要了解谁参与产业购买者的购买决策过程，他们在购买决策过程中充当什么角色，起什么作用，也就是说要了解其顾客的采购组织。

各企业采购组织有所不同。小企业只有几个采购人员，大公司有很大的采购部门，由一位副总裁主管。有些公司的采购经理有权决定采购什么规格的产品、由谁供应；有些采购经理只负责把订货单交给供应商。通常，采购经理只对小产业用品有决策权，至于主要设备的采购，采购经理只能按照决策者的意图办事。

在任何一个企业中，除了专职的采购人员之外，还有一些其他人员也参与购买决策过程。所有参与购买决策过程的人员构成采购组织的决策单位，市场营销学称之为采购中心。企业的“采购中心”一般由下列5种人组成：

（1）使用者。即具体使用欲购买的某种产业用品的人员。公司要购买实验室用的电脑，其使用者是实验室的技术人员；要购买打字机，其使用者是办公室的秘书。使用者往往是最初提出购买某种产业用品意见的人，他们在计划购买产品的品种、规格中起着重要作用。

（2）影响者。这是从企业的内部和外部直接或间接影响购买决策的人。他们常协助企业确定产品规格。在众多的影响者中，企业外部的咨询机构和企业内部的技术人员影响最大。

（3）采购者。指企业中具体执行采购决定的人。他们是企业里有组织采购工作正式职权的人员，其主要任务是交易谈判和选择供应者。在较复杂的采购工作中，采购者还包括企业的高层管理人员。

（4）决定者。指企业里有权决定购买产品和供应者的人。在通常的采购中，采购者就是决定者。而在复杂的采购中，决定者通常是公司的主管。

（5）控制者。指控制企业外界信息流向的人，诸如采购代理商、技术人员、秘书等，他们可以阻止供应者的推销人员与使用者和决定者见面。

应该指出的是，并不是所有的企业采购任何产品都必须由上述5种人员参加决策。一个企业的采购中心的规模和参加的人员，会因欲购产品种类的不同和企业自身规模的大小及企业组织结构不同而有所区别。如企业欲购一部传真机和买一部普通电话，前者由于技术性强，价格较高，因而参与决策的人较多，采购中心的规模较大；而后者因其技术性和价格都没有其特殊之处，属普通购买，因此其决策者可能就是采购者，采购中心的人员较少，规模亦较小。在一些企业，采购的中心成员只一人或几人，而另一些企业则由数人或数十人组成，有的企业还设有专管采购的副总裁。

对生产资料供应者的营销人员来说，关键是了解一个企业的采购中心的组成人员，他们各自所具有的相对决定权，以及采购中心的决策方式，以便采取富有针对性的营销措施。供货企业的市场营销人员必须了解谁是主要的决策参与者，以便影响最有影响力的重要人物。对采购中心成员较多的企业，营销人员可以只针对几个主要成员做工作，如果本企业的实力较强，则可采取分层次、分轻重、层层推进、步步深入的营销方针。

2. 生产者购买决策过程

生产资料的购买者和消费资料的购买者一样，也有决策过程，供货企业的最高管理层和市场营销人员还要了解其顾客购买过程的各个阶段的情况，并采取适当措施，以适应顾客在各个阶段的需要，才能成为现实的卖主。产业购买者购买过程的阶段多少，也取决于产业购买者购买情况的复杂程度。在直接重购这种最简单的购买情况下，产业购买者的购买过程的阶段最少；在修正重购情况下，购买过程的阶段多一些；而在新购这种最复杂的情况下，购买过程的阶段最多，要经过八个阶段。

（1）提出需要。提出需求是生产者购买决策过程的起点。需求的提出，既可以是内部的刺激，也可以是外部的刺激引起。如内部的刺激，或因企业决定生产新产品，需要新的设备和原材料；或因存货水平开始下降，需要购进生产资料；或因发现过去采购的原料质量不好，需更换供应者。外部刺激诸如商品广告、营销人员的上门推销等，使采购人员发现了质量更好价格更低的产品，促使他们提出采购需求。

（2）确定需要。指确定所需产品的数量和规格。简单的采购，由采购人员直接决定，而复杂的采购，则须由企业内部的使用者和工程技术人员共同决定。包括：①对设备的确认需求。为生产某新产品，提高某种老产品的质量、产量或降低消耗，经工艺研究需购置某种设备，并已被厂务会批准购置若干台。②对原材料、标准件的确认需求。

根据企业计划产量和定额资料可以确定某种原材料、标准件的需要量，再查阅该物资的库存量，进而确定需购买的数量。

企业的采购组织确定需要以后，要指定专家小组，对所需品种进行价值分析，作出详细的技术说明。价值分析中所说的“价值”，是指某种产品的“功能”与这种产品所耗费的资源（即成本或费用）之间的比例关系，也就是经营效益（或经营效果）。

其公式为：V（价值）$=F/C$

公式中的F（功能）是指产品的用途、效用、作用，也就是产品的使用价值；C为成本或费用。

人们购买某种产品，实际上要购买的是这种产品的功能。价值分析的目的是，耗费最少的资源，生产出或取得最大的功能，提高经营效益。产业购买者在采购工作中要进行价值分析，调查研究本企业要采购的产品是否具备必要的功能。

例如，某家具公司要采购制造沙发用的沙发布，过去这家公司一向用纯棉的沙发布，现在市场上有两种代用品化纤的沙发布和人造革。经过功能分析，发现这三种沙发布的必要功能（包括使用功能和贵重功能）都一样，这家公司就采购价格最便宜的原料；如果这三种原料的功能不一样，但价格一样，就采购功能最大的原料。采购单位的专家小组要对所需品种进行价值分析，并写出文字精练的技术说明，作为采购人员取舍的标准。供货企业的市场营销人员也要运用价值分析技术，向顾客说明其产品有良好的功能。最后，还要把各种原材料的技术特性要求、规格和数量的详尽明细表格，交经主管部门审核后，报主管生产的副厂长和厂务会议研究批准。

（3）说明需要。指由专业技术人员对所需产品的规格、型号、功能等技术指标作具体分析，并作出详细的说明，供采购人员作参考。

（4）物色供应商。为了选购满意的产品，采购人员要通过工商企业名录等途径，物色服务周到、产品质量高、声誉好的供应商。生产者对所需原材料、标准件及外协件的供应者，必须作深入的调查、了解、分析和比较后才能确定。对原材料、标准件供应商，主要从产品的质量、价格、信誉及售后服务方面进行分析、比较。对大批量外协件供应商的了解内容除上述的几个方面外，还必须深入到提供外协件的各企业内部，调查了解该企业的生产技术检验水平及企业管理的能力，经分析、比较后再确定。供货企业应通过广告等方式，努力提高企业在市场上的知名度。

（5）征求建议。对已物色的多个候选供应商，购买者应请他们提交供应建议书，尤其是对价值高、价格贵的产品，还要求他们写出详细的说明，对经过筛选后留下的供应商，要他们提出正式的说明。因此，供应商的营销人员应根据市场情况，写出实事求是而又能别出心裁、打动人心的产品说明，力求全面而形象地表达所推销产品的优点和特性，力争在众多的竞争者中获得成交。

（6）选择供应商。在收到多个供应商的有关资料后，采购者将根据资料选择比较满意的供应商。在选择供应商时，不仅考虑其技术能力，还要考虑其能否及时供货，能否提供必要的服务。其遴选的主要条件是：交货快慢、产品质量、产品价格、企业信誉、产品品种、技术能力和生产设备、服务质量、付款结算方式、财务状况、地理位置。

根据上述条件遴选出数个供应商，企业在最后确定供应商之前，有时还要和供应商面谈，争取更优惠的条件。不少企业最后确定的供应商，不限于一个，其目的在于，一方面有多个供应商，以免受制于人；另一方面，也可以通过几个供应商的竞争，促使他们改进服务质量。当然，企业在确定的几个供应商中，必定有一个为主，其他几个为辅。比如购买者最后确定了三个供应商，便向为主的供应商购买所需产品总量的60%，向为辅的两个供应商分别购买所需产品总量的30%和10%。

（7）发出正式订单。企业的采购中心最后选定供应商以后，第七步是采购经理开订货单给选定的供应商，在订货单上列举技术说明、需要数量、期望交货期等。现在许多企业日趋采用“一揽子合同”，即和某一供应商建立长期的供货关系，这个供应商允许只要购买者需要购买时，供应商就会按原定的价格条件及时供货。这种“一揽子合同”对供求双方都带来了方便。对采购者而言，不但减少了多次购买签约的麻烦和由此增加的费用，也减轻了库存的压力——因为由于这一“合同”，实际上购买者将存货放在了供应商的库里。如果需要进货时，只需用计算机自动打印或电传一份订单给供应商。因此“一揽子合同”又称为“无库存采购计划”。就供应商而论，他的产品有了固定的销路，减轻了竞争的压力。

（8）绩效评价。产品购进后，采购者还会及时向使用者了解其对产品的评价，考查各个供应商的履约情况，并根据了解和考查的结果，决定今后是否继续采购某供应商的产品。为此，供应商在产品销售出去以后，要加强追踪调查和售后服务，以赢得采购者的信任，保持长久的供求关系。同时，对本次购买活动进行总结。有两个方面的内容：一方面对购买的工业品的质量要验证，看是否符合明细表和设计图纸的要求；另一方面对所付出的购买金额和差旅费等进行分析，是突破还是节余，查明原因，以利继续购买或改换供应单位。

三、中间商市场购买行为分析

（一）中间商市场及特点

1. 中间商市场

中间商市场是指为了转卖或租赁给他人从中盈利而购买产品的个人或组织者构成的市场。中间商市场的主体包括批发商和零售商。批发商是指以进一步转卖或加工生产为目的的整批买卖产品和劳务的个人和组织，它不将商品大量卖给最终消费者。零售商是指将产品和劳务直接卖给最终消费者。中间商购买行为是指中间商在寻找、购买、转卖或租赁商品过程中所表现的行为。由于中间商处于流通环节，是制造商与消费者之间的桥梁，因此，企业应把其视为顾客采购代理人，全心全意帮助他们为顾客提供优质服务。

2. 中间商市场特点

中间商市场除了具备产业市场的一些特征之外，又有自己独特的特征。

（1）购买者数目多，供应范围广，网点要多。

（2）属引发性需求，要研究消费者动态。

（3）要求商品组合配套，多样化，商品花色品种要丰富。

（4）从事商品买卖的目的是获取买进与卖出的差价。

（5）时间性强，对时间要求苛刻。由于中间商本身是“转手买卖”，决定他们对选购时间要求苛刻，这是因为产品在消费者市场具有很强的时间性和时尚性，因此中间商在购买、出售商品的时间必须赶在时尚的前沿，否则就会造成大量产品积压。

（6）具有集中、平衡和扩散产品的特点。

（二）中间商购买行为类型

1. 选购新产品

选购新产品是指中间商第一次购买从未经营过的某种产品。其购买过程复杂，与产业市场的产品新购类似。

2. 选择最佳供应商

选择最佳供应商，一是指企业选择货源充裕、价格优惠、提供服务与支持力度大的名牌产品的制造商为自己的供货者；二是指实力雄厚的中间商有自己的品牌，选择愿意为其定牌生产的供应商。现在国内外许多大型的中间商都有自己的品牌。

3. 寻找更好的供货条件

寻找更好的供货条件是指中间商希望寻找到能提供更好供货条件的供应商。如加大折扣、增加服务、信贷优惠、促销支持等。

4. 直接重购

直接重购是指中间商的采购部门按照过去的订货目录和交易条件继续向原有的供应商购买产品。

（三）中间商购买过程的参与者

1. 商品经理

商品经理是商业公司总部的专职采购员，分别负责某类商品的采购工作，通过对商品的审查和甄别向公司采购委员会提出采购或拒购某种商品的建议。商品经理的偏好对决定新供应商的产品是否被购买起到直接的作用。

2. 采购委员会

采购委员会是由公司总部的部门正副经理和商品经理组成，负责审查商品经理提出的新产品采购建议，做出是否购买的决定。采购委员每周召开一次审核会议，它对新产品购买决策起间接作用。

3. 分店经理

分店经理是连锁店下属的各零售店的负责人，决定分店实际购买产品，是掌握最终采购权的人。他掌握分店近70%的产品采购权，是供应商推销员的主要公关对象。

（四）中间商购买决策

1. 选择购买时间和数量决策

2. 选择供应商决策

中间商根据供应商提供的产品销售前景、广告宣传、提供的优惠条件来选择供应商，具有很强的理智性。

3. 选择购买产品的决策

中间商拟供应市场的商品和劳务的组合，决定中间商在市场中的位置。中间商可以从4种产品形式中选择商品。

（1）独家产品。中间商只代理一家制造商的产品。

（2）专深产品。中间商经销多家制造商生产的一个种类而不同质的产品。

（3）广泛产品。中间商在自己经营范围内经销多家制造商多种产品。

（4）混合产品。中间商不受限制、不加选择地经销不同制造商制造的互不关联的产品。

（五）购买条件决策

中间商想获取如价格折扣、广告津贴、信用保证、交货迅速、退货、维修等尽可能多的优厚购买条件。

四、政府市场购买行为分析

政府市场是最大的市场，其购买产品种类繁多，涉及国计民生的各个方面。政府购买力在有的国家占国内生产总值20%左右，它是最大的社会购买力。政府采购的目的是维护国家安全，维护社会公众利益，维持政府组织正常运转。

近几年来，我国政府为了加强对政府采购的管理，提高财政支出的使用效益，促进公开、公平和公正交易，对使用财政性资金采购物资或服务的各级政府机构和社会团体的采购行为进行法律约束和规范，颁布一些政府采购条例，对政府购买行为进行监管。在这种市场环境下，研究政府市场购买行为，有效地满足政府市场需求，扩大企业销售收入具有重要意义。

（一）政府采购基本原则

（1）公开、公平、公正和效益原则。

（2）勤俭节约原则。

（3）计划性原则。

（二）政府采购方式

政府采购方式有公开招标、议价合约选购和日常性采购3种，其中以招标为最主要方式。

1. 招标

招标是指招标人通过媒体公开提出自己的招标条件，邀请投标人书面应征，到规定日期，由招标人召集至少三家符合招标条件的投标人当场开标，选择报价最低并且在其他方面符合招标条件的供应商为中标单位，双方签订合同。采取这种采购方式使政府采购部门处于主动地位，而供应商之间竞争激烈，中标的关键是报价是否最低。

2. 议价合约选购

政府采购部门在某些采购业务计划复杂，风险大，竞争性小的情况下，会采取议价合约选购方式。它是指政府采购部门和一个或几个供应商进行谈判，最后只和其中一个符合条件的供应商签订合同，达成交易。

3. 日常性选购

日常性采购是为了维持政府部门日常办公和组织运行需要而进行的采购，它一般属于直接重购，购买过程简单，如购买办公用品。

（三）政府市场购买过程的参与者

各个国家和各级政府机构都有采购组织，一般分为两大类：

1. 军事部门的购买组织

军事部门主要采购军事装备（武器）和一般军需（生活消费品）。

2. 行政部门的购买组织

行政部门的购买组织是指各级政府机构都设有的采购组织。

各种政府购买方式分为五个基本步骤（见图 6－10），即：确定采购项目，发出采购信息，接受供应信息，评价选择供应者和签订履行合同。所不同的只是在发出信息和接受信息的方式和对象上有所不同。

图 6－10 政府采购的一般程序

（四）影响政府购买行为的主要因素

影响政府购买行为因素除了环境因素、组织因素、人际因素和个人因素影响之外，还受以下因素的影响：

1. 受社会公众的监督

政府采购行为的监督者有：国家权力机关和政治协商会议、行政管理和预算办公室、传播媒体、公众和社会团体组织。

2. 受国内外政治环境影响

如果国家处于战争时期或感到安全受到威胁时，军费开支增大；如果国与国经贸往来增多，援助项目增加，就会扩大政府采购力度；在和平时期，基础建设投资和社会福利投资加大。

3. 受国内外经济形势影响

在经济繁荣期，政府投资加大，政府购买力增强，促进经济发展；在经济萧条时期，政府减少开支，政府购买力减少；政府为刺激经济增长，会增加政府投资，从事基础设施建设。

4. 受科学技术发展的影响

为了紧追世界科学技术发展的步伐，各国政府加大科研投资，加大对国外技术专利购买的资金投入。

5. 受自然因素的影响

自然灾害会增加政府救灾资金和物品的投入。

本章小结

消费者市场又称最终消费者市场、消费品市场或生活资料市场，是指个人或家庭为满足生活需求而购买或租用商品的市场，它是市场体系的基础，是起决定作用的市场。消费者市场受到文化因素、社会因素、个人因素和心理因素的影响。其购买决策过程分为认识需要、收集信息、方案评价、购买决策和购后行为五步骤。

组织市场，也称组织机构市场，是以组织为购买单位的购买者所组成的市场。它分产业市场、中间商市场、非营利组织和政府市场 4 种类型。

产业市场特点是派生需求，购买者少，能获取价格优惠，需求弹性小，专家购买，需求波动大，直接采购，互惠购买。

中间商是指为了转卖或租赁给他人从中盈利而购买产品的个人或组织。中间商市场的主体包括批发商和零售商。

政府市场是最大的市场，其购买产品种类繁多，涉及国计民生的各个方面。其采购方式有公开招标、议价合约选购和日常性采购三种，其中以招标为主要方式。

思考题

1. 消费者市场购买行为有何特征？
2. 消费者购买行为的类型有哪些？在实际中如何运用？
3. 消费者购买行为分析的理论模式有哪些？在现实中如何运用？
4. 影响消费者购买行为的因素有哪些？尤其是如何运用个人因素来分析消费者的购买行为？
5. 分析消费者在购买家庭住房中的购买决策过程。
6. 组织者购买市场同消费者购买市场相比，有哪些主要特征？
7. 组织市场有哪些主要类型？
8. 产业购买决策过程分哪几个阶段？各阶段的营销工作重点是什么？
9. 政府采购概念及主要特点？会有哪些角色参与？政府采购基本原则是什么？
10. 产业采购决策一般会有哪些主要角色所构成？对于购买行为各产生怎样的作用？

在线习题

案例分析

第七章

目标市场营销战略——为目标顾客创造价值

【学习目标】

1. 正确理解市场细分的含义和意义；
2. 理解目标市场的概念及选择类型；
3. 掌握市场定位的概念及方法；
4. 熟悉市场细分的条件、方法和注意事项；
5. 掌握市场细分的标准或依据，目标市场战略及其优缺点。

导入案例：

三全的目标受众

三全董事长陈泽明以15000元起家，从1992年发展到今天，三全公司由创办初期的家族式企业逐渐改制成为现代化股份制企业，其产品市场占有率19.83%，名列全国速冻食品行业榜首。

目前很多厂家，为抢占市场份额，采取低价策略，使整个速冻业陷入价格竞争，导致产品质量良莠不齐，品牌的树立迫在眉睫。

三全通过营销诊断，认为迫在眉睫的就是消费者研究和目标受众分析。

通过市场调查，我们对速冻产品的消费群体进行了详细的了解，对他们的分析，将直接影响到整合营销传播的策略规划：

1.“事业的建立者”——年轻白领阶层，正处于事业起步期，拼命地工作、学习，将自己视为未来企业领袖的“野心家”。

消费者年龄：20~30岁；消费者类别：独立型；生活方式：享乐、自由；个性特征：个性鲜明；学历：中、高等教育；生活习惯：喜欢社交活动；家庭生命周期：独立、单身或刚结婚；人生态度：自信表现。

2. “家庭的建立者”他们肩负家庭的重任，有着丰富的人生经历，随着年龄的增大，已渐渐失去了年轻的冲动，比较安于现状，为了家庭的一日三餐而工作着。

消费者年龄：30～45 岁；消费者类别：实用型；生活方式：实用、实惠、注重实质内容；个性特征：大众化、随主流；学历：中等教育以上；生活习惯：看电视、麻将；家庭生命周期：或同老人生活在一起，有小孩；人生态度：容易满足、安于现状。

通过分析三全目前的产品及品牌定位更适合“家庭的建立者”，相对于“事业的建立者”影响较弱。下一步工作是怎样有效的提升品牌，获得“事业的建立者”的认同，将是整合营销传播的关键，也是三全品牌力提升的重点。

点评：

三全的成功首先取决于其目标市场战略选择的成功。三全运用市场细分理论，在调研的基础上，对我国市场进行了地理细分，发现了“家庭的建立者”这一潜力巨大的市场。公司把家庭市场作为其目标市场，并作了合理定位，而且为其设计了一套营销策略，进入市场后取得了巨大成功。本例典型性地说明了目标市场营销战略的重要性。营销组合策略有策略 4Ps 与战略 4Ps 之分，战略 4Ps 则为企业发展指明了方向，策略 4Ps 则为战略提供成功的基础，二者是相互协作的关系。此例正是由于有了正确的战略 4Ps，并有配套的策略 4Ps，从而一炮打响。

一个企业有优势，也有劣势。因此，一个企业不可能满足所有消费者的所有需要，而且一个人的所有需要也不是一个企业能够满足的。这就需要企业根据自身特点，选择能够体现自身优势的市场作为目标市场，并成功地开展营销活动。这就是目标市场营销。目标市场营销一般分三个主要步骤：市场细分、选择目标市场和市场定位，简称 STP 营销。即通过市场细分，然后选择目标市场，最后企业为产品在目标市场上找到一个合适的位置。这三大内容三位一体，相互联系、不可分割。市场细分是前提和基础，目标市场选择与定位是市场细分理论的深化和继续。没有市场细分的市场选择必然是盲目的，而没有目标市场的选择与定位，细分也就失去了意义。

目标市场营销理论被认为是现代市场营销学的重要战略之一，市场营销组合策略即产品策略、价格策略、渠道策略和促销策略基本上都是建立在目标市场营销战略基础之上的，都是围绕目标市场营销理论展开的。

第一节

市场细分理论

从营销角度讲，市场是由某一产品的现实的或潜在的消费者所构成。但这一消费者群体却是一个非常庞大、非常复杂的群体，必须对这个庞大的市场进行细分，这样，才能找到一个适合企业资源的有效市场。

一、市场细分的概念和作用

（一）市场细分的概念

市场细分是美国市场营销学家温德尔·史密斯（Wendell R· Smith）在20世纪50年代提出的。其产生背景是美国供求关系发生变化，即由“卖方市场”转变为“买方市场”，相应地营销观念由生产导向转向顾客导向的结果。这一概念提出以来日益受到工商企业的重视，已经成为市场营销理论的重要组成部分。

所谓市场细分，就是根据消费者需求和购买行为的差异性，把整体市场划分为若干个子市场的过程。

市场细分就是“求大异存小同”的过程。“大异”就是消费者的需求与购买行为不一样，不一样才有可能进行市场细分。如果消费者的需求和购买行为都一样，就没有必要进行市场细分。“小同”就是细分后的小的子市场，消费者的需求和购买行为基本相同，相同的需求和购买行为才有可能接受相同的产品、价格、渠道和促销策略。

市场细分理论与案例图解：见图7－1和图7－2 。

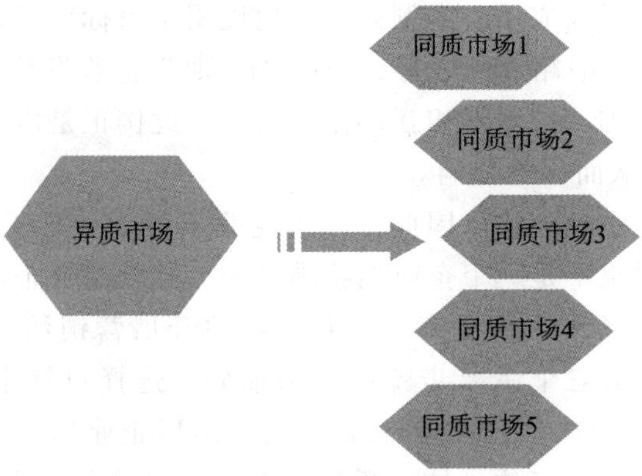

图7－1　市场细分理论图解

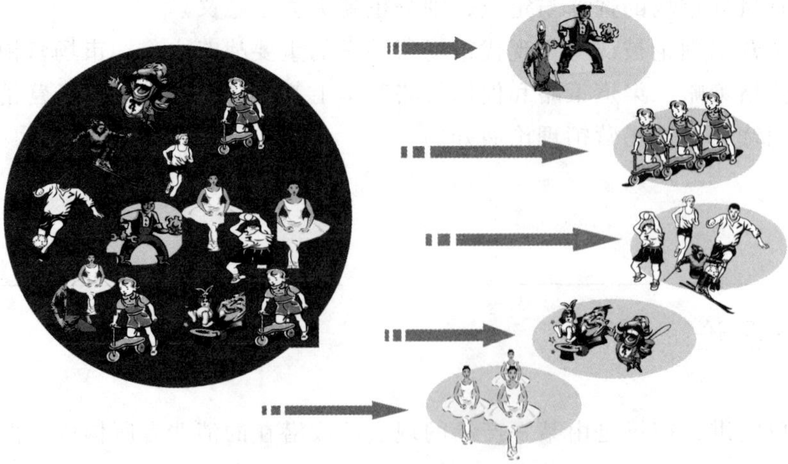

图7－2　市场细分案例图解

小链接：

万科的市场细分

万科将客户按家庭生命周期进行细分，目标客群分为以下几类：年轻家庭、小小太阳、小太阳、后小太阳、空巢家庭以及社会成功人士等。

（1）年轻家庭。基础特征：25～30岁，以经济型客户为主。购房动因：首次置业。

（2）小小太阳。基础特征：25～30岁，以普通职员和一般管理者为主，经济水平有限。通常夫妻中一人工作相对轻松。购房动因：首次置业或改善型。

（3）小太阳。基础特征：35～39岁，以中层管理和个体私营业主为主。通常夫妻中一人工作相对轻松。购房动因：改善型。

（4）后小太阳。基础特征：40～45岁，以企业中层管理者和个体私营业主为主。通常家庭生活工作压力比较大。购房动因：改善型。

（5）空巢家庭。基础特征：45岁以上，以经济型客户为主。购房动因：安度晚年。

（6）成功人士。基础特征：满足心理需求。

（资料来源：万科的市场细分手册）

（二）市场细分的作用

市场细分被理论界和企业界誉为具有创造性的新概念，几乎在所有成功组织的营销策略中都起到了关键的作用，它有着广泛的应用价值。

1. 市场细分有利于更为深刻地认识市场

如果没有市场细分，那么整个市场就是一个庞大的、杂乱无章的市场。这个市场既有共性，也有个性。在卖方市场形势下，共性占主导，不进行市场细分，企业照样可以生存和发展。但在买方市场形势下，则是个性占主导，需求差异非常大，如果不进行市场细分，企业将难以满足消费者的需要，失去市场。没有了市场，企业将无法立足。

2. 市场细分有利于企业发现市场机会，并选择目标市场

市场细分把庞大的、杂乱无章的市场分成一个一个小的子市场之后，我们就可以清晰地看到每一个子市场的差别。了解哪些子市场需要已得到满足，哪些子市场满足程度还比较低，哪些子市场还是一个空白市场。满足程度低的市场和空白市场则是很好的市场机会。抓住市场机会并成功占领市场，就可以提高企业营销活动的成功率，就可以使企业迈入新台阶。错过市场机会，企业将可能被市场无情地淘汰。比如日本汽车企业在20世纪70年代最早生产物美价廉的汽车，就是他们通过市场细分找到了被欧美企业忽视的空白市场而抢得先机的。日本企业首先把汽车市场依据用途分为客车市场和货车市场；客车市场则依据规格细分是大客车、中巴车和小轿车；而小轿车则是依据档次又细分为豪华型和廉价型。豪华汽车市场是欧美汽车公司的天下，廉价型小轿车在当时则是一片空白。于是，日本汽车公司获得成功。

3. 市场细分有利于企业针对性的制定市场营销组合策略

众所周知，目标市场营销在很大程度上影响到营销组合策略的制定，或者说营销组

合都是围绕目标市场展开的。不同的目标市场，其需求与购买行为是不同的，对营销组合反映也是不同的。因此，市场细分之后，我们就可清晰地了解每一个市场的需求和购买行为，并为每一个细分市场制定相应的营销组合策略。只有营销组合策略与目标市场的需要相吻合，才能引起消费者的共鸣，才能成功占领市场。柯达的傻瓜相机成功地推入市场就是成功地进行市场细分的结果。柯达公司通过调研了解到，在相机市场上，市场需求非常可观，但因为相机价格高和难易操控，使许多个人和家庭对相机望而却步。于是他们就生产了人人都会使用的、物美价廉的相机，并在全球28多个国家，建立了40多条分销系统进行全面促销，结果大获成功。

4. 市场细分对中小企业生存与发展有重要意义

市场细分对所有企业都很重要，但对中小企业尤为重要。中小企业一般资源有限，实力不强，很难与大企业相抗衡。市场细分，不但可以发现市场，还可以辨别竞争者。市场细分之后，可以使中小企业清晰地发现哪个子市场存在竞争者，哪个子市场无竞争者，哪个子市场竞争激烈，哪个子市场竞争不太激烈。这样企业就可以根据自身实力，合理地选择自己的目标市场和竞争战略，从而使企业立于不败之地。正因为如此，市场细分成为中小企业生存和发展的具有重要意义的一种经营思路。

二、市场细分的依据（标准）

（一）消费者市场细分的依据

市场细分面临的首要问题是市场细分变量的选取。市场细分变量是指那些反映需求内在差异，同时能用作市场细分化依据的可变因素。从消费者市场来看，影响需要倾向的因素归纳起来主要有地理因素、人口因素、心理因素、行为因素。

小链接：

淘宝的市场细分

从人口统计学方面，淘宝将市场进行如下细分：

性别	生命周期	收入	心理及偏好	商品
男	年轻、单身	低	廉价、促销、实用的商品	游戏点卡、电话卡、廉价衣物
		中	实用、中低端品牌、注重流行	数码产品、品牌衣物
		高	个性、奢侈产品	高端数码、奢侈品
	年轻、已婚、无孩子	低	廉价、促销、实用的商品	游戏点卡、电话卡、廉价衣物
		中	实用、注重时尚、流行	流行服饰、数码产品
		高	个性产品	高端品牌服饰、高档产品
	年长、已婚、有孩子	低	廉价、促销、实用的商品	家居饰品、廉价服饰
		中	实用、中低端品牌	流行服饰、数码产品、家居饰品
		高	个性、奢侈产品	高档服饰、家具

续表

性别	生命周期	收入	心理及偏好	商品
女	年轻、单身	低	关注价格产品款式缺乏品牌忠诚度	高仿产品，不关注品牌，购买物美价廉的商品
		中	比较注重品牌，产品效果	中低端化妆品、饰品、终端品牌产品
		高	品牌忠诚度较高，注重个性化产品	品牌服饰、高档化妆品
	已婚、无孩子	低	廉价、实用产品	家居饰品、廉价服饰
		中	实用、家居产品	男装、家具
		高	个性产品	家具、高档男装
	已婚、有孩子	低	儿童用品、实用产品	奶粉、尿布、儿童服饰、化妆品
		中	实用产品	化妆品、家居产品
		高	个性、奢侈产品	高档服饰、家具

购物也是有一定的场合的，场合不同，消费者的购买行为也会存在很大的差异。所以淘宝对场合进行了细分，如：秒杀、周末购物、礼物等。淘宝的地理细分也很关键，主要针对的是国内的市场，所以地理细分也主要是从地区、城市方面来进行的。如在首页的资讯栏中，有一个学生的模块细分，在这里面，淘宝按店铺的所在地理位置进行了分类，对于一个消费者来说，在购物的时候店铺所在的位置也会成为他们购物时考虑的因素之一，毕竟现在的物流，在地理方面还是存在一定的局限性。当然，在淘宝上我们仍然可以买到国外的产品，在全球购这一模块中，我们可以看到上面有不同国家品牌的商品，包括美国、法国、日本、还有很多其他国家或地区的商品，让消费者在淘宝上也能体验到异国的风情。

（资料来源：根据百度文库资料整理）

1. 地理细分

根据消费者所处的地理位置、自然环境等地理因素来细分市场称为“地理细分”。地理因素是反映消费者生活地区特点的变量。地理细分变量通常包括地理区域、城市规模、人口密度、气候等。由于不同地区在自然条件、气候、文化传统和消费水平等方面的差别，使不同地区消费者的需求、习惯和偏好存在较大差异，他们对企业所采取的市场营销组合策略可能会有不同的反应。所以，反映消费者地理特征的有关因素，可作为市场细分的重要变量。地理变量是最稳定、最易界定、最易衡量和运用的细分变量。但地理变量并非企业唯一的细分变量。在同一地理环境里的消费者常常也会有不同的需求和消费行为。因此，企业还必须考虑其他的细分因素。

2. 人口细分

人口细分是根据人口统计因素来细分市场。人口因素是反映消费者个人的基本特点的变量。它包括消费者的年龄、性别、收入、职业、受教育程度、家庭规模、家庭生命周期、宗教信仰、民族、种族、国籍、社会阶层等。人口变量是区分消费者群体最常用的基础，原因之一是消费者的需求、偏好和使用率经常与人口变量有密切的联系，并且人口变量比大部分其他类型的变量更容易衡量。因此，人口变量是非常重要的消费者市场细分变量。

3. 心理细分

根据消费者心理变量细分市场称为“心理细分”。消费者心理变量包括消费者的生活方式和个性等变量。这类变量经常的影响着、决定着消费者的需求，使人文因素相同的消费群体，往往展示出明显的需求差异。所以，它们可作为市场细分的依据。

（1）生活方式。生活方式是指个体在成长过程中，在与社会诸要素相互作用下，表现出来的活动兴趣和态度模式。消费者的消费行为与其生活方式有着非常密切的关系。来自不同文化、社会阶层、职业的人有不同的生活方式。生活方式影响着人们对各种产品的兴趣和态度，人们的消费行为体现出他们的生活方式。

（2）个性。消费者的个性对其需求和购买动机有较大的影响。虽然人们的个性千差万别，但也可以找出共性，将其归类。有的企业使用个性因素来细分市场，设计出产品的品牌个性，以吸引那些相应个性的消费者。

4. 行为细分

根据消费者不同的消费行为细分市场称为“行为细分”。行为细分的变量反映消费者购买行为特点的变量。它包括消费者购买时机与使用时机、利益、使用状况、使用率、对品牌的忠诚程度、购买阶段、对产品的态度等。

在现代市场营销实践中，许多企业往往通过购买时机与使用时机细分市场。对于某些产品或来说，在不同的时间，消费者的需求特点和需求量是不同的。消费者购买商品时所追求的利益往往有所不同。根据消费者使用状况情况，可将某种产品的整体市场分为经常购买者、初次购买者、潜在购买者等不同细分市场。不同的企业会对不同使用状况的消费者感兴趣。例如，市场占有率高的企业，常常对潜在使用者特别关注，而小企业则只能尽力吸引经常使用者。根据消费者使用频率，可将某种产品的整体市场细分为大量使用者、中量使用者、少量使用者、非使用者等细分市场。根据美国某啤酒公司的调查，在某一区域中，不喝啤酒者占 68%，而喝啤酒者占 32%，其中有一半人是少量饮用者，其消费量占总消费量的 12%；另一半是大量饮用者，其消费量占总消费量的 88%。因此，许多企业将大量使用者作为自己的目标顾客。企业可根据消费者对品牌的忠诚程度来细分市场。根据消费者的忠诚程度，可将某种产品的消费者分为铁杆品牌忠诚者、多种品牌的忠诚者、转移品牌的忠诚者、经常转换者、非忠诚者等。其中，坚定忠诚者始终只购买一种品牌的产品。多种品牌忠诚者则是同时忠于两三个品牌。转移型的忠诚者是从偏爱一种品牌转换为偏爱另一种品牌的消费者。经常转换者是指不忠实于任何品牌的消费者。对于每一种产品来说，都可能同时存在对产品不了解、对产品有所了解、对产品感兴趣、想要购买、打算购买的各种各样的消费者。这些消费者处在购买过程中的不同阶段。消费者对企业产品的态度有 5 种：热爱、肯定、无差别、否定和敌对。企业必须针对不同态度的消费者，分别制定不同的营销策略，以巩固持热爱和喜欢态度的消费者，争取持无差别态度的消费者。

（二）产业市场细分依据

有些细分消费者市场的变量可以用来细分生产者市场，如地理因素、追求的利益、使用者状况等因素。但除这些变量之外，还需要使用某些特殊变量。博纳玛（Bonoma）

表 7-1　　消费者市场细分的常用变量及分界

变量		典型分类
地理因素	地区	东部、中部、西部、华北、东南等
	城市人口规模	10 万人以下、10 万～30 万人、30 万～80 万人、80 万～150 万人、150 万～300 万人、300 万～500 万人、500 万人以上
	气候	热带、亚热带、温带、寒带；春、夏、秋、冬
	人口密度	都市，郊区，农村
人口因素	年龄	6 岁以下、7～18 岁、19～45 岁、46～60 岁、60 岁以上
	性别	男、女
	家庭规模	1～2 人、3～4 人、5～7 人、7 人以上
	家庭生命周期	青年单身；青年已婚，无子女；中青年，已婚有 6 岁以下子女；中青年已婚，最小子女 6 岁以上；中年已婚，与子女同住；老年已婚，子女已独立；鳏寡
	家庭月收入	少于 1000 元、1001～2000 元、2001～4000 元、4001～6000 元、6001～8000 元、8001～10000 元、10000 元以上
	职业	技术人员，经理，官员，老板，推销员，农民等
	教育	文盲、小学、中学、中专、高中、专科、本科、硕士、博士
	宗教	佛教、道教、基督教、伊斯兰教等
	国别	中国、美国、法国、英国、澳大利亚等
	社会阶层	上层、中层、下层
心理因素	生活方式	简朴型、时髦型
	个性	冲动型、进攻型、情感型、自负型、被动型等
行为因素	使用时机	普通时机，特殊时机
	追求利益	便利、经济、服务、质量等
	购买使用状况	首次使用、经常使用、从未使用过等
	使用率	不使用、少量使用、中量使用、大量使用
	忠诚度	铁杆品牌忠诚者、多种品牌忠诚者、变换品牌忠诚者、非忠诚者
	态度	热爱、肯定、无差别、否定和敌对

（资料来源：《营销管理》（第十一版），菲利普·科特勒著，梅清豪译，上海人民出版社，有删改）

和夏皮罗（Shapiro）提出了产业市场分类的细分变量表（见表 7-2）。他们还指出人文变量是最重要的，其次是经营变量——直至用户的个人特征。同时，由于产业市场有其不同的特点，所以产业市场细分标准同消费品市场细分标准不完全一致。其中常用的变量有：

1. 产品的最终用途

不同的用户对同一工业品的规格、性能、质量、品种、价格等方面往往有不同的要求。例如，对于轮胎制造商而言，用于飞机的轮胎与用于汽车的轮胎、拖拉机轮胎、自行车轮胎、童车轮胎等，质量标准要高得多。同样是半导体，军事用户特别重视产品质量，要求绝对可靠，而价格不是主要因素；工业用户则重视半导体的质量和售后服务；对于商业用户来讲，则特别注意价格。依据产品的最终用途来细分市场，便于企业制定相应的营销策略，开展营销活动。

2. 用户规模

用户规模也是产业市场细分的重要标准。许多生产企业以用户的规模为标准，把客户分为大量用户、中量用户和小量用户。大量用户数量虽少，但购买力很大；小量用户则相反，户数甚多，但购买力不大。大量用户对产品质量、供货期以及运输方式等一般要求比较苛刻，供货厂家竞争也比较激烈，但是，一旦达成购货协议，就具有相对的稳定性。小量用户采购的批量较小，购销关系不稳定。企业通过市场细分，掌握不同规模用户的特点，采取不同的经营方式。对大量用户一般直接供货，并在价格上予以一定优惠；对小量用户则通过中间商渠道供货，以保证一定的市场覆盖面。

3. 用户的地理位置

由于用户地理位置对于货物运输关系很大，所以这也是市场细分的标准之一。对于用户较为集中的地区，企业可以采取直接销售方式，降低销售成本。对于较为分散的用户则可充分利用中间商网络进行分销。

表 7－2　　产业市场的主要细分变量

人文变量	1. 行业：我们应把重点放在购买这种产品的哪些行业？
	2. 公司规模：我们应把重点放在多大规模的公司？
	3. 地址：我们应把重点放在哪些地区？
经营变量	4. 技术：我们应重点关注哪些顾客重视的技术？
	5. 使用者/非使用者情况：我们应把重点放在大量、中度、少量使用者，还是非使用者？
	6. 顾客能力：我们应把重点放在需要很多服务的顾客，还是只需要很少服务的顾客？
采购方法	7. 采购职能组织：我们应把重点放在采购组织高度集中的公司，还是采购组织高度分散的公司？
	8. 权力结构：我们应把重点放在工程主导的公司，还是财务主导的公司？
	9. 现有关系的性质：我们应把重点放在现在与我们有牢固关系的公司，还是追求最理想的公司？
	10. 总采购政策：我们应把重点放在乐于采用租赁、服务合同、系统采购的公司，还是秘密投标等贸易方式的公司？
	11. 购买标准：我们应把重点放在追求质量的公司、重视服务的公司，还是注重价格的公司？
情景变量	12. 紧急：我们是否应把重点放在那些要求迅速和突然交货或提供服务的公司？
	13. 特别用途：我们是否应把重点放在那些其人员与价值观与本公司相似的公司？
	14. 订货量：我们应把重点放在大宗订货，还是少量订货？
个性特征	15. 购销双方的相似点：我们是否应把重点放在那些其人员与价值观与本公司相似的公司？
	16. 对待风险的态度：我们应把重点放在敢于冒风险的顾客，还是避免冒风险的顾客？
	17. 忠诚度：我们是否应把重点放在那些对供应商非常忠诚的公司？

三、市场细分的原则

从市场细分的实践来看，并非所有的细分市场都有价值。选择市场细分的标准并不是纯粹凭直觉的“艺术”，科学、合理的市场细分必须遵循以下 4 个基本原则。

（一）差异性

经过细分以后各个子市场之间消费者需求的差异应该尽可能大，而同一子市场内部的消费者需求的差异应该尽可能小，即不同子市场之间的需求具有差异性，而同一子市场的需求具有共性。从市场细分的定义可以看出，差异性事实上是市场细分的理论及运作基础。

（二）可衡量性

可衡量性是指表明该细分市场特征的有关数据资料能够加以衡量和推算。例如在空调市场上，在看重产品质量的情况下，多少人更注重价格，多少人更重视外观设计，多少人更重视耗电量，或兼顾几个方面。决定市场特征的因素相当复杂，其中许多因素是不可衡量的（或度量数据不可得的），而我们所选择的作为细分市场的标准因素则应该是可以衡量的。

（三）可进入性

细分后的各个子市场应该是环境条件允许企业进入、企业的营销努力能达到的，否则该子市场就无意义。如某市某一小速递公司发现了市内邮件速递这一细分市场，但由于其资源限制及目前我国邮政管理制度的限制，这些市场对其来言就不是易于接近的。

（四）可盈利性

也称为经济性，是指细分后的子市场的规模必须足够大，同时具有开发的潜力，值得企业付出一定的营销努力。

四、市场细分的方法

市场细分的标准很多，而且各种标准相互影响、相互作用，市场细分往往需要根据产品整体市场的特点，综合各种标准来细分市场。企业应该根据企业的具体情况决定选择一个变量还是选择多个变量，选择哪些变量。

（一）单一因素细分法（水平细分）

单一因素细分指企业仅依据影响需求和购买行为的某一个变量或因素对一产品的整体市场进行细分的方法叫单一变量法。比如我们将人口市场仅按性别分为男性消费者市场和女性消费者市场；或仅按年龄分为；或把中国市场仅按地区分为东北市场、华北市场、西北市场、西南市场、中南市场和华东市场等等。

（二）双因素细分法（交叉细分）

双因素细分指企业按两个影响市场需求和购买行为的因素进行市场细分。比如人口市场细分，我们可以把年龄与收入结合起来进行细分，这样就分成了15个市场。见表7－3。

表7－3　　双因素市场细分

	老年人市场	中年人市场	青年人市场	儿童市场	婴幼儿市场
高收入					
中收入					
低收入					

（三）多因素细分法

企业依据影响需求倾向的3个或3个以上的变量或因素对一产品的整体市场进行细

分的方法叫多因素细分法。

1. 立体细分法

立体细分就是运用三个因素对市场进行细分，见图 7－3。

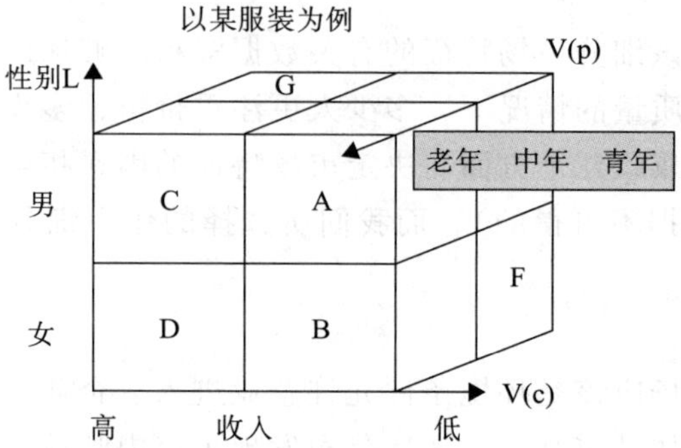

图 7－3 立体细分

2. 系列因素细分法

影响某一市场的因素并不是只有一个或二个或三个，而系列因素细分则是把影响某一市场的因素进行排列组合，这样就可以找到更多的子市场。见表 7－4。

表 7－4 系列因素细分

性别	年龄	收入	气候
男	老	高	热带
女	中	中	亚热带
	青	低	温带
			寒带

从上表可以看出，我们可以发现 72（$2\times3\times3\times4=72$）个子市场。

五、市场细分的注意事项

对于大多数企业来说，市场细分是十分必要的。它是企业营销活动中的具有重大战略意义的环节。企业在认真选择市场细分变量的同时，还必须在市场细分过程中注意下列问题：

（一）多数谬误

“多数谬误”就是追求最大子市场的倾向。即与竞争企业遵循同一思维逻辑，将规模最大、吸引力最大的市场作为目标市场。大家共同争夺同一个顾客群的结果是，造成过度竞争和社会资源的无端浪费。同时使消费者的一些本应得到满足的需求遭受冷落和忽视。现在国内很多企业动辄将城市尤其是大中城市作为其首选市场，而对小城镇和农村市场不屑一顾，很可能就步入了“多数谬误”的误区，如果转换一下思维角度，企业说不定会出现“柳暗花明”的局面。

（二）市场细分不是越细越好

市场细分会导致市场需求的多样化。市场需求的多样化将增加产品的品种，减小生产批量，提高产品的复杂性，从而降低企业的规模效益降低，提高生产成本。当市场细分过细而给企业带来不利影响时，就应采取“反细分化策略”，减少细分变量，将过小的细分市场进行合并，从而扩大细分市场的规模。

市场细分不是越细越好，当然这是对实体经济而言的。但在网络经济时代，一个人也是市场。即定制营销。

定制营销是指在大规模生产的基础上，将市场细分到极限程度——把每一位顾客视为一个潜在的细分市场。它的核心目标是以顾客愿意支付的价格并以能获得一定利润的成本高效率地进行产品定制。即根据每一位顾客的特定要求，单独设计、生产产品。

不过定制营销是有条件的：①信息化是定制营销的基础；②选择合理的定制营销方式（合作型、选择型、消费型）；③企业要构建敏捷柔性的生产制造系统。

第二节

目标市场战略

市场细分的目的是为了选择和确定目标市场。目标市场选择是目标市场营销的第二个步骤。企业的一切市场营销活动，都是围绕目标市场进行的。企业需要评价各种细分市场，根据企业的资源与能力来选择目标市场，并确定目标市场策略。

一、目标市场的概念

目标市场是指在市场细分的基础上，企业决定要进入并开展营销活动的一个或几个细分市场，即企业为之服务的顾客群。

目标市场概念的提出是企业营销实践的产物。目标市场理论的形成经历了三个阶段。

第一阶段，大量营销阶段。即在20世纪初至20世纪30年代，市场属于卖方市场，产品供不应求，远远不能满足消费者需要，于是产品大量生产，大量流通，大量消费。

第二阶段，差异化营销阶段。在20世纪30年代至20世纪50年代，市场由卖方市场逐步向买方市场过渡，产品在一定程度上出现了积压，而只有那些规格、型号、式样、质量等符合消费者需要的产品才有销路，于是企业就开始了差异化营销，即生产不同规格、型号、档次等的产品让消费者自己选择。

第三阶段，目标市场营销阶段。20世纪50年代之后，市场进入买方市场，产品严重供大于求，产品卖掉卖不掉不是取决于生产者，而是取决于消费者，于是营销进入目标市场营销阶段。在这一阶段，企业首先是选择目标市场，然后根据目标市场需要进行产品生产。目标市场营销不同于差异化营销，差异化营销是先生产产品，让消费者选择；而目标市场营销是先选择目标市场，再生产其所需要的产品。

目标市场理论图解：见图7－4。

图 7－4　目标市场理论图解

二、目标市场选择类型

在企业市场营销活动中，企业必须选择和确定目标市场。选择和确定目标市场，是企业制定市场营销战略的首要内容和基本出发点。企业应该根据其能力和资源条件选择具有较强吸引力的细分市场。可供企业选择的目标市场范围策略主要有以下 5 种，见图 7－5。

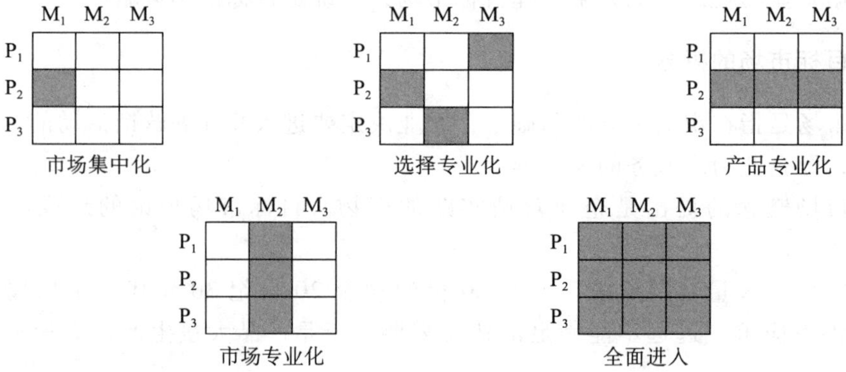

图 7－5　目标市场选择的 5 种模式

（一）市场集中化策略

这是一种最简单的目标市场模式。它是指企业只选择一个细分市场，只生产或经营一种类型的产品，满足某一类顾客特定的需要。较小的企业通常采用这种策略，例如某鞋类企业只生产女鞋。选择该种模式时一般考虑到以下因素：企业在该细分市场具有较大的优势；资金、能力的有限性决定其只能经营一个细分市场，该细分市场中没有较强的竞争对手等等。

（二）选择专业化策略

选择专业化策略是指企业决定有选择地同时进入若干个具有吸引力并且符合企业的目标和资源的细分市场作为目标市场，其中每个细分市场与其他细分市场之间的联系较小。企业要有针对性地向各个不同的顾客群提供不同类型的产品，以满足其特定的需要。这一般是生产经营能力较强的企业在几个细分市场均有较大吸引力时所采取的决策。其优点是可以有效地分散经营风险。

（三）产品专业化策略

产品专业化策略是指企业生产一种类型的系列产品，并将其销售给各个顾客群，满足其对一种类型产品的各不相同的需要。如饮水器厂只生产一个品种，同时向家庭、机关、学校、银行、餐厅、招待所等各类用户销售。产品专业化模式的优点是企业专注于某一种或一类产品的生产，有利于形成和发展生产和技术的优势，在该领域树立形象。其局限性是当该领域被一种全新的技术与产品所代替时，产品销售量有大幅度下降的危险。

（四）市场专业化策略

市场专业化策略是指企业决定生产多种不同类型的产品，只将其销售给某一个顾客群，满足其多种需要。例如：金利来公司专门向消费者销售西服、衬衣、领带、皮鞋、皮包等男性服饰及用品。市场专业化生产经营的产品种类较多，可以有效地分散风险，但由于市场集中服务于某一类型的顾客，企业也面临着一定的风险。

（五）全面进入策略

全面进入策略是指企业生产各种类型的产品，全面地满足市场上所有顾客群的不同需求。一般来说，只有实力比较雄厚的知名公司在一定阶段才会使用这种策略，以追求公司整体效益的最大化。比如，德国大众汽车公司在全球汽车市场、美国国际商业机器公司（IBM）在全球计算机市场都采取了该种策略。

显然，目标市场的选择对企业生产、经营、效益等活动都有重要影响。如果采用市场集中化策略，企业可能对市场需求的适应能力弱，经营风险大；如果采用全面进入战略，企业可能会增加生产经营的复杂性，难以提高企业的利润率。企业应该根据外部环境变化、企业目标、资源、竞争对手的情况选择适当数量的细分市场。只有这样，才能保证目标市场营销战略的顺利实施。当企业实力较弱时，在运用上述策略时，一般先进入最有吸引力且最有条件进入的细分市场，只是在机会和条件成熟时才酌情有计划地进入其他细分市场，逐步发展壮大。

三、目标市场营销战略

企业在市场细分、选择目标市场之后还要确定目标市场营销战略。有3种不同的目标市场战略供企业选择，它们是：无差异性营销战略、差异性营销战略、集中性营销战略。

（一）无差异性营销战略

所谓无差异性营销战略，也称为大量营销，是指企业不考虑细分市场的差异性，把整体市场作为目标市场，只推出一种产品、只运用一种市场营销组合，为整个市场提供服务的营销战略，见图7-6。这种策略的基本特点是：企业不进行市场细分，把整个市场视作一个大的、同质的目标市场，营销活动只注意市场需求共性，而忽略其差异性。实施无差异市场营销战略的企业，可以推出一种类型的标准化产品，使用统一的包装与商标、相同的促销手段。试图以此吸引尽可能多的购买者，为整个市场服务。一般来说，这种目标市场策略基于两种不同的指导思想。一种指导思想是市场上的消费者认为某些产品是同质的产品。另一种主导思想是从产品观念出发，忽视需求的差异，强调需求的共性。美国可口可乐公司一直采用无差异性市场策略，生产一种口味、一种配方、一种包装的产品满足世界 156 个国家和地区的需要。由于百事可乐等公司的竞争，1985 年 4 月，可口可乐公司宣布要改变配方的决定，不料在美国市场掀起轩然大波，许多电话打到公司，对公司改变可口可乐的配方表示不满和反对，不得不继续大批量生产传统配方的可口可乐。

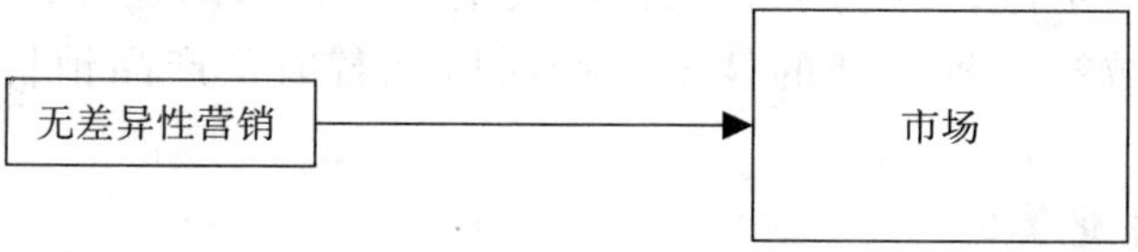

图 7－6　无差异性营销

无差异性营销战略的主要优点表现为成本的经济性。单一的产品，大批量的生产、储运和销售，必然降低单位产品的成本；无差异的广告宣传等促销活动可以减少促销费用；不进行市场细分也会相应地减少市场调研、产品开发、制定多种市场营销组合方案等方面的费用。无差异性营销战略的缺点主要是不能满足消费者多样性需求。消费者需求客观上是千差万别并不断变化的。由于消费需求不断变化，许多过去的同质市场已经转变为异质市场或正在向异质市场转化，一种产品长期为所有消费者或用户接受的情况越来越少。其次，当众多企业都采用这一战略时，市场竞争会异常激烈，而一些小的细分市场上的需求却得不到满足，这对营销者和消费者都是不利的。最后，易于受到采用差异性营销战略的竞争对手的攻击。采用差异性营销战略的竞争对手想方设法为需求不同的顾客提供更适合他们的产品或服务。这使得采用无差异性营销战略的公司非常被动。所以，世界上一些曾经长期实行这一策略的企业最终也实行差异性营销战略了。

（二）差异性营销战略

差异性营销战略是在市场细分的基础上，选择两个或两个以上乃至全部细分市场作为目标市场，分别为之设计不同的市场营销组合，以满足各个细分市场的需要，见图 7－7。这一策略认为消费者的需要是有差异的，不可能使用完全相同的、无差别的产品去满足各类消费者的需要。采用差异性营销战略的企业一般是大企业，较为雄厚的财力、较强的技术力量和素质较高的管理人员，是实行差异市场营销战略的必要条件。由于采用差异性营销战略必然受到企业资源和条件的限制，小企业往往无力采用。差异性营销战略的优点是：可以提高企业产品的适销率和竞争力，减少经营风险，提高市场占有率。因为多种产品能分别满足不同消费者群的需要，扩大产品销售。某一、二种产品经营不善的风险可以由其他产品经营所弥补；如果企业在数个细分市场都有能取得的较好的经营效果，就能树立企业良好的市场形象，提高市场占有率。所以，目前有越来越多的企业采用差异性市场营销战略。

差异性营销战略的缺点是：由于运用这种战略的企业进入的细分市场较多，而且针对各个细分市场的需要实行了产品和市场营销组合的多样化战略，随着产品品种增加、销售渠道多样以及市场调研和促销宣传活动的扩大与复杂，企业各方面经营成本支出必然会大幅度增加。

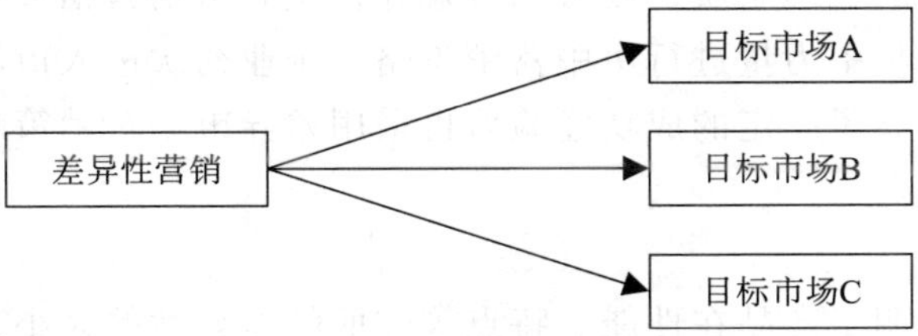

图 7-7　差异性营销

（三）集中性营销战略

就是在细分后的市场上，选择两个或少数几个细分市场作为目标市场，实行专业化生产和营销，见图 7-8。在个别少数市场上发挥优势，提高市场占有率。采用这种战略的企业对目标市场有较深的了解，这是大部分中小型企业应当采用的战略。

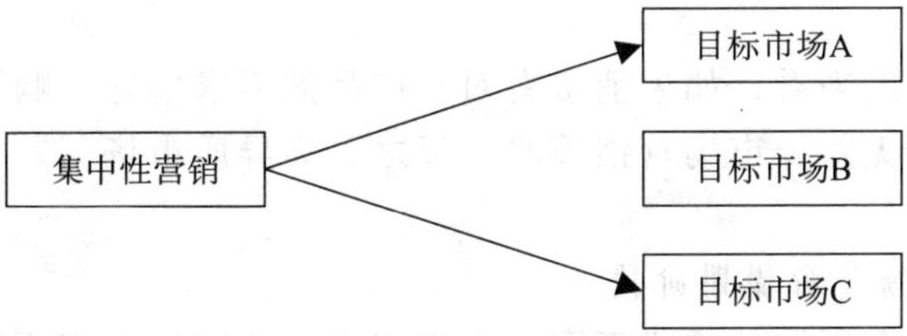

图 7-8　集中性营销

采用集中性市场营销战略，能集中优势力量，有利于产品适销对路，降低成本，提高企业和产品的知名度。但有较大的经营风险，因为它的目标市场范围小，品种单一。如果目标市场的消费者需求和爱好发生变化，企业就可能因应变不及时而陷入困境。同时，当强有力的竞争者打入目标市场时，企业就要受到严重影响。因此，许多中小企业为了分散风险，仍应选择一定数量的细分市场为自己的目标市场。

3 种目标市场营销战略各有利弊。选择目标市场进行营销时，必须考虑企业面临的各种因素和条件，如企业规模和原料的供应、产品类似性、市场类似性、产品寿命周期、竞争的目标市场等。

选择适合本企业的目标市场营销战略是一个复杂多变的工作。企业内部条件和外部环境在不断发展变化，经营者要不断通过市场调查和预测，掌握和分析市场变化趋势与竞争对手的条件，扬长避短，发挥优势，把握时机，采取灵活的适应市场态势的战略，去争取较大的利益。

四、影响目标市场战略选择的因素

企业在进行决策时要具体分析产品和市场状况和企业本身的特点。影响企业目标市场策略的因素主要有企业资源、产品特点、市场特点、产品生命周期阶段和竞争者策略。

（一）企业资源

资源雄厚的企业，如拥有大规模的生产能力、广泛的分销渠道、程度很高产品标准化、好的内在质量和品牌信誉等，可以考虑实行无差异市场营销策略；如果企业拥有雄厚的设计能力和优秀的管理素质，则可以考虑施行差异市场营销策略；而对实力较弱的中小企业来说，适于集中力量进行集中营销策略。企业初次进入市场时，往往采用集中市场营销策略，在积累了一定的成功经验后再采用差异市场营销策略或无差异市场营销策略，扩大市场份额。

（二）产品特点

产品的同质性表明了产品在性能、特点等方面的差异性的大小，是企业选择目标市场时不可不考虑的因素之一。一般对于同质性高的产品如食盐等，宜施行无差异市场营销；对于同质性低或异质性产品，差异市场营销或集中市场营销是恰当选择。

（三）市场特点

供与求是市场中两大基本力量，它们的变化趋势往往是决定市场发展方向的根本原因。供不应求时，企业重在扩大供给，无暇考虑需求差异，所以采用无差异市场营销策略；供过于求时，企业为刺激需求、扩大市场份额殚精竭虑，多采用差异市场营销或集中市场营销策略。

从市场需求的角度来看，如果消费者对某产品的需求偏好、购买行为相似，则称之为同质市场，可采用无差异市场营销策略；反之，为异质市场，差异市场营销和集中市场营销策略更合适。

（四）产品的市场生命周期阶段

产品因所处的生命周期的阶段不同，而表现出的不同特点亦不容忽视。产品处于导入期和成长初期，消费者刚刚接触新产品，对它的了解还停留在较初浅的层次，竞争尚不激烈，企业这时的营销重点是挖掘市场对产品的基本需求，往往采用无差异市场营销策略。等产品进入成长后期和成熟期时，消费者已经熟悉产品的特性，需求向深层次发展，竞争空前的激烈，企业应适时地转变策略为差异市场营销或集中市场营销。

（五）竞争者策略

目标市场战略的选择也与竞争对手的战略相关。如果企业实力强，可自主选择。但若企业实力较弱，则必须考虑对手的目标市场战略，不能与对手硬碰硬，最好避开对手，选择与对手不同的目标市场战略。比如，竞争者采用无差异市场营销策略时，你选用差异市场营销策略或集中市场营销策略更容易发挥优势。若对手采用差异化营销，你最好选择集中性营销。

企业的目标市场策略应慎重选择，一旦确定，应相对稳定，但灵活性也不容忽视，没有永恒正确的策略，一定要密切注意市场需求的变化和竞争动态。

第三节

市场定位战略

企业选择和确定了目标市场后，就进入了目标市场营销的第三个步骤——市场定位。市场定位是目标市场营销战略重要的组成部分，它关系到企业及其产品在激烈的市场竞争中，占领消费者心理，树立企业及产品形象，实现企业市场营销战略目标等一系列至关重要的问题。

一、市场定位的概念和方法

产品定位是为了使产品产生与竞争者产品有明显区别的产品形象，为了能使本企业产品与竞争者产品显示出差异，必须对竞争对手产品的定位状况有足够的认识。因此，企业在进行产品定位时，一方面要研究顾客对产品各种属性的重视程度，另一方面要了解掌握竞争对手的产品特色，即把产品和顾客两方面联系起来，选定本企业产品的特色和形象，从而完成企业产品的市场定位。

（一）市场定位的概念

市场定位是在20世纪70年代由美国营销学家艾尔·里斯和杰克·特劳特提出的，他们认为，市场经济下的任何主体和客体都存在一个定位问题。

市场定位是指企业在各方面在目标顾客心理中为产品培养一定的特色，树立一定的形象，形成一定的偏好。

它是指企业根据竞争者的产品在细分市场所处的地位和顾客对产品某些属性的重视程度，塑造出本企业产品与众不同的鲜明的特色或个性，并传递给目标顾客，使该产品在目标顾客心中占有一个独特的位置。因此，市场定位是塑造一种产品在细分市场中的形象，这种形象塑造得是否成功取决于消费者的认可与接受程度。

市场定位可以从价格、质量、档次、利益、成分、功能、形状、情感及其组合方面进行定位。从理论上讲，凡是构成产品特色和个性的因素，都可以作为定位的因素。但是，企业的实际进行市场定位时，一般是依据目标市场对该产品的各种属性的重视程度，综合考虑竞争企业及其产品状况、自身的条件等一系列问题，选择定位的因素，从而完成产品的市场定位。

小链接：

美国西南航空公司市场定位

美国西南航空公司市场定位为一家为顾客提供低票价、可靠安全、高频度的航班、舒适的客舱和旅行经历、一流的常旅客项目、便利的候机和登机流程以及友善客户服务的航空公司。几年内迅速扩张和发展，成为以美国国内城际间航线为主的航空公司，创造了多项美国民航业纪录。净利润增长率最高，负债经营率较低，资信等级为美国民航业中最高。2001年“911事件”后，几乎所有的美国航空公司陷入了困境，而美西南航则例外。2005年运力过剩和史无前例的燃油价格让美国整个航空公司行业共亏损100亿美元，达美航空和美国西北航空都是同年申请破产法保护，相比之下，美国西南航空公司则连续第33年保持盈利。

（资料来源：美国西南航空公司市场定位策略分析，百度文库）

（二）市场定位的方法

产品市场定位的基本方法主要采用的是十字坐标法，见图7-9。

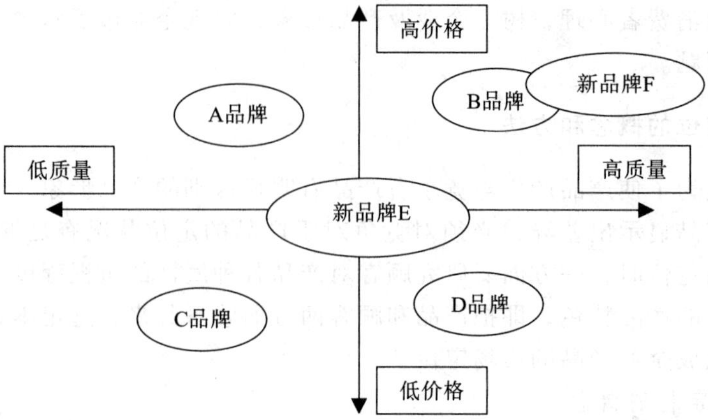

图7－9　市场定位方法

在建立十字坐标的基础上，首先要识别其潜在的竞争优势，其次要明确企业的核心竞争力，最后根据核心竞争力定位。

1. 识别企业潜在的竞争优势

企业要进行市场定位，首先要认识其竞争优势。企业的竞争优势主要表现在两个方面：低成本优势和产品差别化优势。低成本优势是指企业单位产品的生产和销售费用比竞争对手的更低。产品差别化优势是指向市场提供的产品在质量、功能、品种、规格、外观等方面比竞争对手的更好。为了识别企业潜在的竞争优势，企业首先需要了解目标市场需求的特点、被满足的情况、变化趋势以及目标消费者对产品的评价标准。其次，企业需要对竞争者的成本及经营情况做出评估，了解竞争者向目标市场提供了何种产品及服务，及其在消费者心目中的形象。最后企业要清醒、客观地确认自身潜在竞争优势是什么，是同样条件能比竞争者定价低，还是能提供更多的特色满足消费者的特定需要。

2. 明确企业的核心竞争力

核心竞争力是指支撑企业可持续性竞争优势的开发独特产品、发展特有技术和创造独特营销手段的能力，是企业在特定经营环境中的竞争能力和竞争优势的合力，是企业多方面技能和企业运行机制如技术系统、管理系统的有机融合。核心竞争力是企业长期内形成的、蕴含于企业内质中的、企业独具的、支撑企业过去、现在和未来竞争优势，并使企业长时间内在竞争环境中能取得主动的核心能力。

3. 根据核心竞争力进行定位

企业的核心竞争力与竞争优势不会自动地在市场上得到充分的表现，必须制定能够发挥核心竞争力的战略。企业要决定推出多少建立在核心竞争力基础上的差异，推出哪些差异以及如何传播这些差异。企业要通过一系列的宣传促销活动，将其独特的市场竞争优势准确传播给目标顾客，并在其心中留下深刻印象。

小链接：

香港银行的不同定位

在香港，金融业兴旺发达，用“银行多过米铺”这句话来形容毫不过分，竞争达到白热化程度。利用定位策略，突出各自优势。使得香港的金融业呈现出繁荣景象。

汇丰：定位于分行最多，实力最强，全港最大的银行。这是以自我为中心，实力展示式的诉求。20世纪90年代以来，为拉近与顾客的情感距离，它改变了定位策略。新的定位立足于“患难与共，伴同成长”。旨在与顾客建立同舟共济、共谋发展的亲密朋友关系。

恒生：定位于充满人情味的、服务态度最佳的银行。突出服务这一卖点，也使它有别于其他银行。

渣打：定位于历史悠久，安全可靠的英资银行。这一定位树立了渣打可信赖的“老大哥”形象，传达了让顾客放心的信息。

中国银行：定位于有强大后盾的中资银行。直接面向有民族情结，信赖中资的目标顾客群。

（资料来源：《市场定位战略——找准顾客心》，肖怡编著，企业管理出版社）

二、市场定位战略

差别化是市场定位的根本战略，对于企业的市场定位起着非常重要的影响，差别化策略具体表现在以下4个方面：

（一）产品差别化战略

产品差别化战略是从产品质量、产品款式等方面实现差别。寻求产品特征是产品差别化战略经常使用的手段。

产品质量是指产品的有效性、耐用性和可靠程度等。比如，A品牌的止痛片比B品牌疗效更高、副作用更小。顾客通常会选择A品牌。但是，这里又带来新的问题，A产品的质量、价格、利润三者是否完全呈正比例关系呢？一项研究表明：产品质量与投资报酬之间存在着高度相关的关系，即高质量产品的盈利率高于低质量和一般质量的产品，但质量超过一定的限度时，顾客需求量开始递减。显然，顾客认为过高的质量需要支付超出其质量需求的额外价值（即使在没有让顾客付出相应价格的情况下可能也是如此）。

产品款式是产品差别化的一个有效工具，对汽车、服装、房屋等产品尤为重要。日本汽车行业中流传着这样一句话：“丰田的安装，本田的外形，日产的价格，三菱的发动机。”这体现了日本四家主要汽车公司的核心专长。

（二）服务差别化战略

服务差别化战略是向目标市场提供与竞争者不同的优质服务。企业的竞争力越能体现在顾客服务水平上，市场差别化就越容易实现。如果企业把服务要素融入产品的支撑体系，就可以在许多领域建立其他企业的“进入障碍”。因为服务差别化战略能够提供顾客购买总价值，保持牢固的顾客关系，从而击败竞争对手。

服务战略在各种市场状况下都有用武之地，尤其是在饱和的市场上。对于技术精密产品，如汽车、计算机、复印机等服务战略的运用更为有效。

强调服务战略并没有贬低技术质量战略的重要作用。如果产品或服务中的技术占据了价值的主要部分，则技术质量战略是行之有效的。但是竞争者之间技术差别越小，这种战略作用的空间也越小。一旦众多的厂商掌握了相似的技术，技术领先就难以在市场上有所作为。

（三）人员差别化战略

人员差别化战略是通过聘用和培训比竞争者更为优秀的人员以获取差别优势。市场竞争归根到底是人才的竞争。日本航空公司多年来一直在“北京——东京——夏威夷”这条航线上与美国最大的航空公司“联航”和韩国的“韩航”展开激烈的竞争。“联航”的规模实力与硬件设备都是超一流的，而“韩航”的价格比“联航”低30%，两者都颇有竞争力。但是，“日航”依靠整合的优良服务，贯穿入关——空中——出关的全过程，赢得了各国旅客的赞美，凡乘坐过此航线的旅客，很难再选择其他航空公司。“日航”优良服务的根基在于他们高素质的航空员工队伍——从机长到空姐都训练有素。

一个受过良好训练的员工应具有以下基本的素质和能力：①能力。具有产品知识和技能。②礼貌。友好对待顾客，尊重和善于体谅他人。③诚实。使人感到坦诚和可以信赖。④可靠。强烈的责任心，保证准确无误地完成工作。⑤反应敏锐。对顾客的要求和困难能迅速反应。⑥善于交流。尽力了解更多顾客，并将有关信息准确传达给顾客。

（四）形象差异化战略

形象差异化战略是在产品的核心部分与竞争者类同的情况下塑造不同的产品形象以获取差别优势。企业或产品要成功地塑造形象，需要具有创造性的思维和设计，需要持续不断地利用企业的所有传播工具。将具有创意的标志融入某一文化的气氛，也是实现形象差别化的重要途径。麦当劳的金色模型“M”标志，与其独特文化气氛相融合，使人无论在美国纽约、日本东京还是中国北京，只要一见到这个标志马上就会联想到麦当劳舒适宽敞的店堂、优质的服务和美味可口的汉堡和薯条。这样的形象设计就是非常成功的。

三、市场定位策略

（一）竞争定位策略

1. 迎头定位策略

迎头定位策略就是与市场上最强的市场竞争对手“对着干”的定位方式。

采用这种定位方式时，必须对企业和竞争对手的实力做出客观的分析与评价。这种定位方式虽然有较大的风险性，然而一旦成功就会取得较大的市场优势。采用这种策略不一定要打垮对手，只要能够平分秋色就是很大的成功。例如百事可乐与可口可乐之间的可乐之战；快餐行业的麦当劳与肯德基之争；中国火腿肠行业的双汇与雨润之争等等。

2. 避强定位策略

避强定位，这是一种避开强有力的竞争对手的定位方式。企业通过分析市场中竞争对手的产品的定位状况，从中找出尚未被占领、但又为许多消费者所重视的“空白点”，来为本企业产品确定市场位置。

采用这种定位方式一般能够比较迅速地进入目标市场、站稳脚跟，并能较快地在消费者或用户中树立起鲜明的形象。迎头定位策略是指企业选择靠近于现有竞争者或与现有竞争者重合的市场位置，争夺同样的消费者，彼此在产品、价格、分销及促销等各个方面差别不大。

（二）特色定位策略

特色定位就是与众不同的定位策略。具体有：

1. 特色成分定位

就是强调产品在成分构成上与众不同，独一无二，形成特色。如法国依云矿泉水：依云镇背后雄伟的阿尔卑斯山是依云水的源头，来自高山融雪和山地雨水在阿尔卑斯山脉腹地经过长达15年的天然过滤和冰川砂层的矿化形成了依云水。

2. 特定使用者定位

针对特定目标顾客群，形成自己的特色，进行定位。

3. 特色情感定位

定位就是能够在消费者情感上产生共鸣，让消费者欲罢不能，从情感上打动消费者。如水星家纺——“恋一张床，爱一个家”；罗莱家纺——“浪曼，典雅。”

4. 特色功能定位

这是强调产品的功能与众不同的定位。

5. 悖反定位

自然界的任何事物都是由两个极端构成，有左就有右，有上就有下，定位借助于对手的极端定位，世界上有可乐型饮料，就有非可乐型饮料，如七喜汽水。

（三）比附定位策略

比附定位策略就是企业通过各种方法和同行中的知名品牌建立一种内在联系，使自己的品牌迅速进入消费者的心智，占领一个牢固的位置，借名牌之光而使自己的品牌生辉。

它是通过与竞争品牌的比较来确定自身市场地位的一种定位策略。其实质是一种借势定位或反应式定位。借竞争者之势，衬托自身的品牌形象。在比附定位中，参照对象的选择是一个重要问题。一般来说，只有与知名度、美誉度高的品牌作比较，才能借势抬高自己的身价。

其具体方法有：

1. 甘居第二

就是明确承认同类产品中另有最负盛名的品牌，自己只不过是第二而已。这种策略会使人们对公司产生一种谦虚诚恳的印象，相信公司所说是真实可靠的，同时迎合了人们同情弱者的心理，这样消费者对这个品牌的印象会更深刻。

2. 攀龙附凤

具体来说，就是首先承认同类产品中已卓有成就的品牌，本品牌虽自愧不如，但在某一地区或在某一方面还可以与这些最受消费者欢迎和信赖的品牌并驾齐驱，平分秋色。内蒙古宁城老窖打出的广告语“宁城老窖——塞外茅台”，就属于这一策略。

3. 进入明星俱乐部

公司借助群体的声望，把自己归入高级俱乐部式的品牌群体中，强调自己是这一群体的一员，从而提高自己的形象和地位。美国克莱斯勒汽车公司宣布自己是美国三大汽车公司之一，使消费者感到克莱斯勒是知名轿车，同样收到了良好的宣传效果。

比附定位的优点，就是有利于减少竞争风险；有利于企业迅速成长；体现了务实的风格。

小链接：

蒙牛的比附定位策略

蒙牛充分并巧妙的利用“傍依”策略，从产品的推广宣传开始就与伊利联系在一起，如蒙牛的第一块广告牌子上写的是“做内蒙古第二品牌”；宣传册上闪耀着“千里草原腾起伊利集团、蒙牛乳业……我们为内蒙古喝彩”；在冰激凌的包装上，蒙牛打出了“为民族工业争气，向伊利学习”的字样，蒙牛利用伊利的知名度，无形中将蒙牛的品牌打了出去，提高了品牌的知名度。而且，蒙牛这种谦逊的态度、宽广的胸怀，让人尊敬、信赖，获得了口碑。

（资料来源于网络）

（四）重新（二次）定位策略

重新定位也称为二次定位，是指企业改变产品特色或改变目标顾客对其原有的印象，使目标顾客重新认识其新形象的过程。当产品最初定位不合适，消费者或用户的需求与偏好发生了变化，竞争者推出的产品侵占了本企业品牌的部分市场时，企业往往调整定位。不过，有时重新定位也并不是因为产品陷入困境，而是因为产品意外地扩大了销售范围引起的。例如万宝路香烟刚进入市场时，是以女性为目标市场，它推出的口号是：像 5 月的天气一样温和。然而，尽管当时美国吸烟人数年年都在上升，万宝路的销路却始终平平。后来，广告大师李奥贝纳为其做广告策划，他将万宝路重新定位为男子汉香烟，并将它与最具男子汉气概的西部牛仔形象联系起来，树立了万宝路自由、野性与冒险的形象，从众多的香烟品牌中脱颖而出。自 20 世纪 80 年代中期到现在，万宝路一直居世界各品牌香烟销量首位，成为全球香烟市场的领导品牌。

重新定位实质也就是企业最初的产品定位与目标市场心目中产品的不一致，产生偏差，导致定位失败。因此，重新定位就有 3 种策略可供选择。

1. 实际再定位

实际再定位就是运用营销观念，改变自己的产品，去符合消费者心目中的“理想产品”。比如万宝路香烟最初定位于女士香烟，生意日薄西山，后改变定位，为男士香烟后，成为世界名牌。比如王老吉最早定位于凉茶饮料，一直没有起色，后定位于“怕上火，就喝王老吉”，一下子就打开了市场，取得成功。

2. 理想再定位

理想再定位就是运用大营销观念，改变消费者心中理想产品，建立起对本企业有利的“理想产品”。

3. 竞争废位策略

竞争废位就是改变竞争对手在消费者心目中树立的产品定位，形成我们的产品定位才是正确的定位的观念。比如农夫山泉推出的“农夫山泉，有点甜”的定位策略，就是对矿泉水的竞争废位策略的应用，获得成功。

本章小结

目标市场营销的关键步骤是市场细分化、选定目标市场和目标市场定位。市场细分化是一种把一个市场划分成不同购买者群体的行为，这些购买者群体可能值得为其提供独立的产品和营销组合。消费者市场细分的依据主要有：地理、人口、心理和消费行为等，产业市场可按最终用户、顾客规模和地理分布进行细分。市场细分的有效性在于按一定标准细分的子市场具有差异性、可测量性、可进入性和可盈利性。

企业将最佳的细分市场挑选为其目标市场，为此要对细分市场从潜量、盈利能力到竞争状况等方面进行评价。当然，企业可不理会细分市场的差异性，采用无差异市场营销；也可以为几个细分市场开发不同的产品，采用差异市场营销；或者可以只追求某部分细分市场，采用集中市场营销。究竟用何种目标市场的覆盖策略，企业的决策受到诸如企业资源、产品和市场的同质性、产品的生命周期阶段和竞争者的营销策略等因素的影响。

对于已确定的目标市场，企业要为自己的产品进行市场定位，其实质即是在消费者心目中标明本企业产品的特色和形象。借助市场定位结构图，企业在明确竞争对手、并研究竞争者地位的基础上作出决定：或填补市场空白，或与竞争者比邻并存，或干脆取而代之。通过产品的市场定位，企业便确定了制定营销组合计划的基调。

思考题

1. 什么市场细分？为什么要进行市场细分？
2. 市场细分的 4 个原则各是什么？
3. 常用的消费者市场细分变量有哪些？
4. 常用的生产者市场细分变量有哪些？
5. 何谓目标市场？企业可以采用的目标市场营战略有哪些？分析其优缺点。
6. 运用目标市场营战略应该考虑哪些因素？
7. 什么是市场定位？企业应如何进行市场定位？

在线习题　　　　案例分析

第八章

产品策略——建立顾客价值

【学习目标】

1. 掌握产品整体概念的内涵及其对实际工作的重要意义；
2. 了解产品组合的含义及企业产品组合策略；
3. 掌握产品生命周期的各阶段特征及相关策略；
4. 掌握产品的品牌和包装策略；
5. 了解新产品开发的重要性，掌握新产品开发程序。

导入案例：

娃哈哈的产品组合策略

娃哈哈集团生产销售乳饮料、瓶装水、碳酸饮料、茶饮料、果汁饮料5大类品种的产品，涌现出营养快线等多款经典产品。娃哈哈重视产品开发，每隔几年就会有畅销的新产品推出——1987年的儿童营养液；1991年的果奶；1996年进军纯净水；1998年推出非常可乐叫板“两乐”；2001年推出茶饮料；2005年初，“营养快线”上市，当年全国销售额8亿元，2006年销售额超25亿元；2006年7月份，高调推出“咖啡可乐”，2007年推出富锌含氧活性矿物质水。娃哈哈每年推向市场的新产品有5～10种。娃哈哈AD钙奶、果汁饮料等，均在对手产品上市的一两个月内完成，跟进速度之快，令人叹服。2006年娃哈哈投产了15个新品，5个产品通过省、市、区级科技成果鉴定，新产品销售收入达到40多亿元，实现利润9亿元，新产品的利润贡献率达到40%。可口可乐公司当年正在法国推广“咖啡可乐”，计划2007年在中国上市，娃哈哈却抢在它的前面占领了中国市场。

娃哈哈官网显示，2016年娃哈哈包括饮品、休闲食品、方便食品、酒水、乳向顾客提供咨询、送货、安装、维修、供应配件、信贷、各种服务和保证、交货期等。

如联想公司提供的产品，不仅是提供主机本身，还提供包括终端、存储设备、打印设备等硬件系列，而且包括所附带的服务，如使用说明书、软件系统、程序设计服务、维修服务以及保证等。现代市场营销强调，企业销售的不只是特定的使用价值，还必须是反映产品整体概念的一个系统。在竞争激烈的市场上，产品能否给消费者带来附加利益和服务，已成为企业经营成败的关键。即便是核心效用和外在形式完全相同的两个产品，只要随同物质实体所提供的服务有差异，那么在消费者眼中，就是两个完全不同的产品。所以目前企业营销必须注重对延伸产品的研究，为消费者提供更完善的服务，在竞争中赢得主动。

（五）潜在产品

潜在产品是指现有产品包括所有附加产品在内的可能发展成为未来最终产品的潜在状态的产品。如果说附加产品包含着产品的今天，潜在产品则指出了它可能的演变。潜在产品是现有产品未来可能出现的演变趋势和前景，如未来的彩色电视机有可能发展为3D电视，以增强视觉效果等。

小链接：

海底捞的5个秘密产品

作为一个餐饮，你的产品究竟是什么，首先要进行一个思考。我们在开业之初就已经把餐饮的特点想的很清楚。

从客户的视觉、听觉、嗅觉、味觉以及触觉出发，根据客户的体验，打造了5个产品。即环境、味道、菜品、价格、服务。

产品1：直观视觉享受——干净、卫生的“环境”。环境包括了装修、卫生、噪声等等。

产品2：用精益创业的方法迭代海底捞专属的“味道”。餐饮味道是非常重要的，如果产品味道很难吃，其他产品做得再重要，客户也不会再来。

产品3：精选的“菜品”。食品安全是王道。

产品4：一点点“价格”差异，都触动顾客的心。先定位你的消费群体，要在这个群体中找到他们能接受的价格，所有价格的制定不是根据产品成本来定的，而是根据目标消费群体心理所能接受的价位来定的。

产品5：物超所值的体验源自“服务”。很多的顾客认为我们的服务才是产品，其中服务只是我们5大产品中的一个。服务是为了让客户有更好的体验。服务是一个提高自身品牌附加值的东西，在整个提高品牌附加值中尤为重要。

（资料来源：施永宏，海底捞的5个秘密产品，餐饮新闻，2016年1月）

三、产品整体概念的意义

以5个层次为基本内容的产品整体概念，体现了现代营销的基本思想。一件产品之所以能顺利出售，主要在于能给消费者带来生理和心理上的满足。企业如果没有产品整体概念，就不能说是以消费者为中心，企业营销也不会成功。随着科学技术的不断进步和消费者需求的多样化，产品整体概念还有不断扩大的趋势。企业只有充分认识产品的整体概念，提供满足消费者需要的整体产品，才能在竞争中立于不败之地。

1. 不断地拓展产品的外延部分即延伸产品或附加产品已成为现代企业产品竞争的焦点

产品的延伸部分即附加产品的概念来源于对市场需要的深入认识。因为购买者的目的是为了满足某种需要，因而他们希望得到与满足该项需要有关的一切。美国学者西奥多·莱维特曾经指出："新的竞争不是发生在各个公司的工厂生产什么产品，而是发生在其产品能提供何种附加利益（如包装、服务、广告、顾客咨询、融资、送货、仓储及具有其他价值的形式）"。同时美国营销学者维特普也说过："未来竞争的关键不在于工厂能生产什么产品，而在于其产品能为顾客提供多少附加价值。"他们都指出了产品延伸的重要性。

2. 消费者的期望产品包含的内容越来越多

随着消费者收入的增长，生活水平的不断提高，人们的期望越来越多，越来越高。期望产品概念要求企业在生产设计销售过程中充分考虑到消费者的利益，在回报高额利润的同时企业应尽可能的去让顾客满意，增强品牌美誉度。期望产品概念贯彻的好不好，将直接影响消费者对产品的信任度与品牌忠诚度。顾客取得了满意的期望产品，将形成良好的品牌形象，从而真正认知并认可品牌。反之将造成极大的落差，使顾客对产品失去信任并产生怀疑，继而转向其他产品。

3. 潜在产品的挖掘成为竞争制胜一个非常重要的砝码

潜在产品决定了一个产品的未来市场的大小。一个潜在产品的未来市场越大，产品的更新换代就越快，产品的使用寿命也就越短，当然就可为企业带来源源不断的利润。因此，企业应该重视技术研发，掌握行业先进技术，不断发现产品未来的发展趋势，领导行业发展新方向。

第二节

产品组合策略

现实经济生活中，大部分企业都不只生产一种产品。那么，究竟生产经营多少种产品才算合理，这些产品应当如何搭配，才能做到既满足不同消费者的需求，又使企业获得稳定的经济效益？企业营销需要对产品结构进行研究和选择，根据企业自身能力条件，确定最佳的产品组合。

一、产品组合的概念与要素

（一）产品组合（Product Mix）的概念

产品组合是指企业生产经营的所有产品线和产品项目的组合方式，即全部产品的结构。产品组合由各种各样的产品线组成，每条产品线又由许多产品项目构成。

（二）产品组合要素

1. 产品线

产品线也称产品系列或产品大类，是指在功能上、结构上密切相关，能满足同类需求的一组产品。每条产品线内包含若干个产品项目。

2. 产品项目

产品项目是指产品线中各种不同品种、规格、型号、质量和价格的特定产品。产品项目是构成产品线的基本元素。例如，某企业生产电视机、电冰箱、空调器和洗衣机 4 个产品系列，即有 4 条产品线。其中，电视机系列中的 29 英寸彩色电视机就是一个产品项目。

3. 产品组合的宽度

产品组合的宽度又称产品组合的广度，是指产品组合中所拥有的产品线的数目，即产品组合所包含产品大类的多少。产品线越多意味着企业的产品组合的宽度就越宽。

4. 产品组合的深度

产品组合的深度是指每种产品线中包含的产品项目的数量。产品组合的深度越大，企业产品的规格、品种就越多。例如，某家电公司所生产的电冰箱有 8 个品种，其电冰箱生产线的深度就是 8，若洗衣机有 10 个品种，则洗衣机产品线的深度比电冰箱产品线要深。产品组合的深浅往往反映了一个企业产品开发能力的强弱。

5. 产品组合的长度

产品组合的长度是指企业产品项目的总和，即所有产品线中的产品项目相加之和。以某电器公司为例，该公司的电视机产品线有 6 个产品项目，录音机产品线有 8 个产品项目，洗衣机有 3 个产品项目，吸尘器有 4 个产品项目，电冰箱有 6 个产品项目，空调机有 4 个产品项目，这家公司的产品组合长度就是：$6+8+3+4+6+4=31$ 个。一般情况下，产品组合的长度越长，说明企业的产品品种、规格越多，由于有时候一个产品项目就是一个品牌，因此，产品组合的长度越长，企业所拥有的产品品牌也可能越多。

6. 产品组合的关联性

产品组合的关联性指一个企业的各个产品线在最终使用、生产条件、分销渠道和其他方面相互关联的程度。例如，一个企业生产牙膏、肥皂、洗涤剂、除臭剂，则产品组合的关联性较大；若这个企业同时又生产化妆品和儿童玩具，那么，这种产品组合的关联性就很小。最终用途相关度即为消费关联性（或称市场关联性）组合。如企业同时经营电脑、打印纸、电脑桌就属于消费关联性组合；生产技术的相关度是指所经营的各种产品在生产设备、原材料或工艺流程等方面具有较强的关联性，可称为生产关联性组合；如企业同时生产电视机、电冰箱、洗衣机等生产关联性组合。销售方式的相关度一般是指各种产品在销售渠道、仓储运输、广告促销等方面相互关联，可称销售关联性组合。产品组合的相关度与企业的多元化经营战略密切相关。相关度大的产品组合有利于企业的经营管理，容易取得较好的经济效益；而产品组合的关联度较小，说明企业经营较为分散，可能是投资型企业，风险也比较分散，但是管理难度较大。

二、产品组合策略

产品组合策略，是指企业根据自己的目标和市场的需要，对产品组合的宽度、长度和关联度进行最佳组合的决策。主要包括对产品项目的增加、调整或剔除；产品线的增加、延伸和淘汰；以及产品线之间关联度的加强和减弱等。可供选择的产品组合策略一般有以下几种：

（一）扩大产品组合策略

扩大产品组合策略是指企业通过充分利用资源，增加产品组合的广度或深度，即增加产品系列（产品大类数目）或每个系列的产品数，扩展经营范围，生产经营更多的产品以满足市场需求。具体方式有：

1. 扩大产品组合的宽度

扩大宽度即增加产品大类，可以扩展企业的经营领域，以更好地发挥企业潜在的技术、资源优势实行多角化经营，有助于企业提高经济效益，并可分散企业的投资风险。

2. 增加产品组合的长度和深度

包括增加产品项目、增加产品的花色、式样，占领同类产品的更多细分市场，满足更大范围的顾客的不同需求和爱好等。

3. 增强产品组合的关联性

增强产品的关联性，可充分利用企业信誉和品牌知名度，完善产品系列，扩大经营规模，提高经济效益。

（二）缩减产品组合策略

缩减产品组合，即指原产品组合中缩短产品线和减少产品项目，减少经营范围。市场繁荣时期，较长较宽的产品组合会为企业带来更多的盈利机会。但当市场不景气或原料、能源供应紧张时，缩减产品组合反而会使总利润上升。这是因为从产品组合中剔除了那些获利很少甚至亏损的产品线或产品项目，使企业可以集中力量发展那些获利多、竞争力强的产品线和产品项目。

（三）产品线延伸策略

产品线延伸是产品档次的延伸，是一种战略性决策，具体有向上延伸、向下延伸和双向延伸 3 种实现方式。

1. 向上延伸

即在原有的产品线内增加高档产品项目。实行这一策略的主要目的是：高档产品市场具有较大的潜在成长率和较高利润率的吸引；企业的技术设备和营销能力已具备加入高档产品市场的条件；企业要重新进行产品线定位。采用这一策略也要承担一定的风险，要改变产品在顾客心目中的地位是相当困难的，处理不慎，还会影响原有产品的市场声誉。如丰田汽车因为不具奢侈品牌的形象，因此推出高级汽车品牌名称——“凌志”（以区别于丰田品牌）。“凌志”定位于奢侈汽车市场，设计豪华，材质高档。

2. 向下延伸

它是把企业原来定位于高档市场的产品线向下延伸，在高档产品线中加入中低档产品项目。采取此方案可给企业带来 3 点好处：第一，可使企业获得更大的市场占有率；第二，企业从高档产品市场进入中低档产品市场的成本较低。这是因为在产品设计、生产工艺、促销宣传、分销渠道方面，企业可充分利用现有的条件；第三，在短期内，可获得较明显的经济利益。如丝宝旗下的舒蕾品牌成功凭借终端拦截模式，晋升洗发水类前 3 名；此后它又将产品线向下延伸，推出定位低端的低价位洗发水品牌顺爽，实现了对高、低档消费群体的全面覆盖。

3. 双向延伸

双向延伸指原定位于中档产品市场的企业在掌握了市场优势之后，决定向产品线的上下两个方向延伸，一方面增加高档产品，另一方面增加低档产品，扩大市场阵容。采用该策略可充分利用企业的生产能力，满足不同层次消费者的需要，但很难在消费者心目中树立自己的企业形象。

（四）产品线现代化

产品线现代化就是用现代化的技术和设备对原有设备进行更新改造，以提高劳动效率和经济效益。随着科技的进步，传统技术与设备已不能适应现代发展的需要，就要求企业对设备进行更新换代。企业技术与设备更新换代的方式有两种：一是逐步实现现代化，二是快速实现现代化。前者适合资金规模较小的企业，后者适合实力雄厚的大企业。

小链接：

阿里巴巴产品组合策略

淘宝网：目前业务跨越 C2C（个人对个人）、B2C（商家对个人）两大部分；旗下有聚划算，是阿里巴巴集团旗下的团购网站，淘宝聚划算是淘宝网的二级域名。

支付宝：隐私性、安全放心、售后服务好，成为国内领先的独立第三方支付平台。

天猫：中国地标性的线上综合购物平台，拥有超 1.2 万国际品牌，18 万知名大牌，8.9 万品牌旗舰店。为日益成熟的中国消费者提供全球精选好货、无后顾之忧的好服务，致力于打造品质购物体验。

阿里云：打造以数据为中心的先进云计算服务平台。包括电子商务数据采集、海量电子商务数据快速处理和定制化的电子商务数据服务，以助阿里巴巴集团及整个电子商务生态链的成长。

蚂蚁金服：打造开放的生态系统，为小微企业和个人消费者提供普惠金融服务。旗下有支付宝、余额宝、招财宝、蚂蚁聚宝、网商银行、花呗、芝麻信用等子业务板块。

全球速卖通：是阿里巴巴旗下唯一面向全球市场打造的在线交易平台，被广大卖家称为“国际版淘宝”。全球速卖通面向海外买家，通过支付宝国际账户进行担保交易，并使用国际快递发货。是全球第三大英文在线购物网站。

阿里巴巴国际站：是通过向海外买家展示、推广供应商的企业和产品，进而获得贸易商机和订单，是出口企业拓展国际贸易的首选网络平台之一。

阿里 1688：是全球领先采购批发平台。全球企业间（B2B）电子商务的著名品牌，为数千万网商提供海量商机信息和便捷安全的在线交易市场。

阿里妈妈：首次引入“广告是商品”的概念，让广告第一次作为商品呈现在交易市场里，让买家和卖家都能清清楚楚地看到，目前已经成为中国最大的网络广告联盟平台。2008 年的“大淘宝战略”，淘宝网和阿里妈妈合并发展，共同打造全球最大电子商务生态体系。

菜鸟网络：菜鸟驿站是由阿里巴巴旗下菜鸟网络牵头，建立面向社区和校园的物流服务平台，为用户提供包裹代收、代寄等服务，致力于为消费者提供多元化的“最后一公里”服务。

诚信通：是阿里巴巴针对内贸企业量身打造的，以企业诚信体系为内核的电子商务会员服务。升级后的服务以 1688 为主，打通多个商业场景（如搜索、社交、LBS、企业工作台、云等），帮助企业实现 360 度商机触达。

阿里巴巴通过以上业务板块，力争打造一个全产业链发展模式，实现信息流、资金流、物流、商流、促销流在诚信体系支撑下的良性发展。

（资料来源：根据网络资源整理，2017. 09）

第三节

产品的市场生命周期策略

产品市场生命周期，是现代市场营销学中的一个重要概念，是企业研究产品策略的重要根据。研究产品生命周期的发展变化，可以使企业掌握各个产品的市场地位和竞争动态，为企业制定战略计划、营销策略提供依据，对增强企业的竞争能力和应变能力具有重要意义。

一、产品市场生命周期的含义

产品生命周期是指产品的市场寿命，即一种新产品从开始进入市场到被市场淘汰的整个过程。它分为介绍期、增长期、成熟期、衰退期四个阶段。一种产品进入市场后，产品的销售量和利润都会随时间推移而改变，呈现一个由少到多、由多到少的过程，就如同人的生命一样，由诞生、成长到成熟，最终走向衰亡。这就是产品的生命周期现象。所谓产品生命周期，是指产品从进入市场开始，直到最终退出市场为止所经历的市场生命循环过程。产品只有经过研究开发、试销，然后进入市场，它的市场生命周期才算开始。产品退出市场，则标志着生命周期的结束。

二、产品市场寿命周期不同阶段的特点与策略

产品市场生命周期具有多种多样的形态，人们在长期的实践中总结了各种不同产品在市场上的活动规律后，根据产品在市场中的变化趋势，以时间为横坐标，以销售为纵坐标，把产品生命周期的变化过程绘制成一条曲线，并将其划分为导入期、成长期、成熟期、衰退期 4 个阶段，见图 8－2。

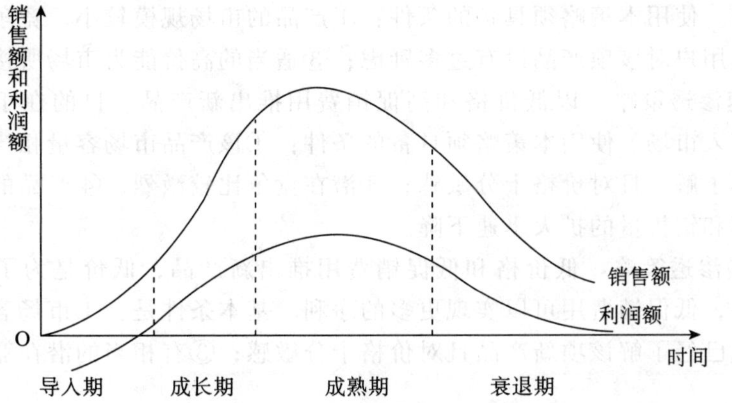

图 8-2 产品生命周期图

（一）导入期

在这个阶段，顾客对产品还不了解，只有少数追求新奇的顾客可能购买，销售量很低。为了扩展销路，需要大量的促销费用，对产品进行宣传。在这一阶段，由于技术方面的原因，产品不能大批量生产，因而成本高，销售额增长缓慢，企业不但得不到利润，反而可能亏损。产品也有待进一步完善。

1. 导入期的主要特征

只有少数企业生产，市场上竞争者较少；消费者对新产品尚未接受，销售量增长缓；需做大量广告宣传，推销费用大；企业生产批量小，试制费用大，产品成本高；产品获利较少或无利可图，甚至亏损。

2. 导入期的营销策略

对位于产品导入期的产品，企业应该尽可能快地进入和占领市场，尽可能短时间内实现由导入期向成长期的转轨，企业营销策划的重点应该是在促销与价格方面，突出一个“快”字，见图 8-3。

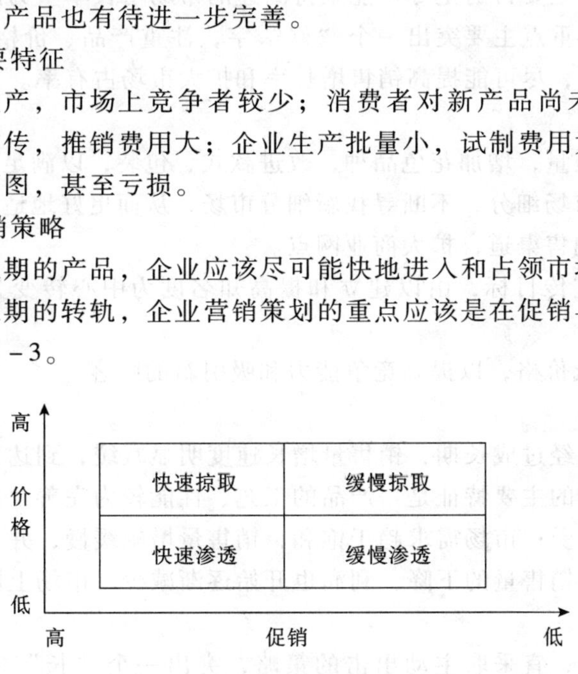

图 8-3 营销策略

（1）快速掠取策略。特点是以高价格和高促销费用推出新产品。高价格是为了在每一单位销售额中获取最大利润，高促销费用是为了引起目标市场的注意，尽快地占领市场，以尽快收回开发时的投资。使用本策略须具备的条件：①市场上有较大的需求潜力；②目标顾客求新心理强且对价格不敏感；③企业面临潜在竞争者的威胁，需要及早树立品牌。

（2）缓慢掠取策略。特点是以高价格低促销费用将新产品进入市场，可以使企业获得更多利润。使用本策略须具备的条件：①产品的市场规模较小，竞争威胁不大；②市场上大多数用户对该项产品没有过多疑虑；③适当的高价能为市场所接受。

（3）快速渗透策略。以低价格和高促销费用推出新产品，目的在于先发制人，以最快的速度打入市场。使用本策略须具备的条件：①该产品市场容量相当大；②潜在消费者对产品不了解，且对价格十分敏感；③潜在竞争比较激烈；④产品的单位制造成本可随生产规模和销售量的扩大迅速下降。

（4）缓慢渗透策略。低价格和低促销费用推出新产品，低价是为了促使市场迅速地接受新产品，低促销费用可以实现更多的净利。基本条件是：①市场容量较大；②潜在顾客易于或已经了解该项新产品且对价格十分敏感；③有相当的潜在竞争者准备加入竞争行列。

（二）成长期

是指产品经过试销取得成功后，转入批量生产和扩大销售的阶段。这一阶段的特征是：消费者对产品已经熟悉并接受，销售量迅速上升，一般来说，销售增长率超过10%；产品已基本定型，生产规模扩大，产品成本下降，企业利润不断增加；同行业竞争者纷纷介入，竞争趋向激烈。

企业在成长期的主要目的是尽可能维持高速的市场增长率。为此，产品进入成长期后，企业营销策略的重点主要突出一个“好”字，注重产品、价格、渠道和促销方面，强化产品的市场地位，尽可能提高销售增长率和扩大市场占有率。具体可以采取以下几种营销措施：

（1）提高产品质量，增加花色品种，改进款式、包装，以满足市场需求。

（2）进行新的市场细分，不断寻找新细分市场，从而更好地适应增长趋势。

（3）开辟新的销售渠道，扩大商业网点。

（4）改变广告宣传目标，由以建立和提高知名度为中心转变为以品牌、企业形象为中心。

（5）适当地降低价格，以提高竞争能力和吸引新的顾客。

（三）成熟期

成熟期是指产品经过成长期，销售量增长速度明显减缓，到达顶峰点后转入缓慢下降的阶段。这一阶段的主要特征是：产品的工艺、性能较为完善，质量相对稳定，产品被大多数消费者所接受；市场需求趋于饱和，销售量增幅缓慢，并呈下降趋势；企业利润达到最高点，随着销售量的下降，利润也开始逐渐减少；市场上同类产品和替代品不断出现，竞争加剧。

对成熟期的产品，宜采取主动出击的策略，突出一个“长”字，做好“3个改”，使成熟期延长，或使产品生命周期出现再循环。为此，可以采取以下3种策略：

1. 改进市场策略

这种策略不是要调整产品本身，而是发现产品的新用途、寻求新的用户或改变推销方式等，以使产品销售量得以扩大。

2. 改进产品策略

这种策略是通过产品自身的调整来满足顾客的不同需要，吸引有不同需求的顾客。整体产品概念的任何一层次的调整都可视为产品再推出。

3. 改进市场营销组合策略

这种策略是通过对产品、定价、渠道、促销4个市场营销组合因素加以综合调整，刺激销售量的回升。常用的方法包括降价、提高促销水平、扩展分销渠道和提高服务质量等。

（四）衰退期

衰退期是指产品经过成熟期，逐渐被同类新产品所替代，销售量出现急剧下降趋势的阶段。这一阶段的主要特征是：产品销售量由缓慢下降变为迅速下降，销售增长率出现了负增长；消费者对该产品的兴趣已完全转移到新产品上；产品价格已降到最低点，多数企业无利可图，竞争者纷纷退出市场。

产品一旦进入衰退期，营销策略的重点，应主要放在“转”字上，在这一阶段应积极开发新产品以取代老产品。同时，还要根据市场的需求情况，保持适当的生产量以维持一部分市场占有率，并作好撤退的准备。具体可采取以下策略：

1. 维持策略

维持策略是企业继续沿用过去的策略，仍按照原来的细分市场，使用相同的销售渠道、定价及促销方式，直到这种产品完全退出市场为止。

2. 集中策略

集中策略是企业把能力和资源集中在最有利的细分市场、最有效的销售渠道和最易销售的品种上，这样有利于缩短产品退出市场的时间，同时又能为企业创造更多的利润。

3. 收缩策略

收缩策略是企业大幅度降低促销水平，尽量减少销售和推销费用，以增加目前的利润。这样可能导致产品在市场上的衰退加速，但又能从忠于这种产品的顾客中得到利润。

4. 放弃策略

放弃策略是企业对衰退比较迅速的产品，应该当机立断，放弃经营。企业可以采取完全放弃的形式，将产品完全转移出去或立即停止生产；也可采取逐步放弃的方式，使其所占用的资源逐步转向其他产品。

产品生命周期是一个非常重要的概念，与企业制定产品策略以及营销策略有着直接的联系。企业要想使其产品有一个较长的销售周期，以赚取足够多的利润来补偿在推出该产品时所做出的努力和经受的风险，就必须认真研究和运用产品的生命周期理论。此外，产品生命周期理论也是营销人员用来描述产品和市场运作方法的有力工具。

小链接：

Apple Pay会颠覆支付宝、微信支付吗？

Apple Pay是一种支付技术或产品，它并不是像支付宝、财付通、百度钱包一样是第三方支付，他本身没有账户体系及设计资金的清结算，Apple wallet将你钱包中的银行卡都虚拟化成一个App，而刷卡行为变成“刷手机”。而支付宝、微信可以使用余额支付，甚至包括生活缴费、基金理财、收发红包等。

但按支付行为来讲，Apple Pay 的出现会在支付手段上会给予用户新的选择权。如此新潮的支付方式的确会吸引一大部分的年轻用户，而这批用户本身也是支付宝、微信支付的用户群体，势必会对支付宝和微信支付产生影响，包括精神上的。如果 Apple Pay 占领银联和银行，使他们按 Apple Pay 进行移动支付，对支付宝、微信支付会有威胁。但是，支付宝和微信 App 属于跨平台应用，在所有用户终端中，适用 Apple Pay 机型的用户则不会太多，对支付宝和微信支付产生的潮汐冲击力有限。一般来讲，支付宝和微信支付在扫码场景和移动端支付中已经做的很不错了，只要支付宝和微信不犯错（出现普遍较大的风险问题或者引起用户反感的行为，或者被央行没收支付牌照等），依照现在的基量，后来者是比较难以全盘颠覆的。

Apple Pay 目前有两种支付方式，一种为线下支付，通过 NFC 非接触和指纹验证“刷手机”；另一种是苹果手机中 App 的支付，无需跳转第三方支付应用即可立即支付。其闪付功能代表着未来的发展趋势，支付宝和微信必须警觉。

Apple Pay 与支付宝、微信产品体系综合对比：

对比点	Apple Pay	支付宝	微信支付
移动支付分类	近场闪付	联网扫码	联网扫码
便捷	一个步骤	三个步骤	五个步骤
时间	1 秒	8 秒	10 秒
安全	非常高	高	高
时尚	非常高	中	中
受理端	500 万元	30 万元	30 万元
日限额	各银行不一	平均 5 万元	平均 5 万元
费率	0.38% ~1.25%	0.6%	0.6%

资料来源：根据百度文库资料整理。

第四节 产品包装策略

包装是指产品的容器或外部包扎物，是产品策略的重要内容。包装有着识别、便利、美化、增值和促销等功能。产品包装是一项技术性和艺术性很强的工作，企业可以通过包装策略达到多种目的。

一、产品包装的含义与作用

（一）产品包装的概念

包装是指产品的容器或外部包扎物，是产品策略的重要内容，有着识别、便利、美化、增值和促销等功能，是产品整体概念的重要组成部分。企业产品的包装，是指产品在到达购买者的过程中，为了保护产品、方便储运和有利于销售，采用适当的材料、容器和各种辅助物对产品进行的一种技术经济措施。产品包装是一项技术性和艺术性很强的工作，通过对产品的包装可以达到多种效果，包装设计应适应消费者心理，显示产品的特色和风格，包装形状、大小应为运输、携带、保管和使用提供方便。包装工作是企业生产过程的一个重要组成部分，是产品转化为商品并加以实现的技术手段。

具体而言，产品包装具有两个方面的含义：静态含义，指能合理容纳商品、抵抗外力、保护商品并宣传商品的物件，也即包装器材或包装工具。如装商品的容器或包装物。动态含义指包裹、捆扎商品的工艺操作活动，也即包装技术或包装方法。装潢是指给包装物进行的装饰和美化，它具有强化包装、促进销售的作用。包装和装潢是紧密联系不可分割的统一体，通常简称包装。产品包装一般包括三个部分：首要包装。即产品的直接的包装，如牙膏软管、啤酒瓶等；次要包装。即保护首要包装和促进销售的包装物，也叫中层包装。如牙膏纸盒；运输包装。即为了便于储运、识别某些产品的包装，也叫外包装。

此外，在产品包装上还有标签，其是为了说明产品而贴在包装上的招贴或印在包装上的文字、图案等。在标签上一般都印有包装内容和产品所包含的主要成分、品牌标志、产品质量等级、生产厂家、生产日期和有效期、使用方法等，有些标签上还印有彩色图案或实物照片，以促进销售。

（二）产品包装的作用

1. 保护产品

这是包装最原始和最基本的功能。在产品的流通和使用过程中，包装可以起到防止各种损坏的作用，如防止破损、散失、变质、挥发、污染、虫蛀、鼠咬等，以保证产品的清洁卫生和安全，保持产品的良好本色。特别是对于某些产品，如感光器材、药物、食品、饮料等，包装的保护作用更加明显。

2. 易于识别，促进销售

精美的包装，给人以美的享受，可以增加产品特色，改进产品的外观，提高顾客的视觉兴趣，激发顾客的购买欲望。包装是货架上的广告，被称为“无声推销员”，在产品使用时，亦产生长久的广告作用，产品包装装潢已成为超市营销的一个重要手段。优质产品应配置优质的包装，才能与众不同，发挥竞争力，促进产品的销售。产品的包装外观上能与同类产品有所区别，以显示本企业的特色，不仅有利于消费者的识别和选择，而且不易被别人仿制和假冒。

3. 增加利润

包装是产品质量的组成部分，优良精美的包装可以更好地体现产品的内在质量、价值以及企业产品档次、实力和知名度等，而且能够提高产品的附加价值。消费者宁愿出较高的价格来购买包装精致的商品，有时超出的价格往往高于包装的附加成本，同时完善的包装使产品的损耗率大大降低，企业的盈利也会增加。

4. 提供便利

产品在流通过程中要经过多次转移，良好的包装会给买卖双方提供方便，便利消费者购买、携带、储存和使用。

二、产品包装设计原则

包装的设计是一项技术性和艺术性很强的工作，企业在设计产品的包装时，应遵循一定的基本原则。

1. 安全性原则

安全是包装设计最基本的原则，在包装过程中，所选择的包装材料以及包装物的制作，都必须适合被包装产品的物理、化学、生物性能，以保证产品不损坏、不变质、不变形、不渗漏、不串味。总之，要保证产品品质完好、数量完整，同时还要有环保观念，注意保护环境。

2. 形象性原则

包装的图案、文字必须清晰如实地反映出商品的特点、功能、规格以及使用方法等，以方便消费者选购和使用。挑选性强的商品，如服装、头巾、床单等，应使消费者透过包装看到花色、款式等，以加强商品的直观性。有的商品还应该在包装物中置入产品说明书，方便消费者使用。

3. 艺术性原则

包装设计要美观大方，图案生动形象，不落俗套，不搞模仿，采用新的包装材料，使人耳目一新。

4. 经济性原则

包装材料的选择应务求安全、牢固、量轻、价低，内部结构科学合理，外观形状美观大方，既能保护产品，又无不良副作用，也不致造成成本过高，加重消费者不必要的负担。要防止出现小商品大包装和低价商品豪华包装的浪费现象。

5. 信誉性原则

信誉性原则即要讲究包装道德。包装设计体现了一个企业的职业风范和道德水准。企业应从维护消费者利益出发，尽量采用新材料、新技术，为消费者着想，给消费者方便，树立企业良好的信誉。杜绝在包装上弄虚作假、欺骗蒙蔽等损害消费者利益的不道德行为。同时，还必须进一步考虑一系列社会和环境问题，以保障社会的公共利益，比如“蒙牛”盒装牛奶上标注空盒应投放到垃圾桶的图示。

6. 尊重消费者的宗教信仰和风俗习惯原则

包装设计中要尊重不同国家、不同民族、不同的宗教信仰和风俗习惯，包装装潢上的文字、图案、色彩等不能和目标市场的宗教信仰和风俗习惯发生抵触。

7. 科学性原则

包装的造型和结构应充分考虑使用、保管和携带的方便，有利于运输、储存和在商店的陈列。

小链接：

消费者注重包装安全

在一家大型超市的食品专柜前，记者随机采访了一些正在选购商品的顾客，多数消费者表示自己在购买食品时已经越来越注意包装的安全性。一位中年消费者说："如果食品包装明显有异味，我肯定不会购买。"另一位绿色食品的忠实消费者表示，她非常喜欢购买绿色食品，但往往对于绿色食品所使用的包装是否也绿色环保产生疑问。她说："如果绿色食品被包装污染了，又怎么能再称为绿色食品呢？"有的人认为，对于普通消费者来说，辨别食品包装是否存在安全隐患非常困难，有关部门应该出台相关标准对企业进行规范，从生产源头控制食品安全问题。

资料来源：中国包装网。

三、产品包装策略

良好的包装必须与正确的包装策略结合起来，才会发挥应有的作用。常用的包装策略主要有6种：相似包装策略、等级包装策略、相关包装策略、复用包装策略、附赠品包装策略以及更换包装策略。

1. 相似包装策略

相似包装策略是指企业将其所生产的各种不同产品，在包装外形上采用相同的图案、近似的色彩及其他共同的特征，使消费者或用户极易联想到这是同一家企业生产的产品。相似包装策略的优点是：其优点在于能节约设计和印刷成本，树立企业形象，有利于新产品的销售。但此策略仅适应同样质量水平的产品，若产品质量相差悬殊，会因个别产品质量下降影响其他产品的销路。

2. 等级包装策略

等级包装策略是指按照产品的价值、品质、分成若干等级，并实行不同的包装，使包装与产品的价值相称，如优质包装与普通包装，豪华包装与简易包装等。优质产品采用高档包装，一般产品采用普通包装。等级包装策略有利于消费者依据包装辨别产品的档次差别和品质的优劣。这种策略适用于产品相关性不大、产品档次、品质比较悬殊的企业，其优点是能体现产品的特点，并与产品质量协调一致；缺点是增加了包装设计的成本，比如茶叶的礼盒包装、桶装与袋装等。

3. 相关包装策略

相关包装策略是指把使用时相互关联的多种商品纳入一个包装容器中，同时出售，如家用药箱、针线包、工具箱等。这种策略不仅有利于充分利用包装容器的空间，而且有利于满足同一消费者的多种需要，扩大销售。

4. 复用包装策略

包装内产品使用完后，包装物本身可以回收再用或让顾客用做其他用途。如啤酒的瓶子，装咖啡的瓶子等可回收重复使用。此策略的目的在于通过给顾客额外的利益，扩大销售。同时包装物在使用过程中，也可起到广告宣传的作用，诱发消费者购买或引起重复购买。例如，果酱、酱菜采用杯形包装，空的包装瓶可以作水杯；糖果包装盒还可以用作文具盒等。这种包装策略一方面可以引起用户的购买兴趣，另一方面能使刻有商标的容器发挥广告宣传作用，吸引用户重复购买。但是这类包装成本一般较高，实际上包装已成为一种产品。

5. 附赠品包装策略

在包装或包装内附赠奖券或实物，以吸引顾客购买。例如，儿童市场上玩具、期刊、糖果等商品附赠连环画、认字图；化妆品包装中附有赠券，积累到一定数量，可以得到不同的赠品等。

6. 更换包装策略

当某种产品销路不畅或长期使用一种包装时，企业可以改变包装设计、包装材料，通过使用新的包装，使顾客产生新鲜感，达到扩大销售的目的。但是，对于优质名牌产品，不宜采用这种策略。商品包装的改变，正如产品本身的改进一样，对于扩展销路同样具有重要的意义。当企业的某种产品在同类产品中质量相近而销路不畅时，就应注意改进包装设计。如果一种产品的包装已采用较长时间，也应考虑推陈出新，改变包装。当然，这种通过改变包装办法来达到扩大销路目的的策略是有条件的，那就是产品的内在质量必须达到使用要求。如果不具备这个条件，产品的内在质量不好，那么，即使在包装上做了显著的改进也无助于销售的增加。

第五节

新产品开发与扩散

产品生命周期理论揭示，任何产品都有一个被淘汰的过程。在消费者需求剧烈变化，市场竞争激烈，企业要取得可持续发展，就必须不断地推陈出新，创造出满足消费者需求的新产品。有效的新产品开发，能使企业的某些产品销售衰退以前，让另一些新产品进入快速成长期；而当某些产品处在成熟期时，一些产品已开始向市场推出。这样，就可使企业始终能够保持稳定发展的趋势。企业应该把开发新产品作为企业生死存亡的战略重点。

一、新产品开发

（一）新产品的概念与意义

新产品是指产品整体概念中的任何一个部分有所创新、改革和改变，能够给消费者带来新的利益和满足新的需求的产品。新产品可分为全新产品、换代产品、改进新产品等。

1. 全新产品

即科技上新发明的产品，是指采用新原理、新技术及新材料研制成功的前所未有的产品，也是首创产品。这种产品往往代表了科学技术发展史上的一个新突破，甚至将改变人们的生活习惯和生活方式。例如，世界上第一台打字机、电话、汽车、飞机、尼龙、电视机、复印机、电子计算机以及手机等，都是科学技术的一项重大发明创造，因而极为难得，也不是一般企业能够胜任的。因为一个完全创新产品的出现，从理论到应用，从实验试制到组织大批量生产，不仅时间过程长，而且投资代价大，这类产品的开发是非常困难的，往往包含着发明创造，通过科技领域的重大突破才能成功。但这种产品一旦开发成功，会给企业带来巨大的利润。

2. 换代产品

即在原有产品的基础上，利用现代科学技术制成的具有新的结构和性能的产品。例如，黑白电视机革新为彩色电视机；电子计算机从最初的电子管，经历了晶体管、集成电器、大规模集成电路几个阶段，发展到现在的人工智能电脑。开发换代新产品较开发全新产品，技术上难度降低，效果好且风险小。

3. 改进新产品

改进产品即对原有产品在品质、性能、结构、材料、花色、造型或包装等方面作出改进而形成的产品。这种新产品与原有产品差别不大，往往是在原有产品的基础上派生出来的变型产品如普通牙膏改为药物牙膏，普通洗发精改为护发养发洗发精，新款式的服装、汽车等。改进后的新产品，其结构更加合理，功能更加齐全，品质更加优质，能更多地满足消费者不断变化的需要。改进新产品企业较容易开发的新产品，因此，发挥余地大，竞争也相对激烈。

以上3种新产品尽管"新"的角度和程度不同，科技含量相差悬殊，但都有一个共同特点，就是消费者在使用时，认为它与同类产品相比具有特色，能带来新的利益和获得更多的满足。

（二）新产品开发程序

企业新产品的开发过程是一个充满了矛盾、风险和创新的工作过程。从新产品的构思、筛选、设计、试制、鉴定、试销、评价直到全面上市投产，工作内容和环节相当多，涉及面也非常广。因此，新产品的开发，一般总是要按照一定的阶段和程序展开。企业开发新产品的过程，并没有固定的模式或统一的程序。但一般的新产品开发都是可以分阶段、分步骤的，新产品的开发一般要经历新产品构思、新产品构思筛选、新产品概念形成、初拟营销规划、商业分析、新产品设计与试制、新产品试销、正式上市8个阶段。见图8-4。

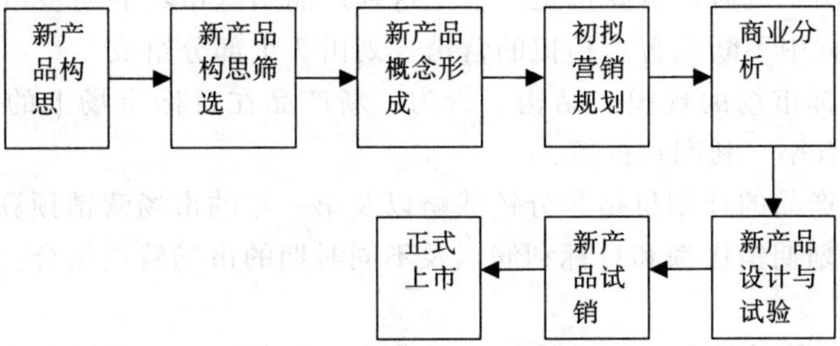

图8-4　新产品开发程序

1. 新产品构思

寻求创意新产品开发过程是从新产品构思开始的，所谓构思，就是开发新产品的设想。虽然并不是所有的创意都可变成产品，但寻求尽可能多的创意可为开发新产品提供较多的机会，所以，现代企业都非常重视创意的开发。新产品创意的主要来源有5点：一是顾客，顾客的需求是寻求新产品构想的重要来源。企业可以通过直接向顾客调查以及接待顾客来信来访，了解他们的需求。二是科技人员，他们的科技攻关对企业开发新产品非常重要，特别是一些专利。三是竞争对手，从竞争对手的产品中可以看出哪些产品是受顾客欢迎的。四是企业的推销人员和经销商，由于他们经常与顾客接触，因此他们了解市场需求。五是发明专利权代理人、大学及科研机构、市场营销研究机构等。不管构想来自哪里，其产生不外乎4种方式：顾客需求、偶发事件、灵感与创造技巧。企业应注意发现顾客的需求，广泛收集新产品的开发资料。

2. 新产品构思筛选

这一步骤主要是对来源于多个渠道的新产品构思进行筛选，这是一个决策过程，从中选出具有开发价值的构思，剔除那些与企业发展目标和长远利益不一致，或企业资源条件还不具备的新产品构思。筛选的主要目的是在尽可能早的时间内发现和排除不合理的构思。所谓不合理的构思，一方面是指缺乏科学依据和可操作性的构思，另一方面是指同企业的基本目标不相吻合或企业一时无能力开发的构思。

构思的筛选，一般可分为两个阶段。先是由企业自己进行初选，淘汰那些明显不合理的构思，然后再对剩余的构思进行认真的评价和筛选。从新产品构思中选优的具体标准因企业而异，但在此过程中，企业一般都要考虑两个因素：一是构思方案是否符合企业目标，包括利润目标、销售目标、销售增长目标以及企业形象目标等；二是构思方案是否适应企业的能力，包括开发新产品所需的资金、人才、技术和设备等。在筛选过程中，企业要避免两种错误："误舍与误用"：一是漏选良好的构思，对其潜在价值估计不足，使企业失去机会；二是采纳错误的构思，导致资源的错误投入而失败。

3. 新产品概念形成

新产品概念是企业从消费者的角度对产品创意进行的详尽描述，即创意具体化，描述出产品的性能、具体用途、形状、优点、价格、提供给消费者的利益等。同时将筛选出的创意发展成更具体，明确的产品概念，并试制转变成真正的产品。

4. 初拟营销规划

新产品构思确定之后，需要拟定一个把这种产品引入市场的初步市场营销规划，并在未来的发展过程中不断完善。初拟的营销规划由3个部分组成。

（1）描述目标市场的规模、结构、行为；新产品在目标市场上的定位；头几年的销售额、市场占有率、利润目标等。

（2）简述新产品的计划价格、分销战略以及第一年的市场营销预算。

（3）阐述计划期销售额和目标利润以及不同时期的市场营销组合。

5. 商业分析

即新产品的经济效益分析，也就是根据企业的利润目标，对新产品进行财务上的评价。主要包括以下内容：①预测新产品的市场销售额和可能的生命周期；②预测新产品可能的市场价格和开发新产品总的投资费用及其风险程度；③对新产品预期的经济效益作出综合性的分析和评价。

6. 新产品设计与试制

新产品设计是从技术上把新产品设想变成现实的一个重要的阶段，是实现社会或用户对产品的特定性能要求的创造性劳动。新产品的设计直接影响到产品的质量、功能、成本、效益，影响到产品的竞争力。实践证明，产品的成功与否，很大程度上取决于产品的设计工作是否成功，因而，产品设计在新产品开发的程序中占有十分重要的地位。

新产品试制就是按照一定的技术模式实现产品的具体化或样品化的过程。它包括工艺准备、样品试制和小批量试制等几个方面的工作。新产品试制是为实现产品大批量投产的一种准备或实验性的工作，因而无论是工艺准备、技术设施、生产组织，都要考虑实行大批量生产的可能性，否则，产品试制出来了，也只能成为样品、展品，只会延误新产品的开发。同时，新产品试制也是对设计方案可行性的检验，一定要避免设计是一回事，而试制出来的产品又是另一回事，不然就会与新产品开发的目标背道而驰，导致最终的失败。

7. 新产品试销

一件新产品试制出来后，最好不要急于推向市场。实践表明，很多产品试制出来后仍然会遇到被淘汰的命运。市场测试也称市场试销，是指将试制的产品投放到通过挑选并具有代表性的小型市场范围内进行销售试验，以了解顾客对新产品的反映和意见，以便企业采取相应的营销策略，从而发现问题及时解决。但是并非每种新产品都需要测试，如果企业在产品概念形成及测试阶段，已经通过各种方式收集了顾客对该产品的意见和建议，对产品做出了改进；或者顾客对该产品的选择性小，就可以不必进行市场测试，而直接推向市场。

此外，对一些价格较昂贵，并非大量销售的产品，通常也不进行市场测试。市场试销主要是面对那些使用面较广、市场生命周期较长以及市场容量较大的产品。市场试销中还必须注意的问题是竞争者有可能立即对试销中的新产品进行仿制，一些仿制能力极强的企业很可能在新产品还未批量上市之前已抢先推出仿制产品，从而令企业功败垂成。所以企业对于进行试销的新产品一是要加强专利保护，二是要掌握关键技术。若无有效的反仿制措施，一般宁愿不进行市场试销。

8. 正式上市

经市场试销成功的新产品，即可正式上市。在正式上市之前，企业还要做出 4 项决策：

（1）推出时机。即回答何时推出的问题。新产品进入市场的时间要适当，新产品上市过早，会加速原有产品的老化；新产品上市太迟会因新老产品都不盈利，给企业造成损失。一般来说，当老产品由成熟期进入衰退期时，新产品大量投放市场，力争既能满足顾客需要，又能使企业提高或保持原有的市场占有率，获得较好的经济效益。

（2）推出地点。一般来说，对于新产品开始上市的地点，小企业可选好一个中心城市推出新产品，迅速占领市场，站稳市场后再逐步扩展到其他地区；大企业可先在一个地区推出，然后再逐步扩展，如有把握，也可在全国各地同时上市，迅速占领全国市场。

（3）目标顾客。企业应根据新产品的特点，选择最具潜力的消费者群，作为新产品销售的目标市场，并充分利用相关群体的影响作用，带动目标市场消费者群采取购买行为。

（4）营销策略。营销策略指针对产品特点和不同的消费者做出相应的营销组合，如产品定价、确定分销渠道、广告和售后服务调查等。

小链接：

互联网产品生命周期的六个阶段的策略

互联网产品都会经历六个阶段：启动→拉新→促活跃→营收→留存→流失。

启动阶段：冷启动需要用户反馈和验证产品是否满足其核心需求。冷启动的用户吸引称其为“破冰”，破冰阶段种子用户的抓取并非易事。你根本不知道这些应用提供商从哪里找。种子用户不等于核心用户，核心用户是经过一段时间沉淀下来的，有一定的忠诚性，有营收、变现的潜质，而启动阶段的更多着眼在是需求痛点和用户体验的验证。

拉新阶段：需要开始市场 + BD（Business Development）渠道 + 运营多管齐下来操作。这个阶段有两个关键指标是：流量入口和单位成本下的目标转化。目标转化就是围绕运营的目标来制定的用户行为，如下载安装、完成注册、首单（投）等；帮助我们判断什么样的投放渠道和运营方式是最小单位成本下的最有效选择（最多产出）。

促活跃阶段：任何产品都有活跃度（使用频次）消退期，这时候需要有些运营的爆点来消除一些用户的疲劳感。促活体系的建立，要用好三板斧：目标人群 + 奖励 + 任务（即场景）。就是分析目标人群的喜好；建立用户激励体系：精神上的奖励：如生日特权，会员勋章；物质上的奖励：如签到奖励，注册后送红包，首投后有返利或优惠券等奖励；场景设计即用户在什么场景下，完成什么任务；这个任务的设置也和我们平台运营要达到的目标相统一。

营收阶段：营收关注付费渗透率和人均价值。付费渗透率指一个大盘的人群中有百分之多少的用户是会或是有意愿付费的，即总用户数 × 付费转化百分比；人均价值则指每个用户平均对于产品的付费金额，电商业常称之为客单价。

留存和挽回阶段：分析好这拨用户特性和流失原因后，可以有些小策略设置召回陷阱，如定向推送些优惠券和福利让其回来看看，并使用短信、EDM、微信、APP 消息中心等渠道来触达到已经有流失预警的用户。

流失期：产品都会遇到被竞品收购、兼并，被用户抛弃，或被行业淘汰等情况，这个时候我们也应该做好用户告知、安抚和后续安排应对工作。一来是让用户对我们公司品牌、产品团队有个善始善终的好印象，同时也为了后续新产品的推出做好衔接、导流的工作。

（资料来源：根据网络资源整理）

二、新产品扩散

新产品扩散，是指新产品上市后随着时间的推移不断地被越来越多的消费者所采用的过程。也就是说，新产品上市后逐渐地扩张到其潜在市场的各个部分。扩散过程与采用过程的含义不一样。采用过程是从微观角度考察消费者个人由接受创新产品到成为重复购买者的各个心理阶段，而扩散过程则是从宏观角度分析创新产品如何在市场上传播并被市场所采用的更为广泛的问题。

（一）新产品采用者的类型

在新产品的市场扩散过程中，由于个人性格、文化背景、受教育程度和社会地位等因素的影响，不同的消费者对新产品接受的快慢程度不同。罗杰斯根据这种接受程度快慢的差异，把采用者划分为5种类型，即创新采用者、早期采用者、早期大众、晚期大众和落后采用者，见图8－5。尽管这种划分并非精确，但它对于研究扩散过程有重要意义。

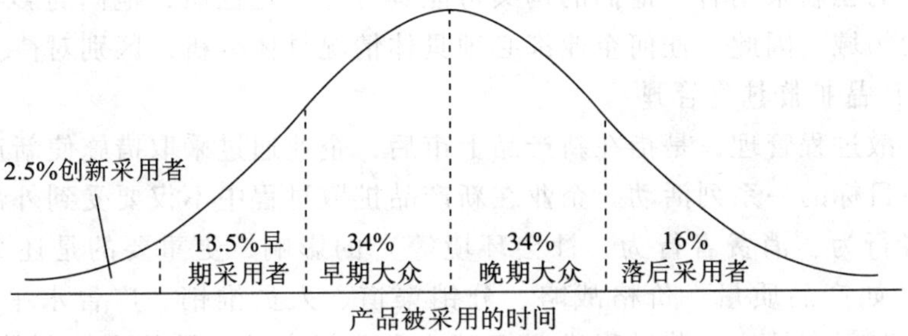

图8－5　新产品扩散图

1. 创新采用者

创新采用者也称为“消费先驱”。通常他们富有个性，受过高等教育，勇于革新冒险，性格非常活跃，经济宽裕，社会地位较高。任何新产品都是由极少数创新采用者率先使用，创新采用者占全部潜在采用者的2.5%。企业推出新产品时，应将营销重点集中于创新采用者身上，通过他们的影响，促进新产品的市场扩散。不过，找出创新采用者并非易事，因为很多创新采用者在某些方面倾向于创新，而在其他方面是落后采用者。

2. 早期采用者

早期采用者一般也接受过较高的教育，年轻，富于探索，对新事物、新环境比较敏感，并且有较高的适应性，经济状况良好。早期采用者多在产品的介绍期和成长期采用新产品。并对后面的采用者影响较大。但与创新采用者相比，他们的态度较为慎重。所以，他们对新产品的扩散有着决定性的影响。这类顾客是企业推广新产品极好的目标。此类消费者占全部潜在采用者的13.5%。

3. 早期大众

早期大众约占全部潜在采用者的34%，这类顾客的基本特征是：深思熟虑，态度谨慎，较少保守思想，受过一定的教育，有较好的工作环境和固定收入。他们虽不甘落后于时尚，但是却常常观望一段时间，在早期采用者认可后再购买，成为赶时髦者。由于这部分顾客比重较大，企业研究他们的消费心理和消费习惯，对于加速新产品的扩散有着重要的意义。

4. 晚期大众

这部分消费者的采用时间较平均采用时间稍晚，其基本特征是犹豫不决。他们的信息多来自周围的同事或朋友，很少借助宣传媒体收集所需要的信息，其受教育程度和收入状况相对较差，所以，他们从不主动采用或接受新产品，直到多数人都采用且反映良好时才行动。显然，对这类采用者进行市场扩散是极为困难的，此类消费者占全部潜在采用者的34%。

5. 落后采用者

这类消费者的基本特征是：思想保守，拘泥传统的消费观念，很少借助宣传媒体，对新事物持怀疑、反对的态度，只在产品进入成熟后期甚至衰退期时才会购买。此类采用者约占全部潜在采用者的16%。

当然，认识创新采用者和早期采用者并非易事，因为，一种产品的创新采用者不一定是其他产品的创新采用者，他们的购买可能具有专业化性质，他们的影响可能仅局限在某一特定的领域。因此，任何企业都必须具体情况具体分析，区别对待。

（二）新产品扩散过程管理

新产品扩散过程管理，是指在新产品上市后，企业通过采取措施使新产品扩散达到既定市场营销目标的一系列活动。企业在新产品扩散过程中不仅要受到外部不可控制因素（如竞争者行为、消费者行为、社会环境等）的影响，更重要的是还会受到企业市场营销活动（如产品质量、价格战略、分销渠道、人员推销、广告水平等）的制约，因此企业必须对新产品的扩散过程进行管理。企业新产品扩散管理体制的目标主要有：在介绍期尽快打开局面；在成长期实现销售额快速增长；在成熟期产品全面占领市场；尽可能长时间维持一定水平的销售额。

然而，我们可以从产品生命周期曲线上看出，新产品扩散的实际过程却不是这样的。典型的产品扩散过程通常是导入期销售额增长缓慢，成长期的增长率也较低，而且，产品进入成熟期不长一段时间后，销售额就开始下降。因此为使产品扩散过程达到其管理目标，企业市场营销管理部门应该采取一些措施和战略来保证目标的实现。

（1）在介绍期尽快打开局面，应派出大量销售队伍，积极展开推销活动，开展强大的广告攻势，使目标市场尽快知晓、了解新产品，积极开展促销活动，鼓励消费者试用新产品。

（2）在成长期实现销售额快速增长，应保证产品质量，加强和消费者的沟通，继续加强广告攻势，推动后期采用者加入购买行列，推销人员向中间商提供各种支持，运用各种各样的促销手段使消费者重复购买。

（3）在成熟期产品全面占领市场，应继续采用快速增长的各种战略，更新产品设计和广告战略，以适应后期采用者的需要。

（4）要想长时间维持一定水平的销售额，应使处于衰退期的产品继续满足市场需要，扩展分销渠道，加大促销投入。

本章小结

产品，是指能满足目标顾客某种欲望和需要的有形与无形事物的总称，主要包括实物、服务、场所、组织、思想、主意等因素。产品整体的概念由核心产品、形式产品、期望产品、延伸产品、潜在产品5个基本层次组成，营销者在这5个基本层次上计划向市场提供的产品，从而满足顾客价值。

产品组合是指企业生产经营的所有产品线和产品项目的组合方式，即全部产品的结构。产品组合由各种各样的产品线组成，每条产品线又由许多产品项目构成。

产品生命周期是指产品的市场寿命，即一种新产品从开始进入市场到被市场淘汰的整个过程。它分为介绍期、成长期、成熟期、衰退期4个阶段。

产品的包装，是指产品在到达购买者的过程中，为了保护产品、方便储运和有利于销售，采用适当的材料、容器和各种辅助物对产品进行的一种技术经济措施。企业在设计产品的包装时，应遵循安全性原则、形象性原则、艺术性原则、经济性原则、信誉性原则、尊重消费者的宗教信仰与风俗习惯原则和科学性原则。

新产品是指产品整体概念中的任何一个部分有所创新、改革和改变，能够给消费者带来新的利益和满足新的需求的产品。新产品可分为全新产品、换代产品、改进新产品等。新产品开发程序包括新产品构思、新产品构思筛选、新产品概念形成、初拟营销规划、商业分析、新产品设计与试制、新产品试销、正式上市8个阶段。新产品扩散，是指新产品上市后随着时间的推移不断地被越来越多的消费者所采用的过程。可以从4个方面加强新产品扩散过程的管理。

思考题

1. 什么是产品？如何理解产品的整体概念。
2. 产品组合的相关概念有哪些？产品组合策略有哪几种？
3. 从环保的角度考虑，如何进行包装设计？
4. 何谓产品生命周期？它包括哪几个阶段？
5. 产品生命周期各阶段可分别采取什么样的营销策略？
6. 新产品包括哪几种？其开发应遵循哪些步骤？

在线习题　　　　案例分析

第九章

品牌策略——提升顾客价值

【学习目标】

1. 掌握品牌概念和重要性；
2. 理解品牌的设计原则和使用策略；
3. 理解打造品牌的方法与对策。

导入案例：

海尔的品牌之路

海尔是我国企业中最重视品牌、实施品牌战略最有成果的企业。从20世纪80年代中期“砸冰箱”的故事，到最近提出做“世界品牌运营商”的总战略，海尔一步一步发展成为中国乃至世界著名的品牌。

细想最初的海尔有什么优势呢？亏空147万元，技术设备是街道小厂的水平，员工素质不高……可以说没有任何优势。那么靠什么能够创造出今天的业绩呢？它超人的地方，就是对品牌的重视，对名牌的打造，对名牌效应的运用。靠名牌去动员和提升员工，靠名牌去综合各种生产要素，靠名牌去打开市场，靠名牌去资本运营，靠名牌形成企业形象。如果说海尔有什么奥秘的话，那么，张瑞敏和海尔人懂得品牌的奥秘，就是最大的奥秘。

海尔人认为，名牌并不简单地等同于商标、商号，它是企业有形要素和无形要素有机结合形成的企业品格和企业综合竞争力。就企业自身而论，一个名牌至少具备如下条件：①持续而稳定的高质量的产品和高质量的服务。②相当大的经济规模。③现代企业制度和现代企业管理。④先进的科技水平和较强的研发能力。⑤完善的品牌体系和品牌管理。⑥特色的企业文化。海尔正是按照这样的要求建立自己的企业。

海尔人懂得，名牌是市场竞争的产物，最核心的是建立和消费者的“三度关系”，即拥有较高的知名度、信任度、美誉度。海尔“真诚到永远”的理念已经家喻户晓，海尔的“星级服务”获得众人的称赞，不是偶然的。

海尔在打造名牌的过程中，始终抓住了“名实循环”这个核心。善于以实造名，又善于以名促实，贯穿在海尔20年的经营管理之中。

（资料来源：海尔企业文化中心编：海尔品牌之路，青岛出版社出版，2005.01）

点评：

在我国消费品品牌中，海尔品牌价值已经得到市场的广泛认可，是通过过得硬的产品质量、良好服务创造的，是海尔文化的体现和凝结。海尔的品牌之路，告诉了我们品牌及创造品牌的重要性。

在产品策略中，品牌是一个非常重要的概念。买方市场条件下，认牌购买已成为消费者消费的首选。品牌已经成为企业进入市场的通行证，品牌是企业在市场上的一面旗帜。我们不但要认识到品牌的重要性，更应该学会创造品牌，打造品牌。

第一节

品牌概述

一、品牌的概念及作用

（一）品牌的概念和构成

1. 品牌含义

菲利普·科特勒认为：品牌是一种名称、术语、标记、符号或图案，或是它们的相互组合，用以识别某个生产者或销售者的产品或服务，并使之与竞争对手的产品和服务相区别。

2. 品牌构成

品牌主要包含品牌名称、品牌标志两个要素。

品牌名称，指品牌中可以用语言称呼的部分。例如百事可乐、雪佛兰等都是美国著名的品牌名称；同仁堂、五粮液、中华等则是我国有名的品牌名称。

品牌标志，指品牌中可以被认知，但不能用语言称呼的部分，如符号、象征、图案或其他特殊的设计。例如我国永久牌自行车以永久二字排成类似自行车的图案作为品牌标志；美国米高梅电影公司以吼狮作为品牌标志。

3. 品牌表达

完整的品牌应包含6层表达：“属性、利益、价值、文化、个性、使用者”，见图9-1。

图 9-1 品牌表达

（1）属性：一个品牌首先给消费者带来的是一系列关于产品的，企业的或其他方面的属性。

（2）利益：某一个品牌体现的是消费者需要的功能的和情感的利益。

（3）价值：品牌还体现了企业的价值感，是比符号本身更强大的东西。

小链接：

不同企业产品代表的价值观

可口可乐：乐观奔放、积极向上、勇于面对困难；百事可乐：奋发、激昂；万宝路：牛仔的粗犷；奔驰：高贵、王者、显赫、至尊；飘柔：自信；海飞丝：清新、潇洒，潘婷：靓丽；蒙牛：现代、时尚、自然……

（资料来源：根据网络资源整理）

（4）文化：品牌可能附加和象征了一定的文化。如梅赛德斯汽车意味着德国的文化：有组织、有效率、高品质，所以企业文化很多时候成为品牌差异化的一个重要因素。

（5）个性：品牌代表了一定的个性，品牌可视为消费者人格的体现，如万宝路是一个粗狂、豪迈的男子汉，倾倒了无数的吸烟者；而麦斯威尔则是一个善解人意，可以与之倾诉的朋友，所以“好东西要与朋友分享”。李维斯牛仔裤的品牌个性塑造成浪漫、性感、独立。这些都成为品牌差异化优势的重要来源。

（6）使用者：品牌还体现了购买使用这种产品的是哪一类消费者。欧洲消费类电子巨头荷兰皇家飞利浦公司，它的核心目标群体是为它带来 80% 消费额的 20% 消费者。他们是典型的购买决策者，收入较高，在中国，这群人的年龄在 25 岁到 45 岁。他们容易接受新的事物和观念，但不喜欢技术带来的复杂。迎合消费者的这种简单需求，飞利浦赋予了其品牌新的内涵，并通过“Sense and Simplicity”（精于心，简于形）的品牌诉求来加以体现。

例如奔驰轿车代表的品牌内涵，见图 9-2。

（二）商标

1. 商标的概念

商标是指品牌经向政府有关部门注册登记后，获得专用权，受到法律保护就称为商

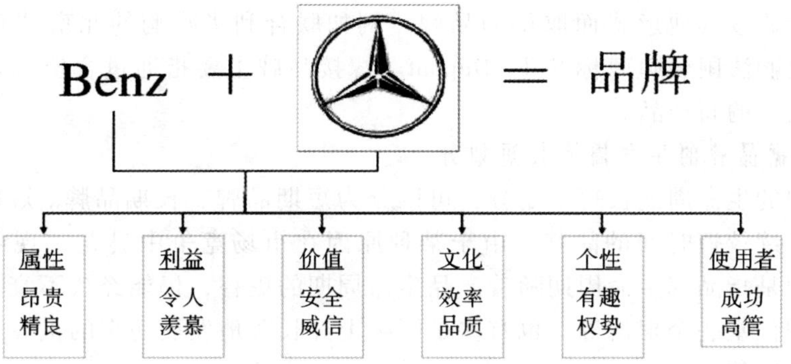

图 9－2　奔驰轿车代表的品牌内涵

标。商标实际上是一种法律名词，是经过注册登记后受法律保护的品牌或品牌的一部分。

2. 特征

（1）商标是商品或服务的标志。

（2）商标是受到法律保护的。

（3）商标是企业声誉和评价的象征。

3. 商标与品牌的区别和联系

（1）联系：两者都是产品的标记，都是为了区别竞争者，利于消费者识别；两者都是无形资产。

（2）区别：①品牌的范围等于或大于商标；②商标必须办理注册登记；③商标是受法律保护的品牌，具有专门的使用权；④品牌代表文化，有个性，商标只是一个标志。

二、品牌的分类

（一）根据品牌知名度和辐射区域划分

根据品牌的知名度和辐射区域划分，可以将品牌分为地区品牌、国内品牌、国际品牌。地区品牌是指在一个较小的区域之内生产销售的品牌，例如，地区性生产和销售的特色产品。这些产品一般在一定范围内生产、销售，产品辐射范围不大，主要是受产品特性、地理条件及某些文化特性影响。国内品牌是指国内知名度较高，产品在全国范围销售的品牌。例如海尔、娃哈哈等。国际品牌是指在国际市场上知名度较高，产品辐射全球的品牌，例如可口可乐、麦当劳、万宝路、奔驰、微软、皮尔·卡丹等。

（二）根据产品生产经营的不同环节划分

根据产品生产经营的所属环节可以将品牌分为制造商品牌和经营商品牌。制造商品牌是指制造商为自己生产制造的产品设计的品牌。经销商品牌是经销商根据自身的需求和对市场的了解，结合企业发展需要创立的品牌。制造商品牌很多，如 SONY（索尼）、奔驰、长虹等。经销商品牌如“西尔斯”（美国）、吴裕泰等。

（三）根据品牌的来源划分

根据品牌的来源可以将品牌分为自主品牌、外来品牌和嫁接品牌。自主品牌是企业依据自身需要创立的，如本田、摩托罗拉、全聚德等等。外来品牌是指企业通过特许经营、兼并，收购或其他形式而取得的品牌。例如联合利华收购的北京“京华”牌，香港迪生集团收购法国名牌商标 S. T. Dupont。嫁接品牌主要指通过合资、合作方式形成的带有双方品牌的新产品。

（四）根据品牌的生命周期长短划分

根据品牌的生命周期长短来划分，可以分为短期品牌、长期品牌。短期品牌是指品牌生命周期持续较短时间的品牌，由于某种原因在市场竞争中昙花一现或仅仅持续一时。长期品牌是指品牌生命周期随着产品生命周期的更替，仍能经久不衰，永葆青春的品牌。例如同仁堂、全聚德等。也有些是国际上经长久地发展而来的世界知名品牌，如可口可乐，奔驰等。

（五）根据品牌产品内销或外销划分

依据产品品牌是针对国内市场还是国际市场，可以将品牌划分为内销品牌和外销品牌。由于世界各国在法律、文化、科技等宏观环境方面存在巨大差异，同一种产品在不同的国家市场上可能有不同的品牌，在国内市场上也有单独的品牌。品牌划分为内销品牌和外销品牌并不利于企业形象的整体传播，但往往由于历史、文化等原因，不得不采用。

（六）根据品牌的行业划分

根据品牌产品所属的行业不同可将品牌划分为家电业品牌、食用饮料业品牌、日用化工业品牌、汽车机械业品牌、商业品牌、服务业品牌、网络信息业品牌等大类。

（七）根据品牌的原创性与延伸性划分

根据品牌的原创性与延伸性可划分为主品牌、副品牌、副副品牌，如“海尔”品牌，现在有海尔冰箱、海尔彩电、海尔空调……海尔洗衣机中又分海尔小神童，海尔节能王等等。另外也可将品牌分成母品牌、子品牌、孙品牌等，如宝洁公司的海飞丝、飘柔、潘婷等等。

（八）根据品牌的本体特征划分

广义上讲，根据品牌的本体特征划分又可将品牌划分为个人品牌、企业品牌、城市品牌、国家品牌、国际品牌等。如刘翔、姚明、成龙、巩俐等属于个人品牌，哈市冰雪节、郑州少林武术节等属于城市品牌，金字塔、万里长城、埃菲尔铁塔、自由女神像等属于国家品牌，联合国、奥运会、国际红十字会等属于世界级品牌。

三、品牌的作用

美国品牌价值协会主席拉里·莱特说过：拥有市场比拥有工厂更为重要，而拥有市场的唯一途径就是拥有占统治的品牌。品牌是产品组合中极为重要的组成部分，随着市场经济的发展，其作用日益显著，具体表现在：

（一）对消费者的作用

1. 有利于让顾客获得信息

品牌或商标是顾客获得商品信息的一个重要来源，消费者从中可以更好地了解产品质量，购买到自己满意的产品，并有助于提高购物效率。

2. 方便购买

品牌可以帮助消费者识别品牌的制造商和产地，帮助消费者快速做出正确的购买决策。

3. 品牌给人以心理暗示，满足消费者情感和精神寄托

消费者都希望购买到称心如意的产品并得到周围人的认同。选择知名品牌不仅可以降低购买风险，还可以现实自己的身份合地位，满足虚荣心。

（二）对企业的作用

1. 有利于企业推销商品

品牌是产品质量特征的标志，品牌宣传后，能够产生较好的效果。例如，在广告中反复登载，在包装上经常出现，就会给人们留下深刻的印象，易于引起消费者的重复购买。

2. 有利于企业争创名牌产品

品牌凝聚了企业产品的质量、性能、风格与服务等内容，是企业经营管理理念、管理水平、科技水平、人员素质的高度概括和集中反映。品牌特别是名牌能为大众识别和认同，所以品牌的导向非常鲜明。例如，松下、索尼、三星、丰田、可口可乐、宝洁、麦当劳、宝马等企业都是高举品牌大旗迈进中国市场的。国家对优质名牌产品实行奖励政策，鼓励企业争创名牌产品。企业运用品牌或其商标，不断提高产品质量，生产“拳头”产品，从而能够获得较好的经济效益。

3. 有利于提升创造财富的能力

知名品牌能培养顾客的忠实度。一种商品在市场上获得成功后，消费者往往由对品牌或商标的认识发展为对商品的信任和偏好，这样，就会给企业培养一大批忠实的顾客，提升创造财富的能力。例如 LV 包和皇冠包在材质上并不见得有多大区别，但因为品牌归类不同，一个为奢侈品，一个为一般商品，但在价格上却有天壤之别。

4. 有利于保护企业的合法权益

经过注册取得商标所有权的品牌从法律意义上讲它是一种知识产权，凝聚着企业技术、管理、营销等方面的智力创造，受国际“马德里协定”保护。商标所有权是企业享受的一种权利，包括专用权、使用许可权、继承权、转让权和法律诉讼权。企业通过注册商标，可以保护企业的合法权益和竞争优势，如有侵犯商标专用权的行为将受到法律制裁。

（三）对社会的作用

1. 促进产品质量不断提高

现代经济是信息经济与信用经济的统一，市场要健康运行，既要提高信息的传递速度和质量，也要建立社会的诚信机制，使得财产的互换和资源的流动有一个可靠的制度保障，避免不信任和欺诈带来的损失。品牌就代表着公司的信用。品牌经营者清楚今日的付出会在明天得到加倍的回报，为了长远利益会严格控制质量，提供优质服务。否则些许的懈怠和疏忽只会损害品牌的声誉，让辛苦积累的无形资产快速流失。正是名牌企业与顾客的良性互动，优胜劣汰的竞争规律才得以发挥作用，从而有利于整个社会的资源优化和配置。

2. 品牌有利于提高民众的生活质量

随着消费者认牌购买意识的加强，企业为了提高购买者的忠诚度，会更加注意品牌知名度和美誉度的高度统一，自觉提升产品品质，因此，民众的生活水准会不断上升。

3. 品牌有利于我国产业的转型升级

我国经济虽然连年高速增长，但缺乏有国际影响力的品牌，绝大多数出口产品属于贴牌生产，仅仅获得微薄的加工利润，而且销售方面受制于人，处于非常被动的地位。我们的目标是共同富裕，这意味着依靠廉价劳动力的增长模式不可持续，必须向“微笑曲线”两头的高附加值业务突破，才可能进入良性发展的轨道。

第二节

品牌设计与价值

一、品牌设计

（一）品牌命名

1. 品牌命名原则

企业进行品牌命名的目的是将品牌个性化为品牌形象，为了更好地实现这一目标，在进行品牌命名时，应遵循下列原则：

第一，受到法律的保护。品牌是个市场概念，不是法律概念，不注册不受法律保护，品牌命名后一定要注册，否则就是为别人做嫁衣。

第二，简单易记，易读，易传播。品牌是进入市场的通行证，一定要让消费者易识易记，有强大的视觉冲击力。如999、555、小天鹅、娃哈哈、乐百氏、高乐高、七喜、雪碧等等，就因它简单易记，从而成为世界名牌。

第三，暗示产品属性。指品牌的命名尽可能与产品属性相符，让消费者一看到名字就想到产品或产品的功能、效用、用途，刺激购买。如永久、五粮液、雪碧、创可贴、固特异等，与产品属性都非常一致，起到非常好的促销效果。

第四，避免雷同。市场国际化，产品命名一定要注意各国的文化差异。文化不同，品牌命名不同。同一名字，不同文化就有不同的含义。

第五，能产生正面联想。即产品命名一定要给消费者带来美好的联想，不能有不好的含义或寓意。金利来、金六福、吉利、美的、百威、七喜、蒙牛，就能够给人带来美好的联想；相反，雪碧最早进入香港命名“时必利”，结果让香港人认为这个品牌太“势利”，从而不被人接受。

2. 品牌命名策略

第一，以产品给消费者带来的利益命名。飘柔、美加净、舒肤佳、汰渍、锐步。

第二，以姓氏人名命名。福特、飞利浦、凯迪拉克、孔乙已。

第三，以地名命名。青岛、燕京、茅台、白沙。

第四，以事物名命名。熊猫、骆驼、猎豹、小天鹅、芙蓉、苹果。

第五，自创命名。Timex、Cocacola、Sony（Sunny boy）。

第六，数字命名。999、555 等。

（二）品牌设计的原则

1. 简洁明快原则

企业在设计品牌时要注意以下几点：设计新颖，不落俗套；突出重点，主次分明；简捷明快，易于识别。如“M”是一个极普通的字母，但通过对其施以不同的艺术加工，就可以形成表示不同商品的标志或标记。鲜艳的金黄色拱门“M”是麦当劳（McDonalds）的标记，由于它棱角圆润，色泽柔和，给人以自然亲切之感，成为社会公众喜爱的快餐标志。

2. 适应性原则

包含几个方面的含意：便于在多种场合、多种传播媒体使用，有利于企业开展促销活动；适应国内外消费者的爱好，避免禁忌；适应国内外的商标法规，便于申请注册。

3. 艺术性原则

从艺术的角度对品牌设计的要求有：针对消费者心理，启发联想；思想内容健康，无不良意义，设计专有名称。例如中美合资生产的“强生牌”（JOHNSON）是儿童护肤用品的品牌名称，“强生”二字表示儿童使用“强生”的护肤品后可以茁壮成长；饮品“果珍”（TANG）则直截了当地表示了“水果中的宝贵精华”的含义，从而在消费者心目中确定了“有益于健康”的主题。

4. 求异创新原则

求异创新就是要塑造独特的企业文化和个性鲜明的企业形象。为此，品牌设计必须有创新，发掘企业独特的文化观念，设计不同凡响的视觉标志，运用新颖别致的实施手段。例如宝洁（P&G）公司生产的一种去头皮屑的洗发剂，采用 Head and Shoulders（其英文单词意为头和肩）的品牌名称，让人联想丰富，寓意深刻，其中文品牌名称为“海飞丝”，让人联想到平滑而飞扬的秀发，可谓构思奇特而新颖。

二、品牌价值

（一）品牌价值的含义

品牌价值是与某一特定的品牌紧密联系，超过商品或服务本身利益以外，通过为顾客提供附加利益来体现的价值。品牌是无形资产，具有难以想象的价值。见表 9－1。

表 9－1　　2017 年中国品牌价值前 10 强排行榜

	品牌		类别	品牌价值/百万美元	年度品牌价值变化%
1	腾讯		科技	106181	29%
2	阿里巴巴		零售	58009	22%
3	中国移动		电信服务	57899	1%

续表

	品牌		类别	品牌价值/百万美元	年度品牌价值变化%
4	中国工商银行		银行	31482	-8%
5	百度		科技	23886	-11%
6	华为		科技	20383	10%
7	中国建设银行		银行	18398	-7%
8	平安保险		保险	16463	5%
9	贵州茅台		酒类	16219	41%
10	中国农业银行		银行	14848	-9%

资料来源：2017 年中国最有价值品牌排行榜。

（二）品牌价值特征

1. 无形性

品牌虽是客观存在，但它本身并不是物质实体，而是通过一系列的物质载体表现自己。直接载体主要是图形、文字、声音等，间接载体主要是产品的价格、质量、服务、市场占有率、知名度、亲和度、美誉度等。品牌价值主要通过间接载体来估算。

2. 难以准确计量

品牌的文化、个性、品质和特征产生品牌价值。这种价值看不见，摸不着，却能为品牌拥有者带来大量超额回报。例如，海尔的品牌价值是其有形资产的若干倍。

3. 具有波动性

品牌价值的波动性是指品牌的强弱、价值、竞争力、影响力等体现价值的因素不是一成不变的，在各种条件的作用和影响下可以发生变化。比如，在过去的 10 年间，全球最有价值的品牌发生了翻天覆地的变化。与 2006 年相比，2017 年全球前 5 的最有价值品牌更换了 4 个，见图 9－3。

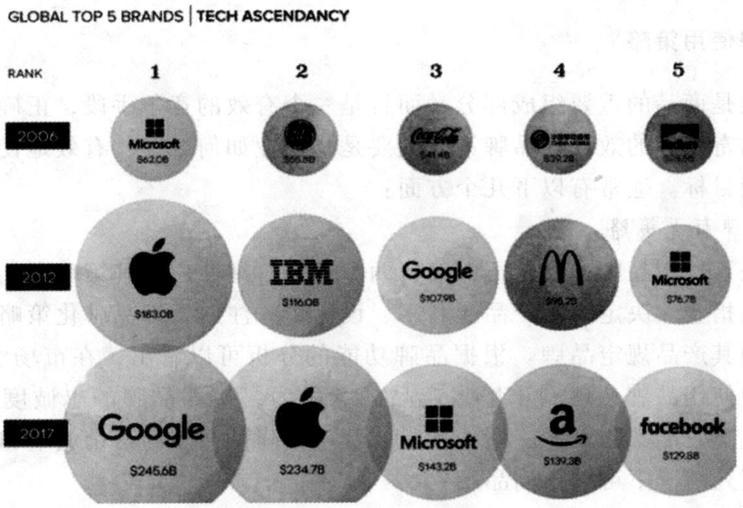

图 9－3　品牌价值变化

第三节

品牌策略及其选择

一、品牌注册策略

1. 商标储备策略

为了加强对新产品开发权的保护，适应消费者对新的牌号喜新厌旧的心理，产品花色品种多的、有条件的企业，应当预先注册一批商标，建立企业自己的商标库，实行商标储备的做法，称为商标储备策略。例如，日本丰田公司于 1980 年 1 月一次性就在中国申请注册了“toyota”“carina”“celica”“corolla（花冠）”“dyna”“hilux（海拉克斯）”“camry”等十几个商标。

2. 联合占位策略

就是指把与自己商标相近似，容易产生联想的，包括和商标有关的图案、文字、形似、音同的都作为商标注册，防止别的企业借机做文章。

3. 商标地域辐射策略

商标有严格的属地限制，在一个国家注册的商标只有在该国才能收到法律的保护，不存在跨国效力。企业要进入国际市场竞争，除在本国注册外，还要在进入国或潜在的进入销售国抢先注册占位。

4. 防御商标注册策略

即在该注册商标核定使用的商品（服务）或类似商品（服务）以外的其他不同类别的商品或服务上注册的若干相同商标。

二、品牌使用策略

品牌不仅是商品的重要组成部分，而且是一个有效的竞争手段，正确地运用品牌策略可以取得出奇制胜的效果。品牌策略主要是指企业如何合理、有效地使用品牌，以达到一定的营销目标。通常有以下几个方面：

（一）品牌有无策略

指确定是否使用品牌的问题。一般有两种选择，即使用品牌策略和无品牌策略。使用品牌策略是指企业决定为其产品起名字、设标识并注册，即品牌化策略；无品牌策略是指企业不为其产品规定品牌。根据品牌功能的分析可以看出，在市场经济的条件下，一般产品都应使用品牌，以利于增强产品的竞争力，培养品牌的忠诚度和树立企业形象。但是，应节省品牌的设计、广告和包装费用，降低产品的营销成本和销售价格。

一般在下列情况下可以不用品牌：

（1）产品本身并不具有因制造者不同而形成的质量特点，只要规格相同，不同企业产品的质量是相同或相似的，如电力、钢材、水泥等。

（2）消费者习惯上不认牌选购的产品，如粮食、食油、食盐等。

（3）生产工艺简单、没有统一技术标准、选择性不大的产品，如小农具、小工艺品等。

（4）企业临时或不打算长期经营的产品。企业对某些产品不使用商标，实行“非品牌化”，其主要目的是节省包装、广告等费用，降低价格，扩大销售。一般来讲，无牌产品使用质量较差的原料，而且其包装、广告、标贴的费用都较低。

（二）品牌归属策略

如果企业采用品牌化策略，紧接着就应决定品牌归谁所有，由谁负责。在这方面主要有以下策略可供选择：

1. 制造商品牌策略

即使用权属于生产者的品牌。这是一种普遍使用的策略，因为产品的性能、质量是由制造商确定的，随着广告费用的投入和产品销售的扩大，会吸引更多的顾客购买，中间商也乐于销售，因而绝大多数有能力的生产者都应该尽可能使用自己的品牌。

2. 中间商品牌策略

即由生产者将产品大批量地卖给中间商，再由中间商以自己的品牌转售出去。这又包括制造商采用中间商的品牌策略和中间商自己建立和发展自己的品牌策略。当制造商进入一个自己不熟悉的新市场销售自己的产品或制造商的商誉远不及中间商的商誉时，就应采用中间商的品牌，目的在于借助中间商的良好信誉使产品尽快进入目标市场。对于中间商而言，建立并使用自己的私人品牌销售产品会带来一些问题，如中间商必须投入巨资宣传其品牌；必须大批量订货，导致大量资金占压在商品库存上，并且须承担一些风险。但中间商使用自己的品牌又可带来种种利益，诸如：可以更好地控制价格，并且可以在某种程度上控制供应商；进货成本较低，因而销售价格降低，竞争力较强，可以得到较高利润。因此，有越来越多的中间商特别是一些实力雄厚的大型零售商和批发商都建立和发展了自己的品牌和商标。著名的零售企业西尔斯公司销售商品中有 90% 以上的商品都用自己的品牌，英国马狮百货公司也有自己的牌子。

3. 混合品牌策略

即生产者将部分产品用自己的品牌，部分产品用中间商的品牌；或在产品上同时挂上属于自己的品牌和中间商的品牌（联用）。这种策略比较灵活，可以适应不同的营销条件，也可以作为过渡性策略运用。这样既可以保持本企业品牌的特色，又能扩大产品销路，一举两得。

小链接：

三只松鼠的品牌架构创新

三只松鼠包括母品牌“三只松鼠”和子品牌“松鼠小美”“松鼠小贱”，使用的是背书品牌模式加“关联形象法”。

传统的品牌关系，根据母品牌和子品牌的关联性强弱，分为以下四种：单一、主副、母子、独立。母品牌和子品牌之间的关系，如海尔和小神童、华为和荣耀，不管是字形、读音、标识，都是相对独立的，名称都是界限分明的。随着企业的品牌意识加强，市场上品牌的总数量激增，媒体成本越来越高，打造品牌是越来越贵。

“关联名称法”应运而生，逐渐发扬光大。通常有几种用法：

1. 用来取代产品名称

乐敦使用了“关联名称法”，旗下5个产品分别命名为“新乐敦、乐敦莹、乐敦康、乐敦清、小乐敦”，得到乐敦品牌资产背书的同时，也起到了取代产品名称的作用。

2. 用来定位不同档次

小米手机，改一个字区分产品档次。小米、小米Note，高品质，中价格。红米、红米Note，中品质，低价格。再如：麦咖啡（McCafe）。麦当劳特别喜欢将旗下的产品用Mc打头（McMuffin、McNuggets），国内的话就是“麦”字打头（麦乐鸡、麦香鱼等），都能算是用来取代产品名的“关联名称法”。麦咖啡（McCafe）的意义不太一样，该品牌的诞生，是为了定位更高端的消费人群。麦当劳里面一杯咖啡不超过10块钱，怎样能提升价格，卖到30块钱一杯呢？他使用“关联名称法”，麦当劳（Mc）的咖啡（Cafe），就叫麦咖啡（McCafe）。

借用了麦当劳的企业信誉，又通过品牌名和终端形象的不同，差异化了档次。

3. 用来跨界延伸

Nestle（雀巢咖啡），一直以来都是即溶咖啡的领导品牌。咖啡的印记太深了，未来想做茶，不想影响原有品牌怎么办？

Nes + Tea = Nestea

即溶的印记太深了，未来想做咖啡机，怎么办？

Nes + espresso = Nespresso（奈斯派索）胶囊咖啡机

如果三只松鼠，仅仅是使用了松鼠小美、松鼠小酷的品牌名称，也是“关联名称法”。只是三只松鼠的子品牌有属于各自的个性、特征和拟人化的故事，还拍了一部相关的卡通片。松鼠小美，特点是“美”；松鼠小酷，特点是“酷”；三只松鼠共性是萌。好记、好理解、贴近年轻人。

通过打造一个母品牌“三只松鼠”，直接诞生三个可以直接使用，且存在个性差异的子品牌，比起“关联名称法”来说，更加立体、形象，可以称之为“关联形象法”。

卡通人物是“关联形象法”的成功关键：

卡通人物是一种“有血有肉、有人物设定的卡通形象”。品牌使用卡通人物，相比起使用代言人来说，有4个优势：①人物形象可以定向设计，更贴合目标消费者，更吻合品牌资产。②不受到代言人负面消息的影响，卡通人物不会有外遇、也不会去吸毒。③卡通人物使用年限不受限制，不会变老，能成为长期的资产。④卡通人物容易延伸（新建一个人物，比如松鼠家族增加一只松鼠）。

他拥有定向设计和容易延伸两大特性，使得“关联形象法”成为可能。

互联网导向、沟通能力强的卡通人物和相应的“关联形象法”，必将成为未来互联网品牌打造、品牌延伸的利器。

（资料来源：陆栋宏，迈迪品牌咨询，2015.03）

（三）品牌统分策略

企业决定其大部分或全部产品都使用自己的品牌名称后，还须决定其产品是分别使用不同的品牌名称，还是统一使用一个或几个品牌名称。这里有4种品牌名称策略可供选择：

1. 统一品牌名称策略

即企业以单一的品牌推出所有的产品，形成一个品牌系列。企业采用统一品牌名称策略的好处是：企业宣传新产品的费用开支低，利于已有的品牌信誉，很容易推出其他新产品。这一策略的缺点是：任何一种产品的失败都会使整个家族品牌蒙受损失，因此企业必须对所有产品的质量严格控制，使采用统一品牌的产品必须保持相同的质量水平，以免发生连锁反应。

2. 分类品牌策略

即对企业的各种不同大类产品分别使用不同的品牌。这种策略的优点是将个别产品的成败与其他产品和整个企业的声誉区分开来，同时还可以区分不同种类、不同档次的产品；缺点是广告宣传费用大，成本高，力量比较分散，不利于创建名牌。

3. 个别品牌策略

个别品牌策略指企业对其不同的产品采用不同的品牌。这样可以分散产品营销的市场风险，避免某种产品失败所带来的影响，也有利于企业开发不同档次的产品，满足不同层次消费者的需求。但使用个别品牌策略，企业要增加品牌设计和市场推广的投入费用。如果企业的资金雄厚，产品类型较多，产品线之间的相关程度较小，企业的生产条件、技术专长在各产品上有较大的差别时，采用个别品牌策略比较有利。

4. “企业名称与个别品牌名称”并用

即企业决定其各种不同的产品分别使用不同的品牌名称，而且各种产品的品牌名称前面还冠以企业名称。以企业名称表明出处，以品牌名称表明产品的特色。采用这种策略的好处是可以利用企业名称推出新产品，使之享受企业的信誉，节省广告费用，又可使各种品牌保持自己相对的独立性。如美国通用汽车公司生产的所有产品都采用 GM 两个字母组成的总商标，而对各类产品又分别使用“凯迪拉克”“雪佛兰”等个别品牌。每个个别商标都表示一种产品的特点，如“凯迪拉克”表示豪华型高级轿车，“雪佛兰”表示普及型大众轿车。

（四）复合品牌策略

1. 主副品牌策略

同一产品使用一主一副（副品牌不能独立存在）两个品牌。

主副品牌策略兼容统一品牌与个别品牌的优点，避免其缺点。

但要注意：主品牌知名度要高，美誉度要好；副品牌要有个性；副品牌质量或性质有区别。

2. 多品牌策略

是指企业同时经营两种或两种以上相互竞争的品牌。

企业采取多品牌策略的主要好处是：多品牌可占用更大的货架面积，增加与顾客接触的频率；多品牌可吸引更多顾客，提高市场占有率；多品牌有助于在企业内部各个产品部门、产品经理之间开展竞争，提高效率；多品牌可使企业深入到各个不同的市场部分，占领更大的市场。但多品牌策略会增加成本和费用。

（五）品牌更换策略

1. 品牌更换的原因

一是企业形象要更新。二是产品定位的修正或再定位。三是产品更新换代。企业如不进行品牌更换，就有可能降低销量，失去市场，从而退出市场。

2. 品牌更换策略

（1）品牌更新策略。即完全废弃原有品牌。品牌更换主要是因为企业发现原品牌产品已不能完全符合目标市场消费者的偏好；二是企业发现具有某种新型偏好的消费群体正在形成或已经形成，面临有巨大潜力的市场机会。企业采用品牌更换策略时，要考虑两个方面的因素：一是品牌转移市场位置的成本；二是品牌更换后所得收入。企业必须权衡多种品牌更换的收入和成本，然后进行决策。

（2）品牌扩展策略。利用成功品牌推出改良产品或新产品。这是指企业利用其成功品牌名称的声誉来推出改良产品或新产品，包括推出新的包装、规格、式样等。企业采取这种策略，可以节省宣传介绍新产品的费用，利于新产品市场的开拓。还有一种品牌扩展，是企业在其耐用品类的低档品中增加一种式样过于简单的产品，以宣传其品牌。如通用汽车公司大肆宣传其新雪佛兰汽车售价低，将其作为“促销品”来吸引顾客购买式样较好的高档产品。

三、品牌打造策略

1. 广告策略

一个成功的广告除了要拉动销售外，他的每一次播出都应该是在为品牌增值，为品牌积累资产。好的广告，应该能引导消费者顺利完成 AIDAS 过程，从第一眼看到广告就被其 A（Attention）吸引、注意；几次后就萌发 I（Interesting）产生兴趣；通过汇聚多渠道的信息，发生 D（Desire）引发欲望；与自身需求吻合的卖点、终端铺货的由点及面和陈设以及导购小姐的专业热情服务，让消费者最终完成了第二个 A（Action）促使购买行为；过硬的产品质量和功效及售后服务，最后达到了 S（Satisfaction）达到满意。为重复购买奠定基础。成功的广告让这一过程一气呵成。为此，在广告设计中要注意运用以下原则：①戏剧性；②震撼力；③吸引力；④幽默；⑤温情。

但同时，我们也要注意到，广告不是万能的，不能盲目崇拜广告。

2. 公共关系策略

公共关系的目的就是获得广大公众的好感，提升企业和产品的美誉度。与广告相比有较强的公信力。

3. 赞助营销

多年来，企业为扩大知名度和提升美誉度，都不惜财力去赞助各项公益事业，比如奥运会、希望工程等。例如，联想为冬奥会提供了所有的计算机硬件设备，其中包括 5 000 台桌面电脑、600 多台笔记本电脑、近 400 台服务器、1 600 台桌面打印机以及技术支持和服务。联想在奥运会上不仅告诉了世界“中国有一个企业叫联想”，还告诉他们“联想的产品都是经过奥运会检验的产品”。借助赞助奥运会使联想成功进入世界名牌行列。

4. 俱乐部营销

指由企业经营者出面组织，会员在自愿、互助、互惠的基础上自主参加，并有相应的权利和义务的自由协会或团体。俱乐部营销即是指企业通过组建俱乐部吸收会员参加，并提供适合会员需要的服务，提升品牌在会员心中的美誉度，培养企业的忠诚顾客，以此获得经营利益的营销方式。

5. 工厂参观（拉式营销）

国外不同企业都有各具特色的参观通道及设定不同参观对象，如日本食品公司非常愿意让消费者，特别是小学生来参观，大的食品公司，每年都要接待上万名参观者。通过参观，眼见为实，提高顾客对企业的好感，产生对企业的信赖，购买更多公司产品。

6. 高品质的产品

产品质量是企业成功的基石，是企业抵御一切竞争对手的最有力的武器，是企业美誉度塑造的试金石。正如人们常说：金杯银杯不如顾客的口碑。顾客口碑的形成主要来之顾客购买产品的满意度与广告给顾客建立的期望值进行比较，只有用后感知度高于期望值，才能让顾客愉悦，成为企业主动的宣传员。

本章小结

品牌是一种名称、术语、标记、符号或图案，或是它们的相互组合，用以识别某个生产者或某些销售者的产品或服务，并使之与竞争对手的产品和服务相区别。品牌主要包含品牌名称、品牌标志两个要素。品牌对企业、消费者和社会来讲，都有着非常重要的作用。

品牌命名要遵循受到法律的保护；简单易记，易读，易传播；暗示产品属性；避免雷同；能产生正面联想等原则。品牌设计则要符合简洁明快原则、适应性原则、艺术性原则和求异创新原则。

品牌注册策略有商标储备策略，联合占位策略，商标地域辐射策略，防御商标注册策略等。品牌使用则有品牌有无策略，品牌统分策略，品牌归属策略，复合品牌策略和品牌更换策略。品牌打造需要有广告策略、公关策略、赞助营销、俱乐部营销、参观工厂、高品质产品等配合去实现。

思考题

1. 什么是品牌？简述品牌的主要作用。
2. 品牌命名原则有哪些？
3. 品牌设计应遵循哪些原则？
4. 如何进行品牌注册？
5. 分析品牌统分策略的含义及利弊。
6. 什么是品牌归属策略？有哪些？
7. 多品牌策略与主副品牌策略有何不同？
8. 如何打造品牌或名牌？

在线习题　　　　案例分析

第十章

价格策略——获取顾客价值

【学习目标】

1. 分析影响定价的因素；
2. 分析定价的三大方法；
3. 研究了企业定价策略；
4. 分析价格调整的策略。

导入案例：

"双簧价"

在美国费城的一条街上，有两个比邻而居的商店，它们分别是纽约贸易商店和美洲贸易商店，经营商品基本相同，但两个老板却是势不两立。

当纽约贸易商店打出广告："本店出售爱尔兰亚麻被单，质高价低，6.5美元/床"。美洲贸易商店则打出广告："善良的人请擦亮眼睛，本店爱尔兰亚麻床单，世界一流，单价5.95美元/床"。

于是双方互相指责，甚至走出商店大打出手，使人们驻足围观，直到其中的一个会从争吵中退出声称对方是疯子。于是人们会跑到两个商店中去观看，低价床单迅速被抢购一空。

这样持续了三十年，后来，房子的新主人在装修时，发现两个商店后面有一个暗道。一查，才明白这两个老板原来是一对同胞兄弟。

点评：

该案例就是一个典型的"需求差异定价策略"，即价格歧视策略。两个商店经营同样的商品，但对不同的消费者却制定不一样价格，让消费者自由选择。结果两位老板赚了 30 年的钱，没有被人看穿，取得了巨大成功。这就是定价的奥妙所在。定价理论与方法，企业都知道，但价格竞争策略却不同，结果也大相径庭。

价格策略是市场营销组合策略中的一个重要的构成内容。在市场经济中，任何商品和劳务都有价格。只有商品有了价格，供需双方才能进行交易。价格是商品价值的货币表现。同时，价格又是一个十分活跃、敏感而又难于控制的营销要素，它直接关系着顾客和企业双方的切身利益。企业要想实现预定的营销目标，必须为企业各种产品制定合理的价格水平和可行的价格策略。

第一节

影响企业定价的因素

影响产品价格制定的因素有很多，但大致可以将其分为企业内部影响因素和外部影响因素两大类。内部因素主要包括企业的定价目标、产品成本、产品特点、分销渠道、促销策略等；外部因素主要包括市场供求状况、市场竞争程度、政府政策和法律以及其他宏观社会经济因素等（见图 10－1）。企业在确定产品价格时，必须对这些因素进行系统的分析，认识它们与产品价格之间的关系，并在此基础上，选择企业的定价方法，制定企业的定价策略。这里从影响营销价格的主要因素出发进行分析。

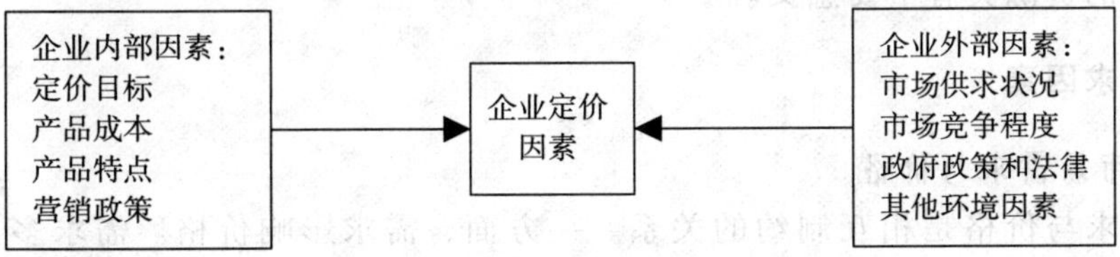

图 10－1　影响企业价格制定的各种因素

一、成本因素

产品成本是产品价格制定的基础，产品价格必须能够补偿产品生产和市场营销的所有支出，并补偿产品的经营者所承担的风险支出。产品成本是影响产品价格水平的最低界限。根据产品定价需要，可以从不同角度对产品成本进行分析。

1. 固定成本

固定成本是指在一定时期内不随产品产量变化而变化的成本费用。如固定资产折旧费、产品设计费、管理人员工资以及办公费等。这些费用与产品产量的多少无关。但从长期来看，当企业规模的变化时，固定成本也是会变动的。平均固定成本，即单位产品所分摊的固定成本，则随产量变动而变化。

2. 变动成本

变动成本是指在一定时期内，随产品产量的变动而成比例变动的成本费用。如原材料费用、生产工人工资、销售费用等。平均变动成本，即单位产品的变动成本，它不会随产量变动而变动，在一定的时间范围内，它保持相对稳定。

3. 总成本

固定成本与变动成本之和就是总成本。平均固定成本与平均变动成本之和称为平均总成本，或产品完全成本。企业在定价时，依据不同的成本，可能定出不同的价格或作出不同的决策。这些成本中，平均变动成本更适合作为价格决策的依据。而平均总成本则适用于核算企业的实际收益或利润。这些成本各自有其不同的作用。

4. 边际成本

即在原有产量基础上，产品产量每变动一个单位（增加或减少一个单位），所引起的总成本的变动额（增加额或减少额）。企业研究边际成本的最大意义在于寻求最大利润的均衡产量和价格。企业可以根据边际成本等于边际收入的原则，确定最佳产量和最佳价格。

与边际成本相对应的概念是边际收益和边际贡献。

边际收益就是多增加一个产品的生产而增加的收入，实际上就是最后一个产品的卖价。

边际贡献 = 边际收益 - 边际成本

5. 机会成本

企业可能要为从事某项经营活动而放弃另一项经营活动，或利用一定资源获得某种收入而不得不放弃另一种收入。那么这个被放弃的经营活动所应取得的收益，即为正在从事的经营活动的机会成本。机会成本的分析对于企业在经营中正确选择经营项目、合理配置有限的资源具有重要意义。

二、需求因素

（一）市场需求与价格

商品需求与价格是相互制约的关系。一方面，需求影响价格。需求多了，价格上涨；需求少了，价格下降。另一方面，价格也影响需求。价格高了，需求下降；价格低了，需求上涨。当然，市场供求关系和价格变动的基础是商品的价值，商品价格总是围绕商品价值上下波动。见图 10 - 2 。

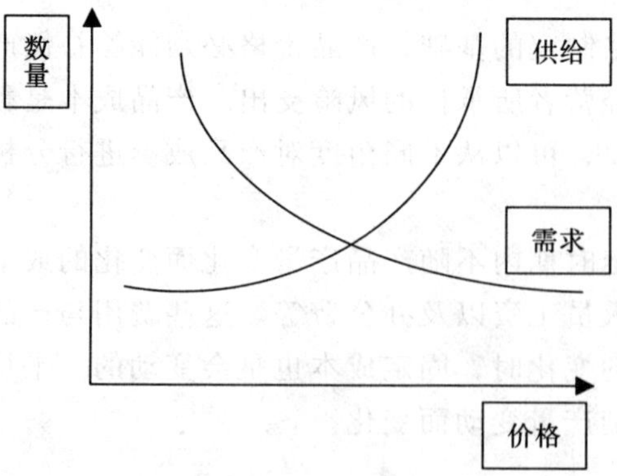

图 10 - 2 供求与价格变化曲线

对于某一具体企业，在研究市场供求与价格的关系时，还必须了解本企业产品价格的变化与竞争者产品价格的变化，以及与竞争者产品需求量变化的关系。

(二）需求弹性

不同的消费者对于不同产品的价格变化，会表现出不同的敏感性。这就是需求弹性，包括需求的价格弹性、需求的收入弹性和交叉弹性。

1. 价格弹性

需求价格弹性表明了需求量对于价格变动的反应灵敏程度。产品的需求量变动与价格变动之间有着密切的关系。但是对于不同类型的产品，价格变动对需求量变动的影响程度有着极大的差异，即这些产品需求的价格弹性不同。需求的价格弹性大小，可以根据需求价格弹性系数来测定。需求价格弹性系数反映单位价格变动导致的需求量变化的量。如果用 E 来表示价格弹性系数，其计算公式为：

$$E=\frac{\Delta Q/Q}{\Delta P/P}=\frac{\Delta Q}{\Delta P}\cdot\frac{P}{Q}$$

式中：ΔQ——需求量的变动量；

Q——需求量；

ΔP——价格的变动量；

P——价格。

一般而言，当 $|E|>1$ 时，表明价格弹性大。如名牌轿车、服饰、家电等。而 $|E|<1$ 时，表明价格弹性小。如面粉、食盐等。影响需求价格弹性大小的因素很多，主要有：①产品被视为必需品的程度；②产品本身的独特性；③获得替代品的可能性；④价格在顾客收入中所占的比例。

对于需求价格弹性大的产品，可通过降低价格来扩大销售量，提高销售收入。对于需求价格弹性小的产品，降低价格使销售量增加的幅度较小，提高价格使销售量的减少的幅度也较小，所以，提价可以增加销售收入。

2. 收入弹性

需求弹性也要受到收入的影响，即需求的收入弹性。其计算公式为：

$$E=\frac{\Delta Q/Q}{\Delta I/I}=\frac{\Delta Q}{\Delta I}\cdot\frac{Q}{I}$$

式中：ΔQ——需求量的变动量；

Q——需求量；

ΔI——收入的变动量；

I——收入。

收入弹性对需求的影响，一是收入增加时，不同商品需求量变化不同。在收入增加时，生活必需品的需要变化不大，但高档商品的需要变化却很大，购买量会大幅增加。二是收入增加会影响价格弹性大小。即富有弹性的商品会逐渐变得缺乏弹性。三是不同收入的消费者会对价格产生不同反映。高收入对价格不敏感，而低收入者对价格却变得非常敏感。

3. 交叉弹性

交叉弹性主要是指替代品、连带品或互补品中一种产品的价格变化会对另一种产品需求量产生的影响。

对于连带品或互补品而言，如护理液与隐形镜片、相机与胶卷等。胶卷的需求量与相机的价格呈负相关。

而对于替代品而言，如面粉与大米等，面粉降价，大米需求量就会下降；相反，面粉提价，大米需求量就会上升。

交叉弹性对定价的影响在于，从利润最大化的角度看，连带品或互补品一般反向定价较好，且连带品中耐用消费品应定低价，而易耗品应定高价。而替代品一般应该保持同行业基本价格，否则提价会失去市场，降价则会引发竞争。若某一商品没有替代品时，则其弹性较小，定高价可以获得更多利润。

三、市场竞争状况

市场竞争状况主要取决于市场竞争结构，市场竞争结构对于产品的价格有着直接的影响。在现代市场经济中，按照市场的竞争程度可以把市场分为4种类型，即完全竞争市场、完全垄断市场、垄断性竞争市场和寡头垄断市场，不同市场结构下的市场价格表现出显著的差异性。

1. 完全竞争市场

在完全竞争市场中，指市场上有众多企业从事商品买与卖，各个企业买卖的数量相差不大，且只占市场总量的一部分；他们买卖的商品是相同的；新的企业可以随时进入市场；买卖双方的信息灵通；生产要素可在各行业自由流动，市场上所有卖方企业出售的条件也都相同。在完全竞争的市场条件下，买卖双方都是“价格的接受者”，价格完全由市场供求关系决定。所有的促销活动都只会增加产品的成本，因而任何促销活动都是多余的。并且在完全竞争的市场中，企业只能依靠提高生产效率、降低成本的方式而不可能采用提价的方法来增加利润。很明显，在实际生活中，由于不同企业采取的各种促销方式极易干扰顾客对商品的选择，以及各种难以预测的因素都可能影响产品的市场价格，使完全竞争的市场不可能存在。

2. 垄断性竞争（或不完全竞争）市场

既含有独占倾向又有竞争的市场。在垄断性竞争的市场条件下，各个企业依靠自己的特色，各占据一方市场，形成相对的局部垄断，这使企业拥有一定的价格控制能力。在这种情况下，企业已不是一个消极的价格接受者，而是一个对价格有影响力的决定者。

3. 寡头垄断市场

这是竞争与垄断的混合物。指一个行业中几家少数的企业生产和销售的产品占此市场的绝大部分，价格实际上由他们共同控制。

寡头垄断市场又分为完全寡头垄断市场和不完全寡头垄断市场。完全寡头垄断市场，又叫无差别寡头，少数几家企业生产与销售的产品基本相同，如钢铁、轮胎等企业。价格基本上由他们通过达成协议或默契来规定的，即操纵价格或联盟价格。不完全寡头垄断市场，又叫差别寡头，少数几家企业生产与销售的产品有差异，如电脑、汽车等企业，价格可以自由决定。

4. 完全垄断（或纯粹垄断）市场

指某种产品或服务完全被一个企业所独占。在完全垄断的市场中，垄断企业完全操纵市场，有自由定价的能力。但实际上，这极易受到消费者的抵制和政府的干预，使垄断企业的价格决策不可能完全随心所欲。完全垄断的市场在现实生活中也很少见，只局限于对某种产品拥有专利或拥有独家原料开采权的企业，以及某些国家特许的行业。在某些特殊地区，由于运输成本或其他因素的影响，使得当地销售者可以在一定时期内和在一定价格范围内实行垄断。

四、企业定价目标

由于受到资源条件的限制，处于不同行业、有着不同规模或采用不同管理方法的企业往往制定不同的战略目标，营销目标作为企业总体战略目标的组成部分，影响了企业产品价格策略的制定。不同时期，体现企业战略目标的营销目标不同，因而有不同的价格策略，乃至不同的定价方法和技巧。

通常，与企业产品价格制定直接有关的营销目标主要有以下几个方面：

1. 以获取当期最大利润为目标

获取最大利润是市场经济条件下企业从事经营活动的最终愿望。不过，利润最大化目标可以区分为当期利润最大化和长期利润最大化，这里所说的通常是指当期利润最大化目标。在一定经营时限内要获得最大利润，必须考虑产品价格对市场需求量以及需求量对产品成本的影响，还必须遵循一定的原则，如边际成本等于边际收益的原则，来确定产品的价格。最大利润价格在企业的实际定价中，是很难确定的。因为它要求企业必须有非常完备和准确的市场需求变动和产品成本变动的有关资料，如需求函数、成本函数等。在实际工作中，取得这些资料是十分困难的，即使可以得到，其准确性也很难保证。并且，企业追求短期最大利润，不一定能使其长期利润最大。因此，企业通常都是通过提高市场占有率、扩大销售量、增强市场竞争优势、树立良好形象等方式，来追求长期利润最大化。

2. 以保持或扩大市场占有率为目标

指企业在保证一定利润水平的前提下，谋求最大的市场份额。从反映企业经营状况和产品竞争能力来看，市场占有率比其他指标更能说明问题。一般情况下，较高的销售额不一定能带来较高的利润，而高市场占有率可以带来低成本，从而使企业可以获得较高的利润。据美国市场营销战略影响利润系统（PIMS）的分析表明：占有10% ~20%市场份额的企业，其税前利润率平均水平为销售收入的3.42%，而市场份额超过40%的企业其利润率平均水平为销售收入的13.6%。这其中的主要原因在于拥有较高市场占有率的企业可以具有较强的市场支配能力，可以享受更大的规模经济效益，具有获取长期利润的可能性。

3. 以产品质量最优化为目标

即企业以追求优质高档产品形象为目标。如果企业提供的产品质量、性能和服务等方面都与众不同、高人一筹，产品自然可以索取较高的市场价格，并通过较高的价格收回高额的科研费用和生产成本。

4. 以维持企业生存为目标

当企业面临市场需求的巨大波动和强大的竞争对手，以致受到破产威胁时，维持生存成了企业的首要目标。企业以维持生存为目标时，只能通过降低产品价格吸引顾客，这时产品价格只要能收回成本即可。不过，求生存只能是企业的短期目标，从长期来看，企业必须设法在市场上提高产品价格，否则企业将面临灭亡。

除上述定价目标外，企业还可以有保持价格稳定、保持与中间商的良好关系、促进产品销售等目标。对于大多数企业来说，产品价格往往不是由单一定价目标所决定的。在这些定价目标中，企业可能会同时追求或兼顾几个目标，但其中各个目标的重要程度是不同的。

五、其他环境因素

企业定价时还必须考虑其他一些环境因素，如国家的政策法令、国内外的经济形势、货币流通状况以及顾客的社会心理状态等。

六、互联网对定价的影响

（1）在虚拟的世界，搜索信息的时间和费用都会减少，而且互联网消除了信息差，商品的价格随时可以在网上查到，变得更透明、比价机制更加完善，在定价方面会更加难。

（2）互联网时代，消费者可以直接联系或沟通到生产厂家，个性化、定制化将成为以后的主流，使一对一定价谈判成为可能。

（3）互联网时代，各种线上、线下渠道的发展，让整个市场价格竞争更加激烈。以京东电商搜索框为例，每一个品类都是一堆商品出现，价格都非常透明，这让很多商家都陷入价格战中，没有最便宜，只有更便宜，这就导致利润很薄甚至是亏本。

第二节 定价方法

企业在确定了定价目标、掌握和分析了价格影响因素后，就可以选择定价方法，确定产品的价格。任何企业都不能只凭直觉随意进行定价，必须借助科学的定价方法。在企业实际定价中，常用的定价方法大致分为三类：成本导向定价法、需求导向定价法和竞争导向定价法。

一、成本导向定价法

成本导向定价法是一种以产品的完全成本为基础、按卖方意图确定价格的方法。其主要理论依据是：在定价时，首先要考虑收回企业在生产经营过程中投入的全部成本，然后再考虑取得一定的利润。

在采用成本导向定价法时，由于是以成本为基础，所以，其关键是准确的测算产品成本。在测算产品成本时，除要考虑成本对价格的影响外，还要考虑产品成本随生产规模变化以及受经验曲线影响而发生的变化情况。另外，随着市场竞争的加剧，企业的各种促销费用也在不断增加，并且相当一部分促销费用会根据产品的市场销售情况随时发生变化。所以，在采用成本导向定价法对产品定价时，必须要对市场进行详细研究，使产品成本测算尽可能准确。成本导向定价法主要有以下 4 种具体的定价方法。

（一）成本加成定价法

成本加成定价法就是在产品完全成本的基础上加上一定的加成率或成本利润率确定产品的价格。这里的完全成本对生产企业来讲就是生产成本加销售费用之和；对流通企业来讲，就是进价加销售费用之和。成本加成定价法是加成定价法中较简单的一种。

其计算公式为：

$P = C \cdot (1 + R)$

式中：P——产品价格（单价）

C——单位产品成本

R——加成率

例如：某自行车生产企业生产的某一型号自行车单位成本为 240 元/辆，预期利润率为 30%，则每辆自行车销售价格 $P = 240 \times (1 + 30\%) = 312$（元）。

加成定价法是一种传统的定价方法，由于没有考虑市场需求和竞争对手的情况，而经常被认为是落后的、不合逻辑的，是生产者导向观念指导下的产物。但是，由于其操作简便易行、方便、公平，减少竞争，所以有不少企业都采用这一方法定价，缺点是价格不能反映市场需求和竞争，缺乏灵活性。

（二）边际成本定价法

边际成本定价法又称边际贡献定价法。这种方法在定价时不是考虑价格对全部成本的补偿，而只是考虑价格对变动成本的补偿，并力争取得更多的边际贡献来补偿固定成本。所谓边际贡献，就是从销售收入中扣除单位变动成本后的收益，即销售收入与单位变动成本的差。

即：边际贡献 = 边际收入 − 边际成本 $= P - V$

因此，边际收入与单位变动成本的差值，即边际贡献，这对于企业决策分析有特别重要的意义。边际贡献的大小，从根本上说，取决于产品价格和单位变动成本。产品价格大于单位变动成本，边际贡献就大于零，反之，就小于零。所以，单位变动成本是产品价格的最低限，价格必须大于单位变动成本。

边际成本定价法是建立在这样一种基本思想之上的，即在产品成本中，固定成本不管企业是否生产产品都要发生，而变动成本则只有生产产品才发生，它与产品有直接的关系。企业销售产品所获得的收入应首先补偿产品的变动成本，只要销售收入能完全补偿产品的变动成本并有剩余，即销售收入大于变动成本，亦即边际贡献大于零，就说明产品对企业有收益贡献，销售这种产品是有意义和有价值的。当边际贡献大于固定成本时，销售这种产品将为企业创取利润。当边际贡献小于固定成本时，销售这种产品所带来的边际贡献可以补偿一部分固定成本，为企业减少亏损。但是，如果销售收入低于变动成本，则边际贡献小于零，这表明销售该产品，不仅不能增加企业的收益，而且还会使收益减少，这种产品销售得越多，企业的收益越少。

边际成本定价法实质上是一种低价格定价方法，采用这种方法定价的条件是：①市场需求对价格呈现高度的敏感性，降低价格可以使需求量大幅度提高。②较低的价格能够将竞争对手赶出市场，从而收回损失的市场份额。

边际成本定价法，一般是当市场竞争非常激烈，而使企业的市场份额大面积被竞争对手侵蚀时，或企业产品市场供过于求、企业生产任务不足、生产能力大量闲置时，为了保住市场、维持生产，而在短时期内采用的一种灵活的定价方法。

例如：某企业生产某商品，投入固定成本50万元，单位变动成本为25元，成本加成率为20%，年产量2万件，已完成。现有一企业又订货1万件，要价为40元，问企业接受不接受？

如果按照产品加成定价法，价格 $P=(25+50/2)\times(1+20\%)=60$（元），即不接受新的订单。但现在是企业任务已完成，再多生产与固定成本没有关系了，新订单的要价只要大于单位变动成本即可接受新订单，因为新订单要价为40元，大于单位变动成本25元，边际贡献为15元，因此，按照边际成本定价法，可以接受新订单。

（三）收支平衡定价法或目标利润定价法

1. 收支（盈亏）平衡定价法

收支平衡定价法这种方法一般是运用“收支平衡图”来确定价格的方法，见图10－3，该图反映出不同销售量的总成本和总收入变化，并通过分析销售量、固定成本、单位变动成本、价格之间的内在关系，确定出能够收回成本的价格。

总收入＝总成本

总收入＝总变动成本＋总固定成本

价格×收支平衡销量＝总变动成本＋总固定成本

即：$P\times Q_0=V+F=CV\times Q_0+F$

由此推出收支平衡价格（保本价格），其计算公式为：

$$P=CV+\frac{F}{Q_0}$$

以及收支平衡销量（保本销量），其公式为：

$$Q_0=\frac{F}{P-CV}$$

式中：P——产品价格；

V——总变动成本；

Q——销量；

CV——单位变动成本；

F——固定成本；

Q_0——收支平衡销量。

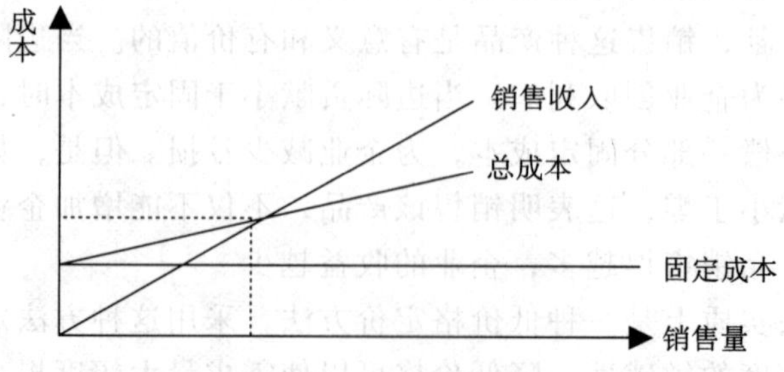

图10－3　收支平衡图

例如：某企业生产某产品，固定成本为100万元，单位产品变动成本为20元，企业的目标利润定为50万元，如果企业的产品销售量能达到50 000件，产品的价格应定为多少？

根据上面给定的价格计算公式，产品价格应定为40元，即：

$$P = CV + \frac{F}{Q} = 20 + \frac{100\text{万元}}{5\text{万件}} = 40\ (\text{元/件})$$

即定价每件40元，销售50 000件，即可收回全部支出。在产品销售量不变的情况下，如果要实现赢利，只能通过提高价格来实现。

2. 目标利润定价法

目标利润定价法是一种根据企业所要实现的利润来确定产品价格的方法。它是在收支平衡定价法的基础上，将目标利润作为固定成本的一部分定价。其公式为：

$$P = CV + \frac{F + G}{Q}$$

式中：P——产品价格（或保利价格）；

CV——单位变动成本；

F——固定成本；

G——目标利润；

Q——预期销售量（或保利销量）。

$$P = CV + \frac{F + G}{Q} = 20 + \frac{100\text{万元} + 50\text{万元}}{5\text{万件}} = 50\ (\text{元/件})$$

即定价每件50元时，销售50 000件商品，即可实现利润50万元。这时总收入为250万元，总成本为200万元，收支相抵后，剩余50万元。

采用目标利润定价法进行定价的关键是能否实现预期销售量，而预期销售量的实现，要受到产品的需求价格弹性和竞争者产品价格的制约。因此，在采用这一方法时，首先应明确所要实现的目标利润是多少；再根据产品的需求价格弹性考虑各种价格水平对产品销售量的影响；最后将价格定在切实能够使企业目标利润得以实现的水平上。

（四）投资收益定价法

这种定价方法的出发点是通过定价来达到一定的投资收益率，以期在一定时期内收回全部投资的方法。

其基本步骤如下：

（1）确定投资收益率。

$$\text{投资收益率} = \frac{1}{\text{投资回收年限}} \times 100\%$$

（2）确定目标利润额。

目标利润额 = 总投资额 × 投资收益率

（3）预测每年的总成本。

总成本 = 固定成本 + 变动成本

（4）确定预期的每年销售量。

（5）确定产品价格。

$$产品价格 = \frac{总成本 + 目标利润额}{预期销售量}$$

例如：某企业投资100万元开发生产一新产品，预期年销售量为5万单位，每年总成本为25万元，期望在4年内收回投资，则：

$$投资收益率 = \left(\frac{1}{4}\right) \times 100\% = 25\%$$

$$目标利润额 = 1\ 000\ 000 \times 25\% = 250\ 000\ （元）$$

$$产品价格 = \frac{25\ 万元 + 25\ 万元}{5\ 万单位} = 10\ （元/单位）$$

一个新投产的企业往往会把投资回收作为自己经营中最重要的目标，即使是老企业，有时在科研和新产品的开发上花费了巨额投资，当新产品投入市场后，企业首先考虑的也是投资回收问题。所以，这种定价方法常为一些大型企业和一些关系国计民生的公用事业单位所采用。

二、需求导向定价法

需求导向定价法是依据消费者或用户对产品的需求强度和对产品价值的认知程度来给产品定价。它的突出特点是体现了营销观念、灵活有效地运用产品的价格差异。同类产品的价格差异与产品的成本不是直接相关的，平均成本相同的同一种产品，其价格随市场需求的变化而变化。需求导向定价法包括两个主要的定价方法，即认知价值定价法和反向定价法。

（一）认知价值定价法

所谓认知价值，又称感受价值或理解价值，是指消费者或用户在观念上对产品价值的认同程度，而不是产品的实际价值。当产品的价格水平与消费者或用户对产品价值的理解和认识水平大体一致时，消费者或用户就会接受这个价格。反之，消费者或用户就不会接受这个价格，产品就将卖不出去。消费者或用户对产品价值的感受，主要不是由产品成本决定的。例如，一盒成本几元钱的减肥保健食品，售价在20元时无人问津，当价格达到60元时顾客却争相购买，因为消费者认为60元的减肥食品才是货真价实、产生减肥作用的。又如，同一杯饮料的价格，在高档酒店里会比在一般小餐馆里高出几倍甚至更多，这就是由于高档酒店里的环境、气氛、服务等因素提高了产品的附加价值，使消费者感到值得支付那么高的价格。

因此，企业要根据产品的性能、用途、质量及市场营销因素组合的策略水平，确定顾客对产品的认知价值，决定产品的初始价格。认知价值定价法运用的关键是准确地分析和测定顾客对产品的价值认知水平，否则，对价值认知水平过高或过低的估计都会导致产品销售上的损失。

目前经常采用的测评方法主要有以下3种：

（1）直接认知价格定价法。邀请有关人员（如顾客、中间商等）直接认定产品价格。

（2）直接认知价值评比法。即对市场上的多种同类产品按顾客的接受程度进行评分，再按分数的相对比例和现行市场平均价格推算顾客对产品的认知价值。

（3）诊断评议法。由有关专家和顾客组成诊断小组，用评分法对产品的信誉、功能、质量、服务水平等多项指标分别进行评分，找出各指标间的相对认知价值，再根据不同指标的重要程度，用加权平均的方法计算出产品的认知价值。

小链接：

递降销售法（梯子价格）

递降销售法（梯子价格）即在商品数量一定或时间一定时，商品价格每隔一段时间降一定幅度，直至商品售完为止。

资料一：1997 年夏天，杭州工联商厦对 200 台 1 200 毫米吊扇进行“日减 1 元”销售，价格从142元开始，每天降一元钱，以探测消费者的购物心理及承受能力时间，为企业提出产品的促销价格、时机、需求等一系列信息。结果，到第 35 天，即每台降到 107 元时，被消费者一抢而光。

资料二：巧妙降价——美国法林自动降价商店：自动降价是针对消费者心理采用的一种价格促销技巧。

商品上架时间	价格变动情况
1～12 日	原价销售
13～18 日	降价 25%
19～24 日	降价 50%
25～30 日	降价 75%
31 日	赠送慈善机构

请问：这两种方法属于什么定价导向？有何利弊？

（二）反向定价法

所谓反向定价法，是指企业依据市场上消费者能够接受的最终销售价格，计算自己从事经营的成本和利润后，逆向推算出产品的出厂价。

出厂价 = 零售价 ×（1 - 批零差率）×（1 - 进销差率）

三、竞争导向定价法

在激烈竞争的市场上，企业为了应付竞争局面争取顾客常常采取竞争导向的定价方法。这种定价方法是通过研究竞争对手的产品价格、生产条件、服务状况等，以竞争对手的价格为基础，确定本企业同类产品的价格。

竞争导向定价法的特点是产品的价格与产品成本、市场需求没有直接关系，而主要与竞争者的产品价格有关，企业产品的价格随竞争者的产品价格变化而改变。竞争导向定价法主要有以下几种形式：

（一）随行就市定价法

即依据本行业平均价格水平定价。对于市场竞争激烈、需求弹性难以预测或市场供需基本平衡的产品，为避免同行业企业之间爆发价格战、减少经营风险，往往采用这种定价方法。

随行就市定价既能充分利用同行业的集体智慧，反映市场的正常供求情况，又能保证适当的收益，也有利于同行业企业之间的友好相处。因此，这种定价方法特别适合于实力较弱的中小企业。

（二）投标定价法

即买方通过引导卖方竞争取得最低商品价格的定价方法。一般用于建筑工程、大型设备制造、政府或社会集团的大宗采购等。买方公开招标，卖方则密封递价，竞争投标。买方按物美价廉的原则择优选取，到期公布中标企业名单。中标企业与买方签约成交。

采用这种方法应注意，投标递价是以竞争者可能的递价为转移。递价低于竞争者可增加中标机会，但最低不能低于平均变动成本，否则难以保证合理的收益。另外，买方为保证产品的质量，还要全面衡量投标企业，不可单纯以价格作为唯一的标准。

（三）拍卖定价法

指卖方预先展示所要出售的产品，在一定的时间和地点、按一定的规则，由买方公开叫价竞买，不再有人竞争的最高价格即为成交价格，卖方按此价格当场拍板成交。在艺术品、古董、房地产等交易中常采用这种定价方法。

第三节

定价策略

价格是影响企业营销活动的重要因素，企业在价格的制定过程中，除了要考虑各种价格影响因素，采用不同的定价方法，确定出适当的产品价格，还需要根据不同的市场情况，采取各种灵活多变的价格策略和技巧，对产品价格进行必要的调整，以使企业能通过产品价格策略的具体实施，有效地实现企业的营销目标。企业可以采用的价格策略有很多，常用的价格策略主要有新产品定价策略、地区定价策略、心理定价策略、折扣定价策略、需求差异定价策略、产品组合定价策略等。

一、新产品定价策略

新产品定价是企业产品定价中的一个十分棘手的问题。新产品上市之初，产品定价没有可以借鉴的依据。价格定得高，顾客不接受，很可能会使一个原本很有前途的产品夭折，给企业造成巨大损失；价格定得低，不仅会影响企业的效益，还可能影响到企业的产品形象，也给企业其他产品的销售带来不利影响。所以，新产品定价时企业一般都很慎重。

不同类型的新产品，由于其生产经营条件不同，及顾客对其需求状况不同，企业定价时可以根据具体情况选择不同的定价策略。

1. 撇（取）脂定价策略

即为新产品定一个较高的上市价格，以期在短期内获取高额利润，尽快收回投资。这一方法的出发点是认为在新产品投放市场初期，竞争者与替代品都很少，因而可以趁机大赚一笔，就好像要把牛奶上面的一层奶油撇出来独自拥有一样。这样不仅能迅速收回前期产品研制投资，还可以获得较高的利润。

美国杜邦公司对它发明的许多新产品都采取这种定价策略。他们首先通过比较新产品和原有的将被替代的产品的特点，估计出足以使某些细分市场接受的新产品最高价格，并以此价格将产品投放市场。随后视销售情况逐渐降低产品价格，不断吸引下一层次的顾客。使用这一方法，杜邦公司从不同的细分市场中撇去了最大限度的高额利润。

企业采用高价策略定价有利有弊。

其好处是：第一，高价利厚，能够迅速收回投资。第二，为企业以后的降价留下了余地。第三，树立高质高档形象。

采用高价策略有两个不利之处，第一，高价诱发竞争。第二，高价限销。

因此，采用高价策略的前提条件是：①新产品有足够多的购买者，并且需求弹性较小。②产品供不应求。③新产品拥有专利技术，对手较难仿制。④企业的产品质量与所定的高价格相符合。

2. 渗透定价策略

即为新产品定一个较低的上市价格。目的是使新产品一上市就能吸引大量的顾客购买产品，迅速打开市场，并赢得较大的市场占有率。同时，有效地阻止竞争者进入市场，从而为企业长期占领市场打下坚实基础。采用这一定价策略的企业，在进入市场的初期可能会有亏损，但随着产品产销量的扩大，产品成本下降，不仅可以弥补亏损，还会因为较高的市场占有率而获得丰厚的利润。

由此可见，企业采用渗透定价策略，需要经过较长的时间才能获得利润、收回投资，但由于市场基础稳固，市场占有率也较高，因而一旦开始赢利，利润将会十分稳定。所以，这是一种着眼于企业长期发展的策略。

采用渗透定价策略的好处：一是排斥竞争；二是薄利多销。

采用渗透定价策略的不足就是价低利微。

因此，采用渗透定价策略也需要具备一定的前提条件：①顾客对价格比较敏感。②产品富有弹性。③该产品生产具有规模效益。④产品供过于求。

对于企业来说，采用哪一策略更合适，应根据市场需求状况、竞争形势、生产能力等各种因素综合考虑，来加以判断和选择。表 10－1 列出了各种影响因素的特性及在其不同影响作用下选择定价策略的参考标准。

表 10－1　　比较定价法

制约因素	高价	低价
1. 产品特性	特殊品	便利品
2. 产品信誉	优良	一般
3. 产品质量	优良	一般
4. 产品差异化	大	小

续表

制约因素	高价	低价
5. 市场寿命周期	导入期	成长期
6. 商品用途	广	窄
7. 售后服务	多	少
8. 生产方式	预定	标准化
9. 生产要素	技术密集	劳动密集
10. 市场规模	小	大
11. 生产周期	长	短
12. 市场占有率	低	高
13. 技术变迁性	创新速度快	相对稳定
14. 需求价格弹性	小	大
15. 投资回收期	短	长
16. 供给量	小	大

二、地区定价策略

一般地说，一个企业的产品，不仅要在当地销售，而且也要在全国甚至全世界销售，把产品运到需求所在地就需要装运、保险、通关等费用。所谓地区定价策略，就是企业要决定：对于销售给不同地区的消费者或用户的某种产品，是分别制定不同价格，还是制定相同的价格。或者说运费、保险费用由卖方支付还是由买方支付。

1. FOB 原产地价

所谓 FOB 原产地价，就是消费者或用户按照厂价购买某种产品，企业只负责将这种产品运到产地某种运输工具（如卡车、火车、船舶、飞机等）上交货。交货后，从产地到目的地的一切风险和费用都由消费者或用户承担。如果按产地某种运输工具上交货定价，那么每一个消费者或用户都各自负担从产地到目的地的费用。这样定价对企业也有不利之处，即距离远的消费者或用户有可能不愿意购买这些企业的产品，而购买其附近企业的产品。

2. 统一交货定价

这是种形式正好与前者相反。统一交货定价就是企业对于卖给不同地区的消费者或用户的某种产品，按照相同的厂价加相同的运费（按平均运费计算）定价。也就是说，对于全国不同地区的消费者或用户，不论远近，都实行一个价。因此，这种定价又叫邮资定价。这种定价对近距离的消费者或用户很不合算。

3. 分区定价

这是介于前二者之间的定价。所谓分区定价，就是企业把全国（或地区）分成若干价格区，对于卖给不同价格区的消费者或用户的某种产品，分别制定不同的地区价格。距离企业远的地区，价格定得较高；距离企业近的价格区，价格定的较低。在各个价格区范围内实行一个价。企业采用分区定价也存在问题。①在同一价格区内，有些消费者或用户距离企业较近，有些消费者或用户距离企业较远，前者就不合算。②处在两个相邻价格区界两边的消费者或用户，他们相距不远，但是要按高低不同的价格购买同一种产品。

4. 基点定价

所谓基点定价，是指企业选定某些城市为基点，然后按一定的厂价加从基点城市到消费者或用户所在地运费来定价，而不管货实际上是从哪个城市起运。有些公司为了提高灵活性，选定许多个基点城市，按照消费者或用户最近的基点计算运费。

5. 运费免收定价

运费免收定价就是企业负担全部运费。这些企业认为，如果生意扩大，其平均成本就会降低，因此足以抵偿这些费用开支。采取运费免收定价，可以使企业加深市场渗透，并且能在竞争日益激烈的市场上站得住脚。

以上5种定价策略，前4种基本上采取的是取货制，即谁要货谁取并支付运费；而第5种则采取的送货制即卖方或卖方的委托方送货上门的制度。在市场竞争激烈的今天，送货制即配送日益成为流行的方式。

三、心理定价策略

产品定价不但要考虑经济因素，也需要分析研究心理因素。利用消费者的不同心理需要和对价格的不同感受，可以制定出多种不同的心理定价策略。常见的心理定价策略有以下几种：

1. 声望定价策略

是指利用顾客仰慕名牌或名店的声望的心理来确定产品价格的策略。采用这种策略往往把产品的价格定得较高或定成整数。

声望定价法尤其适用于产品质量不易鉴别的产品。由于顾客不容易区别不同品牌产品的质量，就会以品牌及价格来决定取舍，认为著名企业生产销售的产品，其质量理所当然会比较好，即使价格较高也会乐意购买。另外，一些能够体现购买者的身份、地位、财富的“炫耀”性产品的价格一般定的也较高，以符合其购买心理。

2. 尾数定价策略

利用顾客对数字认识上的某种心理，在价格的尾数上做文章，尽可能把价格定得有整有零。例如，国外很多企业宁可将产品价格定为0.99元，也不定为1.00元，这可以使顾客认为产品定价准确、便宜、认真等。我国的很多企业将产品价格的尾数定为8，就是由于8与“发”发音相近，顾客有讨个发财吉利的心理需求。

小链接：

九毛九商店

在美国纽约有一个非常特殊的商店，人称“九毛九商店”。

这是一小规模的自选商店，营业面积仅一营业间，商品以日常生活用品为主，家庭常备用品应有尽有，单价大多是99美分，价格便宜，深受低收入家庭的欢迎。

九毛九商店在美国是小本买卖，以薄利多销和方便顾客为宗旨，因此，它处处为顾客提供方便，讲究经营效率和节约开支。

九毛九商店的招牌，说明商人的精明，擅常琢磨顾客的购买心理，一分之差对顾客的心理作用，在于花不足一元的钱能够买到自己满意的商品，从而产生购买欲望。

3. 招徕定价策略

即企业利用顾客求廉的心理，特意将某几种产品的价格定得较低，以此作为吸引顾客的手段，带动其他产品的销售。所以，这一定价策略又被称为特价品定价策略或“牺牲品”定价策略。在采用这一策略时应注意：①特价品一般是顾客喜爱的畅销产品或日用品。②特价要真实，不能有欺诈。③商店的商品要丰富。

4. 习惯定价策略

即按照消费者的习惯心理确定价格。这主要是针对日用品，消费者已经形成了习惯性的价格标准，价格高了，消费者不接受，价格低了，消费者会认为质量有问题。因此须按消费者购买习惯定价。

四、折扣定价策略

物美价廉的商品往往受到消费者的欢迎。折扣定价策略就是以低价让利于消费者的一种定价策略。

1. 现金折扣

对约定日期付款或提前付款的顾客给予一定的折扣。例如，顾客在 30 天内必须付清货款，如果 10 天内付清货款，则给予 2% 的折扣。这有利于加速资金周转，减少坏账损失。

2. 数量折扣

指按购买数量多少，给予不同的折扣，购买数量越多，折扣越大，鼓励顾客购买更多的物品。因为大量购买能使企业降低生产、销售、储运、记账等环节的成本费用。例如，顾客购买某种物品 100 单位以下，每单位 10 元；购买 100 单位以上，每单位 9 元，这就是数量折扣。数量折扣有累计数量折扣和非累计数量折扣两种。

3. 功能折扣

又叫贸易折扣。功能折扣是指制造商给予某些批发商或零售商的一种额外折扣，促使它们执行某种市场营销功能（推销、储存、服务）。

4. 季节折扣

生产季节性商品的企业对销售淡季来购买商品的买主，给予折扣优待；零售企业对于购买过季商品或服务的顾客给予一定的折扣，均属季节折扣。这有利于企业的生产和销售在一年四季保持稳定。例如滑雪橇制造商在春夏给零售商以季节折扣，以鼓励零售商提前订货；旅馆、航空公司等在营业下降时给顾客以季节折扣。

5. 价格折让

这是另一种类型的减价。例如，一台冰箱标价为 3 000 元，顾客以旧冰箱折价 200 元购买，只需付给 2 800 元，这叫以旧换新折扣。如果经销商同意参加制造商的促销活动，则制造商卖给经销商的物品可以打折，这叫促销让价。

五、需求差异定价策略

需求差异定价法，是企业根据市场需求在时间、数量、地区、消费水平及消费心理等方面存在的差异，来确定产品价格，以满足不同的需求，促进产品销售。需求差异定价法是收入弹性在定价中的应用。需求差异定价法主要有以下 4 种形式：

1. 顾客差异定价

即同一种产品以不同的价格销售给不同的顾客群。如工业用电与民用电的电价不同，成人与学生、儿童乘坐火车的票价不同，同一种产品卖给批发商、零售商或消费者的价格不同，有稳定业务关系的老顾客与新建立关系的顾客或临时顾客的价格也会有差异等。又叫歧视价格或价格歧视。

2. 产品差异定价

即根据产品的新旧、需求强度不同（急需商品与一般商品）、礼品与纪念品等定不同的价格。

3. 地区（场所）差异定价

即同一种产品在不同地区、不同地点、不同场所销售时，其价格也不同。如体育场、音乐会的门票，位置不同，价格不同；同一啤酒，在高档餐馆和路边小店，价格就相差很大。

4. 时间差异定价

即产品的价格随时间的不同而变化。如季节性销售的产品，在销售旺季时价格较高，淡季则价格较低；节假日时产品价格与平日不同，甚至在一天的不同时段，有些产品也可以定出不同的价格，如长途电话费、电视广告费等。

采用需求差异定价可以满足不同顾客的需求，促进产品销售，对买卖双方都有利，但在实际经济生活中，实行需求差异定价必须具备一定的前提条件：①市场必须是可细分的，并且各个细分市场的需求有明显差异。②顾客不可能把低价买进的产品以高价转手倒卖。③高价的市场上不可能有竞争者以低价竞销。④差异定价不会导致消费者的误解或反感。⑤需求差异定价法的形式必须合法，并能获得社会公众的认同。

六、产品组合定价策略

对于绝大多数企业来说，生产经营的产品都不止一种，某一种产品都是企业整个产品组合中的一个组成部分。这时，企业就需要针对整个产品组合的具体情况，为每一种产品定出合适的价格，从而使整个产品组合所取得的总利润最大。一般而言，企业产品组合中的各种产品，由于它们的功能相近、市场定位相似，或者技术密切相关，使得这些产品在成本和需求方面相互影响，甚至相互竞争，某一产品价格定得合适与否，会对其他产品的销售产生巨大影响。所以，对于多种产品的生产企业来说，必须从整个产品组合的总收益出发，考虑各种产品之间的相互关系，来确定每一种产品的合理价格。

1. 产品大类定价策略

在产品组合中，由于各个产品项目有着非常密切的关系和相似性。如果产品项目之间的价格差别不大，顾客就会倾向于购买功能和性能较先进的、价格高的产品。这时，如果产品之间的成本差别更小，即成本差别小于价格间的差别，价格高的产品项目利润大，则企业会获得较多的利润。而这时，如果成本差别大于价格间的差别，价格低的产品项目利润较大，对企业不利。相反，如果产品项目间的价格差别较大，顾客就会倾向于购买价格较低的产品。这时，整个产品组合的获利水平，同样取决于产品项目间成本差异与价格差异大小的比较，只不过结果相反。

所以，当企业对整个产品线进行定价时，首先，必须对产品线内推出的各个产品项目之间的特色，顾客对不同特色的评估，以及竞争对手的同类产品价格等方面的差别进行全面考虑。其次，以某一产品项目为基点定出基准价。然后，围绕这一基准价定出整个产品线的价格，使产品项目之间存在的差异，既能够通过价格差别明显地体现出来，又不至于使产品项目间的销售波动太大。

2. 附带产品定价策略

附带产品就是与主要产品配套使用的产品，它可以分为必须附带与任选附带两大类。

必须附带产品，如照相机与胶卷、计算机硬件与软件以及剃须刀架与刀片等。由于主导产品都可以多次反复使用，而附带产品属易耗品，顾客买了主导产品就必须不断地购买附带产品。一般情况下，同时生产主导产品和附带产品的大企业，往往把主导产品的价格定得较低，目的是以主导产品的大量销售带动附带产品的销售，例如，柯达公司的照相机的价格就定得较低，为的是消费者更多的购买其胶卷。另外，在一些服务行业中，如邮电通信行业，以便捷的电话机初始安装服务和低廉的安装费，吸引顾客大量安装电话机，然后通过收取使用费带来赢利。

任选附带产品，如汽车与汽车收录机、电冰箱与电源电压稳定器等。这类附带产品与主导产品的使用关系密切，但顾客在购买主导产品时可买可不买，并且这类产品的成本与价格远远低于主导产品。这类产品价格的确定，就需要认真分析市场环境、顾客偏好等因素。如果任选附带产品的有无会影响到顾客对主导产品的选择，就可把其价格定得很低，甚至免费赠送。如果顾客对主导产品的偏好十分强烈，顾客的选择比较固定，这时任选附带产品的价格反而会定得较高，例如特色餐馆里的酒水价格就定得较高。

3. 组合定价策略

为了促进产品组合中所有产品项目的销售，企业有时将有相关关系的产品组成一个产品群成套销售。例如，化妆品的配套销售，公园内所有娱乐项目成套销售，以及体育比赛的各个项目门票的整套出售等。由于顾客本来无意购买全部产品，企业通过将产品配套销售，使顾客感到成套购买比单独购买便宜和方便，从而带动整个产品群中某些不太畅销产品的销售。但在采用这一策略时要注意避免硬性搭配。

4. 选择品定价策略

卖方在供给商品时，有时会附带一些可供选择的产品或服务，由消费者选择。如进饭店，既要消费主食，也要消费副食，如酒水等，有的饭店把酒水价格定得较高，主食免费；而有的饭店则把主食价格定得较高，酒水价格较便宜。

5. 分部定价策略

在消费项目中包含有多个产品或服务项目时，可以采取分部定价策略。如逛公园、动物园等，除了门票外，还有收费项目；电话用户除了付月租外，还要支付使用费。

6. 同一价策略

即在一个商店内，不论商品大小、轻重、厚薄等，定一个统一的价格。如 10 元店、8 元店等。

七、互联网时代常用的定价策略

1. 高价策略

直接定位中高端群体，利用消费者只买贵的，贵的就是好的心理。据统计现在流量成本单客已经超过 100 元，没有利润卖的越多亏损越大。

2. 模糊定价

如用 210g、265g、185g 的单位来定价，增加消费者比价的难度。

3. 产品组合定价

在店铺里面把商品分引流款、利润款和高端款，引流款低价销售，目的就是吸引流量，利润款用来赚钱，高端款用来提升品牌。

4. 价格歧视

对不同的消费者进行不同的定价策略，电商网站根据消费者上网的记录给我们不同的产品，你经常逛奢侈品，就给你一个更高的价格，推荐给你更贵的商品。例如滴滴打车根据汽车的高峰期和订单数量随时调整价格，自动售卖机根据温度调整饮料价格。

第四节 价格调整

企业产品价格并非一成不变，必须随着市场环境的动态变化进行调整。企业进行产品价格调整有两种情况：一是根据市场需求变化或企业战略、策略实施的需要进行主动调整，二是当竞争对手的产品价格变动后为应付竞争对手进行的应变调整。

一、主动调整价格

企业主动调整产品价格，不可避免地对顾客、竞争对手等产生影响。因此，在调价前后，需要对各方面的可能反应进行调查与评估，以减少不利影响、实现调整价格的目标。

（一）提价及策略

1. 提价原因

企业提价原因多种多样，不外乎以下几种：

（1）通货膨胀，导致企业成本费用提高，因而不得不提高产品价格进行弥补。

（2）企业产品供不应求，不能满足市场旺盛的需求。

（3）产品质量高，服务好。

（4）竞争者减少。

2. 顾客的可能反应

顾客对产品价格调整的敏感程度依据不同产品类型等因素的反应是有差异的。一般情况下，价值较高、购买频率高的产品价格变动对顾客的影响会比较大；反之，价值低、不经常购买的产品价格变动时顾客反应的敏感程度较低。需求弹性大的产品调价时，顾客反应的敏感性一般比较高。当然，顾客反应的具体情况还主要依赖于当时当地的市场实际状况。

（1）供不应求，价格自然提高。

（2）商品畅销，购买者多且存在竞争。

（3）产品有价值。

（4）卖主为了获取高利。

3. 提价策略

针对顾客反应，尤其是消极反应，如何做到提价不会产生负作用呢？

（1）减少价格折扣。

（2）减少包装容量，价格不变（减量不减价）。

（3）使用便宜的材料或配方做代用品。

（4）减少或改变产品特点（尺寸、规格和型号），降低成本。

（5）使用价格较为低廉的包装材料，促销更大包装的产品。

（6）创造新的经济的品牌或使用无品牌产品。

（二）降价及策略

1. 降价原因

（1）企业的生产能力过剩需要扩大销售，而通过其他营销策略扩展销售的余地很小。

（2）在强大的竞争压力之下，企业的市场份额明显下降。

（3）企业的成本费用低于竞争对手，降低价格可以扩大销售、提高市场占有率。

（4）出现经济衰退。

2. 顾客反应

产品降价，顾客会怎么想呢？

（1）产品式样过时，价格自然下降。

（2）产品质量有问题。由于运输、装卸、搬运、加工、销售等不当造成商品损害，不能正常出售。

（3）价格会进一步下跌。消费者会认为企业产品价格会进一步下降，等到最低才购买。

（4）企业财务困难，为了收回货款。

3. 降价策略

针对降价，企业要慎重，不能因为降价而产生负面影响。

（1）降价要“师出有名”。找出一个合适的降价理由来，不能让顾客认为是商品卖不出去，或质量不好才降价。商家降价的理由通常有：季节性降价、重大节日降价酬宾、商家庆典活动降价、特殊原因降价。另外，即使降价，也应尽量使用“折扣优惠价”“商品特卖”“让利酬宾”等给人较好印象的字眼。

（2）率先降价要精心策划，高度保密，才能收到出奇制胜的效果。

（3）降价要取信于民。信誉好的商场降价顾客信得过，信誉不好的商场降价顾客信不过，所以在现实中不同的商家同样降价促销，效果会大不相同。

（4）降价幅度要合理。根据以往的经验，降价幅度在10%以下时，几乎收不到什么促销效果。降价幅度至少要在15%到20%以上，才会产生明显的促销效果。但降价幅度超过50%以上时，必须说明大幅度降价的充分理由，否则顾客会怀疑这是假冒伪劣商品，反而不敢购买。

（5）降价幅度与商品范围要结合。一家商店少数几种商品大幅度降价，比很多种商品小幅度降价促销效果好。知名度高、市场占有率高的商品降价的促销效果好，知名度低、市场占有率低的商品降价促销效果差。

（6）传递降价信息要有科学性和艺术性。把降价标签直接挂在商品上，最能吸引消费者立刻购买。因为顾客不但一眼能看到降价金额、幅度，同时能看到降价商品。两相比较权衡，立刻就能作出买与不买的决定。如"现在购买只要80元"，就不如"现在购买省10元"更有冲击力，更能令顾客产生共鸣。因为前者是要你"掏钱买"，而后一句则是"帮你省"，在心理感觉上就不一样，当然接受效果也会有差别。

（7）真实标注价格。内容应包括"原价格""新价格""特价幅度""品牌包装""起止日期"等信息，以证明降价的真实性。

二、竞争者对调价的可能反应

预先估计和及时了解竞争对手的反应关系到企业产品调价后市场竞争格局的变动。而了解竞争者的反应比了解顾客的反应更加复杂。竞争者对其他企业挑起的产品市场价格变动可能有相对固定的整套应对策略，也可能每次采取不同对策。企业必须对竞争对手的市场应对方式经常进行深入的情报收集与分析评估，以掌握不同竞争对手的反应模式。

一般认为对手的反应有以下两方面：

（一）消极反应

消极反应是指竞争者以不变应万变的策略应对价格调整，始终保持价格不变。这种情况一般都是企业处于行业领导地位，对手无论如何调价都不会对其构成威胁。

（二）积极反应

积极反应是指竞争者认为这是我方向对方发起的价格战，会主动应战。应对的策略有：

1. 相向式反应

既我降他也降，我涨他也涨。这种行为一般影响不会太大，后果不很严重，企业坚持自己的价格政策即可。

2. 逆向式反应

既我降他涨或不变，我涨他降或不变。我降他涨或不变，是因为对方认为自己的产品质量高、服务好、档次高，保持提价或保持原价。如奔驰轿车，当对手以"一样的性能，不一样的价格"向奔驰发起挑战时，奔驰却提价应战，打出了"奔驰轿车——不一样就是不一样"的广告，搞得对手欲罢不能。而我涨他降或不变，如果双方产品相当、服务无差别、目标市场相同、业态相同，价格战就不可避免了。

3. 交叉式反应

是指对手对我方的调价行为，可能同向反应，也可能逆向反向，也可能采取非价格方式——广告、提质等非价格策略参与竞争。

三、企业对竞争者调价的反映

在竞争激烈的市场上，如果竞争对手率先调整了产品价格，企业不可避免地要采取相应的应对措施。由于这种被动应对的时间压力很大，为了减少仓促应变带来的不利影响，企业必须提高应变能力，在价格决策中备有适当的反应对策。

（一）不同环境下企业的反映

一般而言，如果产品的同质性程度高，竞争对手降低产品市场价格往往迫使其他企业不得不随之降低，而提高产品价格时其他企业跟随的可能性非常小，迫使其提价的图谋流产。如果不同企业产品之间差异性较大（尤其是在顾客心目中的形象差异），各企业产品在市场上具有一定的垄断性，则应对竞争对手产品价格变动的自由度就比较高，可以在综合分析评估竞争对手产品价格变动意图、本企业的反应可能对市场竞争格局产生的影响以及竞争对手对本企业反应的再反应等问题后，制定应对策略。

（二）市场领导者的反映

通常市场领导者应对竞争对手产品价格调整的策略主要有：

1. 维持价格策略

如果竞争对手产品价格变动对本企业产品销售影响不大，或影响会很快消除，则维持原有产品价格不变。

2. 降价策略

在不能有效维持本企业产品正常的市场销售时，为了保证与竞争对手既有的竞争格局，企业需要进行价格调整以跟进竞争对手的价格变动。

3. 非价格竞争策略

如果运用非价格手段能消除竞争对手价格变动的影响，或非价格手段对顾客更具吸引力，则在保持原产品市场价格不变的情况下，调整营销组合其他策略。

4. 提价策略

这只有在本企业产品质量过硬、形象高档时才采用，否则一般不要采用提价策略参与竞争。

本章小结

价格是营销组合的重要内容之一。企业定价目标、成本、需求和竞争是影响定价的4大因素。成本是定价的最低界限，需求是定价的最高界限，而竞争则使定价在成本与需求之间波动。

定价方法有3大类，分别是成本导向定价法、需求导向定价法和竞争导向定价法。成本导向定价法又有完全成本加成定价法、收支平衡定价法、目标利润定价法、投资收益定价法和边际成本定价法。需求导向定价法又有顾客认知价值定价法、反向定价法。竞争导向定价法则有随行就市定价法、投标定价法和拍卖定价法。

定价策略主要有新产品定价策略、地区定价策略、心理定价策略、折扣定价策略、差异定价策略、产品组合定价策略。新产品定价策略包括撇脂定价策略和渗透定价策略。地区定价策略有FOB定价策略、统一交货定价策略、分区定价策略、基点定价策略、运费免收定价策略。心理定价策略有声望定价策略、尾数定价策略、招徕定价策略、习惯定价策略等。折扣定价策略有现金折扣策略、数量折扣策略、功能折扣策略、季节折扣策略和价格折让策略。差异定价策略有顾客差异、产品差异、地点差异和时间差异定价策略4种。产品组合定价策略有产品大类定价策略、附带品定价策略、组合定价策略、选择品定价策略、分部定价策略、同一价策略等。

面对激烈的市场环境，企业价格不是一成不变的，企业随时要调整价格，主动降价或主动提价。且面对竞争对手的挑战，也要不断调整价格。

思考题

1. 影响定价策略的主要因素有哪些?
2. 企业常用的定价目标有哪些?
3. 什么是产品需求的价格弹性、收入弹性和交叉弹性?互补品和连带品如何定价，才能实现利润最大化?
4. 三大类定价方法各自的出发点有何区别?
5. 心理定价策略有哪些?
6. 新产品如何定价?分析其定价策略及其利弊和适用条件。
7. 2012年1月，某企业投入固定成本50万元，生产A商品，生产能力为年产5万件，单位变动成本为25元，成本加成率为20%。2017年建成投产，但市场已发生变化，替代品出现，且很受欢迎，而A商品的价格已降到30元，那么，某企业生产还是不生产A商品?
8. 对于竞争对手发起的价格战，企业应该如何应对?
9. 分析格兰仕的价格竞争战略与策略。
10. 分析海尔的价格竞争战略与策略。

在线习题

案例分析

第十一章

分销渠道策略——传递顾客价值

【学习目标】

1. 掌握分销渠道的概念、类型及策略；
2. 理解渠道的两大中间环节——批发商和零售商的主要类型；
3. 理解分销渠道的设计与管理；
4. 了解产品实体运动的物流环节及其功能。

导入案例：

零售商与供应商竞合之演变

宝洁与沃尔玛的合作在过去十几年被称为供应商与零售商在渠道中的经典合作之例。

美国大型生产商宝洁公司（Procter & Gamble，P&G）和美国第一大零售商沃尔玛（Wal-mart）结成了战略联盟，开始探索一种新型的产销合作关系，在实践上向供应链管理发展，取了令人惊叹的业绩。

合作形式：为了构筑新型的生产商和零售商之间的产销关系，宝洁和沃尔玛建立起一个协作的团队，通过联盟的形式，借助于计算机开始实现信息的共有。宝洁公司可以调用沃尔玛的销售和库存数据，并以此为依据制定出有效率的生产和出货计划。不仅仅是单纯的财务管理，而是通过利用新型的信息技术对整个业务活动实行全方位的管理。

作为实施合作的主要组织机构，宝洁公司和沃尔玛双方组成由财务、流通、生产和其他各职能部门组成的约70人的专门合作团队。根据合作团队策划，沃尔玛于1989年开始对宝洁公司的纸尿裤产品实行供应链管理，即构筑JIT自动订发货系统。

借助于这种信息系统，宝洁公司除了能迅速知晓沃尔玛物流中心内的纸尿裤库存情况外，还能及时了解纸尿裤在沃尔玛各店铺的销售量、库存量、价格等数据。这样不仅使宝洁公司能及时制定出符合市场需求的生产和研发计划，同时也能对沃尔玛的库存实行单品管理，做到连续补货，防止出现商品结构性的机会成本（即滞销品库存过多，畅销品断货）。而沃尔玛则从原来繁重的物流作业中解放出来，专心于经营活动，同时在宝洁公司的信息基础上，及时决策商品的货架和进货数量，并由MMI系统实行自动进货。这样不仅沃尔玛不用从事具体的物流活动，而且由于双方企业之间不用就每笔交易的条件（如配送、价格问题等）进行谈判，大大缩短了商品从订货，经进货、保管、分拣、补货，到销售的整个业务流程的时间。

具体作业流程是沃尔玛的各店铺都制定了一个安全库存水平，一旦现有库存低于这种水平，设在沃尔玛的计算机通过通信卫星自动向宝洁公司的纸尿裤工厂订货，宝洁公司在接到订货后，将订购商品配送到各店铺，并实施在库管理。与整个商品提前期缩短相适应，两个企业之间的决算系统也采用了EFT（电子资金转账）系统，通过这种系统企业之间的财务结算就可以通过计算机等电子设备来完成。EFT系统的导入不仅提高了企业之间的结算效率，而且大大降低了两个企业的间接成本，因为一方面对于宝洁公司来讲，EFT加速了资金的回笼，提高了资金周转率；另一方面对于沃尔玛来讲，由于及时化的商品管理制度，保证了货款的支付在商品完成以后进行，加速了资金周转，提高了资金效率。

宝洁公司与沃尔玛的合作，改变了两家企业的营运模式，实现了双赢。与此同时，他们合作的4个理念，也演变成供应链管理的标准。这4个理念可以用4个字母代表，C（Colaboration 合作），P（Planning 规划），F（Forcasting 预测）和R（Re - plenishment 补充）。

“C”——合作。不是两家企业普通买卖关系的合作，而是为同一目标创造双赢的合作。零售商店不存货，而把存货推给供货商、增加供货商的成本，就不叫合作。如果零售商与供货商共同以零售店顾客的满意为最高目标来通力合作，就可让双方都成为赢家。这样的合作是长期的、开放的，而且要共享彼此信息，双方不但在策略上合作，在营运的执行上也要合作。双方先要协议对对方信息的保密，制定解决争端的机制，设定营运的监控方法以及利润分配的策略。双方的目标是，在让销售获得最大利润的同时，缩减成本与开销。

“P”——规划。供应链管理源于日用品的零售，P是规划，两家企业合作，要规划的事很多。在运营上有产品的类别、品牌、项目；在财务上有销售、价格策略、存货、安全存量、毛利等。双方在这些问题上的规划，可以维系共同目标的实现。另外，双方可以对产品促销、存货、新产品上架、旧产品下架等一些事情进行共同规划。

“F”——预测。对销售的预测，双方可有不同的看法、不同的资料。供货商可能对某类商品预测的准确，而零售商店可以根据实际销售对某项商品预测的准确，但双方最后必须制定出大家都同意的预测方式。系统可依据原始信息，自动作出基础性的预测，但是季节性、时尚性的变化，以及促销活动、顾客的反应，都会使预测出现变化。双方预先要制定好规则，来研讨并解决预测可能产生的差异。

“R”——补充。补充是供应链管理的重要程序。销售预测，可以换算成为订单预测，而供货商的接单处理时间、待料时间、最小订货量等因素，都需要列入考虑范围之内。货物的运送，也由双方合作进行。零售商订货，应包括存货比率、预测的准确程度、安全存量、交货时间等因素，而且双方要经常评估这些因素。在补充程序上，双方要维持一种弹性空间，以共同应对危机事宜。成功的补充程序，是供货商经常以少量的货品供应零售商，用细水长流的方式，减低双方存货的压力。

宝洁公司与沃尔玛之间的产销联盟，引进了直接交易形式，使产销双方能够紧密联系在一起，同时借助以信息共享为特征的经营和物流管理系统，使产销都能对应市场变化作出及时的响应，其结果是在库水平下降、有效遏止了滞销品的产生。自从宝洁公司与沃尔玛实行产销联盟以后，沃尔玛店铺中宝洁公司的纸尿裤商品周转率提高了70%。与此相对应，宝洁公司的纸尿裤销售额也提高了50%，达到30亿美元。合作是永无止境的，但是宝洁与沃尔玛也都面临着巨大的挑战。比如维护和改进现有的关系，全球化带来的挑战，供应链的创新，行业标准的开发以及行业标准的采纳等等。

（资料来源：宝洁—沃尔玛模式，MBA 智库百科）

点评：

供应商与零售商是一对矛盾的统一体，二者既相互依赖，又相互对立。统一性表现在二者都是供应链中的一大环节，产品价值与使用价值的实现，二者缺一不可，双方是共存共荣，一损俱损的关系。对立性则表现在二者又是独立自主、自负盈亏的经济实体，都有着各自的经济利益。因此，二者关系的处理成为流通领域的一大难题。而宝洁与沃尔玛则为我们提供了一个“双赢”的解决方案，给渠道中的各环节提供了一个极好的解决思路，希望渠道中的企业能够从中得到一定的启发，做好渠道管理工作。

分销渠道策略是市场营销组合策略中的4个基本要素之一，如果说产品是企业的立身之基，分销渠道和网络则是企业的发展之本。

在现代商品经济条件下，产品生产同产品消费之间在时间、地点、数量以及所有权等方面存在很多的差异和矛盾，建立和维护营销渠道的目的就是克服这些差异和矛盾，在适当的时间、适当的地点、按适当的数量和价格，把产品从生产者转移到消费者手中，通过满足购买者的需要来实现企业的营销目标。因此分销渠道决策是关系到企业能否持续、稳定发展的关键因素之一。

第一节

分销渠道及类型

一、分销渠道的概念和特征

（一）分销渠道的概念

“渠道”一词源于流水的水渠，商品在生产出来之后同样也存在从生产领域向消费领域转移的问题，即分销渠道。

营销学中关于渠道的研究，有两个不同的概念：营销渠道与分销渠道。

营销渠道，是由供应商、生产者、商人中间商、代理中间商、辅助中间商、辅助商以及最终消费者或用户等组成的体系。

分销渠道，是指商品从生产领域转移到消费领域的全过程中，实现其所有权转移和实体运动的所有企业和个人等构成的体系。

分销渠道中的所有企业和个人是指批发商、零售商、代理商及储运商等。不包括供应商和辅助商。营销管理所分析的渠道是分销渠道。

（二）分销渠道的特征

分销渠道是企业产品进入市场的通道，它是企业营销活动中的一个很重要的环节。深入了解其基本特征，有利于企业搞好分销渠道的决策与管理工作，制定出合理的分销策略。分销渠道的特征主要有以下几个方面：

1. 分销渠道是实现产品价值的通道

分销渠道的起点是生产者，终点是消费者或用户，起点与终点通过渠道联结在一起，形成实现商品价值的流通体系。价值实现是分销渠道的基本职责。

2. 分销渠道是一些相关经营组织和个人的组合

商品的运动需要借助于组织或人的推动才能实现，分销渠道就是由批发商、零售商、代理商及储运商等构成的体系，从而完成了商品从生产领域向消费领域转移的任务。由于分销渠道中存在众多经营者和个人，因而形成了纵横交错的渠道体系，承担了产品价值和使用价值转移的活动。

3. 分销渠道以产品所有权转移为前提

分销渠道是商流（所有权转移或价值形态变化）与物流（商品实体运动）等的统一。商流是前提，物流是保证。只有产品所有权的转移才有产品实体的运动，即只有商流才会有物流，没有商流就不会有物流。

二、分销渠道的作用

分销渠道的存在对商品流通有着非常重要的作用，没有渠道，商品价值和使用价值就不可能实现，消费者或用户需要不可能满足。

（一）有利于提高营销活动效率

如果离开中间商构成的分销渠道支持，由生产企业直接将产品销售给顾客，产品生产企业将会陷入繁重复杂的交易工作之中，其复杂程度是难以想象的。

我们假定某一产品市场上有3个供应者（即生产者）和8个购买者，如果在生产者与购买者均不利用中间商而直接进行交易，直接交易图示见图11－1上图，双方共需要进行24次交易；而利用中间商交易产品时，见图11－1下图，可以看出，供应者和购买者的数量没变，只是他们之间加入了一个中间商，但是交易次数却大大减少，原因就在于中间商将商品进行汇总和分类，简化了产品的交易过程，从而使生产企业从这种简化中获得了较高的营销效率。

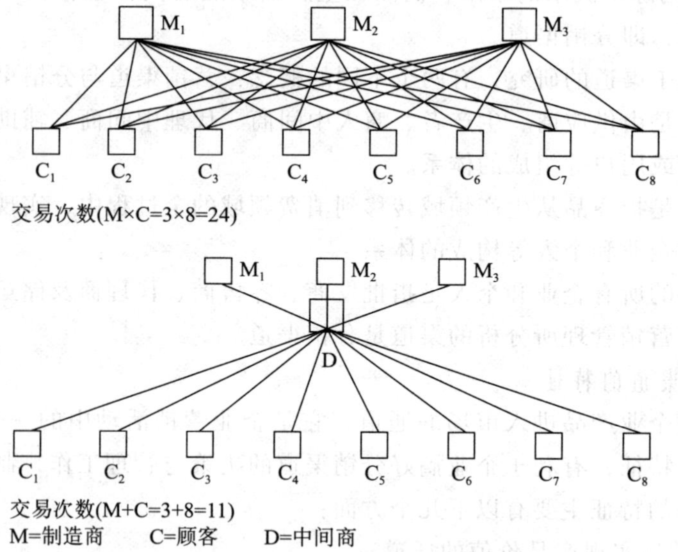

图11－1　直接交易与间接交易图示

（二）有利于开拓市场，扩大市场需求

市场经济的发展，市场不断在扩大，由一地市场发展到全国市场，甚至世界市场。目标市场范围的不断扩大，使得大部分生产企业由于资源和能力所限并不能将产品全部直接销售给最终消费者或用户，而是借助于一系列中间商，即分销渠道来完成。企业只有合理地选择和利用分销渠道，才能低成本、高效率地销售给消费者和用户，通过满足他们的需要来使商品的价值得以实现，从而使企业的生产经营活动能够获得进一步发展的基础和保障。相反，如果厂家忽视了这一作用，完全靠自己来分销商品，虽然建立了庞大的销售机构，却背上了沉重的包袱。

（三）有利于开发、生产新产品

对一个生产企业来说，分销渠道不仅是将产品输送给消费者的工具，而且还要承担反馈市场信息的职责，要很好地实现“市场信息反馈”的功能。这里，分销渠道中的中间商起着纽带的作用，把产销联系在一起，在生产者和消费者之间传递信息，使生产者得以不断改进、开发、生产新产品，从而更大程度地满足消费者的需要。合理有效的分销渠道将使企业及时、准确地获得相关的市场信息，从而为下一阶段的生产计划调整提供依据。当然若分销渠道选择不当，市场信息不能及时反馈或出现变形失真，也会给企业的经营决策造成不良影响。

（四）有利于更好地满足消费者或用户的需要

分销渠道的存在，可以利用其遍布市场的网络，在网点布局上做到集中与分散相结合，固定与流动相结合，专业与综合相结合，高中低档经营相结合，多零售业态相结合，实体经营与虚拟经营相结合，随时随地为消费者或用户提供完善的、系列化服务，使消费者或用户需要得到更大程度的满足。相反，如果没有分销渠道体系，生产者自建网点，是不可能做到这一点的。

三、分销渠道的职能

（1）研究。收集和传播分销渠道及渠道成员的信息，为渠道选择与管理做出最优决策。

（2）促销。发展和传播有关商品的富有说服力的吸引顾客的活动。

（3）接洽与谈判。寻找购买者并尽力达成有关产品的价格和其他条件的最终协议，以实现所有权的转移。

（4）融资。获得和分配资金以负担渠道各个层次存货所需的费用，保证渠道的畅通无阻。

（5）物流与配送。产品实体从生产者经中间商到最终顾客或用户的连续储运、包装、加工、装卸、配送等活动。

（6）风险。在执行渠道任务的过程中承担有关风险（资金风险、库存风险等）。

小链接：

由于消费者会用各种方式搜索产品信息——实体店、搜索引擎、零售网站、第三方评论网站等等。只有提供持续的、准确的、完整的产品数据，才能确保为客户提供最棒的全渠道购物体验。详细全面的产品数据是成功的全渠道体验所必需的，4 大新兴电商趋势证明了这一点。

搜索更具体：电商市场越来越饱和。据 Dandyloop 公司统计，目前市场上有 1 200 万～2 400 万个电商零售商。为了从熙熙攘攘的市场上找到自己需要的产品，消费者们搜索产品时使用的词条越来越具体，以此来避免成百上千的相关产品。

比如，当准备购物新电视机时，消费者很少直接输入“电视机”。相反，人们更可能通过特定产品属性来缩小挑选范围，比如“55 英寸 LED 智能电视机”。提供丰富的产品数据和属性，卖家的产品才有更大的可能进入搜索结果页面，从而提高与消费者接触的机会。

与电商零售巨头竞争：不论是实体店还是网店，现在每一位零售商都必须与“一站式”零售巨头相竞争（比如沃尔玛和 Target）。这些零售巨头占据着大部分搜索结果页面，而且他们实行“闪电式”配送模式，经常提供免运费服务，能立即满足消费者的需求。为了与这些模式竞争，零售公司必须用强大的产品数据加强他们的网上策略。提供完整而坚实的产品数据，加强网络影响力，从而优化搜索引擎。产品内容和属性越详细具体，它就越有可能出现在潜在客户搜索结果的前面。

视觉搜索：当进入电商时代，语言不再是购物的唯一方式。视觉搜索通常被称为“反向图片搜索”，允许消费者通过上传图片来搜索产品，而不是输入具体的产品名称。这样，当人们在博客或网站看到一件产品，却没有附带相关购物信息时，就可以找到并购买这件产品。成为视觉搜索竞争者的关键，是产品具有大容量、高清晰图片。只有与消费者上传的图片相似时，卖家的产品图片才能出现在搜索结果中。为每一件产品附加多张图片，也许某一张图片就与搜索图片相似，能大大提高卖家的竞争优势。

社交搜索：在购物前，消费者可能向家人朋友咨询意见或者在网站搜索评论，社交购物鼓励零售商在产品数据中添加视频、图片系列和消费者评论。随着电商行业不断进化，全渠道销售的成功依赖于丰富有吸引力的产品数据。如果卖家不能提供购物者期盼的数据和体验，将面临“失去新销售额、新客户以及非常重要的产品曝光率”这些风险。

（资料来源：杨雪平，2017 年全渠道销售 4 大新兴趋势，雨果网 2016. 12）

四、分销渠道的类型与策略

分销渠道作为实现产品价值与使用价值的通道，由于生产者、中间商、消费者或用户众多，因此，渠道就形成了一个复杂庞大的系统。产品从生产者向消费者或用户转移的过程中就存在多个通道及多个通道的选择问题。渠道从纵向和横向讲就形成了不同的渠道网络体系。当然也就存在一个渠道体系的使用问题。

（一）分销渠道的类型

1. 消费品渠道（见图 11－2）

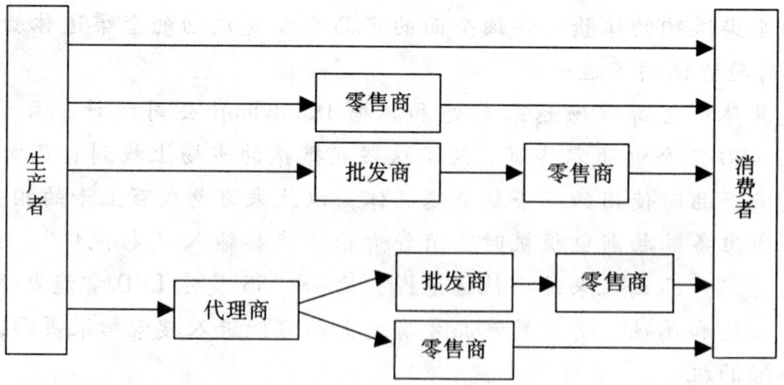

图 11－2　消费品渠道

2. 产业用品或生产资料渠道（见图 11－3）

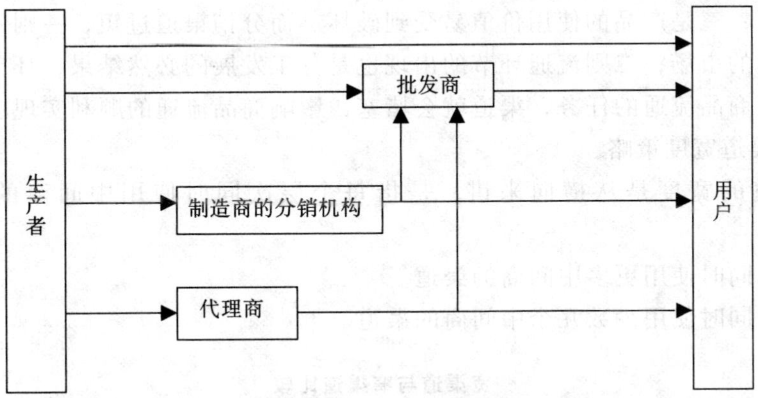

图 11－3 产业用品渠道

（二）分销渠道的策略

1. 分销渠道层次策略

分销渠道的层次是指从纵向来讲，分销渠道中间环节的多少。中间环节的多少不同，将形成不同的渠道。一般渠道有：

零阶（层）渠道：即直销渠道，不通过任何中间环节，直接将商品销售给最终消费者或用户的渠道。

一阶（层）渠道：通过一个零售商（一个环节）将商品销售给最终消费者或用户的渠道。

二阶（层）渠道：通过批发商、零售商（两个环节）将商品销售给最终消费者或用户的渠道。

三阶（层）渠道：通过代理商、批发商、零售商（三个环节）将商品销售给最终消费者用户的渠道。

分销渠道的层次实际就是渠道的长短。经过两个或两个以上环节的渠道叫长渠道；经过一个或没有中间商的渠道叫短渠道，见表 11－1。

表 11－1　　短渠道与长渠道比较

类型	优点	缺点	管理技巧
短渠道	市场密集；厂家对渠道控制要求较高；适宜专用品、时尚品及顾客密度较大的区域。	厂家要承担的渠道功能多；必须具备足够的资源；市场覆盖面窄。	执行标准化的深度分销管理；教育、引导渠道成员承担部分分销渠道职能；网络与电子商务及现代物流技术的应用。
长渠道	市场覆盖面广；占有的市场资源多；可以借用分销渠道的资源。适合顾客密度小、较分散的区域。	对渠道控制程度较低；管理难度大；服务难度大，易造成渠道成员之间的矛盾。	适合粗放型生产资料、一般消费品及工业品的经营；加强层次渠道管理；加强渠道传播。

分销渠道不是越长越好，也不是越短越好，而是越经济合理越好。分销渠道太长即环节太多，一是费用增加，价格提高，不利于产品销售和竞争；二是周转时间过长，不

利于资金周转；三是产品的使用价值易受到破坏。而分销渠道过短，一则不利于产品大批量流向更远的市场；二则流通环节的出现也是分工发展的必然结果，环节太少，剩余环节不能承担商品流通的任务，渠道就会堵塞，影响商品流通的顺利实现。

2. 分销渠道宽度策略

分销渠道的宽度是从横向来讲，是指每个层次同时使用中间商的多少，见表11－2。

宽渠道：同时使用更多中间商的渠道。

窄渠道：同时使用少数几个中间商的渠道。

表 11－2　　宽渠道与窄渠道比较

类型	优点	缺点	管理技巧
宽渠道	同一层次的分销渠道成员较多，利于保证商品的价格体系；市场密集度高。	竞争激烈，极易爆发渠道冲突。	完整的渠道管理、控制和利益分配战略；良好的分销政策执行能力和兑现能力。
窄渠道	同一层次的分销渠道成员较少；多为垄断性独家经营。	竞争程度不高，不利于企业和分销渠道的进步；市场覆盖面较低。	增加卖点，增强分销渠道的核心竞争力，成为窄渠道的领袖。

渠道宽度决策又由于同时使用中间商的不同而有 3 种渠道策略可供选择。

（1）密集性分销策略。密集性分销是使用尽可能多的中间商销售自己的商品或劳务。密集性分销又叫广泛分销，是最宽的一条渠道。其优点是市场覆盖面广，缺点是难以调动中间商的积极性，制造商需承担相当大的广告费用。此策略适合消费品中的便利品和产业用品中的供应品。

（2）独家性分销策略。独家性分销是在一定地区和一定时间内，只选择一家中间商经营本公司产品或服务。一般来说，独家性的零售商不再经营竞争品牌。其优点是能调动中间商的积极性，提高经营效率，控制价格。缺点是会失去潜在顾客。此策略适合特殊品、名牌商品和专业技术性强的商品。

（3）选择性分销策略。选择性分销指仅仅通过少数几个精心挑选的最合适的中间机构来经营某一种特定产品。此策略比独家性分销宽，利于市场开拓，同时比密集分销节省费用，便于管理和控制，加强协作，提高销售水平。此策略适合各种商品，尤其是名牌商品。

五、分销渠道的发展

20 世纪 80 年代以来，分销渠道系统突破了由生产者、批发商、零售商和消费者组成的传统模式和类型，新型的渠道形式不断出现。新型渠道是一种实施专业化管理和集中计划的组织网络，渠道上的各个成员之间采取了不同程度的一体化经营或联合经营的方式，从而形成了经营规模，加强了交换能力，提高了整体运行效率和经营效益，有效地增强了环境适应力和市场竞争力。

新型的渠道系统主要有垂直渠道系统、水平渠道系统、多渠道系统等。

(一) 垂直渠道系统

这是由生产企业、批发商和零售商组成的统一系统。垂直分销渠道的特点是专业化管理、集中计划，销售系统中的各成员为共同的利益目标，都采用不同程度的一体化经营或联合经营。它主要有3种形式：

1. 公司型

指一家公司拥有和统一管理若干工厂、批发机构和零售机构，控制分销渠道的若干层次、甚至整个分销渠道，综合经营生产、批发、零售业务。实际上，当一条分销渠道中两个或两个以上环节存在着共同所有权，或者一个层次的职能被另一个层次的成员所取代时，也就形成了公司系统。公司系统有两种形成方式或经营方式：由生产企业主导的工商一体化的经营方式和商业企业主导的商工一体化经营方式。

2. 管理型

制造商和零售商共同协商销售管理业务，其业务涉及销售促进，库存管理，定价，商品陈列，购销活动等，如宝洁公司与其零售商共同商定商品陈列、货架位置、促销、定价。由于管理型系统不是通过所有权和合同，而是在有关成员自愿加入、互利合作的基础上，通过相互尊重、相互支持来协调与维持系统的存在与运行，因而在制造商拥有深受广大消费者或用户欢迎、赢得顾客依赖的产品或品牌，各方面利益都有所保障的情况下管理型系统才易于成功。

3. 合同型

也称契约型垂直系统，指不同层次的独立制造商和经销商为了获得单独经营达不到的经济利益、以契约为基础建立的一种关系较为紧密的联营分销系统。特许经营、自愿连锁和零售店合作社是合同型垂直系统的3种一般形式。

(二) 水平渠道系统

指同一层次的若干制造商之间、若干批发商之间或若干零售商之间自愿组成的长期联合关系。它们可实行暂时或永久的合作。这种系统可发挥群体作用，共担风险，获取最佳效益。这些企业或因技术不足，或因资金不足、营销资源不足等，无力独立开发某一市场，建立水平渠道系统，可以共承风险，分享市场利益，共生共存。

(三) 多渠道系统

多渠道系统是指对同一或不同的细分市场采用多条分销营销系统。这种系统一般分为两种形式：一种是生产企业通过多种渠道销售同一品牌的产品，这种形式易引起不同渠道间激烈的竞争；另一种是生产企业通过多渠道销售不同品牌的产品。

多渠道系统是企业设计构建的组合多种营销途径和组织的渠道系统。由于任何产品都不存在一个同质的市场环境，所有市场都可以进一步细分，仅依靠单一分销渠道不可能覆盖整个市场需求，所以，为了有效占领多个细分目标市场，多渠道系统便成为许多企业的选择。多渠道系统可以有效扩大国际市场份额；高传递和共享国际市场信息；降低分销成本。

(四) 通路“直销”

通路“直销”是指生产厂家直接供货给零售终端，而并非直接向最终消费者销售。在实施过程中，由生产厂家或经销商的业务人员按照事先设计的线路拜访客户，取得订单并最大限度地做好产品陈列及库存管理等服务性工作。

"终端制胜""渠道为王"，可以说谁拥有终端网络谁就拥有消费者，从而最终拥有市场，所以近几年许多生产厂家和经销商都开始尝试通路"直销"模式，因为终端网络的建立与控制是通过"直销"进行的。通路"直销"模式，一方面通过授权形式严格界定销售区域和范围，另一方面通过选择合适的经销商在规定的销售区域内进行所谓的"直销"，加强对市场终端的服务与控制。既避免了市场价格混乱、串货现象的发生，又牢牢控制着终端网络，从而赢得了市场。

（五）基于互联网的分销渠道

现代信息通信技术的发展，为企业开展网络交易提供极为便利的条件。基于互联网的分销渠道就是指通过互联网及其技术为消费者或用户提供产品或服务的系统。比如通过在线销售、网上零售、网上拍卖、网上采购、网上配送等为消费者或用户提供服务。这种渠道模式同传统渠道模式相比，销售更直接、环节更少、渠道更短、价格更具竞争力。消费者足不出户，即可完成商品的购买活动，大大地降低了货币成本、时间成本和精力成本。这种渠道会对传统渠道形成一定程度的冲击。

第二节　中间商

中间商是指处于生产者和消费者之间，参与产品交易活动，促进买卖行为发生和实现的具有法人资格的经济组织或个人。

中间商是分销渠道的主体，大部分制造商都需要利用中间商形成分销渠道和分销体系，中间商的优劣对企业的营销效果会产生直接甚至决定性的影响。对分销渠道的研究就必须对中间商进行深入的研究和分析，深入了解其功能及各种类型中间商的特点，将有利于企业选择适当的中间商，从而实现企业的营销战略。

中间商，按其在流通过程中所起的不同作用可以分为批发商和零售商，按其是否拥有商品所有权可以分为经销商和代理商。我们在这里重点分析批发商和零售商。

一、批发商

批发指一切将商品或服务售予为了转售或商业用途而购买的企业和人的活动。它不包括制造商和农民，因为他们主要从事的是生产，也不包括零售商，因为零售是最终销售。从事这种活动的企业或个人称为批发商。

批发商是产品流通的大动脉，是关键性的环节，它是连接生产企业和零售企业的枢纽，是调节商品供求的蓄水池，是沟通产需的重要桥梁，对企业改善经营管理及提高经济效益、拓展市场需求、稳定市场具有重要作用。

批发商的类型一般有：

（一）独立批发商或商人批发商

独立批发商或商人批发商即拥有商品所有权的批发商。是批发商的主要类型。它又分为完全服务批发商和有限服务批发商。

1. 完全服务批发商

完全服务批发商执行批发商的全部职能，他们提供的服务主要有保持存货、提供信贷、运送货物以及协助管理等。

这类批发商之间也有一定的分工，按照面向的对象不同，可以分为工业分销商和批发商人。工业分销商主要是向制造商销售商品，批发商人主要是向零售商销售商品。前者要求经营的产品的品种、规格及型号的齐全，后者则对交货期以及各种服务要求较高。

2. 有限服务批发商

有限服务批发商为了减少成本费用，降低批发价格，因而只能实现批发商的部分职能和提供部分服务，所以称为有限服务批发商。有限服务批发商主要有5种类型：①现购自运批发商。现购自运批发商不赊销不送货，客户要自备货车去批发商的仓库选购货物并即时付清货款，自己把货物运回来。现购自运批发商主要经营食品杂货，客户主要是小食品杂货商、饭馆等。②承销批发商。承销批发商拿到客户（包括其他批发商、零售商、用户等）的订货单后，就向制造商、厂商等生产者求购，并通知生产者将货物直接运送给客户。承销批发商不需要有仓库和商品库存，只需要一间办公室或营业所办公，因而也被称为“写字台批发商”。③卡车批发商。卡车批发商从生产者处把货物装车后立即运送给各零售商店、饭馆、旅馆等客户。由于卡车批发商经营的商品多是易腐或半易腐商品，所以一接到客户的要货通知就立即送货上门。实际上卡车批发商主要执行推销员和送货员的职能。④托售批发商。托售批发商在超级市场和其他食品杂货店设置货架，展销其经营的商品，商品卖出后零售商才付给其货款。这种批发商的经营费用较高，主要经营家用器皿、化妆品、玩具等商品。⑤邮购批发商。邮购批发商指那些全部批发业务均采取邮购方式的批发商，主要经营食品杂货、小五金等商品，其客户主要是边远地区的小零售商等。⑥农场主合作社。指为农场主共同所有，负责将农产品组织到当地市场上销售的批发商。合作社的利润在年终时分配给各农场主。这些批发商都是承担一些专业的职能，在各自的领域发挥着积极的作用。

（二）代理商和经纪人

代理商和经纪人即不拥有商品所有权的批发商。经纪人和代理商是从事购买、销售或二者兼有的洽商工作，但不取得商品所有权的商业单位。他们不存货，不卷入财务，不承担风险，多见于食品、不动产、保险和证券经纪人。通过经纪人和代理商促进交易开拓市场，是现代市场营销的一种通用手段，在市场经济发达国家十分普遍，目前在我国也有较快的发展。

与商人批发商最大的差异表现在其经营的商品所有权问题上，经纪人和代理商没有货物的所有权，所提供的服务比有限服务商人批发商还少，其主要职能在于为买卖双方的交易提供方便，从中收取一定比例的佣金作为自己的报酬收入；经纪人和代理商经营风险小，而商人批发商的经营风险大；两者的相似之处在于他们通常都专注于某些产品种类或某些顾客群。

同时经纪人和代理商之间也有区别，主要表现在产品的处置权上。经纪人的主要作用是为买卖双方牵线搭桥，协助它们进行谈判，并向雇用一方收取费用，它们既不持有存货，也不参与融资或承担风险，对产品不具有任何处置权；代理商虽然不拥有产品的所有权，但对产品有一定的经营处置权。

经纪人和代理商主要有以下几种：商品经纪人、制造商代理商（也称为制造商代表）、销售代理商、采购代理商和佣金商（也称为佣金行，对商品实体有实际控制力并参与销售协商的代理商）。

（三）制造商及零售商分店和销售或采购办事处

制造商及零售商的分销机构属于卖方或买方自营批发业务的内部组织。

随着生产企业和零售商店的发展壮大，为了更好地了解市场、把握市场、开拓市场，往往在国内不同地区建立自己的产品销售机构或分店，执行产品储存、销售、送货以及销售服务等职能。销售分店和销售办事处主要是为了改进存货控制、销售和促销业务。一般是销售分店持有存货，销售办事处不持有存货。采购办事处是零售商在中心市场设立的以发现或采购时令商品。

二、零售商

零售是指将商品或服务直接销售给最终消费者以供其个人消费或非商业性用途的活动。从事这种活动的企业或个人称为零售商。

零售商的类型一般分为3大类，即商店零售商、非商店零售商和零售商业组织。

（一）商店零售商

1. 专业商店

这类零售商店往往只经营某一类产品，产品组合较窄，但所经营的产品的花色品种、规格型号较为齐全。一般以经营的主要商品类别为店名招牌，如服装商店、五金商店、饮食商店等。这种商店的专业化程度可以非常高，如专营纽扣的商店、专营婚纱的商店。这种超级专用品商店将会随着细分市场的再细分和目标市场的再发展而更加完善和成熟。

2. 百货商店

百货商店是指经营的商品类别多样，每一类别的商品品种齐全，经营部门是按商品的大类进行设立，是多个专业店的集中或集合。经营特点是类别多、品种规格全，服务程度高。百货商店大多设在城市繁华区和郊区购物中心，店内装饰富丽堂皇，橱窗陈列琳琅满目。经营的商品主要是优质、高档商品和名牌货，其价格也高于一般的超级市场（约高10%～20%），其目标顾客一般是中产及中产以上阶层。

3. 超级市场

这是一种以薄利多销、顾客自我服务为特点的零售商店，主要经营各类中低档日用消费品和食品。其营销策略是通过顾客自选、较少的服务项目，较低的营销成本，以低价格吸引顾客。超级市场主要经营各种食品、洗涤用品和家庭日用品等。

4. 便利商店

是一种以自选销售为主，销售小容量应急性的食品、日常生活用品及服务，以满足顾客便利性需求为主要目的的零售业态。

5. 折扣商店

折扣店以销售自有品牌和周转快的商品为主，限定销售品种，并以有限的经营面积、店铺装修简单、有限的服务和低廉的经营成本，向消费者提供“物有所值”的商品为主要目的的零售业态。

6. 仓储商店

仓储式商店是一种仓库与商场合二为一，并实行会员制的一种零售经营形式。

7. 购物中心

是指在一个大型建筑体（群）内，由企业有计划地开发、拥有、管理运营的各类零售业态、服务设施的集合体。

（二）非商店零售商

近年来非商店零售发展得比较快，非商店零售商主要有以下 3 种形式：

1. 直复市场营销

直复市场营销，是使用一种或多种广告媒体传递商品信息，以使广告信息所到之处迅速产生需求反应并最终达成交易的销售系统。直复市场营销者利用广告介绍产品，顾客可通过写信、打电话等形式订货，订购的货物一般通过邮寄交货，顾客用信用卡付款。

2. 直接销售

直接销售，主要有挨门挨户推销、逐个办公室推销和举办家庭销售会推销等形式。由于需要支付雇用、训练、管理和激励销售人员的费用，因而直接销售的成本费用很高。

在我国，允许的直销是指直销企业招募直销员，由直销员在固定营业场所之外直接向最终消费者推销产品的经销方式。一个企业要成为直销企业应当具备 4 个条件：①投资者具有良好的商业信誉，在提出申请前连续 5 年没有重大违法经营记录；外国投资者还应当有 3 年以上在中国境外从事直销活动的经验；②实缴注册资本不低于人民币 8000 万元；③依照规定在指定银行足额缴纳了保证金；④依照规定建立了信息报备和披露制度。且规定直销企业及其分支机构不得招募下列人员为直销员：①未满 18 周岁的人员；②无民事行为能力或者限制民事行为能力的人员；③全日制在校学生；④教师、医务人员、公务员和现役军人；⑤直销企业的正式员工；⑥境外人员；⑦法律、行政法规规定不得从事兼职的人员。

3. 自动售货

自动售货就是利用自动售货机进行商品销售的方式。这是设置在客流量较高的交通要道，以及车站、码头、机场、邮局、影院等场所，利用机器自动向顾客出售商品的售货方式。自动售货销售的商品有经常购买的产品（香烟、软饮料、糖果、报纸等）和其他产品（袜子、化妆品、点心、食品、书籍、鞋油等）。自动售货可以向顾客提供 24 小时售货、自我服务和无需搬运产品等便利条件而受欢迎。但由于要经常给相当分散的机器补货、机器常遭破坏、失窃率高等原因，自动售货的成本很高，因此商品的销售价格比一般水平要高 15% ~20% 。

4. 虚拟商店

虚拟商店又称“网上商店”“网上商场”“电子商场”，是电子零售商业的典型组织形式，是建立在互联网上的商场，一个可以让顾客从家里的计算机购物、移动手机端购物，商人既可以销售产品服务，又可以缩减维护实际店面管销成本的地方。在因特网上，虚拟商店的网站主页就是顾客和店主逐渐交流的店面。与传统超市或百货商店相比，虚拟商店具有以下特征：①实行无店铺销售，可以节省昂贵的店面租金。②经营规模不受场地限制，提供广泛的商品和服务。③库存商品资金占用少，可以做到商品的零库存。④实行开放式、全天候24小时营业，消费者购买十分方便。⑤打破了国家的界限，形成全球市场。世界最大、最早的虚拟商店就是亚马逊书店，其创始人贝索斯被称为“电子商务之父”。

（三）零售商业组织

零售商业组织主要有连锁商店、消费者合作社等类型。

1. 连锁商店

连锁经营起源于美国，1859年美国纽约的“大西洋与太平洋茶叶公司”开启了连锁经营的先河。目前，连锁经营方式已经渗透到零售、饮食、服务业等各个领域，大型百货店、大型宾馆饭店、综合批发企业、大型零售企业等都在走连锁经营发展的路线，而且在深度和广度方面仍存在着进一步发展的潜力。

连锁经营是指流通域中若干同业店铺以共同进货或授予特许权等方式联结起来的，实现经营专业化，管理规范化，服务标准化，共享规模效益的一种现代经营方式和组织形式。

连锁经营主要有3种形式：正规连锁、自由连锁和特许连锁。

（1）正规连锁又称直营连锁、公司连锁、联号商店。是以单一资本直接经营11家以上商店的零售业或餐饮业的企业形态。

（2）特许连锁，又称合同连锁、加盟连锁。是主导企业把自己开发的产品、服务的营业系统（包括商标、商号等企业形象的使用，经营技术、营业场合和区域），以营业合同的形式，授予加盟店在规定区域内的经销权或营业权；加盟店则交纳一定的营业权使用费，承担规定的义务。

（3）自由连锁，又称自愿连锁、任意连锁。是分散在各地的众多的零售商，既维持各自的独立性，又缔结着永久性的连锁关系，使商品的进货和其他事业共同化，以达到共享规模利益的目的。

2. 消费者合作社

消费者合作社是一种消费者自发组织、自己出资、自己拥有的零售单位。消费者合作社采用出资人投票方式进行决策，并推选出一些人对合作社进行管理。消费者合作社可以定价较低，也可以按正常价格销售，年终根据每个人的购货数量给予惠顾红利。

第三节

分销渠道设计与管理

营销活动的核心是使产品或服务被使用或消费，从而为企业带来经济利益。而分销渠道正是促使产品或服务顺利地被使用或消费的一整套相互依存的组织，分销渠道决策是企业面临的最重要的决策，其所选择的渠道将直接影响所有其他营销决策。分销渠道的设计和管理将通过成功的、科学的分销渠道和渠道决策更快、更有效地推动商品广泛地进入目标市场，从而为生产商及中间商带来极大的现实及长远收益。

一、分销渠道设计

（一）分销渠道目标设计

分销渠道目标，就是企业预期达到的顾客服务水平等。因此，渠道目标设计必须了解消费者或用户的服务需求。一般而言，消费者或用户的需求服务类型包括：

1. 批量大小

批量是分销渠道在购买过程中提供给用户的单位数量。不同批量，供应价格不同，服务水平也有所差别。一般来讲，集团和单位的购买量较大，享受的优惠和服务较高；家庭和消费者个人的购买量较小，得到的优惠和服务也会较少。当然，有时家庭和个人也会为了享受大量优惠而大量购买，比如团购等。

2. 等候时间

等候时间是指渠道用户等待收到货物的平均时间。用户一般对快速交货的供应者非常满意。这就要求渠道成员必须提高自己的供货服务水平。当然这也需要渠道成员之间的协调与沟通。因此供应链管理与建立快速反应系统就成为渠道建设的重要任务和必不可少的工具。

3. 空间便利

空间便利是分销渠道为用户购买产品所提供的方便程度。这主要是指渠道成员的仓储设施、供应网点数量是否足够多以及分布是否足够广。它直接影响到用户购买的成本和便利性，也影响到用户产品的供应保障程度。

4. 产品品种

产品品种是分销渠道提供的产品花色品种的宽度。花色品种越多，越有利于用户选择购买，而且用户都比较喜欢花色品种多的渠道成员网点进行选购。

5. 服务支持

服务支持是分销渠道附加服务（信贷、交货、安装、维修等）。服务支持越多，越受用户欢迎，用户的忠诚度就越高。但渠道成员支出的成本就越高。

（二）影响分销渠道设计的因素

1. 顾客特性

市场状况直接影响产品销售，因此，它是影响分销渠道设计的重要因素之一。市场特性主要涉及目标市场范围、顾客的集中程度、顾客的购买习惯、购买频率及购买行为、顾客对不同促销方式的接受程度等因素。目标市场范围越大，渠道就越宽、越长；反之，则越短、越窄。顾客越集中，渠道越短、窄；反之渠道则长、宽。如果顾客愿意到零售店购买，则适宜间接渠道；反之则适宜直接渠道。购买频率高的、经常小批量购买商品，一般就近购买，则需要长、宽渠道；反之则需要短、窄渠道。同时，顾客对不同促销方式的敏感性也影响到渠道选择。

2. 产品特性

产品的价格、产品的体积和重量、产品的式样、产品的自然生命周期、产品的标准性和专用性、产品的市场生命周期等因素都是产品的特性，这些因素将会影响企业的分销渠道决策。单价低的商品适合长、宽渠道；相反则适合走短、窄渠道。体积大、重量重的商品应该走短渠道或直接渠道，以避免商品质量受损；反之则走长渠道或间接渠道。流行性商品应该走短、宽渠道。易腐烂变质的商品、专用性商品宜走短渠道；而易存商品、标准商品则宜走长、宽渠道。在产品市场寿命周期的导入期，商品应该走短、窄渠道，成长期和成熟期则应该走宽、长渠道，衰退期则要收缩网点，选择短、窄渠道。

3. 中间商特性

不同的中间商实力、特点各有不同，诸如广告、运输、储存、信用、训练人员、送货频率等方面具有不同的特点，从而影响生产企业对分销渠道的选择。中间商特性主要涉及中间商的类型、执行的职能与可能提供的服务、实力状况、市场声誉、分销业绩与经验等方面。如果选择连锁商业，则渠道又长又宽，而选择独立店，则渠道就比较窄；实力强的、形象好的中间商，分销经验丰富，市场覆盖面广，顾客众多，渠道会宽一些，相反渠道会窄一些。

4. 竞争特性

企业分销渠道的设计往往要受到竞争对手的分销渠道的影响。竞争特性主要涉及竞争者的实力、营销目标、营销战略以及市场营销组合策略等情况。一般而言，生产者都要避免选择与对手相同的渠道，以避开竞争对手，造成两败俱伤。若实力较强，也不妨选择同一渠道展开竞争。

5. 企业自身特性

企业自身特性涉及企业的规模和声誉、营销战略与政策、管理能力与经验以及企业控制渠道的愿望和能力等。企业自身实力强的，一则自建渠道体系，二则也会选择中间商，因为消费者喜欢购买其产品，中间商也愿意经营；实力弱的一般选择中间商经营。如果企业要求对用户快速交货，则对中间商提出更高要求，如服务要求、配送要求、存货要求等。管理能力高、经验丰富的企业，渠道选择有较高的灵活性。企业愿意控制渠道，则会选择短渠道或自建渠道；反之会选择长、宽渠道。

6. 环境特性

宏观经济环境特性涉及的因素较多，如经济形势、交通运输条件、民族传统与民族习惯等，一些关系国计民生的重大商品，必须按国家同意规定的分销渠道进行，如粮食、棉花、石油等；所涉及的法规主要有专卖制度、反垄断法、进出口规定和税法等，如税收政策、价格政策等因素都影响企业对分销渠道的选择，烟酒的专卖制度就要求企业应当依法选择分销渠道。

小链接：

中国空调企业分销渠道战略模式

一、美的模式——批发商带动零售商

1. 渠道成员分工

批发商负责分销：一个地区内往往有几个批发商，美的公司直接向其供货，再由他们向零售商供货。零售指导价由制造商制定，同时制造商还负责协调批发价格，不过并不一定能强制批发商遵守。

制造商负责促销：美的空调的各地分公司或者办事处虽然不直接向零售商供

货，但是他们往往会要求批发商上报其零售商名单。这样做可以和零售商建立联系，一方面可以了解实际零售情况，另一方面还可以依此向零售商提供包括店面或展台装修，派驻促销员和提供相关的促销活动。

共同承担售后服务：在这种模式中，安装和维修等售后服务的工作一般都是由经销商负责实施的，但费用由制造商承担。经销商凭借安装卡和维修卡向制造商提出申请，制造商向顾客回访确认后予以结算。

2. 美的模式的利弊分析

渠道优点：①降低营销成本。②可以利用批发商的资金。③充分发挥渠道的渗透能力。

渠道弊端：①价格混乱。②渠道不稳定。

二、海尔模式——零售商为主导的营销渠道系统

1. 渠道政策

在海尔模式的分销网络中，百货店和零售店是其中主要的分销力量，海尔工贸公司就相当于总代理商，所以批发商的地位很虚弱。海尔的销售政策也比较偏向于零售商，不但向他们提供了更多的服务和支持，而且保证了零售商可以获得比美的模式的政策更高的毛利率，一般情况下零售商的毛利率都在8%~10%之间。这在家电行业已经非常好了。

海尔模式中的批发商不像美的模式中那样可以掌握分销权力，海尔公司留给他们的利润空间十分有限，批发毛利率一般仅有3%~4%。而且在海尔公司有分支机构的地方，批发商的活动余地更是非常之小。不过好在海尔空调的销售量很大，而且价格十分稳定，所以最终获得的利润还是可以得到保证的。

2. 渠道成员分工

制造商：在海尔模式的分销网络中，制造商承担了大部分的工作职责，而零售商基本依从于制造商。海尔公司还严格规定了市场价格，对于违反规定批发或零售价格的行为必须加以制止。

零售商：在上面提到的销售工作中，海尔公司都承担了绝大部分的责任，而零售店几乎不用操什么心，只需要提供位置较好的场地作为专柜给海尔公司就行了。

3. 典型的海尔模式的商业流程

（1）海尔工贸公司提供店内海尔专柜的装修甚至店面装修。

（2）全套店面展示促销协助品（POP）；部分甚至全套样机。

（3）由于一般的零售商无论资金，场地都无法囤积太多的货物，因此海尔公司必须库存相当数量的货物，还必须把较小的订货量快速送到各个零售店。

（4）专柜内的促销员也是海尔派出的，人员的招聘，培训和管理都是有由海尔公司负责；海尔公司的市场部门还要制定市场推广计划。从广告促销宣传的选材，活动计划和实施，例如媒体的关系、现场的布置、事后的整理等工作，海尔公司有一整套人马在为之运转，零售店一般只需配合海尔的工作就行了。

（5）实现销售以后顾客马上就会要求安装，这时候海尔建立的售后服务网络就发挥了作用，他们将承担起现场的安装和后来的售后服务工作。

(6) 某些大的零售店每一批销售款可能要过几周才能收到，零售店中的种种财务手续都需要海尔的业务人员去办理，直到收回了货款，一次销售周期才算完成。

4. 海尔模式的利弊分析

海尔模式的优点：①提高企业的利润水平。②占据卖场位置，有利于品牌建设。③可以实现精益管理，提高市场应变能力。④由于和零售商之间长期稳定的关系，营销成本大大降低。

海尔模式的弊端：①渠道建设初期需要消耗大量的资源。②收效慢。③管理难度大。

三、格力模式——厂商股份合作制

1. 渠道成员分工

促销：在格力模式中，格力公司负责实施全国范围内的广告和促销活动，而像当地的广告和促销活动以及店面装修这样一类工作则由合资销售公司负责完成。格力公司只是对品牌建设提出建议。有关的费用可以折算成价格在货款中扣除，有时也上报格力总部核定后再予以报销。

分销：分销工作全部由合资公司负责，他们制定批发价格和零售价格，并要求下级经销商严格遵守。物流和往来结算无需格力公司过问。

售后服务：售后服务也是由合资公司承担并管理的，他们和各服务公司签订合约，监督其执行。当安装或维修工作完成后，费用单据上报给合资公司结算。格力总部只是对其中一部分进行抽查和回访而已。

2. 格力模式的利弊分析

渠道优点：①与自建渠道网络相比，节省了大量资金。以湖北公司为例，如果单纯由格力自己投资，需要840万元，成立股份公司，吸纳了经销商640万元的资金，节约成本76%。②消除了多个批发商之间的价格战。③解决了经销商在品牌经营上的短期行为。

存在的问题：①股份制销售公司缺乏规范的管理。②股东的发展方向不易统一。③渠道内的利益分配不公。④以单纯利益所维系的渠道具有先天的脆弱性。

（三）分销渠道方案选择

在分销渠道中，可供选择的方案多种多样，见表11－3。

表11－3　渠道方案类型

渠道长度	渠道宽度	渠道广度	渠道系统
零层渠道	独家分销	一种渠道	传统系统
一层渠道	选择分销	多种渠道	垂直系统
二层渠道	密集分销	全渠道	水平系统
三层渠道			网络系统

上述分销渠道各有特点，各有利弊，分别有适宜的使用条件，企业应根据自身优劣

势选择相应的渠道。不过，我们在这里重点分析，对企业来讲，是自建渠道还是利用中间商渠道。

1. 自建渠道

自建渠道是企业通过建立或收购现有的渠道成员而组成的分销网络。企业自建渠道是基于保护企业核心能力和与"外来者"合作难的观点。著名营销学者安德森和维兹认为：只有很少的外来合作者能令人满意地工作；如果现存的合作伙伴不能完成工作，要寻找新的合作伙伴需要相当长的时间并付出昂贵的代价；一个公司的地位、程序及产品都是独一无二的，要使一个"外来者"默契合作需要很多的训练；购买手续既复杂又麻烦；亲密的合作对于实施营销活动是基本要求；购买者对销售商忠诚而非对公司忠诚；规模经济在市场中运行；环境非常不确定；要监控外来者的行为极其困难；对于渠道成员来说"自由搭乘"便车非常容易，交易量大而且经常发生。于是，自建渠道就成客观必然。

自建渠道的优势是能够控制渠道产出期望的服务水平；通过控制分销能够达到赚取更多利润的目的；可以提供更多的品种和更好的展示；试验新产品和价格；与消费者直接接触；获得更准确的信息等等。自建渠道的劣势是不一定能产生更高的分销效率。一个企业既从事生产，又从事分销，会导致企业规模扩大而复杂。从而降低效率。

2. 使用中间商渠道

这是生产者向外部寻求合作，利用社会商业机构的分销网络实现商品与服务的销售方式。

如果要利用中间商渠道，就存在一个中间商的选择问题。选择中间商一般考虑以下标准：

（1）中间商的合法资格。必须对中间商的各种合法证件认真审核，检查其是否具有国家（或该地区）准许的经营范围和项目，特别是食品、药品、烟酒等限制条件较多的中间商更要谨慎，将中间商持有的证件经销登记、复印以备案。

（2）中间商的目标市场。一定要选择目标市场与生产商相似的中间商。考虑：①地理位置。商业店铺位置是否接近企业目标顾客的所在地；②店客关系。经常光顾此商店的顾客是否接近企业目标顾客的类型；③经营特色。商业企业本身是否具有对企业目标市场的吸引力和经营特色。

（3）中间商的销售能力。中间商的市场占有率或覆盖程度要与生产商的既定营销目标相符合。若中间商的市场覆盖能力小于生产商的要求，则达不到预期目标；反之，如覆盖面太大，可能对其他经销商是威胁，容易出现矛盾。还需考虑中间商是否具有稳定的、高效的销售队伍，健全的销售机构，完善的销售网络，足够的推销费用和良好的广告媒体环境。

（4）中间商的服务水平。现代商业经营服务项目甚多，选择中间商要看其综合服务能力如何，有些产品需要中间商向顾客提供售后服务，有些在销售中要提供技术指导或财务帮助（如赊购或分期付款），有些产品还需要专门的运输存储设备。合适的中间商所能提供的综合服务项目与服务能力应与企业产品销售所需要的服务要求相一致。现代市场营销更要求一体化服务，包括运输、安装、调试、保养、维修和技术培训等各项售后服务相结合，中间商是否具有懂专业技术的人员，为消费者提供良好服务，更是一个重要条件。

(5) 中间商的财务状况。中间商的财务状况是重要的选择条件，这对于经销那些需要有相当资金支持的产品尤为重要。中间商财务状况需要考虑的是固定资产量、流动资产量、银行贷存款、企业间的收欠资金等情况，这关系到中间商能否可以按期付款，甚至预付款等问题。

(6) 中间商的信誉和中间商的经营历史及经销绩效。中间商越讲诚信，越有利于合作，越容易合作，合作的成本越低。中间商的经营绩效和经营历史也是重点考察的内容。经营历史意味着悠久的传统、品牌价值、影响力和忠诚的顾客；良好的经营绩效则是企业实现渠道目标和营销目标的重要保证。

(7) 对生产商的合作态度及其经营的积极性。生产越发展，分工越细，一个企业不可能脱离其他企业而生存和发展。分工时代，合作更为宝贵。渠道目标的实现更是离不开渠道成员的分工和积极合作。选择合作意愿强的渠道成员不仅意味着降低了交易成本，也是一件一劳永逸的事情。所以，中间商与生产企业合作得好会积极主动地推销企业的产品，对双方都有益处。有些中间商希望生产企业也参与促销，扩大市场需求，并相信这样会获得更高的利润。生产企业应根据产品销售的需要确定与中间商合作的具体方式，然后再选择最理想合作中间商。

(8) 竞争与发展能力。对经销商的竞争和发展能力进行评价，从企业学习与创新的角度，营销渠道要想持续提升并创造价值，就必须不断成长，这包括人力资源、技术、能力等方面的进步，还必须有自我成长的能力即学习与创新的能力。在衡量营销渠道绩效的同时，可以为长远发展营造积极健康的文化环境，培养经销商的竞争力，其中主要包括渠道组织建设、员工个人才干的增长、建立和谐的工作氛围。要从当前渠道组织适应性，变化到新组织结构的困难度，渠道组织设计实力着手。

上述 8 个方面是企业在对其渠道成员进行选择时一般要考虑的因素，在实践中企业要根据企业营销战略和战术、企业资源以及企业发展阶段等作出一些取舍，选择那些对企业发展有重大影响的要素进行严格、详细的考核和评估，同时运用一些数学方法进行决策的量化，从而使决策更具有规范性、科学性和合理性。

一般来讲，企业在选择渠道成员的过程中，要了解中间商经营时间的长短、成长记录、人员的素质与数量、清偿能力、合作态度、经销的其他产品大类的数量与性质、商店的位置、经常光顾的顾客类型、市场形象与声望、未来发展潜力等情况，以便作出合理、科学、高效的决策。

企业在选择渠道成员时经常出现两种情况：一是毫不费力地找到愿意加入渠道系统的中间商；二是必须费尽心思才能找到期望数量和质量的中间商。不论遇到哪一种情况，企业利用、选择中间商构架企业的分销渠道与分销体系，就要发掘和发挥中间商的优势与特长，尽量使不同中间商之间、企业与中间商之间能够相互补充、协调配合，从而使分销系统的功能更强，效率更高。

（四）分销渠道评估

每一个分销渠道选择方案都是企业将产品送达目标顾客的可能路线，分销渠道方案确定后，企业就要根据各种备选方案，按照一定的标准进行评估、筛选，找出最优的渠道路线和满足企业长期目标的最佳方案。

分销渠道方案的评估标准有以下三个方面：

1. 经济性标准

经济性标准是分销渠道方案评估的最主要标准，主要是通过比较分销渠道的销售额与销售成本之间的关系，对不同渠道的经济效益进行评估。

经济性分析主要是比较每个方案可能达到的销售额及费用水平，比较由本企业推销人员直接推销与使用销售代理商哪种方式销售额水平更高，比较由本企业设立销售网点直接销售所花费用与使用销售代理商所花费用，看那种方式支出的费用大，企业通过对上述情况的权衡和比较，从中选择最佳分销方式。

2. 控制性标准

使用代理商无疑会增加控制上的问题。一个不容忽视的事实是，代理商是一个独立的企业，它所关心的是自己如何取得最大利润。它可能不愿与相邻地区同一委托人的代理商合作。它可能只注重访问那些与其推销产品有关的顾客，而忽略对委托人很重要的顾客。代理商的推销员可能无心去了解与委托人产品相关的技术细节，也很难正确认真对待委托人的促销资料。因此，评价必须要考虑渠道的控制问题。

企业对分销渠道的设计和选择不仅应考虑经济效益，还应该考虑企业能否对其分销渠道实行有效地控制。因为分销渠道是否稳定对于企业能否维持其市场份额，实现其长远目标是至关重要的。

一般说，采用中间商可控性小些，企业直接销售可控性大；分销渠道长，可控性难度大，渠道短，可控性较容易。企业必须进行全面比较、权衡，选择最优方案。

企业对于自销系统是最容易控制的，但是由于成本较高，市场覆盖面较窄，不可能完全利用这一系统来进行分销。而利用中间商分销，就应该充分考虑所选择的中间商的可控程度。一般而言，特许经营、独家代理方式比较容易控制，但企业也必须相应作出授予商标、技术、管理模式以及在同一地区不再使用其他中间商的承诺。在这种情况下，中间商的销售能力对企业影响很大，选择时必须十分慎重。如果利用多家中间商在同一地区进行销售，企业利益风险比较小，但对中间商的控制能力就会相应削弱。

然而，对分销渠道控制能力的要求并不是绝对的，并非所有企业、所有产品都必须对其分销渠道实行完全的控制。如市场面较广、购买频率较高、消费偏好不明显的一般日用消费品就无需过分强调控制；而购买频率低、消费偏好明显、市场竞争激烈的高级耐用消费品，对分销渠道的控制就十分重要。又如在产品供过于求时往往比产品供不应求时更需强调对分销渠道的控制。总之，对分销渠道的控制应讲究适度，应将控制的必要性与控制成本加以比较，以求达到最佳的控制效果。

3. 适应性标准

在评价各渠道选择方案时，还有一项需要考虑的标准，那就是生产者是否具有适应环境变化的能力，即应变力如何。每个渠道方案都会因某些固定期间的承诺而失去弹性。当某一制造商决定利用销售代理商推销产品时，可能要签订 5 年的合同。这段时间内，即使采用其他销售方式会更有效，但制造商也不得任意取消销售代理商。所以，一个涉及长期承诺的渠道方案，只有在经济性和控制性方面都很优越的条件下，才可予以考虑。

虽然渠道成员互相之间在一个特定的时期内有某种程度的承诺。但这种承诺往往会影响制造商的应变能力。因此，在迅速变化的市场上，生产商需要寻求能获得最大控制的渠道结构、政策和寻求快速变化营销策略的能力。

如果生产企业同所选择的中间商的合约时间长，而在此期间，其他销售方法如直接邮购更有效，但生产企业不能随便解除合同，这样企业选择分销渠道便缺乏灵活性。因此，生产企业必须考虑选择策略的灵活性，不签订时间过长的合约，除非在经济或控制方面具有十分优越的条件。

在这三项标准中，经济标准最为重要。因为企业是追求利润而不是追求渠道的控制性与适应性。经济分析可用许多企业经常遇到的一个决策问题来说明，即企业应使用自己的推销力量还是应使用制造商的销售代理商。

总之，一个分销渠道方案只有在经济性、控制性和适应性等方面都具有比较优势时才可予以考虑。

小链接：

B2C 网络分销渠道

1. C2C 渠道

淘宝（C2C 及淘宝商城）、拍拍（C2C 及 B2C 渠道）、有啊商城。

目前对很多传统企业来说，做电子商务就是在淘宝开店，销量也绝大部分来源于淘宝。但对于传统大型企业来说，从长远看，淘宝只能作为一个销售渠道，不能作为唯一的渠道，必须发展全方位渠道，争取未来的主动权。

2. B2C 商城渠道

如当当网、卓越网等。

渠道情况：他们在线上渠道的地位相当于线下的沃尔玛、家乐福。

著名的 B2C 商城大多开始转入百货商城，大多数商品品类都卖，正在建立其他品类商品供应链，这就给传统企业进入 B2C 渠道提供了机会。

如何进入：如果你的商品是市场上热卖的商品，又有电子商务的客服体系等基本条件，保证这些平台一定的毛利空间，就有可能成为这些 B2C 平台的供应商。注意，以传统企业名义去谈比你用网站名义去谈更能被接受。

效果预估：根据实操经验，如果能成为这些大的 B2C 平台的主推供应商，一个大的平台每天可以带来几十个订单。更何况其他小有价值的 B2C 平台还有成百上千，累计起来每天订单也不少。

3. CPS 渠道

包括第三方 CPS 平台及自营 CPS 平台。如亿起发、Linktech、成果网。

渠道情况：目前电子商务比较主流且固定的渠道推广就是 CPS 模式，通过推广产生有效的订单后进行比例分成。这是一种零风险的实效营销方式，如果网站主不能为给你的网站带来销售额，广告主不用支付任何广告费用。

如何进入：制定超越竞争对手的联盟分成政策，增强竞争力，还需要有专人结算与维护。

效果预估：一般 B2C 平台，CPS 销售会占到 20%，不做这个渠道意味着你损失20%的销量。当然，有实力的企业也可以建立自己的CPS联盟，一旦发展起来，和第三方CPS平台形成补充，带来的销量更大。

4. 银行商城渠道

招行、工行、交行、建行等网上商城。

渠道情况：中国大部分银行商城及信用卡商城都建设有B2C平台，银行网上商城这个渠道价值非常大，银行拥有大量网银支付的用户。

如何进入：和银行谈判，他们最在乎的是自己网上支付的流水，知道人家的需求就容易进入。

合作效果：网上银行商城（每个银行的很多地区分行也开设有自己的网上商城），如果深度推广合作，就会产生订单的实际效果，银行对B2C平台的背书作用也不容忽视。

5. 网上支付渠道

腾讯财付通商城渠道、支付宝商城渠道、第三方支付渠道如快钱、环迅等。

这些第三方支付平台拥有庞大的用户量，这些已经开通网上支付手段的用户，基本都有网购经验，是精准的网购人群。这些平台也希望企业使用其支付手段做大资金流。抓住他们的需求，展示你的实力与潜在注册用户数量的庞大，他们也愿意利用自己的资源推广你的网站平台。

6. 门户商城渠道

腾讯QQ会员商城、腾讯返利商城、新浪商城、搜狐商城、网易购物返现商城等。

渠道情况：中国的主流门户都有自己的B2C商城，虽然它们都没有发力。门户商城的交易量也还暂时不大，但门户的影响力及庞大用户量是不可小觑的。

如何进入：门户也欢迎直接与厂商合作，如果和这些门户有广告投放合作，结合推广进入商城，会更容易一些。

合作效果：如果你在这些门户商城占据较好的渠道位置，并争取门户的推广资源支持，并策划一些在门户的促销活动，有专门的人维护商品与专人的客服，也可取得每天几十单的销售。至于其他大流量的网站如天涯、迅雷等，都已经进军电子商务，也可作为补充渠道。

7. 积分商城渠道

平安万里通商城/网易邮箱积分商城/携程特约商户等。

渠道情况：现在很多有庞大用户量的机构，建有自己的积分体系，并将这个积分和电子商务结合。在积分体系商城中，平安万里通是做得最极致的，将自己的4000万用户的积分变成一个商城，用平安万里通的入口可以直接购买其他B2C平台的商品如1号店及红孩子等商品。

如何进入：由于这个渠道是给他们积分用户带来优惠，所以对商品价格的优惠力度要求较高，而且要求合作伙伴能和他们对接网上同步订单操作，对技术接口要求也高。

合作效果：1号店的总销售额中60%来源于平安万里通这个渠道，超过其他渠道及官网销售额的总和，其效果可见一斑。网易邮箱及携程用户也是海量级别的，将他们的部分用户转为你的购买用户，将对商务拓展及公关工作带来极大挑战，但一旦变成你的销售渠道，其战略意义是很大的。

8. 运营商渠道

中国移动商城、中国联通积分商城、中国电信商城。

渠道价值：随着移动互联网兴起及移动支付的普及，这个渠道的战略意义会越来越大，属于提前占位的策略。

9. 购物搜索渠道

聪明点、返利网、易购网、派代。

渠道价值：由于这些购物搜索用户都是购买用户，其价值大于一般娱乐性信息网站，成为成熟网购人群的入口之一。

（资料来源：根据百度文库资源整理）

二、分销渠道管理

（一）渠道合作与冲突

由于渠道是由不同的渠道成员构成，渠道成员为了共同的利益以及各自的利益，会产生冲突与竞争，从而影响到渠道成员的合作，因此，须对渠道成员进行管理，加强合作，避免冲突，以防破坏渠道成员之间的良好关系。

渠道合作是指同一渠道不同企业之间为了谋取共同利益而结成联盟。渠道合作可有效地了解市场，更好地服务市场和满足目标市场需要，是共存共荣的“共赢”关系。渠道冲突是指生产者建立的多渠道之间，同一渠道中不同环节以及同一环节中的不同渠道成员之间的矛盾。而渠道冲突则是一损俱损，是一个“共输”的结局。

1. 渠道冲突类型分析

从渠道冲突产生的的环节看，渠道冲突类型有：

（1）垂直渠道冲突。指同一渠道中不同环节的冲突。如供应商与零售商之间的冲突。

（2）水平渠道冲突。同一渠道中同一环节的不同成员之间的冲突。如在同一区域内同一供应商的零售商之间的冲突。

（3）多渠道冲突。指制造商建立的两个或两个以上的渠道，这些渠道在向同一市场销售同一商品时产生冲突。如自建渠道与中间商渠道之间的冲突。

从渠道冲突的后果和严重性看，渠道冲突类型有：

（1）良性冲突。这是指渠道成员之间的冲突能够促进更好、更新的观点与方法产生，相互之间的攻击行为没有失去理智，不具有破坏性，有利于提高整体渠道绩效。

（2）恶性冲突。指渠道成员之间的敌对情绪和对抗超过一定程度，对渠道关系和渠道绩效产生破坏性影响，带来严重的消极后果。这种冲突分散了渠道成员为实现整体目标所做的努力，渠道资源被用于报复对方所采取的行动中，渠道成员彼此不信任和敌视。

2. 渠道冲突原因分析

渠道冲突的原因很大程度都是由于渠道成员的利益不一致所致，具体有以下几点：

(1) 目标不一致。如一个要市场占有率，一个要利润。

(2) 任务和权力不明确。双方在签订合同时，对双方的责权规定模糊。如销售区域、价格折扣等。

(3) 互相依赖程度。渠道成员之间的相互依赖程度越大，冲突的可能性就越大，相反，则可能性越小。

3. 应对渠道冲突的对策

(1) 树立“共赢”的指导思想。渠道成员之间是一损俱损，一荣俱荣的关系，只有实现渠道整体利益的最大化，才有可能实现渠道成员利益的最大化。没有“共赢”的指导思想，只能是双败的结局。

(2) 目标管理策略。在渠道成员选择好之后，双方就要对达到的目标进行充分磋商，保证目标的实现，不能因小失大。

(3) 寻求多层次、全方位合作。除了正常的沟通机制外，建立信息一体化机制、督导机制、互换销售人员等，加强双方沟通与协调，减少冲突与对抗。

(4) 协商与仲裁策略。在发生冲突时，渠道成员要面对面交流、沟通，双方应本着信任、理解的思想，解决冲突。当冲突协商无效时，可将冲突交给中立的第三方进行调解。

(二) 渠道成员激励

渠道成员激励是渠道管理的重要内容之一。对渠道成员的激励是否有效，直接关系到渠道管理目标能否顺利实现。事实上，渠道成员激励不仅是渠道管理的重要组成部分，更是企业实现渠道管理目标的重要手段之一。

渠道成员激励，简称为渠道激励，就是指生产企业为促进渠道成员努力完成企业制定的分销目标而采取的各种激励或促进措施的总称。

1. 激励渠道成员的措施

需要渠道激励的根本原因在于，大多数情况下，构成分销渠道系统的各个渠道成员与生产企业属于完全独立的不同经济实体，维系这种渠道成员之间、渠道成员与生产企业之间的合作关系的纽带则是双方对利益的一致追求。

渠道成员激励主要措施有：

(1) 向中间商提供适销对路、物美价廉的产品。适销对路、物美价廉的产品周转快、销售好，利润高，因此受到中间商欢迎，得到中间商支持。

(2) 合理分配利润。利大大合，利小小合，无利不合。生产者只有向中间商提供合理利润才能调动中间商的积极性，赢得其真诚合作。

(3) 促销支持。在中间商促销活动中，生产者向中间商提供广告支持、陈列费用支持、培训支持等等，都可得到中间商的合作。

(4) 融资资助。通过融资，如代销、赊销等，帮助解决中间商的资金紧张问题，实际上就是帮助企业自己。

(5) 信息提供。双方互通信息、情报，及时掌握市场行情和动态，可为双方的经营决策提供依据。

在市场竞争如此激烈的情况下，对于渠道成员的有效管理就显得格外重要，但现代管理更多地强调通过激励来营造整个渠道系统的和谐气氛，通过激励来调动渠道成员的积极性。因此，对于渠道成员的有效激励，就成了几乎任何企业渠道管理中一项不可或缺的重要内容。

2. 运用权力，取得渠道成员的合作

（1）强制力。是表示对不合作的中间商，制造商就威胁停止提供某些资源或中止关系。这在中间商对制造商的依赖性非常强的情况下极为有效。

（2）奖赏力。是指在中间商执行特定活动时，制造商给予的附加利益。报酬力量通常比压力效果更好，但开支过高。

（3）法定力。生产者要求中间商履行双方合同而执行某些职能的权力。

（4）专长力。指生产者拥有专业知识而对中间商构成的控制能力，而这些专门技术正是中间商认为有价值的。

（5）感召力。是中间商对生产者心存敬意，并希望与之长期合作而形成的权力。

一般情况下，生产者尽可能多运用感召力、奖赏力、法定力和专长力，尽量避免使用强制力，这样效果往往会更好。

当然，激励渠道成员，一要防止激励过分，二要防止激励不足。当生产者给予中间商的优惠条件超过取得合作与努力水平所需条件时，就会出现激励过分的情况，其结果是销售量提高而利润下降；当生产者给予中间商的条件过于苛刻以致不能激励中间商努力工作时，则会出现激励不足的情况，其结果是销售量降低、利润减少。激励过分和激励不足都会给企业的营销渠道策略带来消极的影响，所以，生产者必须确定采用何种方式以及花费多少力量来鼓励中间商。

（三）渠道成员考核

1. 建立考核指标

分销渠道成员的考核指标一般有：销售额、销售范围、平均订货量、平均交货时间、商品损失处理、促销技术与培训、为顾客提供的服务等。

2. 考核方法

（1）销售额排行榜。一定时期内，通过对中间商销售额排名，判断中间商销售完成情况。排在前面应该奖励，排在后面的给予惩罚，实在不行就要解除合作关系。

（2）与上期销售业绩对比。此方法主要考核中间商销售增长情况，与中间商平均增长相比，看中间商销售增长快慢。

（3）与当地销售潜量对比。即一定时期内，根据中间商的实际销售额与该地销售潜量进行对比，判断中间商销售完成情况。

渠道成员考核也要具体问题具体分析，不能一概而论。中间商和销售人员的销售绩效低于群体平均水平或未达既定比率而排名偏后，可能是主观原因所致，也可能是一些客观原因造成的，如当地经济衰退、某些顾客不可避免地流失、主力推销员的丧失或退休等。因此，企业应根据具体情况采取有针对性的措施来加以扭转。

（四）渠道调整

当企业分销渠道战略不能实现企业营销目标时，企业渠道战略就要调整了。分销渠道调整一般在以下三个层次展开：

1. 增减某些渠道成员

这是指某一分销渠道模式中增减个别中间商，而不是增减各种渠道模式。当某一渠道成员经营绩效不佳或安于现状或合作意愿下降时，企业就要考虑减少此渠道成员了。

当然也会相应增加某些渠道成员。

2. 增减某些分销渠道

这是指增减某一渠道模式，而不是增减渠道里的个别中间商。如美国国际收割机公司在一段时间内，大约有5%的经销商每年销售的卡车不超过5辆，而公司付给他们的费用远大于他们的销量。因此，剔除这些分销渠道是必然的。

3. 改进整个分销渠道体系

这是指生产者对所利用的全部渠道进行调整。如直接渠道改为间接渠道，单一渠道改为多渠道等。这种调整是最困难的，因为它不仅改变了整个渠道体系，而且也影响到整个营销组合策略的实施。

小链接：

娃哈哈联销体协议简介

为加强渠道控制，娃哈哈专门制定联销体成员的责任：

①结清历史欠款。

②给娃哈哈付一定金额的保证金（一般为年预计销售额10%）。

③在保证金额度内订货，每月可分两次结清货款，超过保证金额度的订货必须先打款。

④不得以低于公司规定的最低价格出货。

⑤保证特定区域内的铺货、配送。

娃哈哈方的责任：

①区域内独家供货。

②根据对方保证金金额，按月返还略高于银行利率的返息（如当年银行月息为1.2%，则娃哈哈的返息为1.5%；若银行月息为0.8%，则娃哈哈的返息为1%）。

③保证金金额内最优惠价供货。

④产品紧张，保证金金额内优先发货。

⑤年底根据对方销量和公司利润状况，给予一定比例的返利（俗称模糊返利）。

⑥负责广告促销等市场支持工作。

保证金制度成为资金链保护伞，保证金使得经销商变为主动经营。

渠道控制：

主要通过规定经销商销货指标，年终返利，完不成任务者动态淘汰。

分区冲货控制：

①全国专门巡查机构。

②区别包装，商品编号。

③控制经销商的辐射半径。

④精选经销商。

⑤销售人员连带处罚制度。

（资料来源：百度文库）

第四节 物流决策

物流决策就是对产品实体分配的管理。商品的流通过程，不仅是所有权的转移，还必须伴随着产品实体的转移，同时也只有产品实体从生产者手中转移到了最终消费者手中并实现其使用价值，才能最终实现其价值。合理地对产品移动和仓储过程进行管理，即物流管理，对降低产品成本、促进和便利顾客购买、增强企业竞争实力有重要意义。

一、物流

（一）物流的含义

物流是与商品实体有关的全部流通活动，是产品从供应者到需要者的物理性流动，是创造时间和空间价值的经济活动。

具体来讲，物流是指物品从供应地到接收地的实体流动过程，包括运输、储存、装卸搬运、包装、流通加工和物流信息处理等活动。

（二）物流职能

1. 运输

运输主要是创造产品的空间效用。没有现代化的交通运输，经济活动就要停顿，社会再生产也无法进行，可以说运输是国民经济的命脉；物流体系的所有动态功能中，运输功能是核心功能。

2. 储存

储存主要是创造产品的时间效用。储存功能是物流体系中唯一的静态环节，但是对产品的储存管理却不能停留在静态的管理，而应该对储存产品进行动态管理，以充分发挥储存的缓解与调节功能，同时为企业带来增值和增效。

3. 包装

通常人们认为包装是生产的终点，在物流学中，包装是物流的起点，包装的规格、大小、材料等将会对物流的效率产生巨大的影响。

4. 装卸搬运

装卸搬运在物流的各个环节都有涉及和运用，其效率和效果也会对物流活动的效率和效果产生影响。

5. 流通加工

这是与生产加工不同的一种加工形式，加工方式有：分装、换装、剪切、称重、组合、分类等活动，主要目的是为了物流环节作业的便利。

6. 信息处理

信息在物流活动的各个环节可谓无处不在，同时也是纷繁复杂的，所以必须借助信息处理系统和计算机网络等对信息进行处理和加工，为物流决策服务。

二、物流管理（决策）

物流管理是指为满足顾客需求，对商品实体从生产地点到消费者使用地点转移过程中所进行的决策、计划、实施和控制活动。

物流总成本的主要构成部分是运输大约占46%，仓储大约占26%，存货管理大约占10%，接收和运送大约占6%，包装大约占5%，管理费大约占4%，以及订单处理大约占3%。可见运输和储存是物流活动的主要组成部分，在企业成本支出中占有越来越大的比重。物流成本的节约所创造的利润被称为"第三利润源泉"，有着巨大的发展潜力。所以，企业要进行合理的物流决策来尽量降低这部分成本支出，以获得更多的利润。这里我们主要介绍运输和储存的管理与决策。

（一）运输决策

1. 运输方式选择

运输工具主要有火车、汽车、轮船、飞机和管道等，相应的运输方式有铁路、公路、水路、航空和管道运输，企业要根据产品特点及物流决策进行合理的选择，以实现产品的顺利转移。对于运输方式的选择，见表11－4。

表11－4　运输方式比较

营运特征	铁路	公路	海洋	江河	航空	管道
运输能力	2	4	1	3	5	6
运价	2	4	1	3	6	5
速度	3	2	4	5	1	6
连续性	2	3	5	6	4	1
可靠性	3	2	5	4	6	1
频率	4	2	6	5	3	1

（注：营运特征分值越低，效果越好）

通过对表格分析，可以首先确定一个合理的运输方式组合。通过熟知各运输方式的效用和特点，结合商品的特性、运输条件、市场需求等，才能合理地选择和使用各种运输方式，获得较好的运输绩效。然后还要根据企业实际情况进行调整，主要是权衡运输服务与成本的关系。如果货主追求快速运输，那么空运和公路运输就是最佳的选择；如果主要考虑的因素是成本，那么水路和铁路运输就是不错的选择。

总之，运输方式的选择的指导原则是：及时、准确、经济、安全。

2. 运输路线选择

运输路线确定对从事短途、多用户"配送"业务的企业尤为重要。在运输方式确定后，要在保证为用户提供良好服务的前提下，选择运送时间最短、最可靠、运费最便宜的运输路线。

运输方式选择和运输线路选择都是为了节约运输成本，从而降低物流成本，降低商品的销售价格，增加商品的市场竞争能力；同时准时送货和完好的商品质量将有助于商品价值的让渡，提升消费者的满意程度。

运输决策还必须考虑运输方式和其他分销要素的权衡和选择，如仓库、存货等要素。

(二) 储存决策

1. 仓库选择

仓库是产品储存的主要场所，企业进行仓库选择时主要包括仓库地点、数目和类型等。

(1) 仓库地点。一般来说，企业的仓库地点越是靠近用户，就越有利于保证及时向分散在各地的客户交货，从而扩大销售。如果仓库与企业之间的距离过长，则不可避免地会提高运输等其他各项费用。所以，仓库地点的设置需要考虑用户的集中与分散程度、用户需求量的大小、运输条件以及仓库所在地的存货费用等因素。运用重心法、最短距离法和最低费用法确定。

(2) 仓库数目。仓库数目与规模要与目标市场的用户需求相适应，同时要经济合理，才能降低费用。因为仓库的数目和规模与仓库的维持费用和设施投资直接相关。

如果仓库数目和规模超过目标市场的需求规模，虽提高了服务水平，但势必造成浪费；如果仓库数目、规模达不到满足目标市场的需求水平，虽然费用会比较低，但可能降低服务水平，出现缺货等，也会影响到产品的销售，从而降低用户对企业产品的需求，影响企业的长期利益。

(3) 仓库类型。仓库类型选择主要是选择自建还是租赁仓库。租赁仓库，费用低，风险较小，弹性较大，但长期费用较高；自建仓库，投入太大，但长期费用低。只有在市场规模很大并且市场需求稳定时，自建仓库才有意义。到底是自建还是租赁，主要比较二者的成本，见图 11 – 4。自建费用与租赁费用有一个交叉点，即二者费用相等的点，此点之前，租赁费用较低；此点之后，自建费用较低。

在营销实践中，如果企业产品的市场需求波动比较大，一个折中的方法就是既自建仓库，同时又租赁一部分仓库，而自建仓库仅用于市场需求最小的季节。

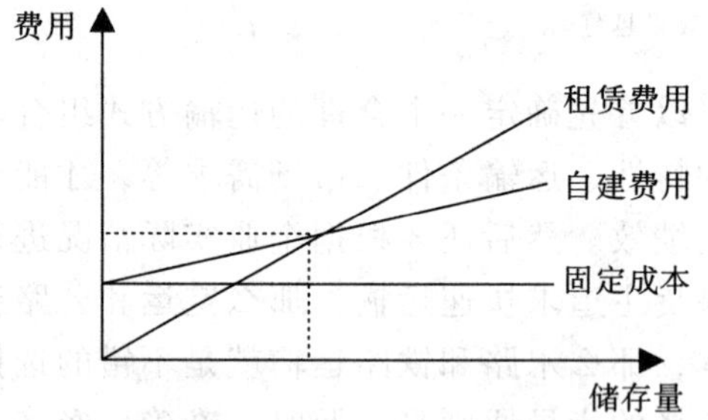

图 11 – 4 自建与租赁平衡图

2. 库存管理

对于库存管理，营销部门的发言权非常重要。因为库存管理水平往往与消费者或用户的服务水平有很大的影响，如果不能及时的供货，就会收到消费者或用户的抱怨。

要满足消费者或用户越来越高的服务水平，企业就要支付越来越多的库存成本，这样成本和服务水平的矛盾就凸显出来，企业必须采取严格的库存管理，寻求两者最佳的结合点。

(1) 订购点决策。企业的库存随着生产消耗和销售逐渐减少，必须及时补充以保持应有的存货量。订购点决定于订购前置时间、平均使用量和服务水平。

订购前置时间是指自发出订单到货物入库的时间。订购前置时间越长，则订购点就越高；反之则越低。

平均使用量是指在某一段时间内用户或消费者平均的购买数量。平均使用量越大，相应的订购点就越大；相反则越小。

服务水平是指企业存货可以满足顾客需求的百分比。显然要满足顾客越来越高的服务需求就必须提高订购点的数量。

订购点决策其实是寻求一个最低的存货水平，一般把高于订购点的存货称为安全存货，而企业安全存货的大小取决于顾客服务和成本的权衡关系，例如，储备量是1000件，采购点是100件，就是每当储备量下降到100件时，就提出采购。保险储备是防止货物不能及时运达而备用的货物量，见图11－5。

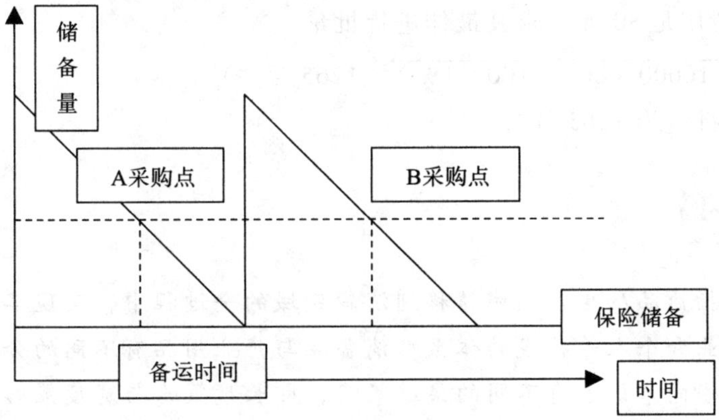

图11－5　采购点决策图

（2）订购量决策。订购量就是补充库存时每次的进货数量。在补充库存时，每次订货费用与存货费用是主要的考虑因素。当进货量改变时，年订货费用和年存货费用将有不同的变化。即每次进货批量增加时，年订货费用下降，而年存货费用上升；每次进货批量减少时，年订货费用上升，而年存货费用下降。

图11－6表明了订货费用和存货费用与订货批量之间的关系。从图中可看出，这两条曲线垂直相加，就是总成本曲线。总成本曲线的最低点对应的进货量Q就是最佳进货批量，也称为经济进货批量（EOQ）。经济进货批量的计算公式如下：

$EOQ = \sqrt{2D \cdot C/(P \cdot I)}$

式中：D——年需要量

C——每次订货费用

P——商品单价

I——存货费用率

EOQ——经济订货批量

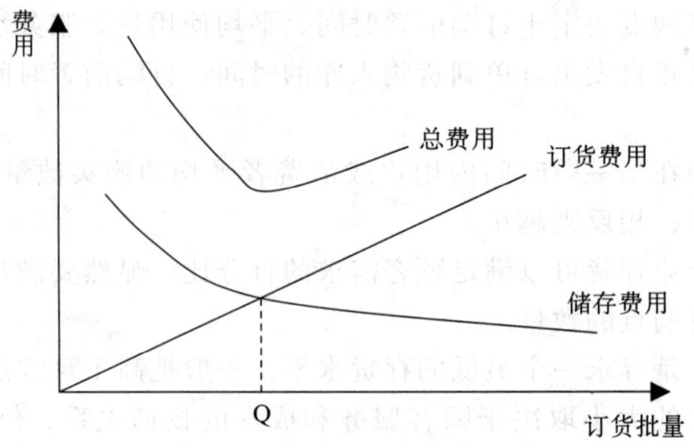

图 11－6 经济订货批量示意图

例如，某企业某产品年销售量是 10000 件，产品单价为 100 元，平均储存费用是 1%，每次订货费用是 80 元，求其最佳进货批量。

$EOQ = \sqrt{2 \times 10000 \times 80/（100 \times 1\%）} \approx 1265$（件）

即最佳进货批量为 1265 件。

本章小结

分销渠道是指商品从生产领域转移到消费领域的全过程中，实现其所有权转移和实体运动的所有企业和个人等构成的体系。消费品与产业用品有不同的分销渠道体系。分销渠道从纵向和横向来讲也有不同的渠道策略，即长度策略与宽度策略。长度策略就是渠道的长短，宽度策略就是同时使用渠道成员的多少，它有密集分销、独家分销和选择分销三大策略。

中间商是指处于生产者和消费者之间，参与产品交易活动，促进买卖行为发生和实现的具有法人资格的经济组织或个人。它分为批发商和零售商。批发指一切将商品或服务售予为了转售或商业用途而购买的企业和人的活动。从事这种活动的企业或个人称为批发商。批发商一般有商人批发商、代理商或经纪人、制造商的销售办事处。零售是指将商品或服务直接销售给最终消费者以供其个人消费或非商业性用途的活动。从事这种活动的企业或个人称为零售商。零售商分为三大类——商店零售商、非商店零售商和零售商业组织。商店零售商包括专业商店、百货商店、超市、便利店、折扣店、仓储商店和购物中心；非商店零售商有直复营销、直接销售、自动售货和虚拟商店；零售商业组织包括连锁商业和消费合作社。

分销渠道设计与管理是分销渠道决策的重要内容。分销渠道设计一般要考虑顾客特性、市场特性、竞争特性、制造商特性、中间商特性和环境特性等。还要考虑是自建渠道还是选择中间商渠道，以及开发渠道激励。渠道冲突与管理也是渠道决策面临的重大问题。

物流作为分销渠道的一大内容，主要是从事运输、仓储、包装、加工、装卸搬运、物流信息处理等功能。物流管理主要是加强运输与仓储管理。

思考题

1. 什么是分销渠道？它与营销渠道有何不同？

2. 消费品分销渠道与产业用品分销渠道有何不同？

3. 什么是分销渠道的长度决策？它有哪些策略？

4. 什么是分销渠道的宽度决策？它有哪些策略？这些策略有何利弊？分别适应哪些产品分销？

5. 分销渠道是越长越好？还是越短越好？为什么？

6. 影响分销渠道设计的因素有哪些？有何影响？

7. 如何评价和选择中间商？

8. 渠道冲突类型有哪些？为什么会产生渠道冲突？如何解决渠道冲突？

9. 如何激励渠道成员？

10. 什么是窜货？有什么危害？如何应对窜货？

11. 我国分销渠道管理存在哪些问题？如何解决？

12. 分析海尔的渠道模式，有何启示？

13. 分析格力的渠道模式，有何启示？

14. 分析双汇的渠道模式，有何启示？

在线习题　　　　案例分析

第十二章

促销策略——传播顾客价值

【学习目标】

1. 分析促销组合及其影响因素；

2. 分析促销四大策略——广告、公关、人员推销和营业推广策略的含义、类型、作用和策略；

3. 掌握促销的基本理论和技巧，学会运用促销理论进行促销策划和设计。

导入案例：

“绝对”的创意经典

伏特加酒是俄罗斯的象征，1978 年美国 Carillon 公司为代理 瑞典的绝对伏特加，投资6.5 万美元进行了一场专门调查。结论：如果代理将失败。然而公司总裁却凭直觉果断决定杀入北美市场。他认为，强劲的广告及策划将赋予品牌独特的个性。

（1）绝对的产品——以酒瓶为主，第一则广告是在酒瓶上加光环，标题：绝对的完美。第二则广告：在酒瓶上加一对翅膀，标题：绝对的天堂。

（2）绝对的物品——将各种物品扭曲或修改成酒瓶状：某滑雪场的山坡，从山顶到山脚被滑成一个巨大的酒瓶状，标题：绝对的山顶（意味着酒的品质是绝顶的）。

（3）绝对的城市——1987 年，绝对伏特加在加州热销。为此，广告人员特地修建了一个酒瓶状的游泳池——“绝对的洛杉矶”。没想到不少城市纷纷要求来一个该城市的特写——绝对的西雅图、绝对的迈阿密。

(4) 绝对的艺术——公司先后与300多位画家签约，为绝对酒瓶作画，并制成广告，树立全新的形象。

(5) 绝对的节目、绝对的惊人之举——为营造圣诞气氛，绝对牌平面广告暗藏玄机，或塞一副手套，或放一块能以四国语言祝贺的芯片。

(6) 绝对的口味——除了以蓝色为标准色的纯伏特加外，还有柑菊、辣椒等多种口味——绝对吸引人。

几十年以来，广告以标准格式——瓶子加两个词，作了500多种，主题多达12类——产品、物品、城市、艺术、节日、口味、服装、影片与文学、时事新闻等等。

点评：

本例的精妙之处就在于通过精心策划把不可能的事情变成了可能。这就是营销促销的奥妙所在。促销贵在策划，策划得好，一切产品都有市场；策划得不好，再好的产品也没有市场或打不开市场。

促销是企业为了诱导消费者购买其产品所进行的说服、沟通活动，是企业营销活动中的一个重要环节。对于一个成功的企业来说，不仅要有适合顾客需要的产品，并为产品确定合理的价格，选择有效的分销渠道，而且，还需要为产品制定适当的促销策略，将产品的有关信息传递给顾客，增进企业与顾客的了解，激发顾客的购买欲望，使产品得以顺利销售。所以，促销策略是市场营销组合策略中一个不可缺少的构成内容。企业常用的促销手段主要有广告、公共关系、人员推销和营业推广等。

第一节

促销与促销组合

一、促销的含义

（一）促销

促销，即促进销售的简称，是企业通过人员和非人员的方式，沟通企业与消费者或用户之间的信息，刺激顾客的欲望，转变其购买态度，使其产生购买行为的活动。

促销是企业市场营销活动中的关键环节，企业通过广告、公共关系、人员推销和营业推广等促销手段把企业的产品或服务的信息传递给消费者或用户，以影响和促进消费者或用户的购买行为，使消费者或用户对企业及其产品或服务产生好感和信任。因此，促销本质上是一种告知、说服和沟通的过程，即沟通者有意识地安排信息，选择促销媒体，以便对特定沟通对象的行为与态度进行有效的影响。

促销是企业向消费者或用户传递信息并影响其行为的过程。它具有以下4个特点：

1. 促销的核心或精髓是信息沟通

促销的实质是企业与消费者或用户的信息沟通与传递。信息沟通是企业进行促销活动的基本要求。只有首先将产品信息传播给消费者或用户，企业才能进行深层次的说服工作。

2. 促销的任务是向消费者通告产品的存在及性能特点

促销沟通的是广告主产品或服务的信息。通过信息传递，让消费者或用户知晓产品存在，以及产品的性能等，认识到产品的使用价值或其核心效用，这样，才能打动消费者或用户购买。

3. 促销的目的是转变消费者或用户的态度，激发消费者或用户的购买行为

促销不仅仅是传递信息，更重要的是引发消费者的兴趣，刺激消费者欲望并促使其采取购买行动。因此，促销的目的是诱导需求，激发购买欲望，以扩大市场占有率。

4. 促销的方式包括人员推销和非人员推销两大方式

企业促销的手段，概括起来，包括人员推销和非人员推销两类。人员推销即企业运用销售人员向消费者或用户直接推销产品。这种方式适合于工业产品、大宗产品的促销，其优点是信息沟通灵活、及时，但成本较高；非人员推销是企业通过一定的渠道或手段传递企业、产品信息，以促使消费者或用户购买，包括广告、公共关系和营业推广。一般来说，人员促销针对性较强，但影响面较窄，而非人员促销影响面较宽，针对性较差。企业促销时，只有将两者有机结合并加以运用，方能发挥其理想的促销作用。

（二）有效沟通以及过程

企业促销的实质是一个沟通过程。而所谓沟通，就是传递信息，即传递实际情况或感情，并使之为人所知。通常，一个完整的、有效的沟通过程包括 9 个相互联系的因素，即信源、编码、信息、信道、解码、信宿、反应、反馈以及噪声等，其中信源和信道表示沟通的主要参与者，信息、信宿和媒体沟通的主要工具，编码、解码、反应和反馈表示沟通的主要职能，噪音表示外界环境影响，见图 12－1。

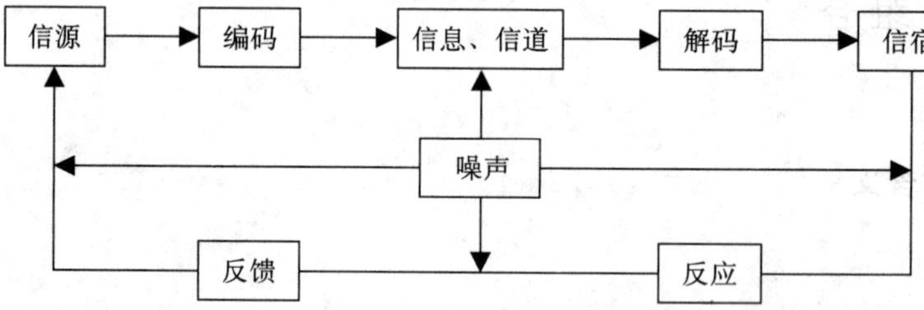

图 12－1　沟通过程示意图

（1）信源，又称发送者，是任何有效信息要传送给某接收者的主体，可以是个人、企业或非商业性组织。一般而言，发送者越是被认为是可信赖的，发送的信息就越容易被接收者认为是可信的，也就越容易被接受。

（2）信息，即发送的内容。信息是发送者思想的一种体现，可以通过不同形式和渠道等进行传播，如宝洁公司的各类洗发产品信息的传播就是以广告的形式通过电视媒体进行的。而沟通过程的效果取决于目标接收者如何理解发送者发出的信息。

（3）编码，指将信源的信息转化为可被接收的符号。编码是将意图信息转化为符

号信息的过程。编码的结果会由于接收者的经验与知识水平不同，而被不同的接收者赋予不同的意义或解释。因此，发送者必须对编码符号进行认真选择，编码符号必须基于发送者与接收者之间的共同标准，否则就会产生歧义、甚至曲解。

（4）信道，又称传播媒介。信道是指将编码后的信息传送给接收者的传播媒体。它可以是利用大众媒体，如电视、电台、报纸、杂志，也可以是直达消费者的媒体，如人员推销、电话、邮寄、网络等。

（5）解码，是指接收者将发送者发出的信息进行解释和理解的过程。不同的接收者会对接收到的信息做出不同的解释，发送者要尽力使不同接收者的解释相一致，并符合其原意。

（6）信宿，即接收者。是指接收到发送者信息的对象。接收者对发送者发出的信息赋予含义，并会根据接收的信息做出反应。

（7）反应，是指接收者收到信息后的反响。反应发生在接收者与发送者交流之时，可通过购买过程或询问更多的信息来表现。

（8）反馈，指接收者将反应部分传回发送者。发送者可以通过返回的信息调整其沟通过程，以进行更有效的沟通。

（9）噪声，指的是妨碍信息接收的因素。噪声会扭曲沟通过程，使接收者收到的信息与发送者发出的有所出入，甚至根本收不到信息，影响到沟通过程的一个或全部环节。

有效的沟通必须考虑以上各种沟通因素：谁要说？说什么？怎么说？对谁说？有什么反应？如何减少各类噪声干扰？并且，传播信息的符号形式应该是发送方与接受方都熟悉、理解的。

（三）促销的作用

1. 传递信息

传递信息是促销的核心要求。及时、有效的信息传播可以加快产品进入市场的进程。因为消费者对产品不了解，只有通过一些必要的促销措施，向消费者告知产品的各类信息，如功能、用途、价格等，才能刺激消费者对产品的产生兴趣和积极反应。当然，信息传递有单向与双向之分。单向信息传递是一方发出信息，另一方接收信息，是一种间接促销。双向信息传递是双方都是信息的发出者和接收者，具有直接促销之功效。广告、营业推广就是单向信息沟通，而人员推销、公关则属于双向信息沟通。

2. 诱导购买

在买方市场态势下，企业面临众多竞争者，且同类产品很多，其质量、功能差异又小，消费者往往很难辨别。通过促销手段则可以将产品信息，及产品优于竞争对手的信息展示出来，并让消费者知晓，从而达到诱导其购买之目的。

3. 指导消费

通过各种形式的沟通，让消费者不仅了解产品的一般功能特性，而且更深一步地了解产品的最基本的操作、使用、维护方法，对消费者起到一定的指导作用，使消费者或用户能够合理消费、科学消费，避免不必要的浪费。

4. 促进销售

不断的促销可以强化消费者对某个品牌、某个企业的产品的认识、理解和认同，从而产生对某个品牌、某个产品的信任感，起到扩大销售的作用。

二、促销组合

（一）促销组合

企业促销方式与手段多种多样，主要有广告、人员推销、公共关系、营业推广。但这些促销方式各有利弊，因此，企业在运用促销工具时，应该针对实际的市场环境合理使用，可单独使用，也可以将各种促销方式组合一起以达到最佳的促销效果。在未来越来越激烈的竞争环境下，企业往往将多种促销方式综合运用，即促销组合。

所谓促销组合，是指企业根据产品特点和营销目标，综合各种影响因素，对广告、公共关系、人员推销和营业推广的综合运用。

（二）影响促销组合运用的因素

企业在实际促销活动中，如果选择两种或两种以上的方式，就要涉及以哪种方式为主、以哪几种方式为辅的问题。促销组合就是指企业根据产品、市场性质等因素的不同，将直接促销手段和间接促销手段加以灵活选择、巧妙组合和综合运用，形成一套针对选定的目标市场的促销策略。它体现了企业促销的整体决策思想，将各种促销方式有目的、有计划地组合起来，形成整体效果最优的促销决策。促销组合包括促销沟通过程的各个要素的选择、搭配及其运用。如何选择、搭配、有效地运用促销组合，如何优化促销组合，是每一个企业需要面临的问题。企业必须考虑预算、产品以及生命周期、促销策略、消费者购买阶段等因素。

1. 促销目标

企业不同时期有不同的促销目标。促销目标不同，所使用的促销方式也就不同。通常要达到知晓目标，最好的是广告，其次是公共关系、营业推广；信任目标，最好的是人员推销，其次是公共关系；订货目标，最好的是人员推销，其次是营业推广、广告；理解目标，最好是公关，其次是广告；提醒目标，最好是广告，其次是营业推广；证明有效目标，最好是人员推销，其次是营业推广。

2. 产品因素

（1）产品的性质不同，则促销组合就有差异。见图 12-2，消费品和工业品就是两类不同性质的产品，各种促销手段对于它们来说具有不同的重要程度。一般而言，消费品的促销组合次序是：广告、公共关系、营业推广和人员推销；工业品的促销组合次序是：人员推销、营业推广、公共关系和广告。

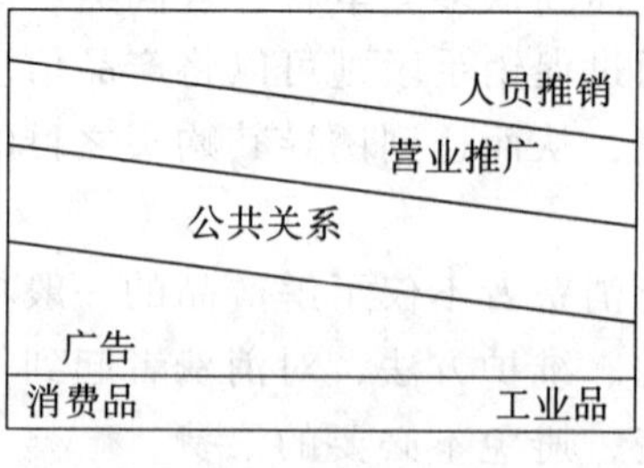

图 12-2 针对不同产品各种促销工具相对重要程度

（2）产品所处的生命周期阶段不同，促销目标就不同，应采取的促销组合就不同。

在导入期，产品鲜为人知，企业应加强广告宣传，提高潜在顾客对产品的知晓程度，同时配合营业推广和人员推销等方式刺激购买试用。在成长期，产品市场销售增长迅猛，但竞争者出现并快速增多，这一时期广告依然是主要促销方式，但广告内容转变为产品优势宣传上，同时配合营业推广和公关宣传，使其度过试用期的顾客形成对产品的偏爱、新顾客涌现。在成熟期，销售增长率下降、市场供应量达到高潮，竞争更加激烈，应该是广告配合适当的营业推广的同时，还应利用公共关系突出企业声誉、提高企业形象、显示产品魅力，以稳定并扩大市场。产品进入衰退期，以营业推广为主，辅以提醒式广告，此阶段促销费用不宜过多，以免得不偿失，见表 12－1。

表 12－1　　产品生命周期各阶段的促销组合策略

产品生命周期阶段	促销目标重点	主要促销方式
导入期	认识了解产品	介绍型广告为主、人员推销为辅
成长期	提高产品知名度、增进兴趣与偏爱	改变广告内容，辅之以人员推销
成熟期	增加产品美誉度	营销组合综合运用
衰退期	促成信任购买	营业推广为主，辅以提醒式广告

3. 市场条件

针对不同性质的市场，企业应采取不同的促销组合。一般凡市场范围小，顾客集中，以人员推销为主；市场范围大，市场的顾客分散，以广告及营业推广为主。消费者特性，若目标消费者群文化水平较低，以视听广告为主；文化水平较高，则以说理性强的知识介绍及宣传为主。

4. 促销预算

任何促销活动的实施都需要花费一定的费用。促销费用在一定程度上可以说是影响企业选择促销组合策略的最主要因素。在促销费用一定的情况下，如何在不同促销手段中进行合理分配以达到最佳的促销效果就成为促销组合策略决策的主要问题。不同促销方式与媒体的费用差异很大，企业应全面衡量、综合比较，促使有限的费用发挥出最大效用。企业可以运用一些预算方法来作出促销预算，确定其应该支出多少促销费用，以便筹措资金和进行费用支出控制。

5. 促销策略

从促销活动运作的方向来分，促销的基本策略包括有“推动式策略”和“拉动式策略”两种。

（1）推动式策略。推动式策略是以人员推销为主，辅之以对中间商营业推广，兼顾消费者的营业推广，把产品推向市场的促销策略，其目的是说服中间商与消费者购买企业产品，并层层渗透，最后到达消费者手中。这种方法是通过分销渠道将产品“推”给最终消费者，也就是企业直接对其渠道成员进行营销活动，以诱导他们选购产品并促销给终端消费者。推动式策略主要是运用人员推销和营业推广的手段，重点调动批发商而至零售商销售产品的积极性，比较适合于生产资料的促销，即生产者市场的促销活动，见图 12－3。

（2）拉动式策略。拉动式策略企业通过广告或其他非人员促销手段，直接诱发消费者的购买欲望，由消费者向零售商、零售商向批发商、批发商向企业求购，由下至上，层层拉动购买，其中重点则以调动广大潜在顾客强烈的购买欲望为主，由消费者的购买欲望推动各级各类中间商主动进货，见图12－3。

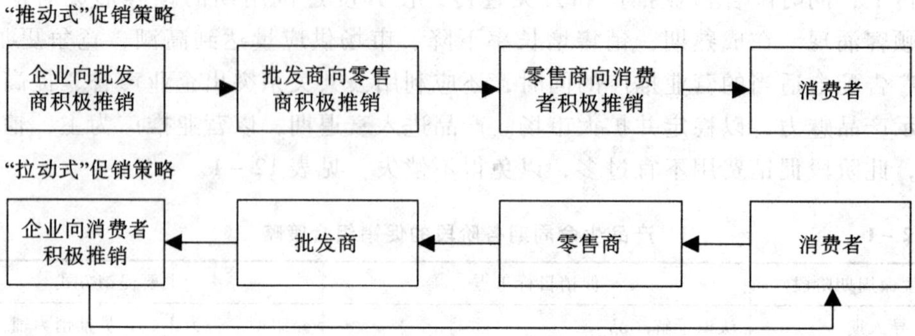

图12－3　"推动式"与"拉动式"策略

实践中，一些工业品公司只采用推动式策略，如医疗机械公司，而一些采取直接营销的公司则只用拉动式策略。但大多数的公司采用的是推拉结合的混合策略，也就是说，一方面要用广告来拉动最终用户，刺激最终用户产生购买欲望；另一方面要用人员推销的方式向中间商推荐，以使中间商乐于经销或代理自己的商品，形成有效的分销链。如可口可乐公司，一方面通过广告树立品牌，刺激消费者购买；另一方面，大力支持中间商，帮助中间商铺货、促销，使产品随时随地到达消费者的手中。

第二节

广告策略

广告，也就是Advertising，是企业产品促销的重要手段之一。美国历史学家大卫·波特指出："现在广告的社会影响力可以与具有悠久历史传统的教会及学校相匹敌。广告主宰着促销工具，它在公众标准形成中起着巨大作用"。因此，广告在促进产品销售及树立产品形象乃至企业形象方面起着日益重要的作用。在商品经济社会中，广告是企业成功的关键。虽然广告不一定能使产品成为名牌，但没有广告，产品肯定不会成为名牌。

一、广告的概念及分类

（一）广告的概念

广告，源于拉丁语Advertising，有"注意""诱导""广而告之"之意。营销广告是指由广告主以付费的方式，通过各种传播媒体向目标市场的顾客传递商品或服务信息的活动。

由此可见，营销广告具有以下特征：

（1）广告的发布者，即广告主，是商品或服务的提供者，主要是工商企业。

（2）广告的对象是广大消费者或用户。因此它既区别于面向有限消费者的人员推销方式，也区别于面向社会公众的公共关系方式。

（3）广告是需要支付一定费用的促销手段。新闻报道等就不是广告。

（4）广告是通过一定的媒体，把企业的产品或劳务信息传播给消费者，期望引起注意，产生深刻印象，唤起消费者的购买欲望。广告不是通过人员的直接见面来传递信息的。

（二）广告分类

1. 从传播内容看，有商品广告、企业广告及公益广告。

（1）商品广告。商品广告是针对商品销售所做的广告。它又有开拓性广告、劝导性广告和提醒式广告。

①开拓性广告——以介绍商品为主，主要用于介绍产品用途、特点或使用方法以及生产企业的情况和所能提供的服务。这类广告常用于产品的导入期，希望能引起消费者的注意。此广告主要是激发顾客的原始需求。

②劝导性广告——以竞争为主，它旨在培养消费者的品牌偏好、鼓励消费者使用本企业产品、改变消费者对产品特性的认识、说服顾客购买本企业产品。在产品的成长期，这类广告特别适用。它主要影响顾客的选择性需求。

③提醒式广告——以满足消费者惯性需求为主。用来提醒顾客注意企业的产品，加深记忆，提高重复购买率。在产品成熟期经常被使用。它主要是满足顾客的惯性需求。

（2）企业广告。企业广告是以宣传企业名称、企业精神、企业理念、企业文化、企业概况为主的广告。侧重于介绍企业历史、成就、经营范围等，旨在加深社会印象，树立企业形象，推动企业事业的发展。

（3）公益广告。公益广告是以宣传公益事业或公共道德的广告，目的在于通过某种社会活动或社会公共利益活动，获得公众认同，以提高企业的知名度和美誉度。

2. 从辐射范围看，有全国性广告和地方性广告。

（1）全国性广告。指覆盖全国范围的媒体广告，如央视、各省卫视广告；《人民日报》《经济日报》广告；《读者》杂志《中国青年》杂志广告等。这种广告适合全国通用产品，且实力强的企业。

（2）地方性广告。指覆盖地方范围的广告，如郑州电视台、大河报广告等。此类广告传播范围小，多适合生产规模小、产品通用性差的企业和产品做广告。

二、广告的功能

1. 促销功能

广告的目的在于促销。广告通过信息沟通，能够改变消费者对企业及其产品的看法或态度，从而达到促销效果。

2. 便利功能

通过各种信息传递工具，为消费者提供了极为方便的收集信息的途径。消费者足不出户，即可收集到各种各样的商品信息，为购买产品做出决策创造了极为便利的条件。

3. 诱导功能

强大的广告信息传播，会诱导消费者改变态度，从而做出对企业有利的购买决策。

4. 教育功能

广告是借助文化传播媒体进行的信息传递，这样广告内容的好坏就会对社会产生一定的教育影响。

三、广告媒体及选择

广告媒体也称广告媒介，是广告的重要载体，是广告宣传不可缺少的工具。

（一）广告媒体及其特点

常见的广告媒体主要有报纸、杂志、广播、电视等，被称作四大媒体。还有户外媒体广告、直接邮寄广告，以及新媒体广告——网络广告、社交媒体广告等。

1. 报纸

报纸是最古老也是最主要的广告媒体之一，它与杂志、广播、电视等同被看作是传播广告信息的最佳媒体。

报纸广告的优势包括：①定位准确。报纸广告最主要的优点，是可以准确地定位目标消费者群。由于绝大多数报纸都是覆盖某一地区或某一类型消费者群，所以报纸广告可以针对某一地区或类型的消费者开展促销。②时效性强。报纸广告发行周期短，传播广告信息迅速，报纸广告一到两天就可以刊出，因此对于时机性、季节性快速反应的产品广告尤其适用。③信息容量大，报纸广告版面多且大，可以对产品作详细的介绍，可以登载照片和插图。④便于收集保存。消费者可以把收集的广告信息认真分析、比较，选择出合适的产品来。而这一点是广播、电视广告无法做到的。这对于购买高档产品的消费者来说，是相当重要的。⑤权威性强。借助于报纸的威信，可以提高广告的可信度。⑥广告制作费用低。

报纸广告的缺点：①有效时间短，重复性差，只能维持当期的效果。②注目率低。因报纸刊登内容庞杂，易分散对广告的注意力，印象不深刻。③印刷效果差，吸引力低，感染力不强。在表现产品外表、颜色、色泽方面效果较差。此种媒体适宜于对工业品和各种服务做广告。

2. 杂志

杂志是以刊载各种专门知识为主，是各类专业产品的良好的广告媒体。

其优点有：①针对性强。杂志的发行均有特定的对象。如选择医学类杂志做医疗器械广告，选择美术杂志做绘画用品的广告等等。②留存性好，并且易于保管。③形象逼真，传播效果佳，有较强的吸引力。特别适合通过产品外观、色泽来吸引消费者的广告，如化妆品、服装、珠宝首饰等。④传阅性强，可以长期在读者中间传阅。

其缺点主要是：①发行周期长，传播信息慢。②灵活性较差。③读者较少，传播不广泛，不适合做提高产品知名度的广告。杂志媒体适用于对专业性、技术性强的工业品和生活日用品做广告，如名牌化妆品、名牌服饰适合选择《时尚》杂志做广告；而电脑软硬件产品就可以选择专业刊物《计算机世界》等。

3. 广播

广播是一种通过听觉产生效果的广告媒体。

其优点主要包括：①传播迅速、及时，适合作时机性广告。②安排灵活。③制作简便，费用低廉。广播广告的收费标准在四大传统传播媒介中是最低的，另外，广播广告的制作费用也很低。④针对性较强，对一些特定的消费者群体效果较好。如农民、司机、军人、老人、家庭主妇、在校学生都是经常收听广播的群体。

广播广告的缺点主要是：时间短促、转瞬即逝、有声无行，消费者看不到产品，影响不深，不便记忆。这就大大降低了广播广告的实际效果。在实际中，广播通常作为一种配合性广告媒介使用，很少作为主打媒介。

4. 电视

电视是一种声形兼备、视听结合的广告媒体。因其表现力强，能充分利用语言、声音、动画等各种艺术表现手法全面传播产品信息，受到广告客户的青睐。

电视作为广告媒介具有以下优点：①媒介受众数量多。电视已经成为人们文化生活的重要组成部分，收视率高，因此影响面广。②集图像、色彩、声音、文字等表现手段为一体，使广告形象、生动、逼真、感染力强。③时效快。通常能使一个不知名的产品在几天、十几天内家喻户晓。

电视广告的缺点是：①时间短、广告内容转眼即逝，不宜存查。②制作复杂，费用较高。一般情况下，无论是广告的播出费用还是制作费用都较为昂贵，中小企业往往无力负担。

由于电视广告的播出时间短，不能对产品性能、特点进行详细的介绍，因此在实际中，电视广告常常用来作为一种告知性广告媒介，而不像报纸、杂志是一种可以对产品详细说明的媒介。

5. 户外广告

户外广告，又称作“阳光能照射到的广告”，它是路牌、霓虹灯等设置在露天里的各类广告的统称。这种媒体形式的地理选择性好，位置优越且巨大醒目，以鲜明的色彩和独特的形式给人以刺激；持续时间长，而且灵活性好。但受到周边环境和自身的条件限制，不易为观众提供仔细浏览的机会，因此尽管巨大醒目，但都是力求简单，有时甚至只有品牌名称。如果没有其他广告媒体的配合使用，其效率往往大打折扣。

6. 网络广告

近年来，随着数字技术、网络和多媒体技术的飞跃发展，网络以其高速度、大容量、互动式、全息性等特点迅速成为新的广告传播媒体，并对传统旧媒体形成了强有力的冲击。

网络广告的优势包括：①成本低。与其他媒体广告相比网络广告成本较低。②易统计、易反馈。网络广告在统计方面具有较大的优势。目前网络服务器大都设有访问记录软件，广告主可以随时获得访问者的详细访问记录并且可以随时监测广告的投放效果。另一方面，访问者可以方便地向厂商提出咨询或服务，并向厂商及时反馈信息。

网络广告的主要缺点是：对象不明确，观众存在抵触心理。

7. 直接邮寄广告

直接邮寄广告，简称 DM 广告，是英文 Direct Mail 的缩写。它指的是通过邮局寄给目标消费者的广告宣传品，如产品说明书、产品试用装等。

直接邮寄广告的优点是：①针对性强，可以准确地选择目标消费者。②反馈信息准确，可以掌握真实的市场情况。③形式灵活，不受篇幅限制，内容可以自由掌握。④在同类产品竞争中不易被竞争者察觉。

直接邮寄广告的缺点是：覆盖的目标消费者数量较少，不适宜促销大众日用消费品。另外，其广告成本较高。

（二）媒体选择应考虑的因素

广告媒体分析主要是对广告媒体的选用及组合进行事先的分析，是广告主使用各种媒体的事先考虑或安排，最终目标是如何在广告预算允许的范围内，运用广告媒体来传达广告信息所进行的周密安排及协调实施。简言之，就是如何才能在尽可能少花钱的基础上使广告产生更好、更为显著的效果，其中广告媒体选择是最为关键的环节。广告媒体优缺点分析是媒体选择的重要依据。除此之外，在调查、选择适宜的广告媒体时，还应该考虑以下因素：

1. 产品的性质

不同的产品对广告媒体有不同的要求。广告媒体只有适应产品的特点才能取得较好的广告效果。例如依靠外观、颜色、光泽打动消费者购买的产品，最好选择电视、杂志媒体，如服装、化妆品、珠宝首饰等等，因为电视、杂志表现外观、色泽的能力强；而对于需要详细加以介绍的产品广告，通常应采用报纸、杂志作为媒介，如轿车广告、机械器材广告等等。

2. 目标消费者接触媒体的习惯

广告的目的是被消费者，特别是目标消费者接受，因此，必须根据目标市场的特点来选择媒体。例如，在农村可以利用数十年建立起来的有线广播网进行促销；对办公用品则多采用报纸、杂志来进行广告传播；对于儿童用品则常采用电视广告，且集中在播放动画片时段最好。

3. 广告媒体的覆盖范围和影响力

广告媒体的覆盖范围直接关系到广告的传播区域、接触频率及作用强度。一般来说，媒体的传播范围应与市场范围一致，就会对目标市场具有最强的影响力。因此，必须了解媒体的发行量、发行地区、顾客类别、视听率等指标。如丰田轿车选择北京、上海、广州三大城市的报纸作为主要广告媒体，主要是考虑这些城市是丰田轿车目标消费者集中的地区，是广告产品的主要市场。

4. 媒体的费用

不同广告媒体的收费标准不同，即使是同一种媒体也因传播范围和影响力的大小而有价格差别。另外，广告在考虑媒体费用时，还应该注意其相对费用，常用每千人成本指标衡量。

企业在选择广告媒体时，要根据广告目标的要求，结合各广告媒体的优缺点，综合考虑各种影响因素，尽可能选择使用效果好、费用低廉的广告媒体。

四、广告设计原则

广告促销的重要性不言而喻，但关键还在于广告质量。高质量的广告必须遵循下述原则。

1. 真实性

广告的生命在于真实，真实是对广告设计的根本要求，虚伪、欺骗广告必然会丧失企业的信誉。广告设计必须以客观存在的事实为依据。一是广告主体要真实，即做广告的企业有工商部门颁发的营业执照。二是广告商品或服务要真实，商品或服务不能虚构。三是广告内容要真实可靠，语言、文字、画面不能模糊，不能欺骗顾客。四是广告艺术表现手法也要得当，符合事实，不能过于夸张。

2. 社会性

广告是通过文化媒体进行信息传递的，因此，广告在传播信息的同时，也传播了一定的思想意识，必然会影响到社会文化、社会风气等。广告设计必须遵循党和国家的有关方针政策，遵循国家相关法律，能够促进社会主义精神文明建设，促进社会风气的好转。例如我国《广告法》就规定广告不得使用我国国旗、国徽、国歌；不得使用国家级、最高级、最佳等用语；不得含有民族、种族、宗教、性别歧视的内容等等。

3. 针对性

由于各个消费者群体都有自己不同的购买心理、习惯和行为方式，广告要能够在目标市场中产生共鸣，广告内容和形式的设计必须有针对性。对不同的产品、不同的目标市场要有不同的内容，采取不同的表现手法。针对性越强，广告效果就越理想！没有针对性的广告，只能造成广告费用的大量流失。

4. 艺术性

广告是一门科学，也是一门艺术。广告设计应把真实性、合法性、针对性寓于艺术性之中。这就要求广告要具有较强的艺术魅力与较高的审美情趣。广告应该成为精美的艺术作品，给人以很高的艺术享受，使人受到感染，增强广告的效果。可以说，广告应该是艺术形式与商品、服务内容的高度统一。

五、广告预算

做广告要支付费用，但也讲究投入产出，不能盲目地投入广告费用，要科学合理。

1. 销售比例法

是指按预定的促销费用占企业（目前或预测）销售额的百分比来确定其促销费用。当百分比一定时，企业销售额越高，其促销费用也越高。这种方法有不少优点，但是它在理论上存在严重缺陷。它错误地把销售额视为促销费用的“因”，这意味着销售状况好时，促销费用投入多，而销售状况差时，反而促销费用投入得少，颠倒了因果关系。

2. 量力支出法

是指企业根据自己的财力水平来确定其促销预算。这种方法简便易行，但并不合理。它忽视了促销活动对销售量的巨大影响作用，将促销活动看成是可有可无的。这种方法存在一定的片面性。

3. 竞争对等法

是指保持与竞争对手相同支出水平的促销预算。这样的促销预算可以维持市场竞争均势，并有助于防止促销战。美国纳尔逊调查公司的派克汉通过多年的研究得出结论：要确保新上市的产品达到同行业平均水平，其广告预算必须相当于行业平均水平的1.5~2倍。这一法则通常称为派克汉法则。

4. 目标任务法

是指通过确定特定的目标，并估计和测算实现这些目标需要完成的任务以及完成这些任务的成本，以此为依据确定其促销预算。这种方法被认为是最合逻辑的预算方法。此方法比较科学，但没有从成本观点出发来考虑某一广告目标是否值得追求这一问题。

六、广告效果测评

企业花费大量的人力、物力、财力投入在广告上，总希望能达到预期的市场促销目标。把广告传播出去，这只是整个市场传播过程的第一步，究竟发布的广告有没有促销效果以及效果量的大小等等，都不得而知。因此为了对广告投放进行有效的计划和控制，企业还必须对广告的效果进行测定分析。通常，广告效果指的是广告接受者的反应情况。广告效果主要表现为广告促销效果及广告沟通效果两个方面。

（一）广告促销效果

广告促销效果指的是广告促进产品销售和利润增加的程度，它反映广告费用与产品销售量（额）之间的比例。广告促销效果的测定，是以产品销售量（额）的增减幅度作为衡量标准的。常用的测定方法有以下几种：

1. 广告费用占销率

这种方法测定的是计划内广告费用对广告产品销售量（额）的影响。广告费用占销率越小，表明广告促销效果越好，反之则越差。其计算公式为：

广告费用占销率 =［广告费用/销售量（额）］×100%

2. 广告费用增销率

这种方法可以测出计划期内的广告费用增减对广告产品销售量（额）的影响。广告费用增销率越大，表明广告的促销效果越好，反之越差。其计算公式为：

广告费用增销率 =［销售量（额）增长率/广告费用增长率］×100%

3. 单位广告费用促销率

此法可以测出单位广告费用对产品销售量（额）的影响。单位广告费用促销量（额）越大，表明广告效果越好，反之越差。其计算公式为：

单位广告费用促销率 = 产品销售量（额）/广告费用 ×100%

4. 单位广告费用增销率

此法可以测出单位广告费用对产品销售量增减程度的影响。单位广告费用增销量（额）越大，表明广告效果越好，反之越差。其计算公式为：

单位广告费用增销率 =［报告期产品销售量（额）－基期产品销售量（额）］/广告费用 ×100%

（二）广告沟通效果

广告沟通效果指广告对目标市场消费者心理效果的影响程度。可见广告沟通效果并不是以产品销售量的大小为衡量标准的，它反映了消费者对广告本身的反应程度，包括对产品信息的注意、兴趣、情绪、记忆、理解、动机等。因此，对广告心理效果的测定主要表现在知名度、注意度、理解度、记忆度、购买动机等项目上。一般，对广告心理效果测试，通常采用抽样调查的方式进行。具体的实施方法包括：

1. 前测法

前测法就是事前邀请专家、消费者等对事先拟定的同一商品的多种设计方案进行评价，然后排序，排在首位的应当是效果最好的，可以作为广告实施方案。

2. 后测法

（1）回忆测试法。回忆测试法指通过调查对象观看或阅读广告后对广告内容的记忆程度来测定广告效果。

（2）认知测试法。认知测试法指测定调查对象是否通过某一媒体接触过某个广告。一般认知测试常将调查结果分为三等：略微认知，看到过；联想认知，能记起某一部分内容并能有这一部分内容联想起有关的产品信息；深层认知，能识别一半以上的广告内容。

3. 实验室控制法

实验室控制法指利用各种实验室仪器、设备检测调查对象对某一广告产生的生理反应，如心跳、血压等变化，以此来衡量该广告是否具有吸引消费者注意和兴趣的能力。

广告效果的测定是一项复杂的工作，应全面、多角度对广告效果进行研究从而为企业市场营销战略的准确性制订和实施提供重要的依据。

七、广告设计策略

广告贵在设计与策划。好的广告设计能够起到事半功倍的效果，而一则设计差的广告则会造成人、财、物的极大浪费。

（一）广告内容设计策略

广告设计首先要注意传递信息的内容，内容诉求是第一位的因素。内容设计要让消费者知道广告要告诉消费者什么，不能让消费者看了以后，如坠云雾之中。

1. 一贯性策略

一贯性策略指在长期信息传播中，其口号、内容、风格、服务等特色要始终如一，保持一贯形象，不能朝令夕改。比如有的产品的形象代言人，今年是××，明年又变成了×××，两位所代表的目标群体也不一样。而海尔的“真诚到永远”则是一贯性策略的经典之作。

2. 竞争性策略

竞争性策略则是针对竞争对手的挑战而设计的针对对手产品的广告。

3. 柔软性策略

柔软性策略是指广告设计不能总站在企业或产品角度去思考问题，而应该站在消费者角度去思考和设计。广告设计站在消费者角度，消费者认为广告是为自己着想，为自己设计的，就会无形中被广告所打动。

小链接：

菲律宾旅游广告反着做

告诫游人“九大危险”

小心购物太多，因为这里货物便宜；

小心吃得太饱，因为这里食品物美价廉；

这里的阳光充足，小心被晒黑；
小心潜入海底太久，记住勤出水换气；
因为名胜古迹太多，小心胶卷不够用；
上下山要小心，因为这里山光云影常使人不顾脚下；
菲律宾的姑娘热情美丽，小心坠入爱河；
小心被亚洲最好的酒店餐馆宠坏；
小心对菲律宾着了迷而舍不得离去。
亲爱的读者，你惧怕这“九大危险”吗？
这则广告正话反说，告诫游客小心的“九大危险”。

（二）广告媒体设计策略

广告媒体设计策略主要是讲怎样巧用媒体，把广告做活，从而达到理想效果。这里的媒体是广义意义上的概念。

1. 名人式媒体策略

名人被关注度高，因此运用名人做广告，效果极佳。“名人广告”被称为广告设计的“白银法则”。

2. 借题发挥式媒体策略

借题发挥式是指借助社会事件或千载难逢的机会，将产品成功打入某一市的设计方法。如奥运会、世界杯、世博会等。这些机会往往吸引了全世界人们的眼光，蕴藏着极大商机，为企业带来了千载难逢的机会。如1984年洛杉矶奥运会，为日本富士胶卷打入美国市场创造先机。

3. 现身说法式

就是广告与现场表演结合起来，使顾客有身临其境地感受到商品的性质、特点、功能等。

4. 广告媒体投放策略

广告费用投放是非常有讲究的，不能盲目投放，要讲效果。

（1）持续型。就是一年中不间断地投放广告费。此种模式的优点是有连续知名度，不容易被遗忘，而且可以连续强化广告信息。其缺点是需要足够的预算，而且多适用于无季节性的产品。这需要有实力的企业才能做到。

（2）集中型或间断型。集中力量，抓住几次机会大做广告。这种投放可使有限的预算集中投放，但品牌投资不连贯，易使消费者遗忘，达不到预期的效果。因此适合新产品的上市。

（3）脉动型。广告费投放就像跳动的脉搏一样，多少不定。脉动投放即可保证品牌的持续性，又可根据客户不同时期不同需求加强力度，使广告投入有松有弛，真正做到有的放矢。

当然，媒体费用投放也要注意在不同媒体之间合理安排，比如在电视、广播、报纸、杂志等媒体之间如何分配？在央视、卫视、地方电视之间如何分配？都需要去策划和设计。

（三）广告心理设计策略

广告为目标市场而设计，不同目标群体有着不同的消费心理，消费者怎么想，广告就怎么设计，这样，广告才会在目标群体中产生共鸣。因此广告设计也要巧用心理。

1. 广告诱导心理策略

所谓广告诱导心理策略，是指抓住消费者潜在的心理需求，通过广告信息诉求，引导消费者主动对企业或产品产生好感和认同，激发其兴趣和购买欲望。

2. 广告迎合心理策略

所谓广告迎合心理策略，是指根据消费者不同性别、年龄、文化程度、收入水平、工作性质，在广告中迎合不同消费者的需求的广告策略。此策略针对目标群体的心理进行设计，顾客有什么样的心理就设计什么样的广告。采用迎合消费者心理需求的广告策略，关键就是，消费者最关心的是产品的哪一方面的内容，广告就突出宣传产品在这方面的特点和相关的信息。如法国的克隆堡啤酒公司为使产品打入美国市场，针对美国人心理，做了一个广告："法国的阿尔萨斯人十分惋惜地宣告，珍贵的克隆堡啤酒正源源不断地流向美国，阿尔萨斯人真舍不得克隆堡啤酒流向美国"。画面上：一车车啤酒流向美国时，法国人纷纷落泪。结果，美国人争向抢购克隆堡啤酒。

3. 广告猎奇心理策略

好奇心理，人皆有之。针对目标群体普遍存在好奇心理这一现象，广告设计以奇制胜。广告猎奇心理策略是指在广告中采用新奇的媒体、新颖的形式、独具特点的内容等特殊的手法，使消费者产生强烈的好奇心，从而引发购买欲望的广告心理策略。如某酒店在门外贴出广告："不准偷看！"出于好奇，食客纷纷进店观看，反而被酒店的香味所吸引，坐下就餐。

采用这种心理战略关键在于用新奇的手法引起消费者的注意，但也要讲究分寸，其怪异程度如果超出了人们的接受能力的承受度，是不会引起人们的好感的，相反会产生排斥心理。

第三节

公共关系策略

公共关系，Public Relations，顾名思义，是指与社会公众的关系。在市场营销活动中，公共关系是一种以长期目标为主的间接促销手段。尽管公共关系不能在短时期带来明显的直接促销效果，但它对于企业的意义在于通过媒介向公众传播企业的使命和价值观，增加公众对企业的产品或服务的公信度，从而在整体上塑造良好的企业形象，而后者的提升，将大大有助于企业的目标的达成，相应地，企业的利润也会提高。例如，在海尔的品牌塑造和传播过程中，公共关系发挥了巨大的作用。砸冰箱、打擂台、"激活休克鱼"理论、登上哈佛大学讲坛、赞助 2008 年北京奥运会，宣传中国第一位 CEO（首席执行官）张瑞敏的传奇故事，为建立海尔品牌的知名度和美誉度，促销海尔产品起到了非常重要的作用。

一、公共关系

（一）公共关系

关于公共关系，又称公众关系，被誉为“公共关系之父”的美国人艾维·李于1906年，在报界发表的著名的《原则宣言》中，郑重提出了“凡是有益于公众的事务必有益于企业和组织”的信条，他认为：“公众应该被告知”，只有在宣传中说真话，把事实真情告诉公众，公司或组织才能获得信誉。

现代营销学之父菲利普·科特勒认为：公共关系就是“通过赢得有利宣传与有关公众建立良好关系，树立良好企业形象，并及时处理不利于企业的传闻或事件”。

从上述定义中可以看到公共关系主要是通过举办或参与一系列的社会公共活动以及处理企业危机事件以建立企业的良好社会关系。因此，公共关系指企业以树立组织形象，提高组织声誉，融洽组织与公众的关系，取得公众支持与信赖的一系列决策与行动。公共关系一般简称公关。

公共关系不同于广告。第一，广告传递的信息是产品或服务信息，而公关传递的是企业文化、企业理念的信息。第二，广告卖得是商品，而公关树立的是形象。第三，广告是站在企业角度考虑问题，而公关是站在公众角度考虑问题；第四，广告注重当前利益，而公关注重的是长远利益。第五，广告表达方式是直白的，而公关则比较含蓄。

（二）公共关系的作用

1. 传播信息

信息是企业生存和发展必不可少的资源。通过公共关系活动传递企业理念、文化、精神等方面的信息，取得公众信任、认同，树立良好形象。

2. 监测环境

通过公共关系活动企业可以收集到各种相关信息，包括企业或产品形象信息，如对企业的评价和对产品、服务质量的反映、评价等；内部员工的意见、建议；以及企业外部各种客观环境的信息，如国内外政治、经济、文化的变化、竞争者动态、消费者需求及购买行为的变化等等。通过监测环境，可以把握企业的知名度和美誉度，提供决策依据。

3. 协调关系

企业是一个开放的系统，系统内外各要素都需要相互联系、沟通。交流沟通是公共关系的基础，任何公共关系活动的实施都依赖于公共关系主客体之间的交流沟通，主动处理与各方关系。为此，企业要认真处理好与各类社会公众之间的关系，包括消费者、供销商、新闻媒体、政府相关部门、内部员工、社会公众、竞争对手等等。只有处理好与这些公众的关系，企业和产品才能塑造良好的形象，在市场营销活动中处于有利环境，从而促进产品的销售。

4. 塑造形象

公共关系作为企业的“喉舌”，将企业的信息及时、有效、准确地传递给社会公众，为企业树立良好形象创造良好的舆论氛围，公共关系活动能提高企业知名度、美誉度，给公众留下良好的形象，并能引导公众舆论朝着有利于企业的方向发展。同时，还能及时地纠正和改善对企业不利地公众舆论，避免不良影响的进一步扩大，从而起到维护企业声誉的作用。

二、公共关系的对象与维护

公共关系又称公众关系，一般公众分为两大类。

（一）内部公众

1. 员工

在企业内部，搞好员工的思想工作，增强员工的凝聚力和团队精神，对企业来说，同样是至关重要的。只有内求团结，才能外求发展。企业内部像一盘散沙，在外部是不可能团结一致同对手展开竞争的。企业可以通过一系列手段，做好企业内部的公共关系：①内部渠道的信息沟通，如建立内部网络、广电交流平台，发行内部刊物等，宣传企业优秀文化，培养员工的自豪感、归属感；②定期举办各类集体活动，如旅游、参观、聚餐、文体活动等，融洽员工之间的关系。

2. 股东

股东是企业最大的顾客，也是最忠实的顾客。投资都希望好的回报，股东也希望自己投资的企业效益蒸蒸日上，也希望大家都购买企业的产品。因此处理好与股东的关系也是重要的一个方面。

（二）外部公众

1. 消费者

消费者满意是企业一切活动的中心环节。正如美国通用电器公司的首席执行官杰克·韦尔奇所说："公司不能为你们提供稳定地工作，只有消费者可以。"因此企业首先要使目标消费者或潜在消费者对本企业产生良好的印象，以良好的企业形象和信誉吸引消费者。为此，企业应从三个方面做好工作：①为消费者提供优质产品和服务，这是建立良好公共关系的首要条件和根本保证。②与消费者定期进行有效的沟通，收集消费者信息。目前比较流行的做法是开展"消费者教育"活动，即通过免费杂志、讲座、组建消费者俱乐部、培训班等方式，对目标或潜在消费者进行引导和教育。以此来促进产品的销售和良好企业形象的树立。例如，IBM 提出的"先教电脑，再卖电脑"，要求公司必须首先对消费者进行免费产品培训，使其掌握产品的基本功能操作后，方可向其销售产品。③正确处理与消费者的纠纷，避免与消费者正面争吵。对待问题消费者应耐心、诚恳。如果消费者的投诉合理，在确认后应及时处理，使消费者感觉到受到尊重。即使出现一些不能解决的问题，也应耐心向消费者解释，争取消费者的谅解，化解矛盾。

2. 政府

政府及相关职能部门同样是企业重要的公众之一。企业的生存和发展离不开政府的支持和帮助。政府及相关职能部门通过一系列的法律、法规直接或间接对企业的经营活动产生影响。因此，企业必须经常与政府部门沟通，及时了解相关的政策、规定，并使之能尽量有利于本企业的发展。

3. 媒体

新闻媒体是企业最特殊的公众，企业的公关关系活动通常要借助一定的宣传媒体向外界发布，以扩大活动影响力。公关 10% 靠企业自己做，90% 靠媒体宣传。因此，企业要与各新闻媒体单位保持密切的关系。要积极与新闻媒体接触，提供可供选择的新闻素材，并欢迎媒体单位的采访报道。另一方面，对待媒体的负面报道，企业要冷静、谨慎，首先要认真核实新闻报道内容，迅速查清事实真相。如果是企业自身的问题，要尽快改正，并将改进后的情况及时通报新闻媒体，争取挽回不良影响。如果新闻报道有失偏颇，与事实不符，企业要立即通过新闻媒体说明真相，或举办新闻发布会澄清事实，并可要求发布不实报道的新闻媒体做出公开更正以免损害企业形象。

4. 社区

社区是指企业所在地的区域范围。企业的生存发展都离不开所在地的其他企业、学校、医院、团体、居民。社区顾客是企业最重要的顾客。社区被称为企业发展的"根"。因此，企业应与社区各界保持友好关系，积极支持社区公益活动和经济建设，为社区提供就业、税收、环保、安全环境等，以此获取社区的理解，为企业发展提供多方面的便利条件。

5. 金融部门

金融界对企业的融资能力有重要的影响。金融界主要包括银行、投资公司、证券公司。没有金融部门支持的企业是很难持续、长久发展的。

6. 社会团体

一个企业营销活动可能会受到消费者组织、环境保护组织、少数民族团体等的质询，也要处理好与他们之间的关系，取得他们的支持和帮助。

三、公共关系的原则

因为公共关系影响到企业未来发展，在进行公共关系策划与设计时，必须应遵循以下原则：

1. 真实性

广告作为一门科学和艺术，允许一定程度的夸张，但公关是不能夸张的。公关强调以事实为基础，以真诚真实取信于公众。任何公关策划都必须建立在事实基础之上，不能有丝毫的虚假与欺骗。形象问题无小事。

2. 适时性

公关策划要十分注意实施的时间。实施时间并无固定的规律，一般来讲要与某些强烈吸引公众注意力的事件相结合，抓住社会上的"热点、难点、重点、冰点"等时机进行公关。"热点"就是整个社会都关注的问题；"难点"就是长期解决不了的老大难问题；"重点"就是一定时间内突出要解决的问题；"冰点"就是一定时期内没有关注的但将来可能成为热点的问题。广告可以天天做，公关不是天天做。

3. 创新性

公关贵在创新，它不像广告那样直接宣传产品，针对性强，如果公关立意不新，手法不新，是很难吸引公众注意的。公关要强调与众不同，以奇制胜。

4. 含蓄性

公关以间接方式表达企业意图，而非广告方式。"名酒虽好，也不能贪杯哦"（劲酒公关广告）就是含蓄促销的方式，但非常得体，获得公众认同。

5. 长期性

广告要求立竿见影，公关则注重长远利益，切忌急功近利，更不能半途而废。

四、公共关系的策略

（一）宣传型公关

宣传型公共关系，就是利用各种宣传途径、各种宣传方式向外宣传自己，提高本组织的知名度，从而形成有利的社会舆论。宣传型公共关系的特点是：利用一定媒介进行自我宣传，其主导性、时效性极强。具体表现在以下三点：第一，运用公关广告形式，按照本组织的意图在报纸、杂志、广播、电视等新闻媒介上宣传自己、树立形象，争取有关公众的好感。第二，策划专题活动“制造新闻”，吸引新闻界报道。这是一种不支付费用的宣传方式，在效果上比公关广告更有说服力和吸引力，更有利于提高本组织的知名度。第三，利用举办各种纪念会、庆祝典礼，或利用名人、明星等特殊人物的声望，达到提高组织知名度的效果。

（二）交际型公关

交际型公共关系，就是指不借助其他媒介，而只在人际交往中开展公关活动，直接接触，建立感情，达到建立良好关系的目的。交际型公共关系是一种有效的公关方式，它使沟通进入情感阶段，具有直接性、灵活性和较多的感情色彩。实施交际型公共关系必须注意以下三点：第一，完善自我形象，掌握交际的礼貌礼仪和交际艺术，善于运用有声语言和无声语言与人打交道。第二，经常保持联系，注意平时的感情投资，“有事要登三宝殿，无事也要登三宝殿”。保持经常的接触与联络，可以缩短人际交往的心理距离，密切相互之间的感情联系，长期保持彼此之间的良好关系。第三，团体交际形式。通过各式各样的招待会、工作餐、宴会、茶会、舞会、慰问等进行人际交往，增进双方的感情。

（三）社会型公关

社会型公共关系，就是组织利用举办各种社会性、公益性、赞助性活动开展公关的模式。它是以各种有组织的社会活动为主要手段的公共关系活动方式。社会型公共关系通过举办社会活动如各种纪念会、庆祝典礼、社会赞助等，来尽量扩大本组织的社会影响，具有公益性、文化性特征，影响面大。其活动范围可大可小、可简可繁，采用的是综合性传播手段（人际、实物、印刷、大众传播）。其公益性特别容易赢得公众的好感，与社会公益事业极其相似。社会型公共关系不拘泥于眼前效益，重点在于树立组织形象、追求长远利益。第一，善于运用各种时机灵活策划各种公关活动，以期引起新闻界和公众的兴趣与重视，通过大众传播达到扬名在外的目的。第二，坚持利他原则，特别是尊重公众利益，重视社会整体效益。北京某餐厅本无名气，一次举行“支援非洲、义卖三天”的活动，引起新闻界的极大兴趣，作了专题报道，知名度迅速提高。

（四）服务型公关

服务型公共关系，就是一种以提供各种优良服务为主要手段的公共关系活动模式，以自己的优质服务赢得社会公众的好感。服务型公共关系的特点是依靠本身实际行动做好工作，其特别媒介是服务，而不是依靠宣传。所以，它基本上仍是人际之间的直接传播形式。传播形式多种多样，人情味十足，反馈灵敏，调整迅速。搞好服务型公共关系的具体做法是：第一，完善服务措施，加强售后服务。完善服务可以赢得广大公众的信任和支持，树立良好形象。第二，把出售商品和其他文化娱乐等活动相结合，可方便顾客，使顾客一举数得。

（五）维系型公关

维系型公共关系，就是通过各种传播媒介，比较平淡地持续传递信息，使社会组织在长时期中对有关公众起到潜移默化、熏陶渐染的作用。维系型公共关系主要用于稳定、巩固原有的良好关系。其特点是通过优惠服务和感情联络来维持现状，不求大的突进，但也不中断，通过不间断的宣传和工作，维持良好关系。具体方法很多，例如：可以让长期顾客享有低价优惠；可以在节假日向老主顾赠送小礼品；可以邀请参加活动以加强感情联络等等。例如，日本有一家公司每天在门口向过路顾客赠送印有公司名号的香水巾，迅速扩大了知名度。

（六）建设型公关

建设型公共关系，就是指社会组织为开创新局面而在公共关系上不断努力，使有关公众对该组织及其产品、服务产生一种新的兴趣，以直接推动本事业的发展。一般说来，建设型公共关系适用于企业初创时或新产品首次推出时，其特点在于创新、开拓，能大大提高本组织的知名度。方法诸如开业广告型典礼、新产品展销、免费试用、招待参观、开业折价酬宾、赠送宣传品等。

（七）进攻型公关

进攻型公共关系，就是在社会组织与外部环境发生某种冲突时，以守为攻，改变旧环境，创造新局面。进攻型公共关系的特点是：内容形式新颖，能迅速吸引有关公众的注意和兴趣，可迅速提高本组织的信誉度与知名度。

（八）征询型公关

征询型公共关系，就是以提供信息服务为主的公共关系模式。它通过新闻监测、民意测验、社会调查等方式了解掌握信息和社会动态，为组织决策提供参考。征询型公共关系的特点是长期性、复杂性、艰巨性。在一般情况下，必须设立专门的信息渠道，由专人负责，如厂长信箱、市长专用电话、人民来信来访办公室等。只有坚持长期广泛搜集、综合处理，才能收到理想的效果。做好征询型公共关系的具体方式是：第一，设立信息渠道，广泛搜集信息。第二，开展各种咨询业务，设立监督电话，处理举报和投诉等。

（九）防御型公关

防御型公共关系，就是在社会组织出现潜在危机（或不协调）时，为防止自身公共关系失调而采取的一种公共关系模式。防御型公共关系的特点是：采取防御和引导相结合、以防御为主的策略，敏锐地发现本组织公共关系失调的症状和前兆，及时采取措施调整自身的政策和行为，促使其向有利于良好公共关系方面转化。方法主要是：采用调查及预测手段，了解潜在危机，提出改进方案。

（十）矫正型公关

矫正型公关又叫危机公关，在企业出现严重危机时，为挽回企业声誉进行的公关。所谓矫正型公共关系，就是采取措施来纠正因主客观原因给本组织带来的不良影响（风险或严重失调），恢复本组织被损害的良好形象和信誉的公共关系方式。矫正型公共关系的特点是：及时发现，及时采取应付措施，妥善处理，以挽回损失，重新确立起组织的形象和声誉。形象与声誉遭受损害的情况有两种：一种是由于外界的某种误解，甚至是人为的破坏；另一种是由于组织内部不完善或过失所致。对前者，公关部门应迅速查清原因，公布真相，澄清事实，采取措施来消除损害组织形象的因素。对后者，应迅速采取行动，与新闻界联系，控制影响面，平息风波。只有内部及时纠正、弥补，才能尽快恢复公众信任，重新树立良好形象。

危机的发生，常常源于媒体和受众对事实的误解和企业的不透明。企业无论犯错与否，都需要一个正确的心态，增加透明，向公众做坦诚的解释。危机发生时，企业对媒体及公众的态度要沉着、冷静，企业应该注意以下两点：一是表示出对媒体的尊重，第一时间主动与之进行直接的、面对面的沟通。媒体是舆论的传播者，要想影响受众，必先争取传播者的理解。真诚的姿态，更容易使媒体感觉到“尊重”，沟通也会更加有效。二是对公众态度要坦诚，传达的信息必须准确、清晰，争取公众的理解。

五、公共关系程序

开展公关活动，公关方案的制定、实施与评价是一个系统工程，其基本包括调查、策划、实施和评估 4 个步骤。

1. 公共关系调查

任何策划都是建立在调查基础之上的。公共关系调查是公共关系活动的起点和基础。通过调查，能了解企业目前在市场上的知名度和美誉度，从而为今后的公关策划提供依据等。公关调查的内容主要有企业基本状况、公众意见和社会环境三个方面。

2. 公共关系策划

以调查为依据，在明确公共关系活动目标的基础上，要设计、制定合适的公关活动方案，包括选择针对性的公关活动目标对象；具体的公关活动项目，如记者招待会、庆典活动、慈善募捐等；整个公关活动的费用预算。等等。公关策划是公关成败的关键。

3. 公共关系实施

在考虑影响公关因素（时间、地点、人物、对象、事件等）的基础上实施公关策划活动。公关方案实施需要考虑一个重要因素——时机。企业可以利用一些特殊事件或突发事件实施公共关系方案，或者通过巧妙的策划营造有利的公共活动氛围来实施。

4. 公共关系评估

对于公关活动的效果评估，由于其目标的隐藏性、长期性，多是建立长期的良好社会关系，而且公共活动又常常和其他促销手段结合使用，因此很难对公共关系活动的效果进行衡量与评价。一般的评价方法是依据社会公众的评价进行；或是公共关系活动实施后，消费者对企业或产品品牌知名度、美誉度，以及实际产品销售量等方面的变化。通过这些方面的考察，可以对企业公共关系活动及效果做出比较客观、准确的衡量和评价，并发现其中的问题，为企业未来的公共关系活动提供建议。

第四节

人员推销策略

人员推销方式是一种非常古老的促销方式，在销售产品或服务方面有着非常重要的作用。不过现代人员推销是建立在营销观念基础之上的人员推销，是站在消费者角度进行的促销活动，而不是站在企业或产品角度开展的促销活动。

一、人员推销的含义和特点

（一）人员推销的含义

人员推销是指企业运用推销人员直接向用户介绍商品和服务的一种促销活动。在人员推销活动中，推销人员、推销对象和推销品构成人员推销的三大要素。推销人员是推销主体，推销对象是服务主体，推销品是推销活动的客体。通过推销员向推销对象实施推销，达到销售商品，满足推销对象需要，实现推销主体价值的目的。

（二）人员推销的特点

人员推销是企业重要的促销手段之一。对于工业产品、大宗产品或单位购买产品，如工业原料、机器设备、办公用品等，仅仅凭借广告、公共关系、销售推广等促销手段是很难把产品销售出去的，企业必须派出具有专业素质的销售人员向目标消费者或潜在消费者介绍产品、现场示范，解答消费者疑问等，才有可能促成消费者的购买。人员推销与非人员推销相比，其优点主要表现在：

1. 信息传递的双向性

成功的传播应该是一个信息双向传递的过程。与其他促销方式不同的是，人员推销是信息在同一时间进行双向传递的传播过程。一方面，销售人员通过向消费者介绍产品的相关信息，如产品质量、功能、特点、价格、服务等情况，来实现促进产品销售的目的。另一方面，销售人员通过与消费者的直接接触，能及时掌握消费者对企业和产品的评价以及一手的市场情报，为企业制定合理的市场营销策略提供依据。

2. 推销目的的双重性

推销员的目不仅仅是推销自己的产品，而是在增进顾客利益的基础上把推销商品，为推销产品而推销产品是卖不掉的，是为了满足用户需要而推销产品。推销员推销过程应该是一个“双赢”的过程。

3. 推销过程的灵活性

销售人员与消费者或用户直接联系，可以掌握消费者或用户的态度变行为特点，并依据不同消费者或用户的特点，有针对性地选用适当的工作方法，以适应消费者，诱导其购买。

4. 友谊协作的长期性

销售人员与消费者或用户直接接触，双方可以建立友好的商务友谊关系。建立长期联系，有助于展开产品销售工作以及培养忠实消费者。所以说人员推销应该是“先交朋友，后做生意。”

尽管人员推销是一种有效的促销方式，但也有缺点：①成本费用高。选择和培养优秀的销售人员对企业来说耗费较大。人员推销的费用通常高于其他的促销手段。广告、公共关系、营业推广只要花费较低单位成本，就可以接触到一个潜在消费者，但销售人员接触到一个潜在消费者往往要花费高出几十倍、几百倍的费用。②流动性高。销售人员的流失率普遍较高，企业培养销售人员需要花费大量的时间、金钱，一旦销售人员流失，特别是转向竞争对手的企业，往往会给企业带来巨大损失。

二、人员推销的步骤与策略

（一）寻找顾客

寻找顾客就寻找潜在顾客，从而有目的地进行推销。

销售活动的第一步就是寻找、确定潜在的目标消费者。寻找潜在的目标消费者，主要有以下途径：

（1）直接寻找法。有个人观察法、个人访问法、会议寻找法和查阅资料等方法。

（2）间接寻找法。有广告搜寻法、同行或朋友介绍等。

（二）接近准备

找到潜在的目标顾客后，不要急着去接触顾客，应该在接近顾客前进一步了解顾客情况，然后有针对性接触顾客。准备一般包括：

（1）搜集客户资料。主要是关于客户个人姓名、性别、职业、学历、年龄、收入、爱好、民族、籍贯、母校、家庭、风俗习惯、宗教信仰、经历、级别等等。目的是进一步接近客户。

（2）做好精神准备。推销时要有信心、毅力，要不卑不亢，在注意个人仪容仪表。

（3）物质准备。主要包括推销产品、推销装备、产品鉴定证明、产品说明书等。

（三）接近顾客

接近顾客是推销洽谈活动的前奏，是推销人员与顾客正式就交易事件接触见面的过程。推销人员接近顾客的方法多种多样，要注意掌握各种方法并综合运用。

（1）商品接近法。指推销人员利用商品的某些特征来引发顾客的兴趣，从而接近顾客的方法。这种方法对商品的要求比较高，商品应具有某些吸引力的突出的特点，并最好能便于携带，使推销人员能以有形实体的商品展示给顾客。

（2）介绍接近法。指通过推销人员的自我介绍或他人介绍来接近顾客的方法。介绍的内容包括姓名、工作单位、拜访的目的等情况。为获取顾客的信任，一般应递交名片、介绍信等相关证明材料。

（3）社交接近法。指通过与顾客开展社会往来接近顾客的方法。采用这种方法一般不开门见山地说明用意，而是尽量先与顾客形成和谐的人际关系。

（4）馈赠接近法。指推销人员通过赠送礼物来接近顾客的方法。馈赠礼物比较容易博得顾客的欢心，取得他们的好感，从而拉近推销员与顾客的关系，而且顾客也比较乐于合作。

（5）赞美接近法。指推销人员利用一般顾客的虚荣心，以称赞的语言博得顾客的好感，接近顾客的方法。推销人员要注意观察顾客的仪表，在称赞顾客时要真诚、恰如其分，切忌虚情假意，以免引起顾客的反感。

（6）反复接近法。指推销员在一两次接近不能达成交易的情况下，采用多次进行推销访问来接近顾客的方法。该方法一般在交易较大的重点生意中经常采用。

（7）服务接近法。指推销人员通过为顾客提供有效并符合需要的某项服务来博得顾客的好感，赢得顾客的信任来接近顾客的方法。具体的服务内容如维修服务、信息服务、免费试用服务、咨询服务等。

（8）利益接近法。指推销人员利用商品或服务能为顾客带来的实际利益以引起顾客的兴趣并接近顾客的方法。采用这种方法时，推销人员应把商品能给顾客带来的利益放在第一位，以引发顾客的兴趣，增强购买信心。例如，一位推销员在介绍产品时说："我们厂出品的账册、簿记比其他厂的产品便宜三成。"从顾客关心的重点入手，引发顾客对所推销产品的兴趣。

(9) 好奇接近法。指推销人员通过引发顾客的好奇心来接近顾客的方法。好奇心是人们普遍存在的一种心理。推销人员在采用该方法时，应注意新奇，但不荒诞，并注意在恰当的时机，将谈话引入正题。如一位推销办公用品的推销员对推销对象说："我有办法让您每年花在办公用品上的成本减少30%。"

(10) 求教接近法。指推销人员通过请顾客帮忙来解答疑难问题，从而接近顾客的方法。例如，推销人员问："赵工程师，你是机电产品方面的专家，你看看与同类老产品相比，我厂研制并生产的产品有哪些优势?"推销人员采用这种方法主要是利用对方好为人师的特点。运用求教接近法时一定要注意问对方擅长的问题，并在求教后及时将话题导入有利于促成交易的谈话之中。

(四) 面谈——核心：关键是说服

1. 面谈的主要方法

语言说服（提示说服）、非语言说服（演示说服）两种。

(1) 语言说服（提示说服）。通过直接或间接、积极或消极的提示，将顾客的购买欲望与商品联系起来，由此促使顾客做出购买决策。

(2) 非语言说服（演示说服）。通过产品、文字、图片、音响、影视、证明等样品或资料去劝导顾客购买商品。

2. 处理顾客异议

在说服过程中要注意处理好顾客异议。顾客异议指顾客针对销售人员提示或演示的商品或劳务提出的反面意见和看法。处理顾客异议是推销面谈的重要组成部分。推销人员必须首先认真分析顾客异议的类型及其主要的根源，然后有针对性地施用处理策略。处理顾客异议的方法有：

(1) 肯定否定法。推销人员首先附和对方的意见，承认其见解，然后抓住时机表明自己的看法，否定顾客的异议，说服顾客购买。

(2) 询问处理法。推销人员通过直接追问顾客，找出异议根源，并做出相应的答复与处理意见。

(3) 预防处理法。推销人员为了防止顾客提出异议而主动抢先提出顾客可能异议并解释异议，从而预先解除顾客疑虑，促成交易。

(4) 补偿处理法。推销人员利用顾客异议以外的商品其他优点来补偿或抵消有关异议，从而否定无效异议。

(5) 延期处理法。推销人员不直接回答顾客异议，而是先通过示范表演，然后加以解答，从而消除顾客异议。

(五) 达成交易

在处理完顾客异议后，推销员要在保持沉着、冷静的基础上尽可能快地达成交易。达成交易的方法主要有：

(1) 直接请求成交法。如果顾客没有什么问题，就可以直接成交。

（2）假定成交法。假定顾客已准备购买，然后问其所关心的问题，或谈及其使用某商品的计划，以此促进成交。

（3）优点汇集成交法。把顾客最感兴趣的商品优点或从中可得到的利益汇集起来，在推销结束前，将其集中再现，促进购买。

（4）小点成交法。让顾客先少量购买使用，如果产品质量没有问题，再次推销，顾客就会大量购买。

（5）优惠成交法。利用顾客的求廉心理，即时购买可以享受优惠的成交方法。

（6）从众成交法。通过推销员的销售记录或客户关系管理系统，让顾客看到购买的顾客数量的多少，既然大多数顾客都购买了，就说明产品没有问题，顾客自然而然也就会购买。

（7）保证成交法。就是推销员向顾客提出购买后的实际承诺，解除顾客的后顾之忧，使其放心大胆地购买。

（六）售后服务

交易完成后，并不等于销售过程的完成，销售人员需要提供后期的服务，履行销售诺言，维护良好的商誉，为今后的商务往来打下基础。

售后服务项目主要有：产品免费检查，产品定期保养，产品维修，产品使用指导说明，送给顾客新资料，送给顾客关于行业的商情资料，其他免费服务等。

售后服务的形式主要有：亲自拜访，信函问候，电话致意。也包括处理消费者诉怨。处理技巧主要包括：真诚感谢消费者的反馈，仔细倾听，绝不争辩，找出问题，迅速采取补偿行动，让消费者满意。

小链接：

梳子卖给和尚

有一家效益相当好的大公司，决定进一步扩大经营规模，高薪招聘营销主管。广告一打出来，报名者云集。面对众多应聘者，招聘工作的负责人说：“相马不如赛马。为了能选拔出高素质的营销人员，我们出一道实践性的试题：就是想办法把木梳尽量多地卖给和尚。”

绝大多数应聘者感到困惑不解，应聘者接连拂袖而去，几乎散尽。最后只剩下三个应聘者：小伊、小石和小钱。

负责人对剩下的这三个应聘者说：“以10日为限，届时请各位将销售成果向我汇报。”

10日期到。负责人问小伊：“卖出多少？”答：“1把。”“怎么卖的？”小伊讲述了历尽的辛苦，以及受到众和尚的指责和追打的委屈。好在下山途中遇到一个小和尚一边晒太阳，一边使劲挠着又脏又厚的头皮。小伊灵机一动，赶忙递上了木梳，小和尚用后满心欢喜，于是买下一把。

负责人又问小石：“卖出多少？”答：“10把。”“怎么卖的？”小石说他去了一座名山古寺。由于山高风大，进香者的头发都被吹乱了。小石找到了院的住持说：“蓬头垢面是对佛的不敬。应在每座庙的香案前放把木梳，供善男信女梳理鬓发。”

住持采纳了小石的建议。山上共有10座庙，于是买下了10把木梳。

负责人又问小钱："卖出多少？"答："1000把。"负责人惊问："怎么卖的？"小钱说他到一个颇具盛名、香火极旺的深山宝刹，朝圣者如云，施主络绎不绝。小钱对住持说："凡来进香朝拜者，多有一颗虔诚之心，宝刹应有所回赠，以做纪念，保佑其平安吉祥，鼓励其多做善事。我有一批木梳，您的书法超群，可先刻上'积善梳'三个字，然后便可做赠品。"住持大喜，立即买下1000把木梳，并请小钱小住几天，共同出席了首次赠送"积善梳"的仪式。得到"积善梳"的施主与香客，很是高兴，一传十，十传百，朝圣者更多，香火也更旺。

话外语：梳子卖给和尚，听起来荒诞不经。但梳子除了梳头的实用功能，有无别的附加功能呢？在别人认为不可能的地方开发出新的市场来，才是真正的营销高手。

三、推销人员的管理

（一）优秀的推销人员必备的素质

1. 感同力

感同力就是推销员感染对方、同化对方的能力。推销人员首先要具有高度的事业心和责任感，热爱推销工作，积极进取，不畏困难，坚持不懈的努力做好销售工作，才能感染对方，同化对方。

2. 自我驱动力

由于工作的性质，销售人员需要较强的心理素质和身体素质。销售人员要适应各种市场环境，以平和的心态面对困难，并且要有一个健康的体魄，只有这样，才能适应变化多端、业务繁重的销售工作。要有信心、耐心、毅力，坚持不懈地去完成推销任务。

3. 形象力

作为一名销售人员，给消费者留下的第一印象是至关重要的，它往往决定着销售的成败。因此，销售人员应十分注意仪表、形象。衣着、打扮都应符合一定的商务礼仪规范。另一方面，销售人员也应具备良好的语言表达能力，要做到语言亲切、简练、清晰。同时销售人员要做到要谦虚谨慎，善于聆听他人的发言。

4. 应变力

销售人员面对复杂的市场环境需要具备灵活的反应力，并善于把握时机，迅速行动。这就要求销售人员，还需要娴熟的工作技巧，能对不同的市场环境采用适当的推销方法。

5. 知识力

丰富的知识是销售人员成功推销的有利条件。优秀的销售人员需要具有过硬的专业知识，要对企业和产品有深刻的认识，熟练掌握相关的企业、产品知识。同时，还要有丰富的社会学、心理学知识，善于与消费者沟通，建立良好的、长期的商务关系。除此之外，优秀的销售人员也应该不断学习，提高自身的知识水平。

（二）推销人员的聘选与培训

1. 推销人员的选聘

（1）内部选聘。优点是对企业、产品等非常了解，但市场、推销知识缺乏。

（2）外部选聘。优点是市场、推销等知识丰富，但企业知识缺乏。

2. 选聘程序

无论何种渠道选聘，企业都要对应聘者进行筛选。一般地，筛选过程包括：填写申请表、笔试、面试、签约录用等。关键在于面试。

3. 推销人员的培训

（1）讲授培训。通过聘请教授、专家、优秀推销人员等为学员上课等形式进行培训。

（2）模拟培训。由学员在某一场合手拿产品对专家、教授等进行推销。

（3）实践培训。对销售人员的推销技巧的培训，包括寻找新消费者的技能、与消费者联系的技能、介绍产品的技能、如何处理消费者异议、成交的方法与策略、如何收款等。

（4）综合培训。一般企业很少采用一种方法进行培训，而将上述三种方法结合进行。先讲授，再模拟，后实践，达到全面提高推销员素质的目的。

（三）推销人员的分派

1. 按区域分派

按地理区域分派销售人员，每一位销售人员负责一定的区域，在此区域内负责企业产品在该地区的销售工作。这种配置方法适合于产品差异不大，市场比较集中的情况，其优点是：销售人员的责任明确，有利于销售人员与当地消费者建立长期的联系，提高推销效果，并可以减少销售人员的费用。

2. 按产品分派

按产品类型配置分派销售人员，销售人员负责某一种或某一类产品的销售工作。当企业产品类型多，而且各产品之间的关联性不大时，可以采用这种方法。这样，销售人员可以熟悉其产品，更好地向消费者介绍产品。但缺点是会产生重复推销，造成浪费，也容易使消费者产生混淆。

3. 按用户分派

按客户的类型分派销售人员，每位销售人员负责某一家或某几家类型的消费者或用户，通常是按客户行业或为大用户单独配置销售人员等。这种方法的优点是在于销售人员能深入了解消费者，更好地满足消费者的需求。但如果同类的消费者过于分散，则会增加销售人员的费用。

（四）推销人员的激励

1. 薪金制

是指在一定时间内，无论销售业绩多少，销售人员获得固定数额报酬的形式。具体来说，包括“职务工资 + 岗位工资 + 工龄工资 + 津贴”等。薪金制度的优点是易于操作，计算简单，其缺点是难以调动销售人员的积极性。

2. 佣金制

即提成制。佣金制度，即企业根据销售额或利润额的大小给予销售人员一定比率的报酬，企业还可以根据产品、工作性质的不同给予销售人员不同的佣金。佣金制度能鼓励销售员尽最大努力工作，并使销售费用与现期收益紧密结合起来，但是佣金制度也存在着管理费用较高、容易导致销售人员短期行为等不足。

3. 混合奖励制

即"薪金+提成"制。它既克服了薪金制和佣金制的缺点，又体现了薪金制和佣金制的优点。

4. 精神奖励制

精神激励主要是根据推销人员的工作表现给予精神奖励。精神激励的方式很多，如给予荣誉称号、传播典型事迹等，企业应根据实际需要加以选择。

（五）考核与评价

1. 资料收集

情报资料的主要来源是销售报告，包括销售人员的工作计划和访问报告。企业可以通过工作计划掌握销售人员的未来活动安排，了解销售人员规划工作以及执行规划的能力，从而为企业衡量销售人员的计划与成就提供依据，同时也可以通过访问报告掌握销售人员以往的活动、顾客账户状况，发现对以后访问有用的情报。情报资料的来源还有其他方面，如销售部门经理的评价、顾客信件与抱怨、消费者调查以及其他销售人员的看法等。企业应尽可能从多个方面了解销售人员的工作绩效，对销售人员进行客观、全面的评价。

2. 标准建立

评估指标要基本上能反映销售人员的销售绩效。评估指标主要有：①销售增长率、定额百分比、毛利。②每天平均访问次数、每次访问的平均时间、每次访问的平均费用、每面次访问收到订单的百分比、销售费用及其占总销售额的百分比。③平均客户数、新增顾客数、失去的顾客数目等。为了使评估工作具有科学性，在评估时还应注意影响销售效果一些客观条件，如销售区域的潜力、地理状况、交通条件等。

3. 评价

（1）整体销售人员的绩效进行比较。进行销售绩效比较时，应建立在各区域市场销售潜力、工作量、竞争环境、企业促销组合等大致相同的基础上，比较的内容也应该是多方面的，除销售额外，销售人员的销售组合、销售费用、对净利润所做的贡献也要纳入比较的范围。

（2）销售人员个人绩效同过去的绩效相比较。这种比较方式可以完整了解销售人员的长期销售业绩，既有助于全面客观的评价过去，也有助于更好地规划未来。

第五节 营业推广

一、营业推广的含义

营业推广即销售促进（Sale Promotion），简称SP，是指企业运用短期诱因鼓励消费者和中间商购买、经销企业产品或服务的促销活动。是不经常的、无规则的活动，是暂时或额外的工作。

营业推广是企业重要的促销方式之一，它具有刺激性、短暂性、针对性、辅助性等特点，在企业市场营销活动中广泛运用。

（1）刺激性强，以现实的利益诱导为核心。任何一种形式的营业推广活动，都包含某种程度的利益诱因。人们参加营业推广活动通常也是为了得到现实利益。这就是营业推广本质的特征。

（2）效果迅速、明显、直接。营业推广与广告、公共关系不同，不需要较长时间的推广，就可以在短期内大量促销产品。

（3）针对性强。在实践运用中，营业推广往往表现为"商业竞争"，用来在短期内对抗竞争对手，具有很强的针对性。

（4）辅助性。多数情况下，营业推广是非经常性，只能作为企业产品促销的辅助手段，与其他促销方式配合使用。如若经常使用营业推广会使消费者对企业及产品质量产生怀疑，破坏企业形象。

二、营业推广的方式或工具

（一）向消费者的推广方式

（1）折价券。凭券买商品可免付一定的现金。

（2）特价包。低于正常价销售组合包装或搭配包装商品。

（3）包装兑现。凭包装领取商品或奖品。

（4）赠奖。以低价出售或免费赠送另一种商品，赠品具有广告性质。

（5）交易印花。当消费者购买某一商品时，企业给予一定数量的赠券或印花，赠券或印花达到一定程度，可换取这种商品、赠品或奖品。

（6）有奖销售。

（7）赠送样品。

（二）向中间商推广的方式

（1）购买折扣。规定短期内购买某一商品，可享受一次性折扣，鼓励大量购买。

（2）广告折扣。酬谢中间商替其做广告。

（3）经销奖励。给予其推销报酬或特别奖励。

（4）陈列折扣。

（5）免费样品。

小链接：

交易印花

某家商店开业时便想出了一个吸引顾客的方法。

凡在本店购物10美元者，赠一白券；积五张白券，兑换一蓝券；积五张蓝券，兑换一张红券；积五张红券，可在本店挑选价值30美元的商品作为酬谢。

规定一公布，顾客纷纷光临，大家可以算一下，为了得到这30美元的商品，须在该店购买多少商品？

三、制定营业推广方案

（1）诱因大小。必须确定所提供刺激的大小。诱因太大，虽刺激了消费者购买欲望，但企业损失较大。诱因太小，则难以激发消费者的购买欲望。诱因要合适。

（2）参与者条件。推广对象既可以是目标市场中的所有顾客，也可以是部分顾客。一般来说，企业应以那些现实的或可能的长期顾客为其目标对象。

（3）媒体分配。通过何种方式把方案传递给消费者。

（4）时间长短。确定合理的营业推广时间也是取得预期促销效果的重要一环。推广期限，既不能过长，也不宜过短。因为，时期过长，会使消费者认为企业是在对产品进行的变相大拍卖，难以激发顾客的购买欲望，甚至对产品产生怀疑，致使推广效果欠佳；期限过短，又会使部分消费者对某种产品未能及时接受营业推广的好处，同样也收不到预期的促销效果。

（5）时机选择。营销经理还要决定促销时机，一般以节日为主，有针对地推广。

（6）推广总预算。营业推广费用的预算，应根据企业的人力、物力、财力条件，产品销售特点以及市场动态特点来做出。预算方法有：一是先确定营业推广的方式，然后预算出总费用；二是在一定时期的促销总预算中拨出一定的比例用于营业推广。

（7）预试推广方案。在一定范围内进行试销，了解方案的可行性，以修正不足，完善方案。

（8）实施、控制和评价营业推广方案。营业推广的实施，其关键为实施时机的把握。为此，需要权衡以下两个因素：一是从准备到正式公布实施的时间；二是推广始末的时间间隔，它应是95%的推广产品已经售完的时间。

为了改进营业推广活动，还需要对其实施效果加以评价。一般先要确定一些能进行量化的标准，其中最重要的是销售额和市场占有率的标准。营业推广评价的主要方法为阶段比较法，即将营业推广之前、推广期间以及推广之后的销售额或市场占有率加以比较，从其升降变化的比较中来评估不同推广方式的效果。

本章小结

促销是营销的4大组合策略之一，本章主要讲授促销的基本理论与策略，重点在策略的设计与策划。促销，即促进销售的简称，是企业通过人员和非人员的方式，沟通企业与消费者或用户之间的信息，刺激顾客的欲望，转变其购买态度，使其产生购买行为的活动。促销策略主要有广告、公关、人员推销和营业推广4种。影响促销组合的因素有促销目标、产品因素、市场因素、促销预算和促销策略等。

广告是指由广告主以付费的方式，通过各种传播媒体向目标市场的顾客传递商品或服务信息的活动。广告有商品广告、企业广告和公益广告3类。广告媒体主要有广播、电视、报纸、杂志、户外广告、网络广告等，选择广告媒体一般要考虑产品性质、消费者接触媒体的习惯、媒体的传播范围和媒体费用等。广告设计应当遵循真实性、社会性、针对性和艺术性原则。广告设计策略有广告内容设计策略、广告媒体设计策略和广告心理设计策略。

公关是指企业以树立组织形象，提高组织声誉，融洽组织与公众的关系，取得公众支持与信赖的一系列决策与行动。公关应当遵循真实性、长期性、适时性、创新性和含蓄性原则。公关类型包括建设型、社会型、服务型、交际型、维系型、征询型、危机型等。

人员推销是指企业运用推销人员直接向用户介绍商品和服务的一种促销活动。它具有信息传递的双向性、友谊协作的长期性、目的的双重性和过程的灵活性等特点。人员推销一般包括寻找顾客、接近准备、接近顾客、面谈、成交和售后服务等步骤。人员推销的管理内容有推销员的选聘、培训、激励、考核等。

营业推广即销售促进（Sale Promotion），简称 SP，是指企业运用短期诱因鼓励消费者和中间商购买、经销企业产品或服务的促销活动。营业推广工具有向消费者和向零售商两种。营业推广方案制订要注意诱因大小、参与者条件、媒体分配、时间长短、时机选择、推广总预算、预试推广方案和实施、控制等环节。

思考题

1. 分析影响促销组合应该考虑的因素。
2. 什么是广告？从传播内容看，有哪些类型？有何特点？
3. 广告媒体有哪些？如何选择？
4. 广告效果应从哪些方面测定？如何测定广告效果？
5. 如何设计广告策略？
6. 公关与广告有哪些区别？

	广告	公关
信息内容		
目的		
立足点		
着眼点		
表现形式		

7. 什么是公共关系？应该遵循哪些原则？
8. 面对危机，企业应如何进行危机公关？
9. 分析人员推销的特点。
10. 分析售货员推销的步骤与策略。
11. 优秀推销人员应该具备哪些条件？
12. 如何培训推销人员？
13. 什么是营业推广？有何特点？
14. 如何制定营业推广方案？

在线习题　　案例分析

第十三章

市场营销组织管理

【学习目标】

1. 掌握市场营销计划的概念及内容；
2. 掌握市场营销组织的类型；
3. 理解市场营销执行过程；
4. 理解市场营销控制的步骤及内容。

导入案例：

耐克营销组织结构的变化

耐克在体育营销方面取得了巨大的成功，但在耐克不断拓展世界体育用品服饰市场的同时，也有许多针对耐克的质疑：其一在于随着耐克品牌的扩张，耐克品牌已不再“酷”了；其二是巨额的营销费用，暴露了耐克营销管理上的漏洞；其三在于在新兴市场上，耐克营销本土化不够，营销效果不理想。

针对这些质疑，近几年来耐克实施了强有力的营销组织和管理变革，以强化耐克品牌与新兴市场、核心产品以及消费者细分市场的联系。

为此，耐克强化了四个地区运营中心，新设立了五个核心产品运营中心。四个地区运营中心是：美国、欧洲、亚太、中东及非洲。五个核心产品运营中心是：跑步运动、足球、篮球、男士训练、女士健康。这是一个矩阵式的管理，目标是把企业的资源向关键区域、核心产品集中，以抓住企业最大的市场机会。与传统的矩阵管理不同，该营销组织变革的关键在于实现跨地区、跨部门的协同。通过这种方式，耐克可以更好地服务于运动员，更好地加深与消费者的联系，更好地扩大我们的市场份额，实现有效益的增长，从而增强公司的全球竞争力。比如中国的篮球运动市场，就由亚太区运营中心和全球篮球运营中心协同开拓。实施这一变革，使耐克从以品牌创新为支撑的产品驱动型商业模式，逐步转变为以消费者为中心的组织形式，通过对关键细分市场的全球品类管理，实现了效益的快速增长——变革后的2008年，耐克公司的年营业收入达到163亿美元，增长9%，净收入达15亿美元，增长7%，每股净收益达到2.93美元，增长11%。

（资料来源：百度文库，2016.10）

点评：

从以上案例中可以看出耐克取得的快速增长，和该公司认真、有效实施市场营销计划、组织和控制有紧密的联系。在现代市场营销观念指导下，企业的营销活动要与复杂多变的营销环境相适应，全方位地满足顾客的需要，并通过这种满足需要来实现组织的营销目标。企业的市场营销管理过程是企业市场营销的计划、组织、执行和控制的过程，是企业根据外部环境变化，结合自身资源特点，不断地制定、调整和修正营销战略，以实现营销目标的管理活动。

第一节

市场营销计划与组织

一、市场营销计划

（一）市场营销计划的概念

所谓市场营销计划，是指在对企业市场营销环境进行调研分析的基础上，制定企业及各业务单位的营销目标以及为实现这一目标所应采取的策略、措施和步骤的明确规定和详细说明。

市场营销计划与企业的战略计划之间的区别在于：市场营销计划属于企业的职能计划之一，是企业整体战略规划在营销领域的具体化；而企业战略计划仅仅是企划工作的始点，它引导制定更周密、更完整的计划以完成组织的目标。

市场营销计划在企业的计划体系中，处于极其重要的地位，企业内部的各种计划，如财务计划、生产计划、人力资源计划等都要围绕营销计划来开展。如生产计划要根据营销部提供的营销计划，来决定生产哪种产品、生产多少、何时完成；财务计划也要根据营销计划做好资金调拨和准备。

（二）市场营销计划的作用

市场营销计划是指导和协调市场营销活动的主要工具，是企业市场营销活动顺利进行并取得良好经济效益的前提。企业必须为每一次的市场营销活动精心地准备计划，并分析、预见实施中可能出现的各种问题，设置防范措施，这样才能使企业的市场营销活动取得预期的效果。市场营销计划的作用主要表现在以下3点：

（1）市场营销计划是企业对未来市场营销活动的规划和行动策略，有利于企业对整个营销活动的有效控制。

（2）市场营销计划可以减少企业市场营销活动的盲目性，使企业有明确的营销目标，并且使企业能够明确地知道应该通过何种营销手段来达到该营销目标。

（3）科学合理的市场营销计划可以使企业更好地协调各部门、各环节的关系，使各部门的行动保持一致，从而促使企业营销目标的实现。

总之，市场营销计划是企业市场营销活动的基础和关键，企业只有制定出科学合理的市场营销计划，并且有效地执行市场营销计划，才能达到预期的营销目标。

（三）营销计划的类型

1. 按计划时期的长短划分

按计划时期的长短划分，可分为长期计划、中期计划和短期计划。长期计划的期限一般5年以上，主要是确定未来发展方向和奋斗目标的纲领性计划。中期计划的期限为1~5年。短期计划的期限通常为1年，如年度计划。

2. 按计划涉及的范围划分

按计划涉及的范围划分，可将营销计划分为总体营销计划和专项营销计划。总体营销计划是企业营销活动全面、综合性的计划。专项营销计划是针对某一产品或特殊问题而制定的计划，如品牌计划、产品线计划、区域市场计划、促销计划、定价计划等。

3. 按计划的程度划分

按计划的程度划分，可分为战略计划、策略计划和作业计划。战略性计划需要考虑哪些因素会成为今后驱动市场的力量，可能发生的不同情境，企业希望在未来市场占有的地位及应当采取的措施。策略计划是对营销活动某一方面所做的策划。作业计划是各项营销活动的具体执行性计划，如某一次具体促销活动的计划，其特点是非常细致和具体，对活动的目的、时间、地点、活动方式、组织机构、费用预算等都有详细的说明。

营销战略计划仅仅是企业营销企划工作的始点，它引导制定更周密完整的具体计划以完成组织的目标。各部门、各业务单位、各项产品和目标市场都必须制定进一步的策略计划或业务计划。

（四）营销计划的内容

1. 计划概要

计划概要是对主要营销目标和措施的简短摘要，目的是使管理部门迅速了解该计划的核心内容和主要目标。

2. 目前营销状况

目前营销状况是计划正文的第一部分，主要提供该产品目前营销状况的有关背景资料，包括市场、产品、竞争、分销和宏观环境状况的分析。

（1）市场状况：列举目标市场的具体数据，包括该市场的总体规模与增长，过去几年总量、总额，不同地区或细分市场的销售，消费者或用户需求、观念及购买行为动态和趋势。

（2）产品状况：列出企业产品组合中每一个品种近年来的销售价格、市场占有率、成本、费用、利润率等方面的数据，主要采用定量分析方法。

（3）竞争状况：明确主要的竞争者，并列出主要竞争者的市场规模、目标、市场份额、产品质量、价格、营销战略和战术及其有关特征，以准确了解竞争者的意图和行为，判断竞争者的变化趋势。

（4）分销状况：描述公司产品所选择的分销渠道的类型和在各种分销渠道上的销售数量，主要经销商及经营能力变化，激励所需的费用和交易条件。如某产品在专业商店、百货商店、折扣店等各种不同渠道上的销售比例。

（5）宏观环境状况：主要对与该产品线相关的宏观环境的状况和主要发展趋势作出简要的介绍。一般仍以人口统计、经济、技术、政治、法律、社会文化等基本宏观环境因素进行描述与分析。

3. 机会与风险分析

机会与风险分析可利用市场营销状况资料，采用有关工具和方法（如 SWOT 分析法），对企业和产品线面对的内外部环境进行深度分析；明确产品的机会与威胁、优势与劣势，寻找到产品面临的问题，以便于确定有针对性解决问题的营销战略和行动方案。在这项分析中，必须把风险与机会的分析与企业的优势与劣势分析结合起来进行，这样才能使这项分析真正给企业带来有利的机会，回避可能遇到的风险。

4. 制定营销目标

营销目标，是市场营销计划的目的与核心内容。在这里应主要建立两种目标，即财务目标和营销目标。这些目标要用数量化指标表达出来，要将目标定得实际、合理，并有一定的开拓性。目标中包含了对任务的数量和时间要求。比如，企业希望增加利润，就可能要求该产品实现 25% 的投资回报、若干纯利润或销售收入，因此该产品的销售利润必须达到 20%，销售量完成多少，以什么价格销售，扩大或缩减多少销售网点，企业以及品牌的知名度由多少提高到多少等。

对于财务目标，确定每一个战略目标的财务报酬目标，主要包括投资回报率、利润率、利润额、年度现金流量等指标。财务目标必须转化为营销目标，目标中包含了对任务的数量、时间要求。营销目标主要包括销售额、销售增长率、销售量、市场占有率、品牌知名度、分销网络、广告效果等。

5. 营销策略

营销计划的这一部分是表述企业将采用的营销策略，包括目标市场选择和市场定位、营销组合策略等。明确企业营销的目标市场，即企业准备服务于哪个或哪几个细分市场，如何进行市场定位，确定何种市场形象；企业在其目标市场上拟采用什么样的产品、渠道、定价和促销策略。

6. 行动方案

行动方案是对各种营销战略的具体实施制定具体的手段与途径，是实现营销战略与目标的根本保证。简单来说，营销计划中的行动方案所要解决的问题有将要做什么？何时开始去做？何时完成？由谁来做？成本是多少？行动方案的具体内容是什么？整个行动计划可以列表加以说明，为落实营销战略，要制订可实际操作的具体计划和行动方案。对于每个营销战略要素，应具体确定将由何人在何时何地花多少费用采用何种方法步骤，负责完成何项具体工作。

7. 营销预算

营销预算即开列一张实质性的预计损益表。在收益的一方要说明预计的销售量及平均实现价格，预计出销售收入总额；在支出的一方说明生产成本、实际分销成本和营销费用，以及再细分下去的明细支出，预计出支出总额。最后得出预计利润，即收入和支出的差额。企业的各业务单位编制出营销预算后，送上层主管审批，经批准后，该预算就是材料采购、生产调度、劳动人事以及各项营销活动的依据。

8. 营销控制

营销计划的最后一部分是检查和控制，用以监督计划的完成状况。通常的方法是将目标和预算按月或季度分解，上一级管理者定期检查计划完成情况，发现偏差及时采取修正行动，保证整个计划能井然有序、卓有成效地付诸实施。

二、市场营销组织

（一）市场营销组织

市场营销组织、执行与控制是市场营销管理过程的一个重要步骤。市场营销计划需要借助一定的组织系统来实施，需要执行部门将企业资源投入到市场营销活动中去，需要控制系统考察计划执行情况，诊断产生问题的原因，进而采取改正措施，或改善执行过程，或调整计划本身使之更切合实际。因此，在现代市场经济条件下，企业必须高度重视市场营销的组织、执行与控制。

（二）市场营销组织的演变

第一阶段，简单的销售部门。企业组织设置以生产部门为主，销售部门的职能也仅仅是在推销生产部门生产的产品，具体表现为“生产什么，就卖什么”，销售部门对产品生产没有发言权。但简单的销售部门只适合需求比较单一，选择性较小且同质性较高的产品的销售，其销售机构见图 13－1。

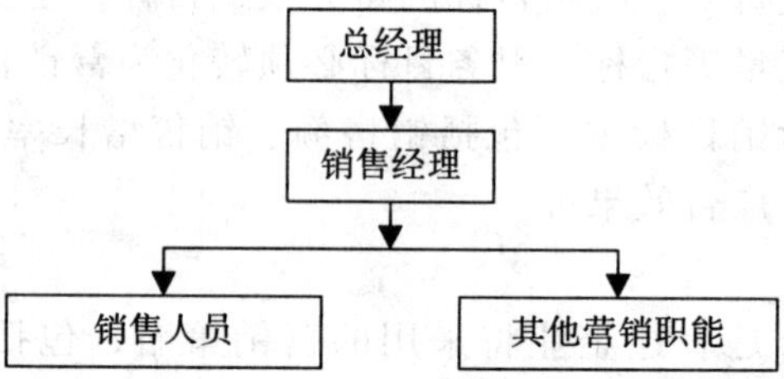

图 13－1 简单的销售部门

第二阶段，兼具营销职能的销售部门。20 世纪 30 年代以后，市场上产品数量得到了较大的增加，消费者在购买商品时有了更多的选择机会，且由于生活水平的改善和提高，消费者开始注意同类产品在质量上的差异，并对创新的产品表现出极大的兴趣，他们宁愿花高一点的价钱去购买质量较高和比较新型的产品。这样一来买卖双方的关系发生了一些微妙的变化，生产者对消费者在产品质量和类型上的要求，再也不能熟视无睹了，否则他们的产品就会滞销，甚至将卖不出去。随着企业业务的扩大以及外部市场竞争日趋激烈，往往需要企业增加某些新的营销职能，如开展市场调研，广告宣传等工作。为保证新营销职能的连续性、经常性和专业性，销售经理可聘用一位市场主管来专门负责这方面工作。这时，企业营销组织不仅承担着销售职能，同时还承担着某些营销功能，但是销售仍然是营销工作重点，其他营销职能的作用并不明显，见图 13－2。

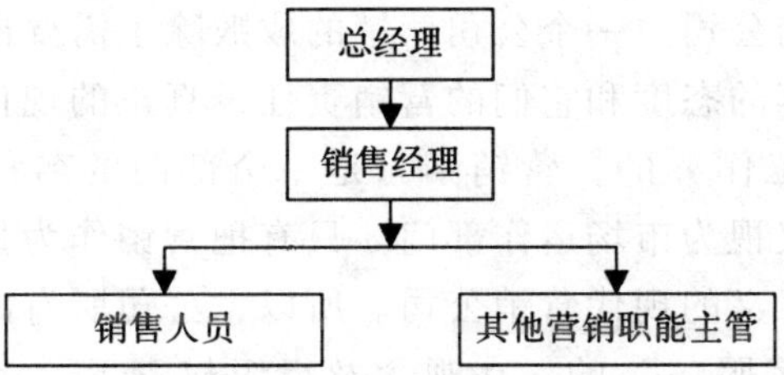

图 13-2 兼具营销职能的销售部门

第三阶段，独立的营销部门。随着工业化的迅速发展，大量产品充斥市场，出现了供大于求的现象。市场状态由原来的卖方市场转化成了买方市场。企业的工作重点是用尽一切手段去刺激消费者购买自己的产品，使用各种推销和促销手段，于是，企业经营管理观念由产品导向转变至推销导向。在这个阶段，总经理往往要把营销职能从销售部门中分离出来，建立单独的营销部门，给予营销部门更多的决策权和自主权。在这一阶段，营销与销售两个部门既是各自独立的但又联系十分紧密的部门，见图 13-3。

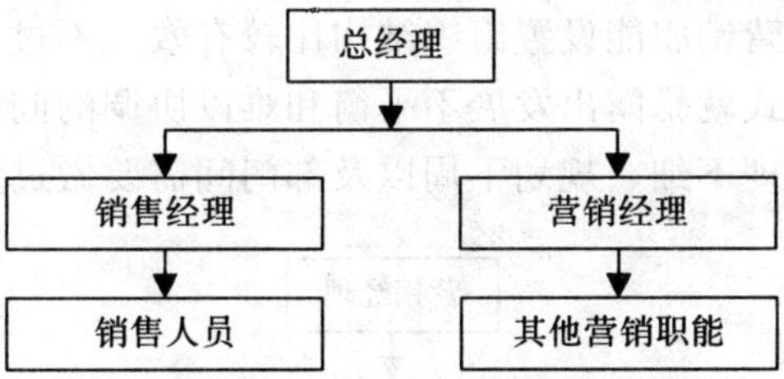

图 13-3 独立的营销部门

第四阶段，现代营销部门。随着市场竞争变得日益激烈，消费者变得越来越挑剔。产品的卖方不仅必须使其商品具有竞争能力，而且更重要的是要真正认清消费者的需求，激起和满足顾客的欲望，把顾客作为整个市场活动的起点和中心，一切从顾客出发，经营企业的推销观念逐渐演变为市场营销观念。为了解决销售活动与营销活动之间日益扩大的冲突，将销售部门与营销部门合二为一，现代营销部门的雏形出现了。在总经理之下设营销副总经理，主管销售部门和营销部门工作，从而提高协调效率。同时，这种营销组织架构可以充分发挥两类人员和两种工作的各自优势，取长补短，从而有利于提高企业综合市场营销能力，见图 13-4。

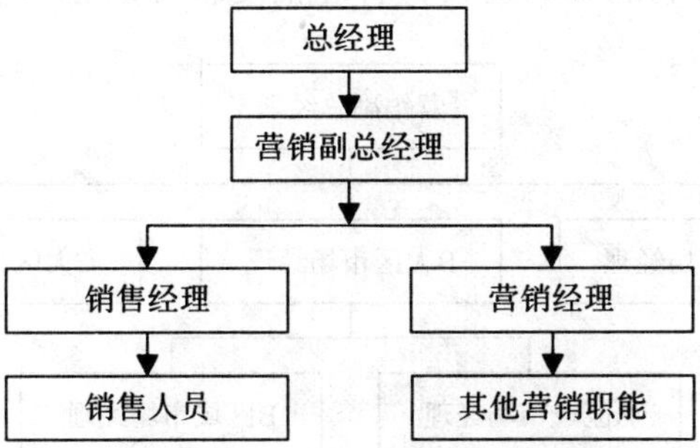

图 13-4 现代营销部门

第五阶段，现代营销公司。一个公司营销的成败除了需要出色的营销部门外，还取决于公司其他部门对顾客的态度和它们的营销责任，真正的现代营销公司应当做到：一切部门都是“为顾客而工作”的，营销不只是一个部门的名称，不能把营销等同于销售，不能把营销部门仅仅视为市场运作部门。只有把营销作为贯穿公司运营始终的公司哲学，才能称得上真正意义的现代营销公司。所以，公司所有的管理人员都要认识到企业的一切工作是“为顾客服务”的。在观念及组织权责上，市场营销部门的功能并不大于其他部门的功能。其他部门听从及支持市场营销部门，是因为市场营销部门更能较好地传达消费者的需求和更直接地面对消费者，公司上下形成一致的营销理念，企业就可称为现代市场营销公司。

（三）市场营销组织类型

1. 职能型营销组织

这是最常见的市场营销机构的组织形式。它由营销副总经理领导的各种营销职能专家构成。营销副总经理负责协调各营销职能专家的关系（见图 13－5）。职能型组织模式的主要优点是行政管理简单。当企业只有一种或很少几种产品，或者企业产品的市场营销方式大体相同时，按照市场营销职能设置组织结构比较有效。不过，随着产品品种的增多和市场的扩大，这种组织模式就暴露出发展不平衡和难以协调的问题。由于无专人对产品和市场负责，而产生营销管理不细、规划不周以及部门间需要做过多的协调工作等问题。

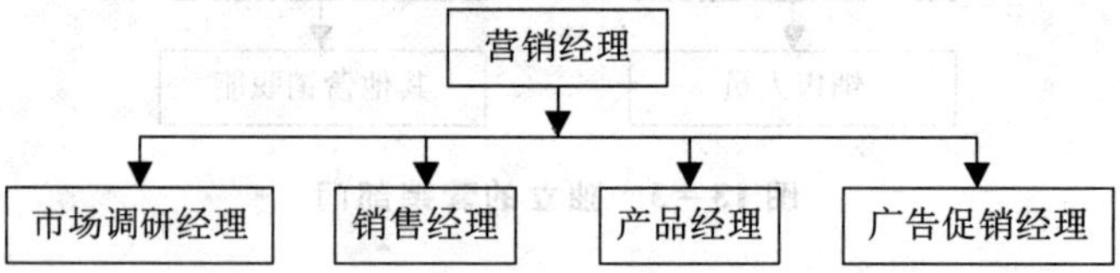

图 13－5　职能式营销组织示意图

2. 地区型营销组织

业务涉及全国甚至更大范围的企业，可以按照地理区域组织、管理销售人员。如一个全国性市场经理下面，可设华东、华南、华北、西北等若干个大区市场经理，每个大区市场经理下面按省、市、自治区设置区域市场经理，再往下还可以设置若干地区市场经理或销售代表（见图 13－6）。从全国市场经理依次到地区市场经理，所辖下属人员的数目即“管理幅度”逐级增加。如果销售任务艰巨、复杂，销售人员的工资成本太高，他们的工作成效又对利润影响重大，管理幅度就可以适当缩小。

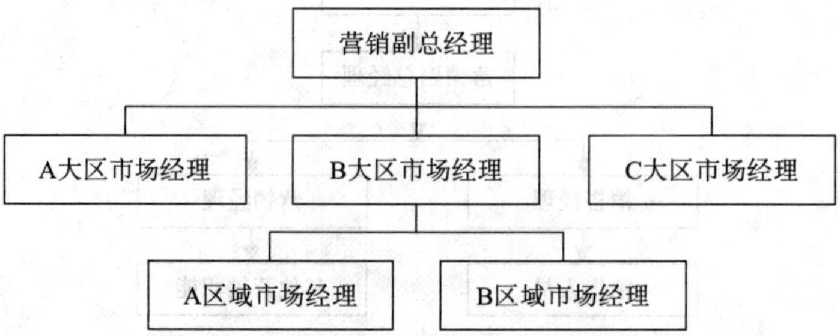

图 13－6　地区型营销组织示意图

3. 产品管理型营销组织

产品管理型营销组织模式是指在企业内部建立产品经理组织制度，以协调职能型组织中的部门冲突。如果企业生产的产品间差异很大，产品品种繁多，按职能设置的市场营销组织无法应付和处理，建立产品经理组织制度是比较适宜的。其基本做法是，由一名产品市场营销经理负责，下设几个产品线经理，产品线经理之下再设几个具体产品经理去负责各具体的产品（见图 13－7）。产品（品牌）管理型组织于 1927 年开始，首先为宝洁公司采用。以后有许多厂商，尤其食品、肥皂、化妆品和化工企业效仿。

产品经理的职责是：制定产品的长期营销和竞争战略；编制年度市场营销计划和进行销售预测；与广告代理商和经销代理商一起研究广告和促销方案；激励推销人员和经销商经营该产品的积极性；搜集市场信息，改进产品，适应不断变化的市场需求；经常与其他部门沟通和协调。

产品管理型营销组织模式的优点如下：产品经理可协调产品的营销组合策略；能及时反映产品在市场上出现的问题，对市场变化做出积极反应；由于有专门的产品经理，那些较小品牌产品可能不会受到忽视。这种模式也存在一些问题，较为突出的有：缺乏整体观念，在产品型组织模式中，产品经理注重产品的技术方面，而忽视营销的其他功能；部门冲突，产品经理与其他营销部门经理协调困难，冲突、摩擦不断发生；多头领导，由于权责划分不清楚，下级可能会得到多方面的指令。例如，产品广告经理在制定广告战略时接受产品市场营销经理的指导，而在预算和媒体选择上则受制于广告经理，这就有可能产生不协调。

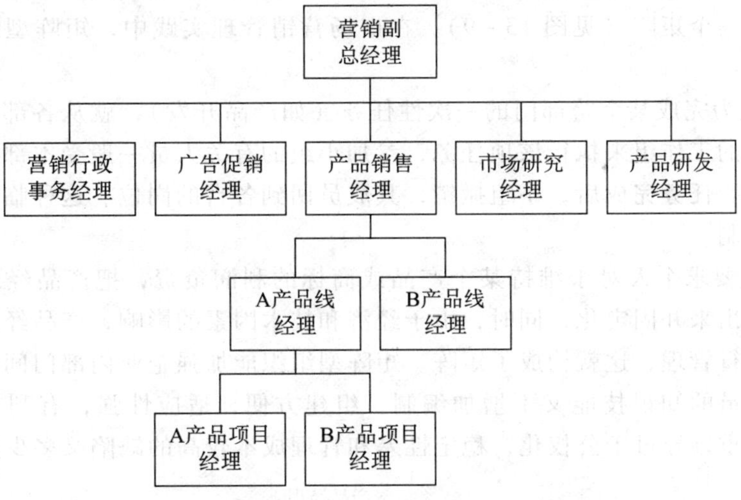

图 13－7　产品管理型营销组织示意图

4. 市场管理型营销组织

在市场经济发达国家，许多企业按照市场型结构建立营销组织。当企业面临如下情况时，建立市场型组织是可行的：拥有单一的产品线；市场各种各样（不同偏好和消费群体）；不同的分销渠道。许多企业都在按照市场系统安排其市场营销机构，使市场成为企业各部门为之服务的中心。市场管理型营销组织的基本形态见图 13－8。

一名市场主管经理管理几名市场经理。市场经理开展工作所需要的职能性服务由其他职能性组织提供并保证。其职责是负责制定所辖市场的长期计划和年度计划，分析市场动向及企业应该为市场提供什么新产品等。他们的工作成绩常用市场占有率的增加情况来判定，而不是看其市场现有盈利情况。

市场管理型组织的优点在于，企业的市场营销活动是按照满足各类不同顾客的需求来组织和安排的，这有利于企业加强销售和市场开拓。有些学者甚至认为，以企业各个主要的目标市场为中心，建立相应的营销部门和分支机构，是确保实现“以顾客为中心”的现代营销观念的唯一办法。市场管理型组织的缺点是，存在权责不清和多头领导的矛盾，这和产品型组织类似。

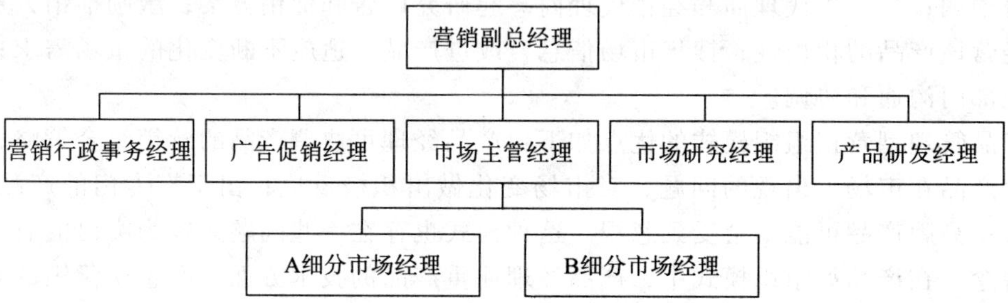

图 13－8 市场管理型营销组织示意图

5. 矩阵型营销组织

矩阵型营销组织是职能型组织与产品型组织相结合的产物，它是在原有的按直线指挥系统为职能部门组成的垂直领导系统的基础上，又建立一种横向的领导系统，两者结合起来就组成一个矩阵（见图 13－9）。在市场营销管理实践中，矩阵型组织的产生大体分两种情形：

（1）企业为完成某个跨部门的一次性任务（如产品开发），就从各部门抽调人员组成由经理领导的工作组来执行该项任务，参加小组的有关人员一般受本部门和小组负责人的共同领导。任务完成后，小组撤销，其成员回到各自的岗位。这种临时性的矩阵型组织又叫小组制。

（2）企业要求个人对于维持某个产品或商标的利润负责，把产品经理的位置从职能部门中分离出来并固定化，同时，由于经济和技术因素的影响，产品经理还要借助于各职能部门执行管理，这就构成了矩阵。矩阵型组织能加强企业内部门间的协作，能集中各种专业人员的知识技能又不增加编制，组建方便，适应性强，有利于提高工作效率。但是，双重领导过于公权化，稳定性差和管理成本较高的缺陷又多少降低了效率。

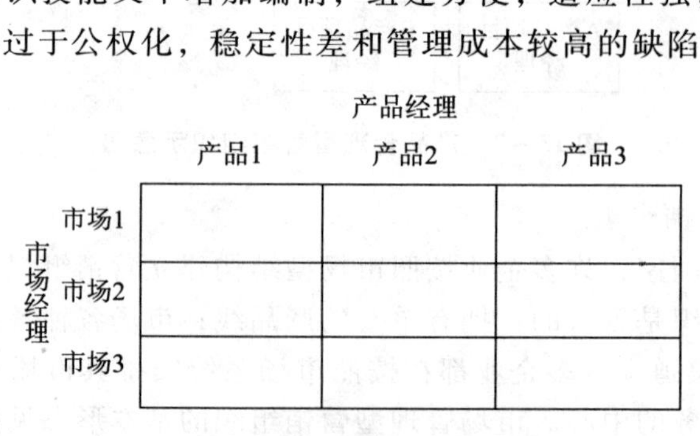

图 13－9 矩阵形营销组织示意图

(四) 市场营销组织目标

在新的市场观念下，企业各个部门都必须以满足消费者需求为目标去安排自身的工作任务，建立一个以市场营销部门为核心部门的整体系统，市场营销部门担负各部门之间的协调工作，运用市场营销观念制定企业的经营计划。在这种结构中，一般从市场营销部门的人员中选取市场营销副总经理并由市场营销副总经理负责统一协调各部门之间的行动，实施整体营销。在这种结构中，市场营销副总经理必须在最高层决策中占有重要的位置，对企业决策有较大的发言权。

(五) 市场营销组织设计

企业要科学地进行市场营销组织设计，就应考虑以下几方面因素。

1. 企业规模

企业规模越大，市场营销组织的规模也越大，结构也越复杂。一般来说，大型企业的市场营销组织具有如下“一化两多”的特点：

(1) 专业化。对大型企业来说，各项具体的营销工作都由专门部门或专门人才来负责。比如，市场调研部门负责市场状况的调查和预测，市场企划部门负责营销工作的计划，分销部门负责与中间商的接洽等等，但对小企业来说，这些工作往往只由一个部门来承担。

(2) 层次多。对大型企业来说，营销组织层次较多，不仅有高层管理机构、中层管理机构、基层管理机构，而且还有各地区的营销机构，甚至还有各品牌营销管理机构。对中小企业来说，层次就要少得多。

(3) 人员多。对大型企业来说，营销工作人员较多，不仅基层工作人员数量众多，包括各种推销人员、营销人员、业务主管，而且中、高层的管理人员也不少，包括营销副总经理、营销经理、地区经理、品牌经理等等。但对小企业来说，人员上就要精简得多。

2. 市场特征

(1) 市场的地理位置。企业应在购买者较为集中的地区建立企业的地区性销售组织。

(2) 市场的细分程度。市场细分程度越高，企业相应的营销部门就越多，因为在大型企业中，每个细分市场都设立专门的营销部门来负责。

(3) 市场的规模大小。市场规模越大，企业相应的营销工作也越大，需要设立的营销部门也应有适当的规模。

3. 产品类型

一般说，生产或销售日用消费品的企业需要规模较大的营销组织队伍。因为日用消费品的顾客是社会公众，这类消费者数量众多、分布较散、购买力流动性大，消费具有较强的差异性和多变性，营销工作复杂且工作量很大。对生产或销售工业品的企业来说，则需要规模相对较小的营销组织队伍。因为工业品的顾客是其他企业，这类客户交易次数少、每次交易的数量大，属专家购买类型，所以企业的营销组织中人员素质较高，人员业务要精，推销部门的比重较大，广告等非人员推销部门比重较小。

进入21世纪，企业营销环境发生了极其深刻的变化。在外界营销环境发生深刻变化的时候，企业应结合自身的条件和特点，动态地设计相应的营销组织结构形式，合理配置营销资源，也即进行企业营销组织再造，通过变革企业原有的营销组织结构和营销业务流程中的不适应的因素，进行营销组织的再造，实现营销主体和营销环境的动态平衡。再造后的营销组织应具有下列特性：真正以市场为导向、以顾客为营销组织的核心、有利于企业营销协调和信息沟通、具有弹性和快速反应能力、有利于扩大企业竞争优势。

第二节

市场营销控制

一、市场营销控制概念

所谓营销控制，就是市场营销管理者用以跟踪企业营销活动各个环节的一套工作程序，其目的是确保营销活动按计划运行。在执行市场营销计划的过程中，当出现意外情况和问题时，企业需要有一套反馈和控制程序，以确保营销目标的实现。所以，在实施企业营销计划过程中，不仅需要积极执行，而且还要有效控制，努力实现计划目标。营销控制是企业营销管理的一个重要职能，也是实施企业营销计划的一项必要措施。企业营销控制主要有年度计划控制、盈利能力控制、营销效率控制和市场营销审计。

市场营销控制一般要做4件事：第一，市场营销控制的中心是目标管理，营销控制就是监督任何偏离计划与目标的情况出现；第二，市场营销控制必须监视计划的实际执行情况；第三，通过营销控制过程，判断任何偏离计划的行为产生的原因；第四，市场营销控制者必须采取改正方案，甚至改变目标本身。市场营销控制过程，见图13－10。

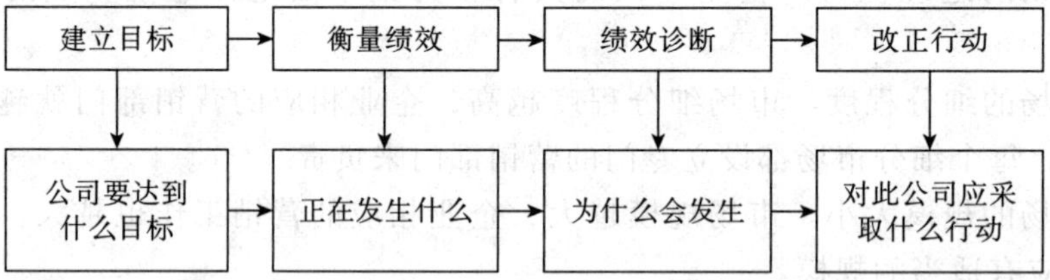

图13－10　市场营销控制过程

二、市场营销控制的步骤

市场营销控制是营销管理的主要职能之一，是营销管理过程中不可缺少的一个环节，它具有动态性和系统性，具体包含5个步骤：

1. 确定控制对象

即确定对哪些营销活动进行控制。在决定控制对象时，应当权衡利弊，使控制成本小于控制活动所带来的效益。最常见的营销控制的对象包括销售收入、销售成本和销售利润三个方面。在确定控制对象的同时还应确定控制的量，即控制频率。一般来说，对于影响重大的、容易脱离控制、容易出现问题的对象应加大控制频率。

2. 确定衡量标准

评价工作要有一个总的尺度，借以衡量营销目标和计划的实施情况。当进行营销过程控制时，问题就比较复杂，需要建立一套相关的标准，例如将一个长期目标转化为各个时期的阶段目标，将战略目标分解为各个战术目标等等。当然这些指标不是一成不变的，同一企业不同时期标准可能会不一样；不同的企业也有不同的标准。

3. 明确控制方法

基本的控制方法是建立并积累与营销活动相关的原始资料，如各种资料报告、报表和原始账单等，它们能及时、准确、全面、系统地记载并反映企业营销的绩效。另一种方法是直接观察法。选择哪一种方法，根据实际情况而定。

4. 按标准检查工作进度

对工作完成好的部门要给以总结经验，在以后的工作中推广；任务完成较差的要及时找出问题，下一步再针对问题提出解决方案。

5. 及时纠正偏差并提出改进建议

对工作绩效进行差异和对比分析，针对问题提出解决方案，及时纠正任务执行中的偏差。有的企业在制定计划的同时还提出了应急措施，这在实施过程中，一旦发生偏差可以及时补救。很多企业事先没有预定措施，这就必须根据实际情况，迅速制定补救措施加以改进，以保证计划目标能顺利实现。

三、市场营销控制的内容与方法

（一）年度计划控制

任何企业都要制定年度计划，然而，年度市场营销计划的执行能否取得理想的成效，还需看控制工作进行得如何，年度计划的控制是市场营销控制的重点。所谓年度计划控制，是指企业在本年度内采取控制步骤，检查实际绩效与计划之间是否有偏差，并采取改进措施，以确保市场营销计划的实现与完成。许多企业每年都制定周密的计划，但执行的结果却往往与之有一定的差距。事实上，计划的结果不仅取决于计划制定的是否正确，还有赖于计划执行与控制的效率如何。可见，年度计划制定并付诸实施之后，搞好控制工作也是一项极其重要的任务。年度计划控制的主要目的在于：① 促使年度计划产生连续不断的推动力；② 控制的结果可以作为年终绩效评估的依据；③ 发现企业潜在问题并及时予以妥善解决；④ 高层管理人员可借此有效地监督各部门的工作。

一般而言，企业的年度计划控制包括销售分析、市场占有率分析、市场营销费用率分析、财务分析和顾客态度追踪等内容。

1. 销售分析

销售分析就是要衡量并评估企业的实际销售额与计划销售额之间的差异情况。这种关系的衡量和评估有两种主要方法：一种是总量差额分析方法，这种方法用于分析不同影响因素对销售业绩的不同作用；另一种是个别销售分析方法，这种方法着眼于个别产品或地区销售额未能达到预期份额的分析，即从产品、销售地区等方面考察未能达到预期销售额的原因。

2. 市场占有率分析

企业的销售绩效并未反映出相对于其竞争者企业的经营状况如何。如果企业销售额增加了，可能是由于企业所处的整个经济环境的发展，或可能是因为其市场营销工作较之其竞争者有相对改善。市场占有率正是剔除了一般的环境影响来考察企业本身的经营工作状况。如果企业的市场占有率升高，表明它较其竞争者的情况更好；如果下降，则说明相对于竞争者其绩效较差。衡量市场占有率的第一个步骤是清楚地定义使用何种度量方法。一般来说，有以下 4 种不同的度量方法：

（1）整体市场占有率。以企业的销售额占全行业销售额的百分比来表示，它反映企业在本行业中的实力地位。使用这种测量方法必须作两项决策：一是要以单位销售量或以销售额来表示市场占有率；二是要正确认定行业范围，即明确本行业所应包括的产品、市场等。

（2）目标市场占有率。以企业销售额占其目标市场的百分比来表示。一个企业的目标市场份额总是大于其总的市场占有率，企业的首要任务是在其目标市场上占据有利位置，这个目标达到后，就应努力扩大其目标市场。

（3）相对市场占有率（相对于三个最大竞争者）。以企业销售额对最大的三个竞争者的销售额总和的百分比来表示。如某企业有 30% 的市场占有率，其最大的三个竞争者的市场占有率分别为 20%、10%、10%，则该企业的相对市场占有率是 30% ÷（20% +10% +10%）=75%。一般情况下，相对市场占有率高于 33% 即被认为是强势的。

（4）相对市场占有率（相对于最大竞争者）。以企业销售额相对最大竞争者的销售额的百分比来表示。相对市场占有率超过 100%，表明该企业是市场领导者；相对市场占有率等于 100%，表明企业与最大竞争者同为市场领导者；相对市场占有率的增加表明企业正接近市场领导者。

了解企业市场占有率之后，尚需正确解释市场占有率变动的原因。企业可从产品大类、顾客类型、地区以及其他方面来考察市场占有率的变动情况。一种有效的分析方法，是从顾客渗透率 A、顾客忠诚度 B、顾客选择性 C 以及价格选择性 D 四大因素去分析，我们简称为 $ABCD$ 法。所谓顾客渗透率，是指从本企业购买某产品的顾客占该产品所有顾客的百分比。所谓顾客忠诚度，是指顾客从本企业所购产品与其所购同种产品总量的百分比。所谓顾客选择性，是指本企业一般顾客的购买量相对于其他企业一般顾客的购买量的百分比。所谓价格选择性，是指本企业平均价格同所有其他企业平均价格的百分比。这样，全部市场占有率 V 就可表述为：

$$V = A \times B \times C \times D$$

3. 市场营销费用率分析

年度计划控制的任务之一，就是在保证实现销售目标的前提下，控制销售费用开支和营销费用的比率。在我国商业系统，营销费用被称为商品流通费用，营销费用率被称为商品流通费用率。在生产企业中，营销费用率（如营销费用占销售额 30%）主要包括 5 项细分指标：推销人员费用占销售额之比（15%），广告费用占销售额之比（5%），其他促销费用占销售额之比（6%），营销调研费用占销售额之比（1%），销售管理费用占销售额之比（3%）。对于以上各项费用率，往往规定一个控制幅度，超过限度，就要查找、分析具体原因了。

4. 财务分析

财务分析主要是通过一年来的销售利润率、资产收益率、资本报酬率和资产周转率等指标了解企业的财务情况。市场营销管理人员应就不同的费用对销售额的比率和其他的比率进行全面的财务分析，以决定企业如何以及在何处展开活动，获得赢利。尤其是利用财务分析来判断影响企业资本净值收益率的各种因素。

5. 顾客态度追踪

顾客态度追踪指企业通过设置顾客抱怨和建议系统、建立固定的顾客样本或者通过顾客调查等方式，了解顾客对本企业及其产品的态度变化情况。企业主要利用顾客投诉和建议制度、典型客户调查以及定期的用户随机调查来追踪顾客的态度。

（二）盈利能力控制

除了年度计划控制之外，企业还需要衡量不同产品、不同销售区域、不同顾客群体、不同渠道以及不同订货规模的获利能力。获利能力的大小，对市场营销组合决策有着直接关系。

1. 市场营销成本分析

市场营销成本是指与市场营销活动有关的各项费用支出。市场营销成本直接影响企业营销的利润。因此，企业不仅要控制销售额和市场占有率，亦要控制营销成本。市场营销成本包括的主要内容如下：

（1）直接推销费用，包括直销人员的工资、奖金、差旅费、培训费、交际费等。

（2）促销费用，包括广告媒体成本、产品说明书、印刷费用、赠奖费用、展览会费用、促销人员工资等。

（3）仓储费用，包括租金、维护费、折旧、保险、包装费、存货成本等。

（4）运输费用（包括托运费用等），如果是自有运输工具，则要计算折旧、维护费、燃料费、牌照税、保险费、司机工资等。

（5）其他市场营销费用，包括市场营销管理人员工资、办公费用等。上述成本连同企业的生产成本构成了企业的总成本，直接影响企业经济效益。其中有些与销售额直接相关，称为直接费用；有些与销售额无直接关系，称为间接费用。有时两者也很难划分。

2. 盈利能力分析获得利润是企业的最重要的目标之一

企业盈利能力历来为市场营销管理人员所高度重视，因而盈利能力控制在市场营销管理中占有十分重要的地位。在对市场营销成本进行分析之后，就应考察如下盈利能力指标：

（1）销售利润率：

销售利润率 = 本期利润/销售额 ×100%

（2）资产收益率：

资产收益率 = 本期利润/资产平均总额 ×100%

（3）净资产收益率：

净资产收益率 = 税后利润/净资产平均余额 ×100%

（4）资产管理效率：资产管理效率要考察两个指标：资产周转率和存货周转率。

资产周转率 = 产品销售收入净额/资产平均占用额

存货周转率 = 产品销售成本/存货平均余额

3. 效率控制

如果赢利能力分析显示出企业某一产品或地区所得的利润很差，那么企业就应该考虑该产品或地区在销售人员、广告、分销等环节的管理效率问题。效率控制的任务是提高人员推销、广告、促销、分销等工作的效率。

（1）销售人员效率。企业各地区的销售经理要记录本地区内销售人员效率的几项主要指标，这些主要指标包括每个销售人员每天平均的销售访问次数；每次会晤的平均访问时间；每次销售访问的平均收益；每次销售访问的平均成本；每次访问的招待成本；每百次销售访问而订购的百分比；每时期的新顾客数；每时期流失的顾客数；销售成本对总销售额的百分比。

（2）广告效率。企业应该做好如下统计：每一媒体类型、每一媒体工具接触每千名购买者所花费的广告成本；顾客对每一媒体工具注意、联想和阅读的百分比；顾客对广告内容和效果的意见；广告前后对产品态度的衡量；受广告刺激而引起的询问次数。企业高层管理者可以采取若干步骤来改进广告效率，包括进行更加有效的产品定位；确定广告目标；利用电脑来指导广告媒体的选择；寻找较佳的媒体以及进行广告后效果测定等。

（3）促销效率。为了改善促进销售的效率，企业管理者应该对每一促销的成本和销售影响作记录，做好如下统计：由于优惠而销售的百分比；每一销售额的陈列成本；赠券收回的百分比；因示范而引起询问的次数。同时企业应观察不同促销手段的效果，并使用最有效果的促销手段。

（4）分销效率。分销效率主要是对企业存货水平、仓库位置及运输方式进行分析和改进，以达到最佳配置并寻找最佳运输方式和途径。效率控制的目的在于提高人员推销、广告、促销和分销等市场营销活动的效率，市场营销经理必须关注若干关键比率，这些比率表明上述市场营销职能执行的有效性，是企业应该如何采取措施改进执行情况的依据。

（三）市场营销审计

所谓市场营销审计，是对一个企业市场营销环境、目标、战略、组织、方法、程序和业务等作综合的、系统的、独立的和定期性的核查，以便确定问题的范围和各项机会，提出行动计划，提高公司营销业绩。

1. 市场营销审计的特点

（1）全面性。市场营销审计实际上是在一定时期对企业全部市场营销业务进行总的效果评价，其主要特点是，不限于评价某一些问题，而是对全部活动进行评价。如果它仅仅涉及销售队伍，或者定价，或其他营销活动，那么它便是一种功能性的审计。功能性的审计虽然有用，但它会使管理者迷失方向，以致看不到问题的真实原因。

（2）系统性。市场营销审计包括一系列有秩序的步骤，如营销环境审计、营销战略审计、营销组织审计和其他具体营销活动审计。在审计结果基础上制定调整行动计划，包括长期和短期计划，以提高组织的整体营销效益。

（3）独立性。营销审计可以通过6种途径：自我审计、交叉审计、上级审计、公司审计处审计、公司任务小组审计和局外人审计。一般而言最好的审计来自外界经验丰富的顾问，这些人通常具有必要的客观性和独立性，又有丰富的经验，对本行业颇为熟悉。

(4) 定期性。典型的营销审计都是在销售量下降，或其他公司问题发生之后才开始进行。然而，公司之所以陷入困境，部分原因正是没有在顺利时检查营销活动。所以，营销审计应定期进行，它既有利于业务发展正常的公司，也有利于那些处境不佳的公司。

2. 市场营销审计的基本步骤和主要内容

一次完整的营销审计活动主要由6个部分组成：营销环境审计、营销战略审计、营销组织审计、营销系统审计、营销效率审计及营销职能审计。

(1) 营销环境审计。市场营销必须审时度势，必须对市场营销环境进行分析，并在分析人口、经济、生态、技术、政治、文化等环境因素的基础上，制定企业的市场营销战略。

(2) 营销战略审计。企业是否能按照市场导向确定自己的任务、目标并设计企业形象，是否能选择与企业任务、目标相一致的竞争地位，是否能制定与产品生命周期、竞争者战略相适应的市场营销战略，是否能进行科学的市场细分并选择最佳的目标市场，是否能合理地配置市场营销资源并确定合适的市场营销组合，企业在市场定位、企业形象、公共关系等方面的战略是否卓有成效，所有这些都需要经过市场营销战略审计的检验。

(3) 营销组织审计。市场营销组织审计，主要是评价企业的市场营销组织在执行市场营销战略方面的组织保证程度和对市场营销环境的应变能力。

(4) 营销系统审计。企业市场营销系统包括对市场营销信息系统、市场营销计划系统、市场营销控制系统和新产品开发系统等的全面审计。

(5) 营销效率审计。它是对企业各个营销单位的获利能力和各项营销活动的成本效率进行分析，也就是获利性分析和成本效益分析。

(6) 营销职能审计。市场营销职能审计是对企业的市场营销组合策略因素（即产品、价格、分销、促销）效率的审计。

本章小结

市场营销管理就是对企业已经确定的市场营销战略和市场营销策略组织实施的过程，以确保已制定的市场营销战略和各项策略的实现。市场营销管理的内容主要有：市场营销组织、市场营销计划和市场营销控制。

市场营销计划，是指在对企业市场营销环境进行调研分析的基础上，制定企业及各业务单位对营销目标以及为实现这一目标所应采取的策略、措施和步骤的明确规定和详细说明。

市场营销组织的演变经历了简单的销售部门、兼具营销职能的销售部门、独立的营销部门、现代营销部门与现代营销公司5个阶段。包括职能型营销组织、地区型营销组织、产品管理型营销组织、市场管理型营销组织与矩阵型营销组织5种基本类型。

营销控制，就是市场营销管理者用以跟踪企业营销活动各个环节的一套工作程序，其目的是确保营销活动按计划运行。企业营销控制主要有年度计划控制、盈利能力控制、营销效率控制和市场营销审计。营销控制包含5个步骤：①确定控制对象；②确定衡量标准；③明确控制方法；④按标准检查工作进度；⑤及时纠正偏差并提出改进建议。

市场营销审计，是对一个企业市场营销环境、目标、战略、组织、方法、程序和业务等作综合的、系统的、独立的和定期性的核查，以便确定问题的范围和各项机会，提出行动计划，提高公司营销业绩。一次完整的营销审计活动主要由6个部分组成：营销环境审计、营销战略审计、营销组织审计、营销系统审计、营销效率审计及营销职能审计。

思考题

1. 市场营销计划主要包括哪些内容？
2. 市场营销组织的类型有哪些？
3. 市场营销执行中存在的问题是什么？
4. 市场营销控制的步骤是什么？

在线习题　　案例分析

第十四章

数字化时代下的市场营销

【学习目标】

1. 认识到数字化时代新型营销工具的重要性；
2. 熟悉网络营销策略及应用；
3. 了解社交媒体营销的方式与策略；
4. 熟悉移动营销工具及其策略。

导入案例：

Facebook：走网络、社交和移动营销之路，并以此赢利

全球网络、社交和移动网络的发展步伐非常迅速，在这些方面没有企业比 Facebook 更突出。这个线上社交网络巨人对全球数亿会员的生活产生了深刻的影响。

Facebook 的用户数量惊人，不到 9 年时间会员注册人数就超过 11 亿，每天有 6.65 亿会员访问 Facebook 网站，7.51 亿会员每月至少用移动设备访问一次。这些访问量产生了每天 3.5 亿的照片下载量、45 亿次点赞以及 47.5 亿次分享。

Facebook 既是一个网络和移动门户，也是一个共享社区。其使命就是“给大家分享的力量，使世界更加开放和连接”。Facebook 是朋友和家庭聚会、分享故事、展示照片、记录生活的地方，很多用户都将 Facebook 作为自己 7 天 24 小时的数字化家庭。

随着 Facebook 的会员数量呈现爆发式增长，其 CEO 马克·扎克伯格开始认识到其巨大的商业价值。很多企业在第一时间就发现了它的商业价值，许多大大小小的品牌都建立了自己的 Facebook 主页，得以轻松且免费地访问这个网络社区巨头庞大的社交资源。伴随着每日巨大的点赞量，大大小小的企业都 想分一杯羹。在一个极端，纽约奈亚克的叉匙面包店只有400个粉丝，而在另一个极端，LG却拥有200万个粉丝，而可口可乐拥有6600万个粉丝，且这一数量在持续上升。

随着Facebook的日趋成熟，扎克伯格意识到其必须采取自己的营销和盈利行动了。如果不能盈利，Facebook也就谈不上持续地为会员服务；同时如今作为一家上市公司，Facebook必须不断成长并考虑为其投资者盈利。因此，Facebook开始改变其广告哲学。现在，企业可以开始在用户的Facebook主页上、简介或是相册中投放展示类或视频类广告。Facebook是拥有全世界最丰富的用户信息数据库之一。因此可以基于用户的位置、性别、年龄、喜好、兴趣、情感、工作和教育等对广告进行精准投放。

为了充分利用网站的强大的社交分享功能，Facebook的广告设计不仅仅满足于抓住顾客的眼球，同时要利用社交纽带功能使用户参与其中。这些广告与用户的日常活动融合为一体，用户可以通过评论、推荐、点赞及链接进入Facebook的品牌主页来参与广告活动。

广告被证实是Facebook的摇钱树，2013年Facebook的广告收入增长40%，拉动其总收入增长37%，超过50亿美元。Facebook不向企业收取品牌创建和维护粉丝的费用，但粉丝主页和品牌付费广告的互动整合成为品牌在Facebook上的重要内容。品牌在Facebook上做广告可以促进消费者对话，同时吸引消费者关注品牌网站上的活动。

社交游戏是Facebook上最流行的活动之一，每月有超过2.5亿用户会登录来自诸如King、Geewa、Zynga等开发者的游戏。用户玩游戏是免费的，而开发者通过售卖能够提高游戏体验的虚拟产品和游戏中的广告位来获利。另外，开发者需要向Facebook交纳30%的收入。

Facebook希望其社区可以包含所有的活动，于是它甚至进入了银行领域，Facebook允许企业和顾客通过兑换多种世界货币实现购买交易。Facebook在过去几年的银行业务活动对贝宝、谷歌钱包等支付服务提供商发起挑战。在仅仅4年时间内，Facebook支付的收入增长超过8亿美元。虽然这一数字仅仅是贝宝56亿美元收入的一小部分，但由于Facebook的大量会员和不断发展的电子商务，它很有可能会超过贝宝成为在线支付的领导者。

Facebook的移动广告收入也在迅速增长。Facebook应用最近超越了谷歌地图成为美国移动App的第一名。Facebook还希望能从Facebook Gift（提供向朋友赠送礼物的服务）和Facebook Offers（针对企业的折扣交易服务）等新业务中持续获得利润。

作为一家营销企业，Facebook的漫长历程才刚刚开始。Facebook的全球销售总裁Garolyn Everson如此总结Facebook的成长潜力："我不确定营销界是否已经了解我们的故事。我们发展得太快了。我们内部有句话说，'我们只完成了使命的1%'。"

（资料来源：《市场营销学》（第十二版），加里·阿姆斯特朗，菲利普·科特勒，2016年第1版，327—328页）

点评：

随着互联网兴起和数字技术的进步，网络购物异军突起，呈现高速增长发展趋势，未来消费者越来越多会使用网购方式。网络营销、社交媒体营销和移动营销将是营销的主要工具。Facebook、腾讯微信等社交媒体的发展已经向我们证实了这一点。网络营销、社交媒体营销和移动营销的春天已经到来。

第一节 数字营销概述

一、数字营销的概念和形式

（一）数字营销

所谓数字营销，就是指借助于互联网络、电脑通信技术和数字交互式媒体来实现营销目标的一种营销方式。也就是通过消费者的电脑、智能手机、平板电脑、联网电视等数字设备，通过数字化多媒体渠道，比如网络平台、社交媒体、手机 App 和广告、在线视频、电子邮件、博客等数字化媒体通道开展营销活动。

数字营销通过数字设备与顾客或用户直接开展面对面、一对一营销，实现营销精准化，营销效果可量化，数据化的一种高层次营销活动。目前已经成为增长最快的营销方式，从而对企业的营销产生了非常显著的影响。

（二）数字营销的形式

数字营销有很多形式，概括起来主要有 3 种。

1. 网络营销

网络营销是互联网发展进来之后，营销发展的网络形式，是营销借助互联网使用网站、在线广告、视频、博客等开展的营销形式。

消费者通过互联网、手机、平板电脑，一旦联网，即可看到广告以各种各样的形式出现在消费者面前，如弹出广告、屏幕广告等等。

2. 社交媒体营销

社交媒体营销是指借助互联网上社交媒体，与用户进行沟通传递信息促进销售的活动方式。如 Facebook、微信、QQ 等，企业可以发布广告信息，用户也可以在上面开展讨论、分享消费经验与感受、提出产品设想等等。

3. 移动营销

移动营销是企业通过手机、平板电脑等移动设备与消费者或用户进行沟通，传递信息促进销售的一种活动。

智能手机的出现，其功能日渐强大，不但可以通话、发短信、听音乐、看视频、拍照等，还可以聊天、购物、订票（车票、船票、飞机票、住宿、游乐等等）、支付等，正是移动设备的出现，移动营销应运而生。

二、数字化营销的特点

1. 便利性

对买方来讲，数字营销更加方便、简单和私密。它能够让购买者随时随地接触到几乎无限丰富的产品和购买信息。在亚马逊的网站和移动 App 上，亚马逊提供了超过大多数人能够消化的信息量，从前 10 位的产品清单、大量的产品描述、专家评论、用户产品评论到基于顾客购买记录的产品推荐。另外，通过数字营销，购买者可以通过手机、卖方网店或移动 App 与卖家互动，提出他们想要的信息、产品或服务的确切位置，然后当场订购。最后，通过在线、移动和社交媒体，数字营销提供了一种品牌参与的社区，成为一个与品牌其他粉丝分享品牌信息和经历的场所。

2. 低成本

对卖方来讲，数字营销提供了一种低成本、高效、迅速接触市场的机会。现在的营销人员能够直接针对小众开展营销，甚至一对一营销。通过媒体营销，企业能够通过手机和互联网与顾客直接互动，更好地了解他们的需求，并根据特定顾客的需求定制个性化产品。反过来，顾客也可以向卖方询问问题并主动提供反馈。数字营销还为卖方提供了更多的灵活性，使营销人员能够对价格和方案进行调整，或者实现直接、及时、个性化的宣传和供给。

3. 集合性

数字营销不仅仅是一种技术手段的革命，而且包含了更深层的观念革命。它是目标营销、直接营销、分散营销、客户导向营销、双向互动营销、远程或全球营销、虚拟营销、无纸化交易、客户参与式营销的综合。数字营销赋予了营销组合以新的内涵，其功能主要有信息交换、网上购买、网上出版、电子货币、网上广告、企业公关等，是数字经济时代企业的主要营销方式和发展趋势。

4. 及时性

数字营销就是随时随地掌握企业产品市场营销的统计和信息反馈管理工作，让产品销售信息为企业的生产管理提供准确的依据，让企业随着产品销售的市场风向标及时调整企业的生产经营计划，可以说数字营销是企业最好的市场晴雨表，使决策更加科学有效。

三、数字营销的发展趋势

1. 大数据成为企业的重要资源

数字时代催生了一系列新型顾客关系工具，从网站、在线广告和视频、移动广告和应用软件、博客，到在线社区以及微信、推特、脸书等大众社交媒体。过去企业主要采用大众营销，针对大范围顾客，但与顾客之间有着一定的距离。而如今的企业采用互联网、社交媒体和移动媒体方式营销，精准定位目标群体，并与之进行更深入的互动。

互联网和社交媒体的快速发展极大地促进了顾客参与营销的力度。如今的消费者比以往任何时候都知道的更多，联系的更多，得到的权力也更多。新型消费者对于品牌有更多的了解，并拥有很多数字平台用以和他人传播、分享自己对于品牌的看法。因此，现在的营销人员不仅仅是进行顾客关系管理，而是要让顾客管理关系。在这个过程中顾客通过与企业和与其他顾客的联系来形成自己的品牌体验。企业可以将自己的最新广告和宣传视频发布在社交媒体上，希望能够产生病毒式传播。它们在社交媒体上创造品牌讨论区，它们发布自己的博客、移动 App 和消费者自发点评系统，目的是在更加私密、更加互动的层面上吸引顾客讨论。如在推特上，戴尔、芝加哥公牛队、美国赛车协会等都注册了账号并在上面做推广。在 Facebook 上，星巴克有 3400 万粉丝，可口可乐有 6600 万粉丝。企业与顾客可以在社交媒体上发布最近的广告及其他娱乐或信息视频，可以让顾客更多投入到社区讨论中。

小链接：

赫兹汽车租赁公司的社交媒体营销

赫兹公司最新研究表明：参与到品牌社交中的消费者购买该品牌产品的概率比没有参与的消费者高出 30%；在租车过程的早期阶段参与过与赫兹有关的社会活动的消费者访问赫兹网站的概率是没有参加过的消费者的 4 倍。因此，现在赫兹几乎所有的营销活动都融合了社交媒体，推特标签、通向主要社交媒体的链接和特性共享。公司的推特是 140 字以内的顾客服务专线，主要用于解决会员贴在推特上的一些问题。公司还会在 Facebook 和 Google 主页上发布一些特别活动，如在春假免除年轻司机的租赁费。在公司“以赫兹的速度旅行”的 YouTube 频道上，赫兹会发布其最新的商业广告以及有关公司特色的视频。赫兹不仅利用社交媒体创立对话，并同时使用它提升销售。赫兹在 Facebook 上发起了一个“分享起来”的活动，通过电子优惠券增加品牌曝光度。用户可以在 Facebook 和其他社交网络上与好友分享优惠券，分享次数越多折扣就越大。

（《市场营销学》（第十二版），加里·阿姆斯特朗，菲利普·科特勒，2016 年第 1 版，15 页）

每天，营销领域都在发生天翻地覆的变化。惠普公司的理查德·洛夫说：“世界的变化如此之大，企业的应变能力如今已经变成了一种竞争力。”当市场变化时，服务于这此市场的营销者也必须顺应潮流。

2. 移动互联网社交已经变成人们的生活方式

数字化技术的爆炸式发展已经从根本上改变了我们的生活方式，包括交流、信息分享、学习、购物和娱乐。

一项研究表明，超过一半的美国人睡觉时把手机放在旁边。他们表示手机是他们起床第一个摸到东西及睡觉最后一个找到的东西；使用社交媒体的美国人平均每天在其上花费的时间是 3.2 小时。日前，中国互联网络信息中心（CNNIC）发布了第 40 次《中国互联网络发展状况统计报告》（以下简称《报告》）。《报告》显示，截至 2017 年 6 月，我国网民规模达到 7.51 亿，手机网民规模达 7.24 亿，网民中使用手机上网的比例持续提升。我国网民数量庞大，平均每天上网近 4 个小时，见图 14－1。

此外，社交类应用也受到网民的广泛欢迎。微信朋友圈、QQ 空间、微博使用率在社交应用中排名前 3。

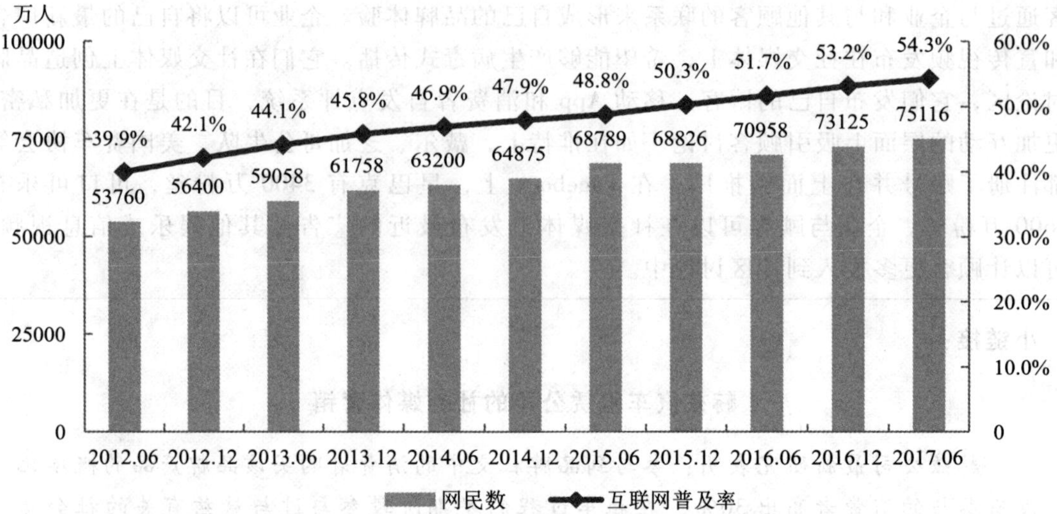

图 14-1 中国网民规模和互联网普及率

指尖轻点即可下单，输入密码立刻付款，足不出户坐等收货……在互联网高度发达的今天，买东西成为轻而易举的事。《报告》指出，截至 2017 年 6 月，我国网络购物用户规模达到 5.14 亿，相较 2016 年底增长 10.2%。其中，手机网络购物用户规模达到 4.80 亿，半年增长率为 9.0%，使用比例由 63.4% 增至 66.4%。就目前情况来看，我国网络购物市场消费升级特征进一步显现；线上线下融合向数据、技术、场景等领域深入扩展；数据资源竞争白热化，数据安全与数据开放共享成为企业和政府面临的发展挑战。

3. “云、网、端”已经成为企业新的基础设施

云即云计算、大数据，网即互联网、物联网，端即端口、App。他们像机器设备一样，在企业营销中发挥不可替代的作用。数字和社交媒体营销通过消费者的电脑、智能手机、平板电脑、联网电视等设备，借助网站、社交媒体、手机、在线视频、电子邮件、博客等数字工具随时随地吸引消费者。现在，几乎所有的企业都会通过网络、社交媒体和移动媒体发布各种各样的广告和视频、电子邮件、移动 App 与顾客互动，指导帮助顾客解决问题与进行购买。

4. 互联网发展使组织边界变得模糊

传统的企业具有产、供、销、人、财、物等各种基本的功能或业务。随着市场化、专业化分工的发展，使企业在产、供、销的某一领域获得了绝对竞争优势。然而许多产品或服务是从一个企业再到另一个企业，经过多个市场交易活动之后，才最终达到用户手里的。企业价值的传递需要经过冗长的供销链条。信息技术和网络技术的发展，使市场主体之间的相互合作变得更加容易，并且出现了专门从事将某一项或多项业务整合起来的虚拟企业，使市场交易变成某种形式上的企业内部交易。这些虚拟企业借助于外部力量对外部的资源进行整合来创造出自己的竞争优势。如果企业内部交易的成本比市场低，则会出现市场业务的企业化趋势；当企业内部交易的成本比市场高，则会出现企业内部业务的市场化趋势；如合作、众包、创客等形式，成为企业内部业务市场化的重要途径。

第二节

网络营销

一、网络营销的含义

（一）网络营销的含义

网络营销（Online Marketing）指通过网络使用企业网站、在线广告和促销、电子邮件、在线视频、博客等营销产品、服务或建立顾客关系的活动。

（二）网络营销的特点

网络营销是以互联网为主要手段的一种新型营销手段，尽管发展历史较短，但已经在企业经营策略中发挥着越来越重要的作用，网络营销的价值也为越来越多的实践应用所证实。

网络营销与传统营销相比，既有相同之处，又有其显著不同的特点。网络营销与传统营销都是企业的一种经营活动，且都需要通过组合运用来发挥功能，而不是单靠某一种手段就能够达到目的的。两者都把满足消费者的需要作为一切活动的出发点。但网络营销也具备一些传统营销所不具备的特点：

（1）市场全球化。由于互联网络具有超越时间约束和空间限制进行信息交换的功能，它使企业脱离时空限制达成交易成为可能，从而使企业面临一个更为广阔的、更具选择性的全球市场。

（2）产品个性化。网络营销能对顾客个别需求作出一对一的反应，生产出富有个性的产品以满足顾客的个别需求，从而使消费者个性的回归成为可能。

（3）价格公开化。顾客可以通过网络对所需的商品价格进行全球的比较和选择，极大地提高了价格的透明度。

（4）渠道直接化。厂商可以通过网络直接与顾客进行联系和销售，使商品流通过程大为缩短，使销售渠道更加直接化。

（5）服务大众化。企业通过网络连续不断地对位于世界任何角落的任意顾客提供全方位的服务，从而避免了企业因无法与每一位顾客沟通而不能满足其需求的可能，减少了顾客的不满意程度。

（6）沟通双向化。互联网络可以展示商品型号和目录，提供有关信息的查询，可以和顾客做互动双向沟通，可以收集市场情报，进行产品测试与消费者满意调查等。

（三）网络营销的优势与不足

1. 网络营销的优势

网络营销作为一种全新的营销方式，与传统的营销方式相比的优势有：

（1）有利于降低成本。企业采购原材料是一项繁琐、复杂的工作，而运用网络可以使采购产品与制造相结合，简化采购程序。使用EDI（电子数据交换）进行无纸化办公，通常可以为企业节省5%～10%的采购成本。“EDI是通过电子方式，采用标准化的格式，利用计算机网络进行结构化数据的传输和交换的一种信息技术。”另外，传统店铺促销需要投入很多的资金和人力进行市场调查，而采用网上促销的成本是相当于直接邮寄广告花费的1%，利用网络发布广告的平均费用仅为传统媒体的3%，这样从成本和销售方面可以很好地降低企业的成本。

（2）能帮助企业增加销售商机，促进销售。网络可以提供给企业全天候的广告及服务，还可以把广告与订购连为一体，促成购买意愿。此外，通过网络，企业与国际接轨，还可以减少市场壁垒，消除不同国家间的公司因时间、地域的障碍而影响销售。传统的店铺销售有着地域的局限性，人们只能上门购物，这样制约了店铺的发展规模，而进行网络营销有着无时间限制的全天候经营，无国界、无区域界限的经营范围、精简化的营销环节的特点，它就可以超越时空的限制。这样通过网络的独有特点，可以帮助企业更好地促进销售，从而提高企业的市场占有率。

（3）有极强的互动性，有助于实现全程营销目标。网络具有主动性与互动性的特点，并且可以无限延伸。传统的店铺销售中，企业与消费者之间的沟通较为困难，而在网络环境下，企业可根据公告版、网站论坛、E-mail 的形式，大大加强了企业与顾客之间的联系，企业可以有效地了解顾客的需求信息，从而建立数据库进行管理，利用这些信息，为企业所要进行的营销规划提供依据，这样把消费者与企业间的互动性提高上来，帮助企业实现销售目标。

（4）可以有效地服务于顾客，满足顾客的需要。营销的本质是排除或减少障碍，引导商品或服务从生产者转移到消费者的过程。网络营销是一种以顾客为主，强调个性化的营销方式，它比起传统市场营销中的任何一个阶段或方式更能体现顾客的“中心”地位。另外，网络营销能满足顾客对购物方便性的需求，提高顾客的购物效率，通过网络，顾客可以在购物前了解到相关信息，购物可在家中进行，购买后也可与厂家取得联系。此外，网络营销能为企业节省传统营销方式不得不花费的巨额促销和流通费用，从而使商品成本和价格的下降成为可能。

（5）具有高效性。网络具有快捷、方便的特性，网络营销结合网络的这个优势，使商家进行营销活动的效率提高了。把这种高效性充分运用到销售活动的各方面，使许多对企业有用的信息综合运用起来，为企业的发展起到了指导作用。网络的高效性更有利于进行网络营销，使营销的过程更加快捷和及时适应市场的发展要求。

2. 网络营销的劣势

（1）信任问题。在信息交流中，双方的信任程度直接影响交流的效果。如果对对方提供的信息缺乏信任，很难想象这种交流有什么意义。互联网为交流双方提供的是一种虚拟的不见面的交流空间，其开放性的特征更容易使人对网上信息产生不信任感。这成为影响网上营销发展的重要障碍。

（2）信息安全问题。互联网是一个开放式的网络，它所采用的 TCP/IP 协议和 UNIX 操作系统本身也有安全方面的漏洞。在信息传递的过程中存在信息被截取、篡改和滥用的情况，最近几年关于上网用户的银行账号和密码被人从网上窃取的报道很多，而用户上网购物的记录被商家出售的新闻也不少。这造成许多用户不敢进行网上交易。

（3）费用问题。上网费用比较高，对用户来讲就是信息交流的成本高，这成为阻碍网络营销推广的一个重要因素，CNNIC 的调查表明，网民对互联网使用中不满意度最高的问题是费用高。

（4）物流问题。互联网的主要优势体现在信息交流方面，在物流方面，除了数字化产品或服务可以通过网络提供外，其他商品的传送还需要利用传统分销渠道。

二、网络营销的形式

1. 网站营销

实施网络营销的第一步就是建立网站，这是网络营销的物质基础。当然，内容和目的不同，网站表现形式也不同。网站营销有两种形式：一种是营销网站。用于与顾客互动，使他们更容易产生直接购买或其他营销成果。如美国迷你建立了自己的营销网站，一旦有顾客登录，汽车制造商就会以最快的速度将这种需要转化为购买力，然后建立长期的顾客关系。这个网站提供了非常全面的有用信息和销售互动，包括当前迷你型号的详细资料和有趣的描述、迷你的改装工具、当地销售商的服务信息，甚至是从工厂到分销商运输过程中的追踪工具，交付之后，产品拥有者可以登录迷你在线休息室获取技术指导、说明视频、移动 App 和服务信息。

另一种就是品牌社区网站。它并不销售产品，其主要目的就是围绕品牌建立顾客社区网站，通过品牌信息吸引消费者。此类网站一般提供一系列丰富的信息：品牌、视频、博客等，并与顾客进行互动。如 ESPN 体育网站上，体育粉丝可以获得大量的体育信息、体育数据、体育比赛及更新信息等。他们可以按照体育类型、比赛队伍、运动员、作者等定制自己独特兴趣爱好的网站内容。他们可以交流讨论，可以发布自己的信息。总之，ESPN 创造了一个无界限虚拟品牌空间，一个粉丝必备体验，并能使他们愿意不断回访的空间。

网络营销不仅仅是创造网站，关键在于网站能否吸引消费者关注。为了吸引消费者，一方面，公司可以通过线下的印刷广告，以及其他网站的广告和链接推广其网站；另一方面，网站本身应该有巨大的吸引力。网站页面要新颖，内容要强大。据调查，人们在上网购物时，多数人看重内容胜过形式，功能胜过浮华。因此，好的网站应该是形式与内容的统一，满足消费者消费需要，并能够给消费者带来兴趣和乐趣。

2. 在线广告

在线广告就是在网络上做的广告。它利用网站上的广告横幅、文本链接、多媒体的方法，在互联网刊登或发布广告，通过网络传递到互联网用户的一种高科技广告运作方式。

在线广告与传统广告相比，有利也有弊。在线广告的优点：①覆盖面广，观众数目庞大，有最广阔的传播范围。②不受时间限制，广告效果持久。③方式灵活，互动性强。④广告针对性强，可以分类检索。⑤广告费用低。⑥能够准确地统计受众数量。

在线广告的缺点：①强迫性广告过多。②监管滞后。③无序竞争。

随着互联网的发展和消费者在网络花费的时间越来越多，在线广告呈现快速发展趋势，越来越多的企业把资金投向在线广告。在线广告的主要形式是展示广告和搜索广告。

在线展示广告可能会出现在互联网用户屏幕上的任何地方，并且经常与被浏览的信息有关。只要你打开一个网页，广告会随时随地出现。可能以漂移形式出现，也可能是占据整个屏幕，或者是挂在屏幕两侧或四个角落。如打开新浪网页，经常会出现苏宁的巨幅广告占据整个屏幕 4、5 秒钟，时间不长但影响不小。展示广告近来在吸引和抓住消费者注意力方面有了长足的进步，以多种多样的形式出现，如卡通、影像、声音和互动性等。

在线广告占比最大的形式是搜索广告（文体广告），其在在线广告支出中接近一半。搜索广告是指文字广告和链接出现在搜索引擎网站（谷歌、百度、360 等）的搜索结果中。如在百度中搜索手机，就会出现 vivo、OPPO、华为、小米、苹果等品牌信息。据报告，谷歌 2013 年 500 亿美元的收入中 95% 源自广告。搜索引擎是一个永远活跃的媒体，其搜索结果很容易测量。

广告商也可以在搜索网上购买搜索的关键词，并仅在消费者点击了他的网站后向搜索网站付费。比如可口可乐公司通过搜索引擎广告购买的方式对其流行的线上项目进行大力支持。

3. 电子邮件营销

电子邮件营销 EDM，即 Email Direct Marketing 的缩写，是指通过电子邮件的方式向目标用户传递价值信息的一种网络营销手段。

电子邮件营销可以加强企业和目标客户的合作关系为目的发送邮件，从而鼓励客户忠实于他或者重复交易，以获得新客户和使老客户立即重复购买为目的发送邮件，在发送给自己客户的邮件中添加其他公司或者本公司的广告。据估计，全球超过 36 亿的电子邮箱账户，电子邮件已经成为一种广泛使用的交流工具。所以，电子邮件营销有着很大的发展前景。

电子邮件营销应用范围广，操作简单，效率高，成本低，针对性和目标性强，精准度高，个性化强。如果使用恰当，它可以是一种数字营销中强有力的工具。据美国直销协会统计，营销人员每在电子邮箱上花费 1 美元，就能得到 40 美元的回报。2013 年，美国企业在电子邮件营销上的总支出为 11.5 亿美元，而这一数字在 10 年前只有 2.43 亿美元。尽管电子邮件杂乱，但电子邮件仍然是能够带来高营销投资回报率的工具之一。

但是，日益的电子邮件营销也有不利的一面，即垃圾邮件。垃圾邮件的爆发已经引起了消费者的反感和愤怒。基于此，大多数守法的营销人员开始采用“基于许可的电子邮件营销”方式，即只向选择加入的消费者发送邮件。如大家所知道的亚马逊会根据顾客偏好及之前的购物体验向目标顾客选择性发送有限的信息，这样的信息顾客很少拒绝，实际上很多顾客反而喜欢这样的信息。因此，亚马逊获得了更高的投资回报率，并且避免了向顾客发送他们不需要的电子邮件而造成的顾客关系疏远。

4. 在线视频营销

在线视频是指由网络视频服务商提供的、以流媒体为播放格式的、可以在线直播或点播的声像文件。在网络上以 WMV、RM、RMVB、FLV 以及 MOV 等视频文件格式为主，包括各类影视节目、新闻、广告、Flash 动画、自拍 DV、聊天视频、游戏视频等。

在线视频广告的形式类似于电视视频短片，但平台却在互联网上。“视频”与“互联网”的结合，它具有电视短片的种种特征——感染力强、形式内容多样、个性创意等等，又具有互联网营销的优势——互动性、主动传播性、传播速度快、成本低廉等。可以说，网络视频营销，是将电视广告与互联网营销两者有机结合的创新营销形式。

在线视频营销既可以在品牌网站或 Youtube、Facebook 等社交媒体网站上发布数字视频内容，如说明视频、公关视频、品牌促销等；也可以是企业专为电视或其他媒体设计的广告，并在广告媒体播出前后发布在网上以获得更大的影响力。

当然，在线视频能否有效传播，关键在于视频内容与形式。在线视频营销策略包括：

（1）网民自创策略。中国网民的创造性是无穷的，而且在视频网站，网民们不再被动接收各类信息，而是能自制短片，并喜欢上传并和别人分享。除浏览和上传之外，网民还可以通过回帖就某个视频发表己见，并给它评分。因此，企业完全可以把广告片以及一些有关品牌的元素、新产品信息等放到视频平台上来吸引网民的参与，例如向网友征集视频广告短片，对一些新产品进行评价等等，这样不仅可以让网友有获得收入的机会，同时也是非常好的宣传机会。

（2）病毒营销策略。视频营销的厉害之处在于传播精准，首先会产生兴趣，关注视频，再由关注者变为传播分享者，而被传播对象势必是有着和他一样特征兴趣的人，这一系列的过程就是在目标消费者精准筛选传播。网民看到一些经典的、有趣的、轻松的视频总是愿意主动去传播，通过受众主动自发地传播企业品牌信息，视频就会带着企业的信息像病毒一样在互联网上扩散。病毒营销的关键在于企业需要有好的、有价值的视频内容，然后寻找到一些易感人群或者意见领袖帮助传播。

（3）事件营销策略。事件营销一直是线下活动的热点，国内很多品牌都依靠事件营销取得了成功，其实，策划有影响力的事件，编制一个有意思的故事，将这个事件拍摄成视频，也是一种非常好的方式，而且，有事件内容的视频更容易被网民传播，将事件营销思路放到视频营销上将会开辟出新的营销价值。

（4）整合传播策略。由于每一个用户的媒介和互联网接触行为习惯不同，这使得单一的视频传播很难有好的效果。因此，视频营销首先需要在公司的网站上开辟专区，吸引目标客户的关注，其次，也应该跟主流的门户、视频网站合作，提升视频的影响力，而且，对于互联网的用户来说，线下活动和线下参与也是重要的一部分，因此通过互联网上的视频营销，整合线下的活动、线下的媒体等进行品牌传播。

5. 博客营销

博客（blog）是个人和企业发表想法和其他内容的在线载体，博客可以与任何事情相关，从政治、棒球到电视剧、世博会、军事对立与冲突等等。

博客营销是通过博客网站或博客论坛接触博客作者和浏览者，利用博客作者个人的知识、兴趣和生活体验等传播商品信息的营销活动。

博客营销是利用博客这种网络应用形式开展网络营销的工具。公司、企业或者个人利用博客这种网络交互性平台，发布并更新企业、公司或个人的相关概况及信息，并且密切关注并及时回复平台上客户对于企业或个人的相关疑问以及咨询，并通过较强的博客平台帮助企业或公司零成本获得搜索引擎的较前排位，以达到宣传目的的营销手段。戴尔公司是世界著名计算机公司，它通过一系列博客与顾客建立更加便捷的交流方式。这些博客包括 Direct 2 Dell（戴尔官方博客）、戴尔技术中心博客（IT 聚焦）、戴尔股票博客（聚焦与投资人的关系）、健康关怀博客（关于健康关怀技术）和教育博客（聚焦于利用技术改善学习、教育和行政）。

博客营销形式一般有：企业网站博客，第三方企业博客平台的博客营销模式，个人独立博客网站模式，博客营销外包模式，博客广告模式等。企业可以在博客做广告，发表博客日记、专业文章进行宣传，可以监测营销环境等。最近的一项研究表明，54%的营销人员经常使用第三方博客帮助扩散信息。

博客作为一各营销工具，有很多优点。它能提供一种新颖、有独创性、个性化且廉价的方式进入消费者的在线对话。但博客圈混乱且难以控制。

三、网络营销策略

网络营销策略是企业根据自身所在市场中所处地位不同而采取的一些网络营销组合，它包括网页策略、产品策略、价格策略、促销策略和渠道策略等。

1. 网页策略

企业可以选择比较有优势的地址建立自己的网站，建立后应有专人进行维护，通过一系列的推广措施，达到顾客和公众对企业的认知和认可。

2. 网络产品策略

企业要明确自己的产品或者服务项目，明确哪些是网络消费者选择的产品。因此，要认真分析网络目标顾客的需求特点，开展针对性的促销活动。

资料阅读：

Dior 的目标市场策略

Dior 自创始以来，一直是华丽与高雅的代名词。如何在保持其高端品牌形象的基础上，为品牌增添年轻活力，成为 Dior 在中国市场面临的一大难题。

众所周知，20～40 岁是化妆品、护肤品的主要消费者。而新近调查显示，第一次购买化妆品、护肤品的年龄正逐步降低，18～25 岁消费者已占 55%。25 岁左右的年轻一族追求时尚、崇尚自我，在互联网的熏陶中成长，消费能力较强，对各种高端品牌跃跃欲试，是未来几年奢侈品的主要消费对象。

2007 年上半年，当年我国内地网民总人数超过 1.62 亿，涵盖了众多高端品牌的主要目标受众。而腾讯覆盖了 95% 以上的中国网民，其用户个性时尚、喜欢购买奢侈品，多为冲动型消费，正是基于此，Dior 推出了全新水动力莹润防晒系列产品，利用 QQ 平台的人际优势，举办了“奢华水护养动力之旅”的主题活动，引导潜在受众对“年轻的奢华”的向往和追求。

资料来源：百度百科

3. 网络定价策略

网络营销价格策略是成本与价格的直接对话，由于信息的开放性，消费者很容易掌握同行业各个竞争者的价格，如何引导消费者作出购买决策是关键。要求企业更要强调自己产品的性价比以及与同行业竞争者相比自身产品的特点，寻求差异化取胜之道。

4. 网络渠道策略

网络营销的渠道应该是本着让消费者方便的原则设置。设立网络店铺，及时在网站发布促销信息、新产品信息、公司动态，提供多种支付模式，让消费者有更加多种的选择。

5. 网络促销策略

网络促销是指利用网络技术向虚拟市场传递与企业相关的产品和服务信息，以引发需求，激发消费者购买欲望和产生购买行为的各种活动。网络促销形式有 4 种，分别是网络广告、站点推广、销售促进和关系营销。

（1）网络广告主要是借助网上知名站点（ISP 或 ICP）、免费电子邮件和一些免费公开的交互站点（如新闻组、公告栏）发布企业的产品信息，对企业和产品进行宣传推广。

（2）站点推广是利用网络营销策略扩大站点的知名度，吸引上网者访问网站，起到宣传和推广企业以及企业产品的效果。

（3）销售促进，就是企业利用可以直接销售的网络营销站点，采用一些销售促进方法如价格折扣、有奖销售、拍卖销售等方式，宣传和推广产品。

（4）关系营销是借助互联网的交互功能吸引用户与企业保持密切关系，培养顾客忠诚度，提高企业收益率。

第三节

社交媒体营销

一、社交媒体营销的含义

社交媒体营销亦称社会化营销，是利用社会化网络，在线社区，博客，百科或者其他互联网协作平台媒体来进行营销、公共关系和客户服务、维护与开拓的一种方式。又称社会媒体营销、社交媒体营销、社交媒体整合营销、大众弱关系营销等。

一般社会化媒体营销工具包括论坛、微博、微信、博客、SNS 社区、图片和视频通过自媒体平台或者组织媒体平台进行发布和传播。

二、社交媒体营销的形式

社交媒体营销有两种形式，一是独立的社交媒体；一是自建的社交媒体。

（一）独立的社交媒体营销

独立的社交媒体就是不属于自己的社交媒体网站，如美国的 Facebook、Twitter，我国的微信、QQ 等。独立社交媒体营销就是利用已有的社交媒体开展营销的一种形式。在美国的 Facebook、Twitter，我们可以经常看到可口可乐、耐克、苹果等品牌信息；在我国的微信、QQ 上，我们经常可以看到华为、淘宝、京东等企业广告。

独立社交媒体网络规模庞大，影响范围广，受众也多。在美国，超过 50% 的互联网用户都在使用 Facebook，这一比例与每天观看电视频道的人数比例相当（55%），超越了每天收听广播（37%）和阅读新闻（22%）的人数比例。现在，Facebook 的全球用户达到了 11 亿，几乎是美国和加拿大人口的 2.5 倍。截至 2017 年 6 月底，中国微信用户已经达到 9.63 亿，QQ 用户为 8.50 亿，分别在中国人口中占比为 68.8% 和 61%。

独立社交媒体发展势头也异常迅猛。据相关媒体报道，世界各地使用社交媒体的人数已经超过了 30 亿，随着社交媒体用户数量的增长，增长趋势也没有减缓迹象。事实上，社交媒体用户数量的增长表明，互联网使用率以同样惊人的速度在持续增长。

除了规模较大的独立社交媒体之外，一些小众社交媒体也开始出现。小众社交媒体迎合志趣相投的小众群体需要，在细分的基础上选择小群体作为目标市场，为他们打造有针对性的特色服务。

(二) 自建的社交媒体营销

市场营销的主体毕竟是企业，在社交媒体营销时代，企业的营销意识也要与时俱进，在利用独立的社交媒体之外，企业都在建立自己的社交媒体开展营销。

自建社交媒体营销方式包括：企业网站、在线品牌社区和手机 App。

在线品牌社区是一种获得有价值的市场信息的方法。但要成功运作在线品牌社区需要注意如下的要点：

(1) 互联网技术只是工具，成功的关键还在于读懂消费者，吸引消费者的参与热情。

(2) 社区参与人数要适度。社区规模过大，会导致粘性降低，满意度下降。小规模的社区更有利于培养良好的互动关系，如果社区的目的是为了洞察顾客，则以小规模的社区（400 人以下）为佳。

(3) 通过线上线下的活动，为参与者提供联系和交流的机会，维系他们的热情。

(4) 社区的基础是信任。不要在社区内推销，让社区沦为销售渠道，那样只会招致参与者的反感，而且会一去不返。

(5) 始终保持热情参与、认真聆听的姿态，让顾客感觉到你很在乎他们的意见。你的任务是与社区建立长期的关系，真知灼见的浮现需要时间。

(6) 为社区数据研究和企业内部沟通制定系统的计划，向不同的人（市场研究、产品管理、公司高管等）提供符合他们要求的报告，应为有人需要听到未过滤的顾客声音，有人需要深入了解具体细节，有人需要快速、粗略的简报。公司内部人从在线社区获悉反馈信息越多，社区的价值就会得到越大的发挥。

三、社交媒体营销的优势与不足

1. 主要优势

(1) 社交媒体推动企业信息透明化。社交媒体比以往任何一次技术革新都更能够促进企业的协作精神，从而使得所有的公司和组织都能够处于公众的监督之下。企业对社交媒体积极性越高，其透明度也就越高。例如，惠普的员工博客计划使得外界能够更好地洞察惠普的内部状况。沃尔玛等公司甚至还邀请客户来撰写博客。

在未融入社交媒体之前，大型企业很难与用户进行互动，也就无法获取反馈。融入社交媒体后，用户可以直达企业高层。除此之外，所有的企业在面对环境问题、产品标准以及消费者和员工权益等问题时，也不得不更加慎重。

(2) 社交媒体提升产品质量。社交媒体使得所有消费者都可以针对产品发表评论并提出批评，因此厂商的产品必须有过硬的质量。产品质量不过关的厂商将会被曝光并最终失败。这也是为什么好的产品往往在传统营销上投入的资金更少的原因所在。社交媒体的存在使得优秀的产品能够获得自己用户和粉丝的追捧。

(3) 社交媒体可以提供优秀的客服渠道。看看维珍美国航空公司（Virgin America）是怎么利用 Twitter 的吧。如果你的航班有问题，只需要在 Twitter 上向维珍的客服人员求助即可。这种服务具有很强的前瞻性。

(4) 社交媒体能够创造消费者真正需要的产品。星巴克、戴尔和宝洁都采取了这种模式，听取用户的意见和反馈，并借此创造更好的产品。大型企业对此越积极，就越能促进这种模式的发展。

(5) 消费者可自主控制社交关系。你可以选择关注英特尔或福特的员工，至于是否需要加入他们的社区则完全由你做主。这与传统媒体产生了鲜明的对比，在传统媒体中，你完全无法控制自己与大型公司之间的关系。

(6) 免费接触大型企业。企业建立平台、网站和服务通常都是为了赚钱和建立业务，但它们大部分都对用户免费开放。在很多情况下，这些服务都是依靠广告费和赞助费等形式来获取收入的。

(7) 大型企业可借助社交媒体提供有趣的资讯。如果某些品牌希望通过社交平台来发布视频且做法得当，那么消费者就可以从中获得资讯。

(8) 用户主宰内容和互动。社交媒体上的许多交流都与大企业有关。无论企业是否出于自愿，大型企业已经实实在在的参与到社交媒体之中。

2. 主要不足

(1) 社交媒体平台分享品牌内容不足。根据对中国社交媒体用户行为的调查，很多用户并不喜欢在社交平台分享品牌内容，社交媒体广告效果并不理想。另一方面，中国社交媒体用户确实喜欢在社交平台分享内容。2016 年第三季度腾讯智库对中国社交媒体用户的调查显示，超过 75% 的受访者在调查期间分享过社交平台上的内容。但是这些内容并不是品牌的营销内容。腾讯的调查显示，不足 2% 的受访者在社交平台上分享过品牌或零售商的打折、促销信息。

(2) 网络消费者对品牌广告关注度不够。2015 年 12 月，Kantar 调查了社交媒体应用用户的态度，发现 2/3 的社交媒体用户要么对品牌广告不关注，要么只是有时关注而已。这给社交媒体广告商未来的发展带来了挑战。

四、社交媒体营销策略

1. 互动营销

社交媒体营销以“分享和参与”为核心，消费者通过社交媒体来分享产品的信息和观点，这与以往传统营销中“自上而下”的理念不同，社交媒体强调“自下而上”进行品牌推广，企业必须进入到社交媒体营销中去，通过与消费者的对话和互动，与消费者建立情感联系，如商家欢迎消费者在购买后对商品进行评估和分享，将优秀的测评报告放到首页或给予返现之类的奖励，这样，既满足了消费者分享的目的，又提升了商品的品牌形象和认可度。

2. 口碑营销

在社交媒体时代，网络口碑在消费者购买决策过程中扮演着越来越重要的角色，消费者乐于通过以往消费者对于该商品的评价从而最大限度地减少购买风险，通过了解品牌在社交媒体上的口碑，消费者极易改变原有的对该品牌的态度。

3. 内容营销

社交媒体所承载的内容与形式越来越丰富多样，从文字、图片、音频到视频，只要是人们能想到的信息，几乎都能以简短而快捷的形式进行传播，快节奏的生活和发达的移动通信设备导致用户的注意力时间越来越短，获取的信息量也越来越大，因此，更需要重视传播的内容，众多品牌通过内容营销取得了不同凡响的营销效果，给品牌带来了极好的网络口碑。

4. 粉丝营销

在如今这个社交媒体时代，其实留住粉丝比吸引粉丝更重要，提升粉丝黏性当然是通过互动，其实广义上的互动就是和客户产生联系和交易，交易本身就是一种高质量的互动，当然互动的形式还包括通过内容推送、通过各类线上与线下的活动、通过建立品牌社群并让粉丝通过参与获得良好的品牌体验。

另外，要迎合互联网时代的阅读习惯，在互联网时代，人们的时间更加宝贵，人们更希望在碎片化时代来阅读，这样，随着生活节奏的加快，人们普遍感受到较大的生活压力，在这样的背景下，在内容输入上，一定要针对粉丝的具体情况投其所好。

五、社交媒体营销策略有效性的评价指标

1. 参与率

参与率，指的是每条社交帖子的用户评论、点赞和分享的总量（基本上包含一个粉丝的任何行为）。通过追踪参与率，识别有效元素和无效元素，努力推动更多的用户参与。

2. 扩增率

扩增率，就是每条社交帖子的转发数量。据尼尔森调查显示，92%的消费者信任他们朋友的推荐（92%）。如果我的直接用户在自己的社交网络里分享我的消息，他们就是在扩散我的消息和我的品牌（为我做我的工作）。

3. 亲和率

亲和率，被定义为每条社交帖子的“积极点击”数量。亲和率是指对于任何已经发布的帖子来说，你到底取悦了多少人，让他们点赞或喜爱你的帖子。如果我看见某个帖子亲和率为0或者特别低，我就会明白，这篇文章对用户来说，和他们关联性不高、质量低、没有价值。

第四节 移动营销

一、移动营销的含义

移动营销（mobile marketing）指面向移动终端（手机或平板电脑）用户，在移动终端上直接向目标受众定向和精确地传递个性化即时信息，通过与消费者的信息互动达到市场营销目标的行为。

移动营销是基于定量的市场调研、深入地研究目标消费者，全面地制定营销战略，运用和整合多种营销手段，来实现企业产品在市场上的营销目标。

二、移动营销的特点

1. 分众识别

移动营销基于手机进行一对一的沟通。由于每一部手机及其使用者的身份都具有唯

一对应的关系，并且可以利用技术手段进行识别，所以能与消费者建立确切的互动关系，能够确认消费者是谁、在哪里等问题。

2. 即时信息

移动营销传递信息的即时性，为企业获得动态反馈和互动跟踪提供了可能。当企业对消费者的消费习惯有所觉察时，可以在消费者最有可能产生购买行为的时间发布产品信息。

3. 互动沟通

移动营销"一对一"的互动特性，可以使企业与消费者形成一种互动、互求、互需的关系。这种互动特性可以甄别关系营销的深度和层次，针对不同需求识别出不同的分众，使企业的营销资源有的放矢。

4. 个性化

手机的属性是个性化、私人化、功能复合化和时尚化的，人们对于个性化的需求比以往任何时候都更加强烈。利用手机进行移动营销也具有强烈的个性化色彩，所传递的信息也具有鲜明的个性化。

三、移动营销策略

1. 实用性策略

即多关注用户的生活细节。从用户的吃、住、行、玩、用等日常生活细节着手，发现还没有被满足的需求，然后结合产品看能否植入进去。

比如针对起床困难户，星巴克推出了一款 Early Bird（早起鸟），当你下载这个 App 以后，可以设定时间提醒你起床。用户在设定的起床时间闹铃响起后，只需按提示点击起床按钮，就可得到 1 颗星，如果能在一小时内走进任意一家星巴克分店，验证这个 App，即可打折买到一杯咖啡。

2. 将产品体验做成互动游戏

很多产品都可以将体验形式开发成小游戏，如服装可以试衣服大小和搭配颜色，啤酒瓶可以做作为暴力游戏的道具，饮料可以自己酿造。例如宜家手机 App，可让用户自定义家居布局，用户可以创建并分享自己中意的布局，同时可参与投票选出自己喜欢的布局，宜家还会对这些优秀创作者进行奖励，利用个性化定制营销来达成传播效果，对线下实体店来说，App 往往不是最好的销售工具，但是能弥补线下体验的短板，通过 App 能打通会员营销、体验与服务体系。

3. 个性化的产品或服务定制

将产品或服务通过 App 实现个性化定制，适合容易标准化生产的产品。比如服装类 App，它的颜色、款式、尺寸等都可选择，当然每个选项可提供多个选择，而不是随心所欲的填写。

如 21cake 推出的一款 App 能帮客户随时随地订购蛋糕，并根据需要送到指定的地方。客户不仅可以根据口味选择蛋糕，还可以根据适用对象来选。即使在客户完全没有主意时，也可以通过"摇一摇"来选一款"缘分蛋糕"。

4. 逆向思维

告诉消费者，如果不用该产品会产生什么后果。适合智力产品、药品、安全产品等容易导致严重后果的产品。如不安全用药，会导致什么情况，将此情况用游戏的形式演绎出来，让用户产生必须要用的心理反应。

5. 将人的欲望放大

将人的某些欲望与企业或品牌相关元素融合，则会达到传播润物细无声的效果。适合服装、电子产品、食品等快消品及容易和生活密切相关的行业。

6. 将服务平台用 App 呈现并创新

适合资讯类、服务类的平台，当然他们本身就具有人气，但适时推出和创新也是必需的。比如易居中国推出的“口袋乐居”，凭借“让不动产动起来”的出色表现在上线后的短短几月，先后打破房屋精准估价、移动支付等先河，帮助房企实现营销目标的同时，又为网友提供了一款实用类型的移动应用，一度占领各大房产类应用下载排名的前列。

“口袋乐居”前身是已超百万级下载量的“口袋房产”，延续以用户体验为设计之本，综合用户各方需求，集信息平台、工具平台、数据平台和交易平台等多项功能于一体，切实贴近消费者生活，提供全方位的服务。此款产品的推出，开拓了房地产互联网产品除“房源型”“资讯型”“交易型”后的第四大导向“房价型”产品。

7. 线上线下联动

通过 App 的二维码扫描可以实现与线下的活动、广告、促销等形成联动，往往是线下活动、展示，线上抽奖、派送等。可以解决线下活跃度不足的问题。

8. 充分利用客户的等待时间

银行排队等候、机场候机等待、无聊的长途汽车上、吃饭时等号等等，往往客户等待的时候是最无聊的时候。如果能让这个无聊的时刻不无聊，可能会给品牌加分。法国航空曾推出了一款空中音乐 App，安装此 App 后，在法航的航班上想听音乐，只要你用手机对着天空，搜寻空中随机散布的歌曲，捕到后可直接试听。不同国家空中散布的歌曲也不同。App 中还有互动游戏可以赢取优惠机票。让乘客乘飞机不再无聊，让音乐融入空中生活，创造独特的试听体验，形成了良好的口碑传播。

思考题

1. 简述数字营销的概念和形式。
2. 简述网络营销策略及应用。
3. 简述社交媒体营销的方式与策略。
4. 简述移动营销工具及其策略。

在线习题　　案例分析

第十五章

全球化营销——营销拓展

【学习目标】

1. 掌握全球化市场营销的特殊环境分析内容；

2. 理解全球化营销策略选择，包括全球化市场细分和全球化目标市场策略、全球化市场的进入方式选择；

3. 掌握全球化市场的营销组合及其特点。

导入案例：

“沃尔玛兵败韩国”的启示

全球第一大零售商沃尔玛2006年9月22日在韩国首都首尔宣布，其韩国分店将作价8.82亿美元转让给韩国新世界集团，从而正式退出韩国市场。全球第一大零售商沃尔玛零售集团受挫韩国市场，这其中有什么启示？

1998年7月，沃尔玛借韩国金融危机之机，通过兼并韩国一家小型零售商开始进入韩国零售领域。从1999年7月至2004年9月，沃尔玛在韩国共开设16家卖场，一跃成为韩国第五大零售商。

沃尔玛初入韩国时，恰逢韩国经济因金融危机而遭受重创。凭借雄厚的资本和强大的采购优势，沃尔玛把低价仓储式经营模式原封不动地移植到韩国，企图迅速改变和占领韩国消费市场。

2000年至2003年间，沃尔玛的低价模式确实取得一定成效，在韩国的盈利最多时达到一年140亿韩元（约953韩元兑换1美元）。但随后沃尔玛的经营遇到困难，2004年开始出现36亿韩元的亏损，2005年亏损额扩大到104亿韩元。

有专家在沃尔玛进入韩国时就提出，作为超市购物主力，韩国女性消费者喜欢舒适明亮的百货商场式购物环境，不习惯沃尔玛简陋灰暗的会员制卖场，特别是几米高的货架对身材娇小的韩国妇女来说很不方便。因此，一些专家建议沃尔玛将货架改成1米多高的卖台，改善店内照明，营造舒适的购物环境。另外，韩国消费者不习惯一次性购买大量商品，而是喜欢精挑细选，对价格反而不太敏感。沃尔玛在韩国的失败，还在于未能根据韩国人的居住和出行习惯将卖场设立在大型居民区附近，一味追求卖场规模和低廉的土地成本，结果沃尔玛卖场给韩国人的普遍印象就是比其他超市更远，更不方便。

可惜，沃尔玛没有采取措施去适应韩国市场，而是盲目憧憬韩国消费者会改变习惯，适应沃尔玛的经营模式。结果，在韩国本土零售企业咄咄逼人的挑战下，韩国消费者放弃沃尔玛，走进了更符合生活习惯的本土超市。

点评：

市场已经全球化了，但全球市场各地需求是不同的，存在巨大差异。在全球化的今天，如果不适应当地市场需要，忽视当地市场特点和消费者习惯，固步自封地将单一僵化的经营模式移植到国际市场，企业即使规模再大，资本再雄厚，也照样会被消费者拒之门外。

第一节

全球化营销环境分析

全球化市场营销就是专门研究在全球化大环境下企业从事市场营销活动的一般规律和策略组合的。

一、全球化市场营销的概念

（一）全球化市场的含义

狭义的全球化市场即国际市场是指各个国家或地区之间商品交换的场所和通过全球化经济活动把各国国内市场联接起来的整体；广义的全球化市场则包括各国间商品、劳务、金融、投资等经济活动领域，即包括全球化商品市场、全球化劳务市场、全球化金融市场、全球化投资市场等。

（二）全球化市场营销的概念

1. 全球化市场营销的概念

全球化市场营销（International Marketing）是指企业超出国境的市场营销活动，是国内市场营销活动在全球化市场上的延伸。

2. 全球化营销的特点

（1）环境的不可控性。与国内市场相比，全球化市场的营销环境更为复杂多变，难以控制。由于各国地理位置、自然条件、资源构成、人口状况、生产水平、传统文化、宗教信仰以及社会制度等方面都有很大差异，企业在进行全球化营销的过程中会遇到各种意想不到的困难，营销环境难以准确把握和控制。

（2）市场竞争激烈。全球化市场营销涉及企业与企业之间、企业与消费者之间、企业与国家之间和国家与国家之间的各种利益联系与交织。全球化贸易关系与全球化政治经济外交关系相互制约和影响，当今世界各国为稳定国内市场、发展本国经济，贸易保护主义盛行，一些国家推出“奖出限入”政策，一方面高筑贸易壁垒，阻挡国外商品进入本国；另一方面加强出口攻势，扩大本国商品出口，使全球化市场上的商品营销日渐困难。

（3）市场行情变化莫测。全球化市场行情受到诸多因素的影响变化快、变化大，难以准确预测。全球化市场营销人员要重视搜集全球化市场信息并适时做出灵敏的反应和正确决策。全球化市场有自己独特的价格体系，市场价格的形成受全球化市场供求关系的调节。

（4）全球化市场结构变化。全球化市场结构日益发生着明显的变化。从国家构成来看，打破了少数几个国家在全球化市场上一统天下的格局。

从商品构成来看，新产品的比重越来越大，技术贸易和劳务贸易都在迅速发展，以许可证贸易为主要形式的知识产权贸易在全球化市场上逐渐增加。

从成员构成来看，集体贸易兴起，跨国公司的影响日益扩大，参与全球化市场经营活动的大多数是各国的大型跨国企业或垄断组织，他们规模庞大、资金雄厚、经营范围宽广，市场垄断严重。

3. 全球化市场营销与国内市场营销

（1）营销环境不同。国内营销的范围局限于本国市场，受国内环境的制约；全球化营销必须面对更加复杂的市场环境，不仅受企业母国的环境影响，而且还要充分适应目标国家市场的环境，如果企业进入多个国家市场，适应市场环境的难度就更大。

（2）营销对象不同。企业的市场营销人员面对不熟悉的营销环境中社会文化观念差异性很大的消费者和用户，需要特别对目标顾客进行深入细致的调查研究，才能采取行之有效的营销手段和策略进行市场营销活动。

（3）市场观和资源观不同。国内市场营销是利用本国的资源在国内生产和销售；全球化市场营销是将国外的资源和市场进行合理配置，在本国或国外生产、组装、包装，在国外销售，将企业可以利用的各国资源优势集中于企业的最终产品上。现代全球化营销内容已经发生了深刻的变化，企业不仅输出有形的产品，也可能输出资本、技术和服务，不仅研究本国的输出活动，也研究在他国生产后向其他国家的输出活动。

（4）营销策略不同。市场营销的一般原理和策略适用于国内、全球化的营销活动，所不同的是全球化市场营销必须考虑全球化市场的复杂性和多变性来应用这些策略，包括产品策略的本土化与标准化、定价策略的法律法规限制、全球化市场价格竞争因素和汇率波动、渠道策略的管理控制和外国中间商的介入、促销策略的法律法规限制和各国文化背景的影响等。

（5）营销管理不同。全球化市场营销管理比国内市场营销管理的难度大。由于各市场的环境差异大，各国政府对企业经营干预的程度不同，企业营销风险总体较大。跨国公司的总公司与各子公司之间、各子公司与子公司之间的利益差异性和环境差异性，企业在进行全球化营销的过程中各公司的营销活动可能影响总体战略的实施，使大型跨国公司的计划、执行、控制等营销管理活动的难度增大。

4. 全球化市场营销与全球化贸易

(1) 全球化市场营销与全球化商务（International Business）的区别。从职能范围看，全球化营销属于全球化商务的范围。全球化商务包含跨国界的所有商务活动：跨国公司创建、全球化生产、全球化营销、全球化金融、全球化会计、人力资源管理、全球化贸易、跨国服务与旅游、跨国投资（海外直接投资）、全球化技术转让、全球化租赁、全球化工程承包与劳务输出、跨国公司管理，通常具有资源、商品或服务在国与国之间的转移。

(2) 全球化市场营销与全球化贸易的相同点。全球化营销的目的（为获取利润进行跨国界经营活动）、对象（产品及劳务）、环境（全球化环境）、理论基础（比较利益学说、全球化产品生命周期理论）与全球化贸易具有相同点。

(3) 全球化市场营销与全球化贸易（International Trade）的区别。全球化贸易又称世界贸易，是指国家（或地区）间的商品和劳务的交换活动。其活动范围比全球化市场营销的活动范围小得多，仅仅是流通领域的交换活动，在生产与消费之间起中介作用。而全球化市场营销活动不仅涉及流通领域，而且涉及生产领域、消费领域，其立足点是生产企业，经营活动贯穿于生产、流通、消费的始终。

二、全球化市场营销环境分析

全球化市场营销环境包括全球化市场营销宏观环境和微观环境。宏观环境是指企业在从事全球化营销活动中企业难以控制也较难影响的营销大环境；微观环境是企业在不同目标市场进行营销活动中企业所构建的处于不同国家和不同地域的分支机构的组织结构，以及与当地社会文化特征相结合的企业文化特征等环境。

（一）全球化市场营销环境的特点

全球化市场营销的宏观环境和微观环境具有较大的复杂性和差异性，程度不同的相关性，以及控制、把握、利用和影响的较大难度等特点。

（二）全球化社会文化环境

全球化市场营销文化环境是指对企业全球化营销产生影响和制约作用的各种文化因素的总和，是企业从事全球化市场营销重要的外部条件。

1. 物质文化

物质文化质量的高低和完善程度直接影响了全球化营销的方式、规模，如运输、能源、沟通媒体包括广告促销策略、商业设施包括分销渠道选择等。全球化营销者在把握东道国的物质文化时，要注意到各国不同的物质文化水平直接影响购买者对其所需产品的质量、品种、使用特点及其生产、销售方式的要求。

2. 语言

语言是文化的镜子，是文化的核心组成部分，折射出民族的价值观和世界观，反映某一文化的本质特性，也是经济活动沟通的桥梁和表达思想、传递感情的工具，需要适时、适地而用。

3. 审美

美是一种高层次的人类心理需求，是关于美、审美认识的观念，是文化的重要组成部分，在不同的文化环境中，美有不同的评价标准，人的审美活动如对数字、色彩、图案、形体、运动、音乐旋律与节奏、建筑式样等艺术表现形式的喜好和忌讳，对产品设计和营销有很大影响，是营销活动的重要工具，全球化营销者对自己的产品、包装、广告、工厂布置应符合当地的审美偏好，依据营销环境的审美观来设计产品和包装、广告，进行工厂和店铺布置。

4. 教育

教育是技能、思想、态度的传授和专门知识的学习和培训，与经济发展水平密切相关，越是经济发达的地区和国家教育越受重视、教育水平也越高。教育状况影响全球化营销表现在这样几个方面：①受教育水平影响人们的消费行为；②受教育水平制约全球化市场营销活动；③教育状况影响当地市场的商品构成；④受教育水平影响全球化营销活动在当地可利用的人力资源状况。

5. 宗教

宗教对很多国家和地区的全球化市场营销活动的影响很大。宗教信仰影响了人们的消费行为、社交方式、穿着举止、经商风格、价值观、在社会中处理和谐与冲突的方式，以及人们对时间、财富、变化、风险的态度。企业要在其全球化营销活动中充分认识到宗教信仰对企业营销的影响，尊重目标市场各方的宗教信仰和观念，充分利用营销契机、巧妙规避风险。

6. 社会组织

在对社会组织的考察中，分析社会阶层、家庭规模和特点、妇女的角色和地位、群体行为等对全球化市场营销活动的开展很有意义。

社会阶层是一个社会具有相对同质性和持久性的群体，按等级排列，同阶层成员具有类似的价值观、兴趣爱好、行为方式乃至产品偏好和品牌偏好，且经济收入、购买力相似。

家庭的作用在不同的社会中具有差异，亲属关系是社会组织的最基本组成部分，农业社会的家庭是最重要的社会中心，为家庭成员提供衣食住行、教育、文化传承，浓厚的家庭观念使家庭成员之间联系紧密，购买决策以家庭为主，家庭成员的消费受家庭的影响很大。

与共同区域相类似的是特殊利益集团，它是社会中因职业、政治、宗教、爱好等的共同点而形成的不同特殊利益集团，他们对产品及服务会有一些共同性的要求，针对这类特殊利益集团也要采取相应的营销措施，以期取得预期的营销效果。

相关群体是与消费者具有社会关联的亲友、同学、同事、邻里等，因相互之间有观念、爱好等方面的影响，也需要采取有针对性的营销措施。

7. 文化变化和文化变化阻力

文化不是一成不变的，是随着社会、经济和科学技术的飞速发展不断发生变化的，文化变化的过程中存在文化借鉴和文化融合的现象，从总体来看，文化变化总是向着有利于社会发展的方向变化。文化变化有时为企业从事全球化市场营销带来机会，有时却造成企业全球化营销的威胁。

三、全球化经济环境

全球化市场营销的经济环境是各种直接或间接影响和制约全球化市场营销的经济因素的集合，是全球化市场营销环境的重要组成部分，具有全球化市场营销环境的各种特征。分为三个不同层次，一是从全球的角度出发，考察整个世界经济的基本状况，及对全球化市场营销的效应的全球层面的经济环境（全球化金融环境、全球化贸易环境、经济周期、世界经济结构）；二是从一个国家角度出发考察某个具体国家的经济状况，及其对全球化营销的效应的国别层面的经济环境（本地经济环境）；三是从世界区域性范围及区域性组织出发考察某些文化背景相似、经济发展水平相当、关系往来密切的一系列国家和地区的区域性层面的经济环境。

（一）本地经济环境

本地经济环境是指企业所在国的经济环境，它对企业的行为及消费者的消费行为发生直接的影响。

（二）区域经济环境

区域经济环境是由一定地理区域范围而结成某一特定经济联盟的国家或地区的经济环境，是全球化营销者跨国经营所面临的重要经济环境，对企业全球化营销产生直接影响。

（三）全球经济环境

当前全球经济环境主要体现为，全球化投资给予全球化贸易迅速发展，各国经济相互依赖性加强，市场竞争程度提高，各国关系的复杂性提高。

（四）全球市场环境

企业在分析全球市场环境时主要分析目标市场的发展阶段，人口规模、人口分布和人口结构以及消费者收入状况；各国消费支出结构与消费储蓄信贷状况；并需要对全球化市场竞争者进行分析，才能确定具体的全球化营销策略组合。

四、全球化政治法律环境

（一）全球化政治环境

全球化市场营销的政治环境指各种直接或间接影响和制约全球化营销的政治因素的集合，包括全球的全球化政治环境和东道国的政治环境，它们对企业的全球化营销活动产生重大的影响和制约作用。

（二）全球化法律环境

国内法律、全球化法律、东道国法律是解决全球化营销争端的途径。

（1）国内法律主要有出口控制，即限制、管制、管理出口许可证制度；进口控制，即通过关税、非关税、配额制严格控制进口产品和数量，全球化收支赤字国这方面的控制尤其严格；外汇管制，即外汇供需和使用管制，包括限制本国出口商所能持有和获得的外汇数额，限制国外投资者所能汇出的利润数额等。

（2）全球化法律是调整交往中国家间相互关系并规定其权利和义务的原则和制度，全球化法律的主体即权利和义务的承担者是国家，依据是全球化条约、全球化惯例、全球化组织的决议、有关全球化问题的判例。对全球化市场营销活动影响较大的全球化经济法有保护消费者利益的立法（全球化产品责任法），确定生产者和销售者对其生产或出售的产品所应承担的责任，保护消费者的合法权益；保护生产制造者和销售者的立法（工业产权法），包括专利法和商标法；保护公平竞争的立法如全球化反托拉斯法、限制性商业惯例、保护竞争法；调整全球化间经济贸易行为的立法，包括各种全球化公约、条约、惯例、协定、议定书、规则等。

(3) 东道国法律是影响全球化市场营销活动最经常、最直接的因素，东道国法律对全球化营销的影响主要体现在产品标准、定价限制、分销方式和渠道的法律规定和促销法规限制。

五、全球化金融与外汇环境

（一）全球化金融制度及其风险

全球化金融制度是全球化金融活动的总的框架，是全球化货币关系的总和，其主要内容包括全球化收支及其调节机构、汇率及汇率制度、全球化货币资产或储备资产的确定、全球化货币活动的协调与管理。

（二）全球化金融市场和货币市场

全球化金融市场是在全球范围内产生的多边资金借贷形成的资金供求市场，是生产全球化和资本全球化的必然结果，包括资金市场和金融市场，其中资金市场包括长期和短期资金市场，金融市场包括外汇市场和黄金市场。

（三）全球化金融环境对全球化营销的影响

全球化金融环境对全球化营销产生重大影响，主要体现在对产品竞争力影响和对销售策略的影响。

（四）外汇市场和外汇风险

外汇市场是应外汇买卖的需要出现的，分为有形的外汇市场和无形的外汇市场，主要参与者有中央银行、经营外汇业务的各种机构包括外汇银行、外汇经纪商、外汇交易商、进出口商和投机者。

六、全球化技术环境

（一）知识经济与技术革命

知识经济是以知识为基础的经济，知识经济的发展实际是高新科技的发展，全球化上综合国力的竞争实质上是知识产业的竞争、是知识和人才的竞争，信息科学技术、生命科学技术、新材料科学技术等高技术产业是知识经济的第一支柱产业。

（二）知识经济时代的技术革命对企业全球化营销的影响

知识经济的发展、信息技术革命、全球经济一体化改变了传统的营销模式和竞争策略，制定全球化营销策略时，必须注意到这一点。“互联网＋”是我们所在的行业目前的产品和服务，在与未来多屏全网跨平台用户场景结合之后产生的一种公式。如何找到你所在行业的“互联网＋”，成为企业需要思考的问题。例如“国家级的跨境电子商务综合试验区”的出现，是国内与国外市场互动更为直接，小企业也有能力，把自己的商品通过 B2B 这种方式输往境外。今天互联网已经具备这种能力，任何一个小企业，甚至任何一个个人，通过网络就可以把商品和服务送到任何一个国家的消费者手中，只有

"互联网+"时代才具备这种能力。

七、全球化物质自然环境

各国自然条件包括地形、气候、土地面积、自然资源等。

(一) 自然环境与基础设施

各国自然环境对企业从事全球化营销产生了很大影响，全球化营销者不仅要注意各国资源分布的差异对各国经济发展与贸易格局的影响，还要关注各国资源拥有状况的变化对社会经济的影响。

基础设施包括交通设施、通信设备、仓库等，便利的交通运输为全球化营销活动提供更多选择的机会、易于降低营销成本，运输基础设施好坏及效率与国家的经济发展水平相联系；邮政、电话、印刷、无线电、电视、电脑联网等全球化通信设备水平及普及程度、因特网的使用面影响信息传递的速度和范围以及企业对市场信息掌握程度和速度，影响商务交易的便捷程度和交易成本，进而影响企业全球化营销的竞争力；商业基础设施如仓库、冷冻、批发商、零售商网点设置、广告机构、市场调研机构、金融保险机构、管理咨询机构等的完备和效率直接影响全球化营销活动的展开，如物流管理、分销渠道选择、融资渠道选择和广告决策。企业必须考虑自然环境和基础设施对企业在从事全球化营销活动的过程中的不同影响，选择适合当地自然环境和基础设施情况的全球化营销策略组合，以期达到预定的营销绩效。

(二) 自然环境的恶化与环保运动的兴起

工业革命使经济飞速发展，也使环境遭到全球性的严重破坏，随着人类的环境意识的不断提高和环境行动的日益发展，环保运动兴起。环保运动对企业营销既造成威胁又带来机遇，企业在设计、制造、销售时必须投入大量资金研究减少污染，提高了生产成本，但研制控制环境污染的设备的企业则有了广阔的发展机会。

(三) 可持续发展与绿色营销

绿色营销是企业以环保观念作为其经营哲学思想、以绿色文化为其价值观、以消费者的绿色消费为中心和出发点、通过制定实施绿色营销策略满足消费者需求、实现企业经营目标。

第二节 全球化营销决策

一、全球化目标市场决策

全球化目标市场是在对细分市场的盈利潜量和规模进行评估的基础上，结合企业自身条件，从中选定一个或几个细分市场作为自己的营销对象。

(一) 全球化市场细分

按照一定标准把整个全球化市场细分为若干个需求不同的子市场，是企业确定全球化目标市场和全球化市场营销策略的必要前提。

（二）全球化目标市场选择

选择全球化目标市场的战略有无差异营销战略、集中营销战略和差异化营销战略。选择全球化目标市场时主要考察的内容有市场规模、市场增长速度、市场进入程度、难易程度与风险程度和相对竞争优势。

二、进入全球化目标市场的模式选择决策

（一）全球化目标市场进入模式分类

进入全球化市场模式是企业对进入外国市场的产品、技术、技能、管理、其他资源进行的系统规划。包括出口进入、契约进入和投资进入三种模式。

1. 出口进入模式

出口进入模式是企业进入全球化市场的重要方式之一，包括间接出口和直接出口。

2. 契约进入模式

契约进入模式是全球化化企业与目标国家的法人单位之间通过转让技术或技能维持长期的非股权联系。具体分为：

（1）许可证进入模式，是企业在一定时期内向东道国企业转让其专利、商标、产品配方、公司名称等各种有价值的工业产权的使用权，取得提成费用及其他补偿。

（2）特许经营进入模式，是许可方将商业制度及专利、商标、包装、产品配方、公司名称、技术技能、管理服务等无形资产通过合同许可东道国特许方使用并指导其生产及管理，获取一定初始费用及定期按营业额一定比例支付的专利使用和管理咨询等费用。

（3）合同制造进入模式，是外国企业向东道国企业提供产品零部件由其组装，或外国企业向东道国提供详细的产品规格标准并由其仿制，由外国企业自身负责营销的市场进入方式。

（4）管理合同进入模式，是管理公司以合同形式承担另一公司的一部分或全部管理任务，以提取管理费、分享一部分利润或以某一特定价格购买该企业的股票作为报酬的市场进入模式。

（5）工程承包进入模式，是企业通过与东道国企业签订合同进行项目设计、建造完成某一工程项目，并将该项目交付合同方后提供诸如管理和培训工人、为对方经营该项目做准备等服务的方式进入东道国市场。

3. 投资进入模式

又称股权式进入，分为合资与独资进入方式。合资进入即投资企业与目标国家的企业联合投资，共同经营、共同分享股权及管理权，共担风险；独资进入即企业独自到目标国家去投资建厂，拥有完全的管理权、控制权和90%以上的产权，进行产销活动，独享经营利润、独自承担风险。

（二）选择全球化目标市场进入模式的影响因素

影响企业全球化目标市场进入模式选择的因素有，目标国家的市场因素；企业产品因素；企业资源与投入因素的影响。

（三）进入全球化目标市场的模式选择

三种进入模式代表了全球化市场营销活动从低级到高级的三个主要阶段。

从进入深度看，全球化经营企业将资源投入到东道国全球化市场的相对程度比例衡量，资源投入越多进入越深。

从控制程度看，与进入深度正相关的，是全球化经营企业在东道国经营企业所拥有的决策能力和影响力，包括经营决策（包括经营职能、管理职能、营销职能的发挥）和发展决策（包括投资战略和发展战略）两个层次，掌握控制权可有效保护企业利益并按照自己的战略部署进行经营管理，在处理与东道国政府和合作企业关系时就有了主动权和影响力。

从灵活性看，全球化经营企业要具有能够迅速、低成本地改变经营地点、全球化市场进入方式及退出东道国市场的能力。

从风险性看，与进入深度正相关，是不可预期的发生损失的可能性及损失程度，包括环境风险（包括东道国政局动荡和对外贸易政策的调整）、经营风险（包括投资信息的不确定、市场不完全性、交易成本高、机会成本高）等。

第三节

拟定全球市场营销方案

全球化市场营销方案包括全球化产品策略、全球化定价策略、全球化分销策略、全球化促销策略、全球化公共关系策略和政治权力运用策略组合的确定。

一、全球化产品策略

全球化市场产品策略面对更为广大的全球化市场，需要在市场营销原理具体的产品策略的基础上更为关注产品战略规划。

（一）产品概念与全球化市场产品计划

沃伦·基根将全球化市场的产品战略分为 3 种，直接扩散、产品适应、产品发明。

（1）直接扩散产品是指产品不作任何改变即进入国外市场，寻找新的客户。这种产品战略对企业具有十分大的成本吸引力，但不利于企业在全球化市场的长期发展。

（2）产品适应性是指改变产品的性能特性、用途宣传等以适应当地市场情况或偏好。

（3）产品发明是指发明或创造新的产品以供应海内外市场，以应对日益剧烈的市场竞争和不断变化的消费需求。

全球化产品计划包括确定产品目标和具体产品计划。产品目标包括质量性能目标、产品营销目标。产品目标的确定依据有企业总体发展目标、目标市场发展、稳定增长率、利润、投资回报率等。具体产品计划包括战略计划和常规执行计划。

（二）全球化市场产品的标准化与差异化选择

企业产品策略通常是差异化策略和标准化策略的组合，企业可根据目标市场具体情况选择有所偏重的产品策略组合。

（三）全球化市场产品的生命周期和新产品开发

全球化市场产品生命周期是一个产品从研究开发成功投入全球化市场，迅速成长到市场饱和直至被市场淘汰退出整个全球化市场的一个完整销售变化过程。与一般的典型产品市场生命周期相似，全球化产品的生命周期经历了新产品发明阶段、产品成长和成熟初期阶段、成熟期和产品标准化阶段。见图 15 -1：

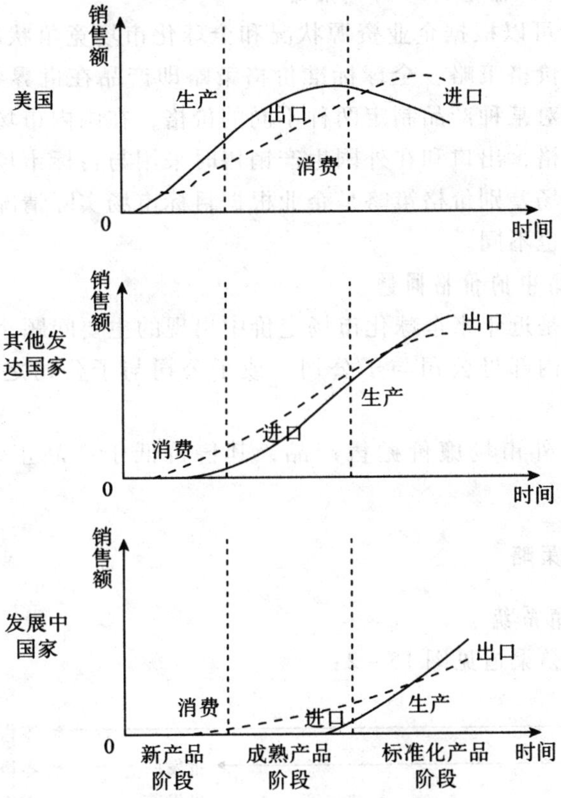

图 15 -1　全球化产品的生命周期

新产品发明阶段，又称产品介绍期，企业在发达国家如美国开发新产品，掌握新产品的发明、制造、应用，满足本国消费需求。

产品成长和成熟初期，由于发达国家的这种产品供过于求，将产品销售到其他较发达国家如加拿大、发展中国家，这项技术逐渐被其中较发达国家学习掌握、进行研究和仿制。

产品成熟期和标准化阶段，该产品不断完善后可以标准化大量生产，在世界范围内该产品的成本基本无差异，发达国家从较发达国家和发展中国家进口该产品，致力于新产品、新技术的开发。

新产品是能进入市场给消费者提供新的利益、新的效用、被消费者认可的产品。

二、全球化市场定价策略

全球化市场的价格问题不同于国内市场的定价，企业的全球化定价决策不仅在经济上，而且在政治上也比较敏感。

（一）全球化市场产品定价的影响因素

影响全球化市场产品定价的因素有定价目标、产品因素包括产品成本因素、产品生命周期因素、产品的市场需求状况、市场因素包括市场竞争环境、市场竞争条件、本国和目标市场国家的政府政策。

（二）全球化市场产品定价与调价策略

全球化市场定价可以根据企业资源状况和全球化市场竞争状况采取全球标准价格、双重价格和市场差别价格策略。全球标准价格策略即产品在世界各地实行统一的价格；双重价格策略即企业对某种产品制定两种不同的价格，在国内市场用一个与国内经济和购买条件相适应的价格，出口和在外国生产销售时采用与目标市场的经济状况与购买条件相适应的价格；市场差别价格策略是企业根据目标市场实际情况而制定的价格，目标市场不同，产品价格也不同。

（三）全球化营销中的价格问题

转移价格和倾销是近年来全球化市场定价中出现的主要问题。

转移价格是企业内部母公司与子公司，或子公司与子公司之间转移产品或劳务的定价。

倾销是企业在海外市场廉价抛售产品，其售价低于产品正常价值的价格或公平价格。

三、全球化分销策略

（一）全球化分销系统

全球化营销的完整渠道见图 15－2：

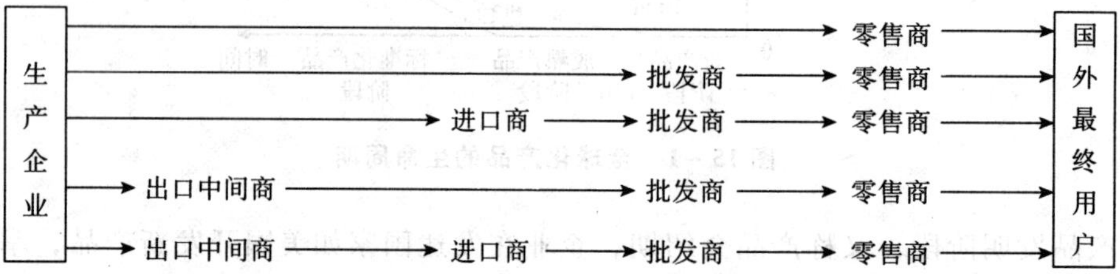

图 15－2　全球化营销的完整渠道

（二）全球化分销渠道选择

由于环境差异和各国分销渠道之间差异的存在，全球化分销渠道的选择有比较大的困难，必须依据企业营销目标、产品本身的特性和目标市场的渠道特征等因素进行慎重选择。企业对销售渠道的决策，在很大程度上依赖于客观环境条件如法律法规限制、渠道控制、盈利性、渠道长度与宽度、销售条件、分销系统的所有权等，结合企业营销目标和产品市场需求状况与成本等因素综合考虑。

（三）全球化分销渠道管理控制

由于环境差异的客观存在，企业对其在国外的分销渠道的控制具有较大难度。在制定全球化分销目标时，需要根据企业的营销目标如利润、市场占有率、顾客服务水平等，与企业自身的规模实力发展状况、市场竞争状况、各种环境变化状况与发展趋势来确定企业总的分销目标和具体目标、长期的和短期的分销目标；审慎选择国内外中间商，以为保证企业高效率完成营销目标，通过适当手段评价、激励和控制全球化分销渠道，在必要时对国外分销渠道进行增加、替换更新、更换、改变等调整。

四、全球化促销策略

由于全球化市场环境的多样性和复杂性，全球化促销策略的选择使用更多地需要针对目标市场的环境状况来确定。

（一）全球化广告策略

在目标市场国，影响全球化广告的主要限制性因素可能有语言文化和政府对广告的法规限制，包括对广告商品种类的限制、对广告内容的限制、对广告媒体时间的限制和对广告税率的限制。

（二）全球化市场人员推销策略

由于目标市场国与企业母国环境的巨大差异，企业在目标市场工作的推销员的选择，尽管企业也可以选择其母国或第三国的公民，一般企业仍采用当地人，以适应当地的文化观念包括价值观、宗教信仰、风俗习惯、商业习惯等，有利于企业取得预期的营销目标。

（三）全球化销售推广

在全球化营销中，具体的营业推广活动一般由目标市场国的代理商、经销商负责，企业也可能联合或独立举办全球化商品展览会或展销会这类具有特色的营业推广活动，但在具体操作过程中也要注意目标市场国各种影响企业进行全球化市场销售推广的因素，如当地政府的政策法规限制、经销商的合作态度和市场的竞争程度与状况。

五、全球化公共关系策略

企业从事全球化公共关系比在其母国的难度要大得多，范围也有所不同。在全球化营销中，除利用公共关系来树立企业的良好形象和信誉，争取获得对企业有利的新闻报道，巩固企业在目标市场国的市场地位外，还要处理突发的谣言和对企业不利的新闻。

六、大市场营销策略

大市场营销又称广义的市场营销，是指企业为成功进入目标市场从事经营活动，在策略上协调使用经济的、心理的、政治的、公共关系等手段来获得东道国经销商、供应商、消费者、市场营销研究机构、宣传媒介等方面的合作和支持，达到企业的全球化经营目标。

（一）权力营销策略

运用权力的基本方式有权力强制、提供报酬、制定契约、专业服务、提供咨询等。

1. 行政权力和行政渠道

企业在打算进入一个封闭型市场时，必须把其中各个集团的态度和立场给予定位，分清谁是反对者，谁是同盟者，谁是中立者。企业的目标在于战胜反对者，团结同盟者，争取中立者。为达到这个目标，企业可选择的总体战略有：

（1）通过补偿反对者所遭受的损失，使他们保持中立。

（2）将支持者组成一个联盟，从而使分散的个别力量变为集合在一起的力量。

（3）把中立者转变为同盟者。公司可通过施加影响或酬谢等方式促使保持中立态度的团体转变为同盟者。

行政渠道其实是信息沟通的重要渠道。因此，任何国家的行政组织都十分重视信息沟通的行政渠道。通过信息沟通，可使行政组织内部分工合作、协调一致，保证整个行政工作体系提高工作效率。行政渠道作为信息通道具有稳定性和权威性的特点。这本身就具有重要的商业价值。它作为权力营销的渠道，是不可忽视的特殊渠道。

2. 政府市场与社会集团消费

与权力营销相关的，不仅是通过行政权力和行政渠道进行有效的市场营销，而且应该重视既不同于消费者市场，又不同于生产者市场的政府市场和社会集团购买。

政府市场是一个巨大的市场，政府每年要采购大量的商品，要求提供大量的劳务，用于国防、教育、公共事业和其他需要。紧盯这类庞大的购买市场，对于企业来说，就是获得了生存和发展巨大机会，需要企业专门花时间和精力来研究和采取有效的手段进行行之有效的营销以达到企业的经营目标。

（二）权力营销与权力寻租

权力营销是市场营销的一种新的战略，其实质是巧妙地运用目标市场决策者（守门人）的权力和营销者自身的权力，通过招标、议价、定点生产、特许经营、注册商标、鉴定评审等形式，利用行政渠道传递信息，有效地促进营销目标的实现。

不论政治体制和经济体制如何不同，在国内市场营销和全球化市场营销中，权力营销是客观存在的现实，而且也是市场营销的成功经验。

而权力寻租是指行使行政权力的部门或个人将权力作为“资本”去牟取各种非法的利益或者个人的利益，这是不可取的，也是不合法的。

思考题

1. 全球化市场营销与全球化贸易、国内市场营销的区别是什么？
2. 全球化市场营销环境包括哪些方面？
3. 全球化市场进入的方式有哪些？各种方式有什么不同？
4. 全球化市场营销策略与国内市场营销策略的区别是什么？

在线习题　　案例分析

参考文献

[1] 高金章. 市场调查与分析 [M]. 上海: 立信会计出版社, 2008.
[2] 何阳. 点遍中国 [M]. 北京: 作家出版社, 1998.
[3] 何阳. 何阳的点子 [M]. 北京: 北京大学出版社, 1993.
[4] 郭国庆. 市场营销学通论 [M]. 北京: 中国人民大学出版社, 2008.
[5] 吴健安. 市场营销学 [M]. 北京: 高等教育出版社, 2008.
[6] 菲利普·科特勒. 市场营销学 [M]. 北京: 中国人民大学出版社, 2008.
[7] 朱雪芹. 市场营销学 [M]. 内蒙古: 内蒙古大学出版社, 2005.
[8] 郎宝书等. 市场营销理论与实践 [M]. 北京: 首都师范大学出版社, 1997.
[9] 兰苓. 市场营销学 [M]. 北京: 机械工业出版社, 2008.
[10] 汤定娜, 万后芬. 市场营销学 [M]. 北京: 高等教育出版社, 2005.
[11] Louis W Stern, Adel I EI Ansry, Anne T Coughlan. 赵平, 廖建军, 孙燕军译. 市场营销渠道 (5 版) [M]. 北京: 清华大学出版社, 1998.
[12] 周玉泉. 市场营销学 [M]. 北京: 清华大学出版社, 2007.
[13] 元名洁. 市场营销学 [M]. 北京: 机械工业出版社, 2007.
[14] 孟昭礼. 新编市场营销学 [M]. 大连: 大连理工大学出版社, 2008.
[15] 加利·阿姆斯特朗. 营销学导论 (第 7 版) [M]. 北京: 中国人民大学出版社, 2006.

制品、保健品在内，现在旗下拥有14种系列产品。曾经，娃哈哈推出纯净水、AD钙奶、营养快线、营养液、莲子八宝粥等爆品，可是随着品牌的老化和创新不足，这些爆品的优势没有能够延续，而被其他企业的同类产品渐渐赶超。为了打造品牌年轻化的需求，娃哈哈上半年不仅推出一系列年轻化产品（2017年推两款酸奶新品），而且转变销售方针，由原来的重点耕耘三、四线市场，转向一、二线城市。

（资料来源：宗庆后反思业绩下滑 什么原因让娃哈哈卖不动？红商网，2017.03）

点评：

娃哈哈成功的经验有很多，但概括起来也就是两个词："产品＋谋略"。"产品＋谋略"是所有公司成长的必要条件，不同的公司只是"产品"和"谋略"的内容不同而已。谋略包括战略和策略。策略又包括产品策略、价格策略、渠道策略和促销策略等等。在所有的营销策略中，产品策略是最基础、也是最重要的。娃哈哈的成功很大程度上得益于其高明的产品策略。那么，我们要怎样来解读娃哈哈的产品策略？企业应该怎样制定自己的产品策略呢？

产品策略是市场营销4P组合的核心，是价格策略、分销策略和促销策略的基础。从社会经济发展看，产品的交换是社会分工的必要前提，企业生产与社会需要的统一是通过产品来实现的，企业与市场的关系也主要是通过产品或服务来联系的，从企业内部而言，产品是企业生产活动的中心。因此，产品策略是企业市场营销活动的支柱和基石。

第一节

产品的整体概念

产品策略是营销的4大组合策略之一，现代企业产品策略如果按照企业发展的静态和动态，单一产品和多种产品进行组合见表8－1，分为产品整体概念策略、产品组合策略、产品生命周期策略和产品开发策略。而产品的整体概念是产品策略的核心。只有准确地把握产品的整体概念，才能在营销过程中有效地实施产品策略。

表8－1　　现代产品策略

	短期静态	长期动态
单一产品	产品整体概念策略	产品生命周期策略
多种产品	产品组合策略	产品开发策略

一、产品与产品的整体概念

产品，是指能满足目标顾客某种欲望和需要的有形与无形事物的总称，主要包括实物、服务、场所、组织、思想、体验、主意、事件等因素。

产品整体概念涵盖的主要内容是随着营销理论的发展而不断丰富和完善的。过去，相当一段时间，理论界均用核心产品、形式产品和延伸产品3个层次来表述产品整体概念的含义。近年来，以菲利普·科特勒为首的北美营销学者提出用5个层次来描述产品整体概念的含义，见图8-1，营销者必须在这5个基本层次上向市场提供的产品，才能更好地满足顾客需要。

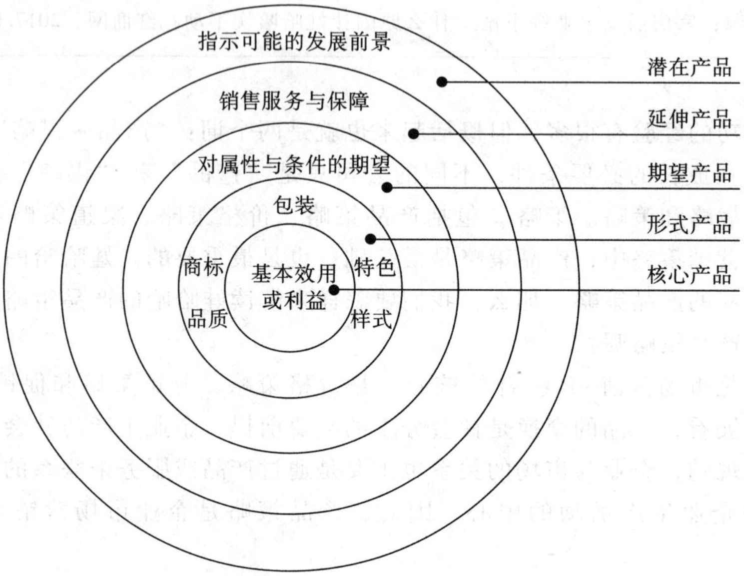

图8-1 整体产品概念示意图

二、产品的整体概念的五大层次

（一）核心产品

核心产品又称实质产品，位于整体产品的中心，主要是指向消费者提供的满足其需要的基本效用或基本利益。消费者购买产品，并不是为了获得产品本身，而是为了获得满足自身某种需要的效用和利益。如手表的计时功能，电灯的照明功能，旅馆的休息功能，汽车的运输功能等。产品的核心层决定了产品的本质内涵。

（二）形式产品

是指产品的具体形态，是核心产品的表现形式，由品质、式样、特征、商标及包装五个基本特征构成。产品的基本效用在一定程度上要通过产品的形式部分才能体现出来，如轿车的核心功能是运输，但要配之以一定的外观设计、颜色、形状、款式等，而并不是仅具备了运输功能就能让顾客满意的。

（三）期望产品

是指消费者在购买产品时期望得到的与该产品密切相关的一系列属性和条件。如，对于宾馆的客人来说，期望的是干净的床、毛巾、可以洗澡的卫生间、电话和安静的环境。

（四）延伸产品

延伸产品又称附加产品，是指产品能够为消费者提供的各种附加利益和服务。例如